数据统计与分析——Excel篇

主　编　徐建国　鲁　煦　林　美

副主编　毛卫星　李泽芳　何丽萍　张　彦

王雯雯　汪溪遥　李秀丽　胡会南

北京希望电子出版社
Beijing Hope Electronic Press
www.bhp.com.cn

内 容 简 介

本书由浅入深，详细讲解了通过 Excel 软件实现大数据统计分析的过程。全书通过数据统计理论的简述和实例操作的讲解，使读者在掌握统计学原理的基础上运用 Excel 进行统计分析。全书的主要内容包括：表格数据的编辑和整理、日常办公数据的统计和分析、工作数据的计算、按各项条件求值、数据查找和匹配、提升图表数据可视化、数据透视分析、数据分组和频数统计。最后还提供一个综合型实例来巩固所学知识。

本书既可作为应用型本科、职业院校的教材，也可作为市场营销、金融、财务、人力资源管理、产品管理和电商运营等岗位工作人员的参考用书。

图书在版编目（CIP）数据

数据统计与分析 .Excel 篇 / 徐建国 , 鲁煦 , 林美主编 .— 北京 : 北京希望电子出版社 , 2023.10

ISBN 978-7-83002-829-9

I. ①数 … II. ①徐 … ②鲁 … ③林 … III. ①表处理软件—应用—统计分析 IV. ① C819

中国国家版本馆 CIP 数据核字（2023）第 200394 号

出版：北京希望电子出版社

地址：北京市海淀区中关村大街 22 号

中科大厦 A 座 10 层

邮编：100190

网址：www.bhp.com.cn

电话：010-82620818（总机）转发行部

010-82626237（邮购）

经销：各地新华书店

封面：周卓琳

编辑：安 源

校对：石文涛 毛文潇

开本：787mm×1024mm 1/16

印张：15

字数：384 千字

印刷：三河市中晟雅豪印务有限公司

版次：2024 年 1 月 1 版 1 次印刷

定价：49. 80 元

前　言

Excel作为一款功能强大且简单易学的数据处理与分析软件已经被广泛应用于企业日常办公的诸多方面。在企业经营管理、财务管理、人力资源管理、统计分析、营销管理、行政流程管理等领域，如果能够熟练地使用Excel这款利器，势必能够提升管理效率。

但是在实际工作中，多数用户对Excel的应用仅止步于建立表格和一些简单的计算。对Excel在财会、审计、营销、统计、金融、行政、管理等领域进行数据统计分析的应用了解不多。其实，Excel提供了功能齐全的函数计算和分析工具，如果能熟练使用这些函数和工具进行数据的统计与分析，则可以极大地提升工作效率，为日常办公、数据核算、企业决策等工作提供重要的帮助，从而增强个人的职场竞争力以及企业的社会竞争力。

本书恪守实用的原则，力求为读者提供易学、易用、易理解的操作范例。从范例的规划、素材的选用、读者的学习心理等方面，都进行了逐一分析与推敲。本书在编写时特别突出了如下特点。

- **采用真实行业应用数据：**

本书范例的素材都来自真实的工作数据。读者在学习过程中可以即学即用，还可获得重点操作步骤的提示及总结。

- **以注释方式扩展知识点：**

本书在内容的讲解过程中，随时用注释的方式添加“说明”及“注意”要点，在不打乱当前内容解说的基础上随时扩充知识点。读者既能系统地学习当前内容，又不会遗漏其他知识点。

● 采用图解全程讲解：

本书采用图解教学方式，重要的操作步骤一步一图，使读者的学习过程更加直观，更加符合现代快节奏的学习方式。

● 章节划分符合学习习惯：

本书的章节编排经过仔细斟酌和合理划分，符合初学者学习数据处理与分析的认知过程。

本书由徐建国（无锡行知科技学校）、鲁煦（无锡行知科技学校）和林美（山东省烟台护士学校）担任主编，由毛卫星（宁夏青松技工学校）、李泽芳（郑州技师学院）、何丽萍（广东司法警官职业学校）、张彦（石家庄职业技术学院）、王雯雯（烟台汽车工程职业学院）、汪溪遥（沈阳建筑大学设计艺术学院）、李秀丽和胡会南（河南测绘职业学院）担任副主编。

本书难免有疏漏和不当之处，敬请各位专家及读者批评指正。

编　者

目 录

第 4 章 工作数据的计算

第 5 章 按条件求和、求平均数、计数

第 6 章 数据查找、替换、匹配 …… 110

第 7 章 图表提升数据可视化效果 …… 126

第 8 章 数据透视分析 …… 162

Excel

第 1 章

Excel 表格数据的编辑

1.1 按要求输入数据

输入数据是统计分析的前期操作，只有正确地输入数据才能通过统计分析呈现需要的结果。由于数据类型的不同，或是显示要求不同，在输入过程中有着许多的注意事项。同时也有一些提升输入效率的办法，下面一一来介绍。

1.1.1 输入员工身份证号或产品条码

在 Excel 表格中输入员工身份证号或产品条码时，很多人都会遇到这样的问题，就是输入这种“长数字串”时不能完整显示，而是显示为如图 1-1 所示的模样。这是因为，当输入的数字长度大于 11 位时将使用“科学记数”的方式显示，所以出现了 3.40025E+17。要想解决上面出现的问题，需要先将单元格设置为文本格式，然后再输入长数字串，具体方法如下。

	A	B	C	D	E
1	员工编号	姓名	性 别	所属部门	身份证号码
2	NL_0001	李为洋	男	销售部	3.40025E+17
3	NL_0002	杨依娜	女	行政部	3.42001E+17
4	NL_0003	朱子进	男	销售部	3.42701E+17
5	NL_0004	曹正	男	销售部	
6	NL_0005	郭丽	女	财务部	
7	NL_0006	王雪峰	女	行政部	
8	NL_0007	吴东梅	女	财务部	
9	NL_0008	张以军	男	销售部	
10	NL_0009	孙倩	女	行政部	
11	NL_0010	简志能	男	销售部	
12	NL_0011	李军	男	销售部	

图 1-1

❶ 打开实例文件，选中要输入身份证号码的单元格区域，在“开始”选项卡的“数字”组中单击“数字格式”右侧按钮，在弹出的列表中单击“文本”项，如图 1-2 所示。

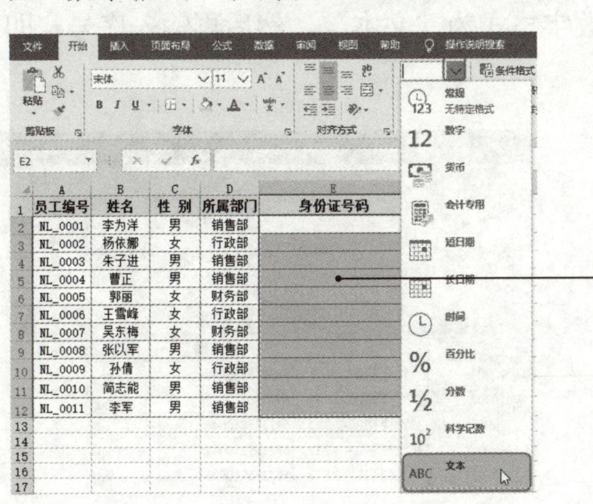

注意：

一定要先设置“文本”格式再输入数据。如果先输入数据再设置格式，则数据无法正确显示。

图 1-2

❷ 此时逐一输入身份证号码，数据可以完整显示了，如图 1-3 所示。同理，如果想输入产品条码，也可以按相同的方法操作，如图 1-4 所示。

编号	姓名	性 别	所属部门	身份证号码
L_0001	李为洋	男	销售部	3400251983061002
L_0002	杨依娜	女	行政部	3420011980072025
L_0003	朱子进	男	销售部	3427011977021785
L_0004	曹正	男	销售部	3427011982021385
L_0005	郭丽	女	财务部	3400421988101605
L_0006	王雪峰	女	行政部	3421221991110356
L_0007	吴东梅	女	财务部	3422221989022525
L_0008	张以军	男	销售部	3427011975021385
L_0009	孙倩	女	行政部	3400251973070432
L_0010	简志能	男	销售部	3400251995041602
L_0011	李军	男	销售部	3400251994022885

图 1-3

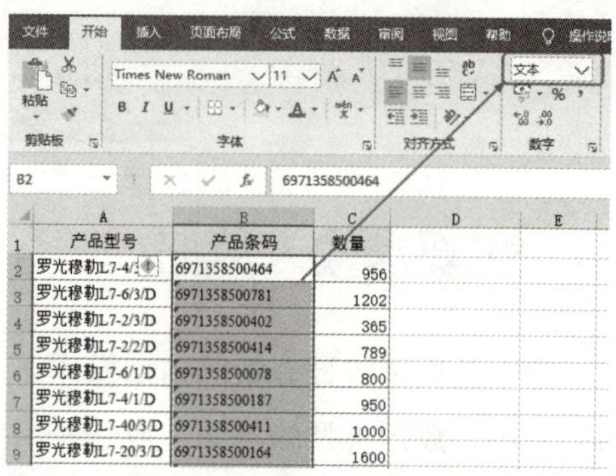

图 1-4

专家提示

判断在单元格中的数据是文本还是数值，有一个很直观的方法，就是观察数据默认的对齐方式。如果是左对齐一般是文本，如果是右对齐一般是数值或是日期时间。

知识拓展——输入以 0 开头的编号

在日常办公中，经常使用序号“0001”“0002”这样的数据。但是当输入序号时（如图 1-5 所示）却显示为如图 1-6 所示的结果，即前面的 0 自动省略了。

A2 | 0001

序号	产品型号	产品条码
0001	罗光穆勒L7-4/3/D	6971358500464
	罗光穆勒L7-6/3/D	6971358500781
	罗光穆勒L7-2/3/D	6971358500402

图 1-5

序号	产品型号	产品条码
1	罗光穆勒L7-4/3/D	6971358500464
	罗光穆勒L7-6/3/D	6971358500781
	罗光穆勒L7-2/3/D	6971358500402
	罗光穆勒L7-2/2/D	6971358500414

图 1-6

为了解决问题，首先设置单元格的数字格式为“文本”，然后再输入序号，即可正确显示了，如图 1-7 所示。

注意：
如果数据是需要用于计算的数值，则不要刻意去设置为“文本”格式，因为会导致数据无法正常计算。

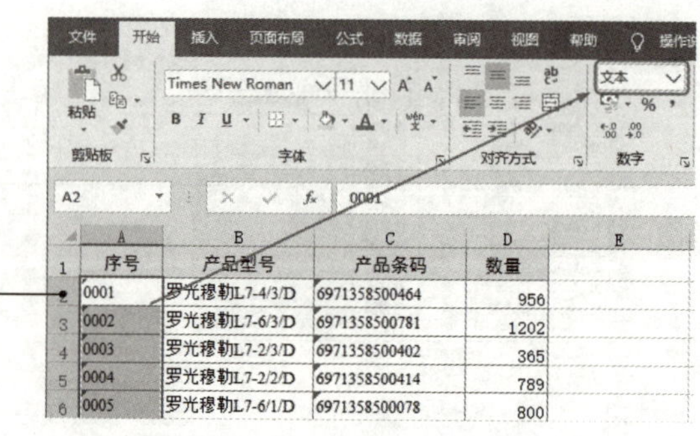

图 1-7

1.1.2 快速为产品名称统一编号

在遇到产品入库报表、或销售报表时，经常需要为产品名称统一编号。如果产品的编号是连续或有规律的，则可以使用填充的方法一次性输入编号，方便快捷，具体操作如下。

❶ 打开实例文件，在 A2 单元格中输入“AN001”。然后选中 A2 单元格，并将光标移至该单元格的右下角，直到光标变成十字形状，如图 1-8 所示。

❷ 此时按住鼠标左键不放，向下拖动鼠标至填充结束的位置，如图 1-9 所示。

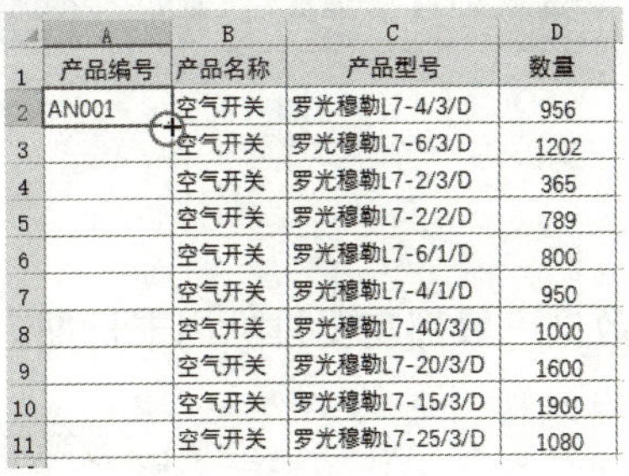

	A	B	C	D
1	产品编号	产品名称	产品型号	数量
2	AN001	空气开关	罗光穆勒L7-4/3/D	956
3		空气开关	罗光穆勒L7-6/3/D	1202
4		空气开关	罗光穆勒L7-2/3/D	365
5		空气开关	罗光穆勒L7-2/2/D	789
6		空气开关	罗光穆勒L7-6/1/D	800
7		空气开关	罗光穆勒L7-4/1/D	950
8		空气开关	罗光穆勒L7-40/3/D	1000
9		空气开关	罗光穆勒L7-20/3/D	1600
10		空气开关	罗光穆勒L7-15/3/D	1900
11		空气开关	罗光穆勒L7-25/3/D	1080

图 1-8

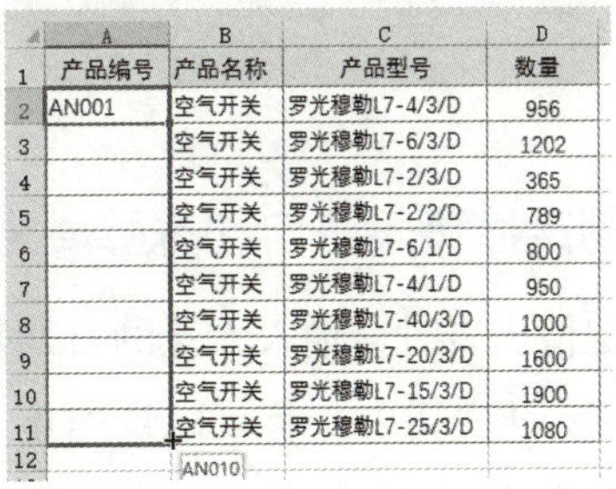

	A	B	C	D
1	产品编号	产品名称	产品型号	数量
2	AN001	空气开关	罗光穆勒L7-4/3/D	956
3		空气开关	罗光穆勒L7-6/3/D	1202
4		空气开关	罗光穆勒L7-2/3/D	365
5		空气开关	罗光穆勒L7-2/2/D	789
6		空气开关	罗光穆勒L7-6/1/D	800
7		空气开关	罗光穆勒L7-4/1/D	950
8		空气开关	罗光穆勒L7-40/3/D	1000
9		空气开关	罗光穆勒L7-20/3/D	1600
10		空气开关	罗光穆勒L7-15/3/D	1900
11		空气开关	罗光穆勒L7-25/3/D	1080
12		AN010		

图 1-9

❸ 然后释放鼠标。此时在经过的单元格区域上，会依次增序填充编号，如图 1-10 所示。

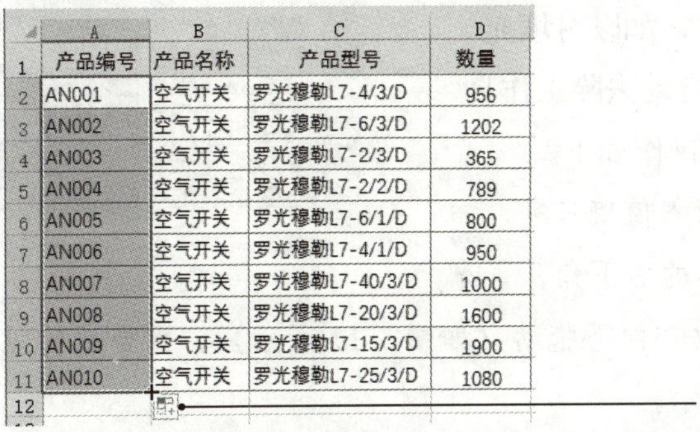

	A	B	C	D
1	产品编号	产品名称	产品型号	数量
2	AN001	空气开关	罗光穆勒L7-4/3/D	956
3	AN002	空气开关	罗光穆勒L7-6/3/D	1202
4	AN003	空气开关	罗光穆勒L7-2/3/D	365
5	AN004	空气开关	罗光穆勒L7-2/2/D	789
6	AN005	空气开关	罗光穆勒L7-6/1/D	800
7	AN006	空气开关	罗光穆勒L7-4/1/D	950
8	AN007	空气开关	罗光穆勒L7-40/3/D	1000
9	AN008	空气开关	罗光穆勒L7-20/3/D	1600
10	AN009	空气开关	罗光穆勒L7-15/3/D	1900
11	AN010	空气开关	罗光穆勒L7-25/3/D	1080
12				

注意：

在填充完成后，会出现“自动填充选项”按钮。单击此按钮会弹出下拉菜单，里面有不同的填充方式可供选择。

图 1-10

知识拓展——填充不连续的序号

在填充序号时，可以填充连续的序号，也可以填充不连续的，其关键在于对“填充源”的输入。例如，在本例中第一个序号为“西教一 001”，如果要求下一个序号间隔显示，即第二个序号为“西教一 003”，第三个为“西教一 005”，依次类推，那么就要首先输入两个序号作为填充源，然后 Excel 自动地找到填充规律，具体方法如下。

❶ 打开实例文件，首先在 A2 和 A3 单元格中分别输入前两个编号（“西教一 001”“西教一 003”），然后选中 A2:A3 单元格，并将光标移至选中区域的右下角，等到光标变成十字形状，如图 1-11 所示。

❷ 然后按住鼠标左键不放，向下拖动到填充结束的位置，释放鼠标。此时在拖动过的位置上会以“2”为间隔显示产品编号，如图 1-12 所示。

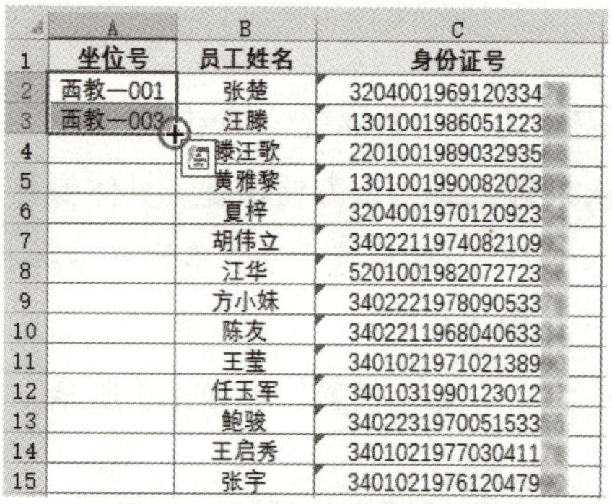

	A	B	C
1	坐位号	员工姓名	身份证号
2	西教—001	张楚	3204001969120334
3	西教—003	汪滕	1301001986051223
4		滕汪歌	2201001989032935
5		黄雅黎	1301001990082023
6		夏梓	3204001970120923
7		胡伟立	3402211974082109
8		江华	5201001982072723
9		方小妹	3402221978090533
10		陈友	3402211968040633
11		王莹	3401021971021389
12		任玉军	3401031990123012
13		鲍骏	3402231970051533
14		王启秀	3401021977030411
15		张宇	3401021976120479

图 1-11

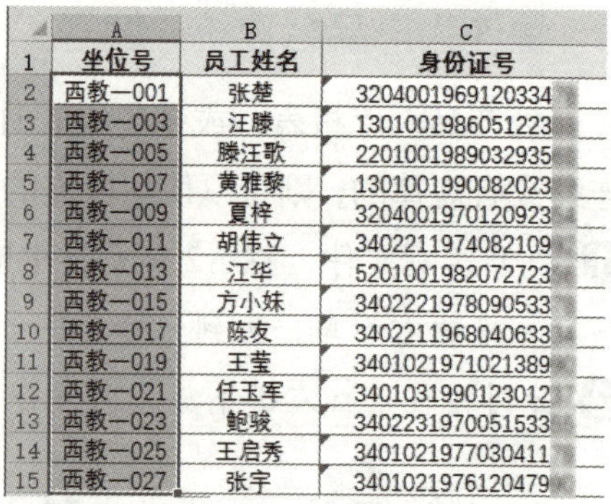

	A	B	C
1	坐位号	员工姓名	身份证号
2	西教—001	张楚	3204001969120334
3	西教—003	汪滕	1301001986051223
4	西教—005	滕汪歌	2201001989032935
5	西教—007	黄雅黎	1301001990082023
6	西教—009	夏梓	3204001970120923
7	西教—011	胡伟立	3402211974082109
8	西教—013	江华	5201001982072723
9	西教—015	方小妹	3402221978090533
10	西教—017	陈友	3402211968040633
11	西教—019	王莹	3401021971021389
12	西教—021	任玉军	3401031990123012
13	西教—023	鲍骏	3402231970051533
14	西教—025	王启秀	3401021977030411
15	西教—027	张宇	3401021976120479

图 1-12

1.1.3 制定值班表时自动排除周末日期

在制定值班表时会输入大量的日期数据，而数据一般都需要排除周末日期，只保留工作日。在 Excel 表格中，有可以快速填充日期并自动排除工作日的方法。

在填充日期时，Excel 会将日期以递增的方式显示。当填充完成后，会出现“自动填充选项”按钮，通过此按钮的下拉列表来选择不同的填充方式，如以月填充、以年填充等。在安排值班日期表时，想自动去除工作日，那么直接选择以工作日填充即可，具体操作如下。

	A	B	C
1	姓名	部门	值班日期
2	吴伟云	生产1部	2020/3/1
3	杨清	生产1部	2020/3/2
4	李欣	生产2部	2020/3/3
5	金鑫	生产2部	2020/3/4
6	华涵涵	生产2部	2020/3/5
7	张玮	生产1部	2020/3/6
8	聂新余	生产2部	2020/3/7
9	陈媛媛	生产2部	2020/3/8
10	高雨	生产1部	2020/3/9
11	刘慧洁	生产2部	2020/3/10
12	李季	生产1部	2020/3/11
13	周梦伟	生产2部	2020/3/12
14	林源	生产1部	2020/3/13
15			

图 1-13

❶ 打开实例文件，在 C2 单元格输入值班日期，如 2020/3/1，然后将光标放置在 C2 单元格的右下角，当光标变成十字形状时，按住鼠标左键不放并向下拖动（如图 1-13 所示），到合适的位置释放鼠标即可，此时看到日期数据递增显示。

❷ 然后单击“自动填充选项”按钮，在下拉菜单中单击“填充工作日”命令（如图 1-14 所示），即可按照工作日来填充，此时周末日期被排除，效果如图 1-15 所示。

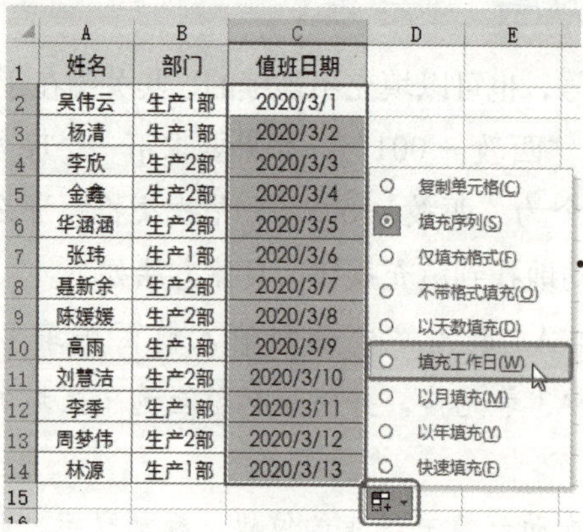

	A	B	C	D	E
1	姓名	部门	值班日期		
2	吴伟云	生产1部	2020/3/1		
3	杨清	生产1部	2020/3/2		
4	李欣	生产2部	2020/3/3		
5	金鑫	生产2部	2020/3/4		
6	华涵涵	生产2部	2020/3/5		
7	张玮	生产1部	2020/3/6		
8	聂新余	生产2部	2020/3/7		
9	陈媛媛	生产2部	2020/3/8		
10	高雨	生产1部	2020/3/9		
11	刘慧洁	生产2部	2020/3/10		
12	李季	生产1部	2020/3/11		
13	周梦伟	生产2部	2020/3/12		
14	林源	生产1部	2020/3/13		
15					

复制单元格(C)
填充序列(S)
仅填充格式(F)
不带格式填充(O)
以天数填充(D)
填充工作日(W)
以月填充(M)
以年填充(Y)
快速填充(F)

注意：
对于不同的数据类型，“自动填充选项”按钮弹出的下拉菜单的内容也会有所不同。

图 1-14

	A	B	C
1	姓名	部门	值班日期
2	吴伟云	生产1部	2020/3/1
3	杨清	生产1部	2020/3/2
4	李欣	生产2部	2020/3/3
5	金鑫	生产2部	2020/3/4
6	华涵涵	生产2部	2020/3/5
7	张玮	生产1部	2020/3/6
8	聂新余	生产2部	2020/3/9
9	陈媛媛	生产2部	2020/3/10
10	高雨	生产1部	2020/3/11
11	刘慧洁	生产2部	2020/3/12
12	李季	生产1部	2020/3/13
13	周梦伟	生产2部	2020/3/16
14	林源	生产1部	2020/3/17

图 1-15

专家提示

在填充序列时，输入的“填充源”是数字，如果想按序列填充，那么需要按住 Ctrl 键拖动鼠标进行填充；或者在完成填充后，从“自动填充选项”按钮的下拉菜单中选择“填充序列”进行序列填充。

知识拓展——填充输入相同数据

如果要在连续的区域中输入相同的数据，也可以利用填充的方法实现。如果“填充源”是纯文本，那么在输入首个数据后，利用填充的方法一次性输入即可，如图 1-16 所示。如果“填充源”具有序列特征，那么在拖动填充后数据会自动递增显示，如图 1-17 所示。此时需要单击“自动填充选项”按钮，在弹出的列表菜单中选择“复制单元格”命令，也可以实现一次性输入相同数据，如图 1-18 所示。

	A	B	C
1	姓名	部门	值班日期
2	吴伟云	生产部	2020/3/1
3	杨清	生产部	2020/3/2
4	李欣	生产部	2020/3/3
5	金鑫	生产部	2020/3/4
6	华涵涵	生产部	2020/3/5
7	张玮	生产部	2020/3/6
8	聂新余	生产部	2020/3/9
9	陈媛媛	生产部	2020/3/10
10	高雨	生产部	2020/3/11
11	刘慧洁	生产部	2020/3/12
12	李季	生产部	2020/3/13
13	周梦伟	生产部	2020/3/16
14	林源	生产部	2020/3/17

图 1-16

	A	B	C	D
1	姓名	部门	值班日期	
2	吴伟云	生产1部	2020/3/1	
3	杨清	生产2部	2020/3/2	
4	李欣	生产3部	2020/3/3	
5	金鑫	生产4部	2020/3/4	
6	华涵涵	生产5部	2020/3/5	
7	张玮	生产6部	2020/3/6	
8	聂新余	生产7部	2020/3/9	
9	陈媛媛	生产8部		
10	高雨	生产9部		
11	刘慧洁	生产10部		
12	李季	生产11部		
13	周梦伟	生产12部		
14	林源	生产13部		
15				

图 1-17

	A	B	C
1	姓名	部门	值班日期
2	吴伟云	生产1部	2020/3/1
3	杨清	生产1部	2020/3/2
4	李欣	生产1部	2020/3/3
5	金鑫	生产1部	2020/3/4
6	华涵涵	生产1部	2020/3/5
7	张玮	生产1部	2020/3/6
8	聂新余	生产1部	2020/3/9
9	陈媛媛	生产1部	2020/3/10
10	高雨	生产1部	2020/3/11
11	刘慧洁	生产1部	2020/3/12
12	李季	生产1部	2020/3/13
13	周梦伟	生产1部	2020/3/16
14	林源	生产1部	2020/3/17
15			

图 1-18

1.1.4　产品利润率显示为百分比值

在输入百分比值时，可以在数值后直接输入“%”符号来实现。但是在通常情况下，如批量计算利润率、合格率、损坏率时，得到的结果只能显示小数值。此时如果想将结果显示成百分比值，则需要对单元格进行格式的设置，具体操作如下。

❶ 打开实例文件，如图 1-19 所示，E 列为批量计算得到的每个产品的利润率，可以看到默认数据是小数值。选中 E 列的数据，在“开始”选项卡的“数字”组中单击“⧉”按钮，如图 1-19 所示，打开“设置单元格格式”对话框。

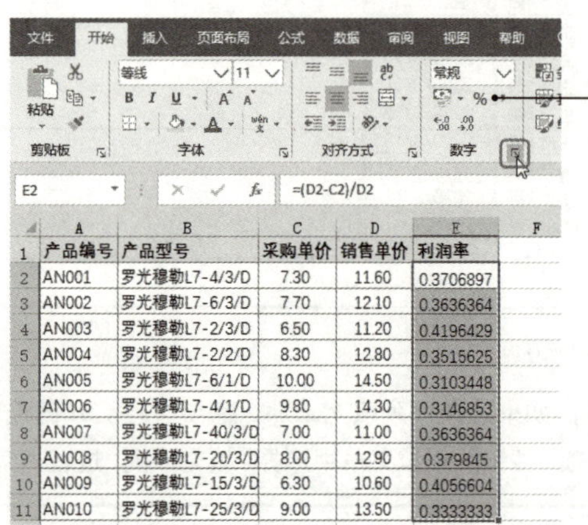

	A	B	C	D	E
1	产品编号	产品型号	采购单价	销售单价	利润率
2	AN001	罗光穆勒L7-4/3/D	7.30	11.60	0.3706897
3	AN002	罗光穆勒L7-6/3/D	7.70	12.10	0.3636364
4	AN003	罗光穆勒L7-2/3/D	6.50	11.20	0.4196429
5	AN004	罗光穆勒L7-2/2/D	8.30	12.80	0.3515625
6	AN005	罗光穆勒L7-6/1/D	10.00	14.50	0.3103448
7	AN006	罗光穆勒L7-4/1/D	9.80	14.30	0.3146853
8	AN007	罗光穆勒L7-40/3/D	7.00	11.00	0.3636364
9	AN008	罗光穆勒L7-20/3/D	8.00	12.90	0.379845
10	AN009	罗光穆勒L7-15/3/D	6.30	10.60	0.4056604
11	AN010	罗光穆勒L7-25/3/D	9.00	13.50	0.3333333

说明：

在选中数据后，也可以直接单击 % 按钮，但是此按钮默认不包含小数位。如果需要显示小数位，则可以单击 ⁺⁰⁰ 按钮添加。

图 1-19

❷ 在“数字”选项卡的“分类”列表中选择“百分比”类别，然后再根据实际的需要设置“小数位数”，如图 1-20 所示。

❸ 设置完成后单击“确定”按钮。可以看到单元格区域中的数据显示为百分比值，且数据包含两位小数，如图 1-21 所示。

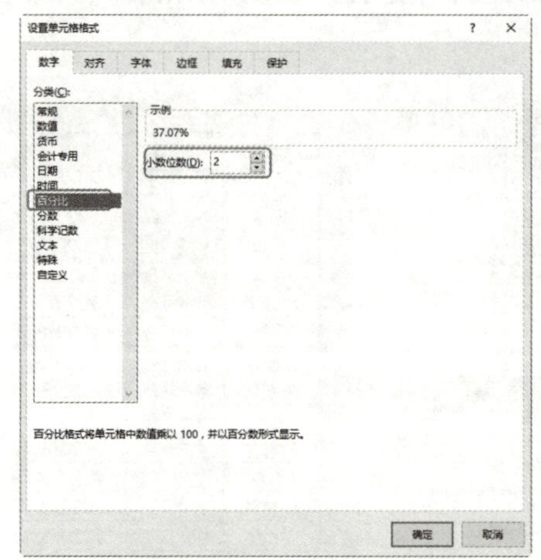

图 1-20

	A	B	C	D	E
1	产品编号	产品型号	采购单价	销售单价	利润率
2	AN001	罗光穆勒L7-4/3/D	7.30	11.60	37.07%
3	AN002	罗光穆勒L7-6/3/D	7.70	12.10	36.36%
4	AN003	罗光穆勒L7-2/3/D	6.50	11.20	41.96%
5	AN004	罗光穆勒L7-2/2/D	8.30	12.80	35.16%
6	AN005	罗光穆勒L7-6/1/D	10.00	14.50	31.03%
7	AN006	罗光穆勒L7-4/1/D	9.80	14.30	31.47%
8	AN007	罗光穆勒L7-40/3/D	7.00	11.00	36.36%
9	AN008	罗光穆勒L7-20/3/D	8.00	12.90	37.98%
10	AN009	罗光穆勒L7-15/3/D	6.30	10.60	40.57%
11	AN010	罗光穆勒L7-25/3/D	9.00	13.50	33.33%

图 1-21

知识拓展——金额数据显示为货币格式

输入的数据还可以根据实际需要显示为货币的形式，操作方法与上面类似，都是在“设置单元格格式”对话框中进行操作。

首先选中想要显示为货币格式的单元格区域，然后切换到“开始”选项卡，在“数字”组中单击“会计数字格式”按钮即可，如图 1-22 所示。

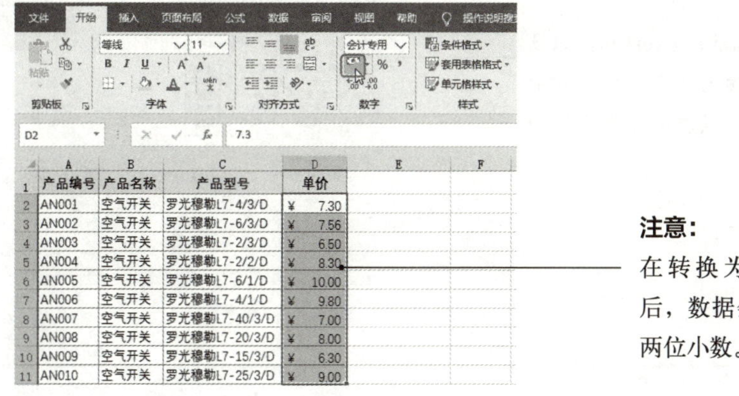

注意：

在转换为货币格式后，数据会自动添加两位小数。

图 1-22

1.1.5 DIY 自己的数据序列

在 Excel 表格中，数据之所以被填充是因为 Excel 可以识别数据的规律。除此之外，对于那些经常需要输入且无法被 Excel 识别的数据序列，则可以通过“自定义”的方式将数据组成一个可填充的序列。例如，在建立销售统计表时需要输入销售人员的姓名，可以按如下方法将这些姓名组成一个可填充的数据序列，具体方法如下。

❶ 打开实例文件，单击“文件”选项卡，在左下角单击“选项”命令，如图 1-23 所示。

❷ 打开“Excel 选项”对话框，在左侧窗口中单击“高级”按钮，在右侧窗口“常规”栏中单击“编辑自定义列表”按钮，如图 1-24 所示。

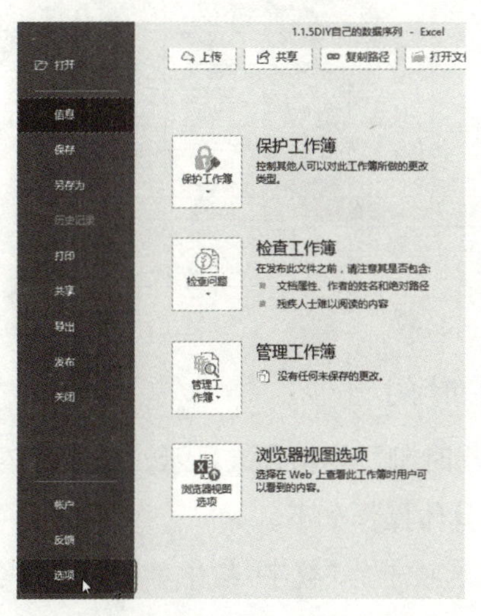

图 1-23

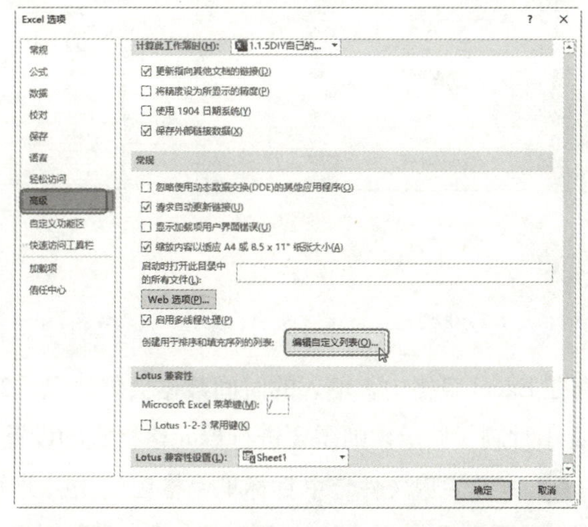

图 1-24

❸ 打开“自定义序列”对话框，在“输入序列”列表中输入销售人员的姓名（输入一个姓名换一行），操作完毕后单击“添加”按钮即可添加该序列，如图 1-25 所示。

说明：

这里的数据序列都是Excel可以默认识别的，只要输入首个数据，其他后面的数据都可以通过填充方法快速输入。

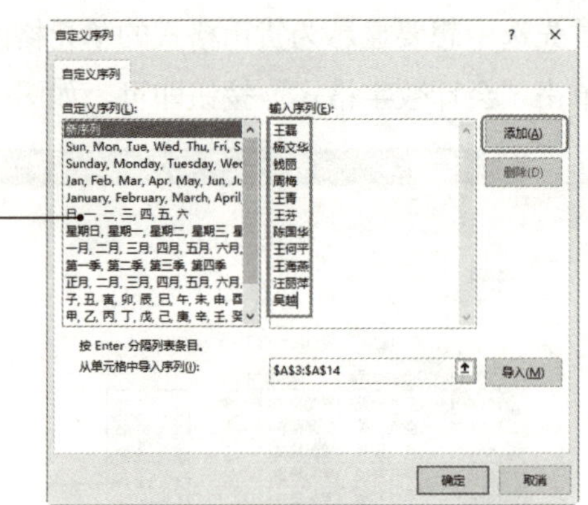

图 1-25

> **专家提示**
>
> 在单击“添加”按钮后，建立的数据序列会显示在“自定义序列”列表中。如果不再需要，可以在列表中选中该序列，单击“删除”按钮即可删除。

❹ 依次单击“确定”按钮返回工作表。在A3单元格中输入第一个姓名“王磊”（如图1-26所示），然后拖动光标向下填充（如图1-27所示），可以将自定义的数据序列填充到单元格中，如图1-28所示。当Excel建立了这个数据序列后，在任何工作表中只要想输入这些姓名序列，都可以利用填充的方式快速输入。

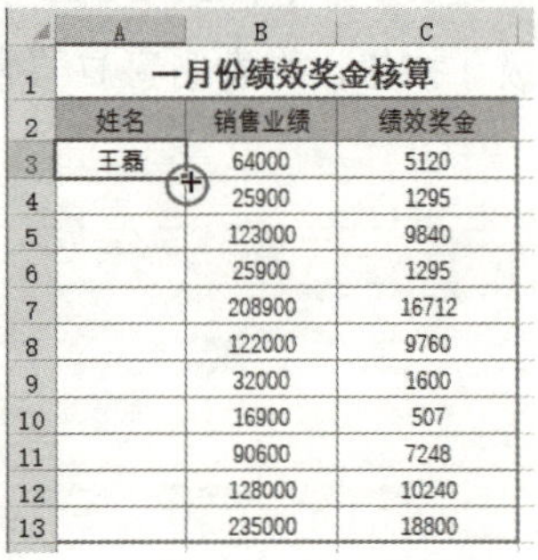

	A	B	C
1	一月份绩效奖金核算		
2	姓名	销售业绩	绩效奖金
3	王磊	64000	5120
4		25900	1295
5		123000	9840
6		25900	1295
7		208900	16712
8		122000	9760
9		32000	1600
10		16900	507
11		90600	7248
12		128000	10240
13		235000	18800

图 1-26

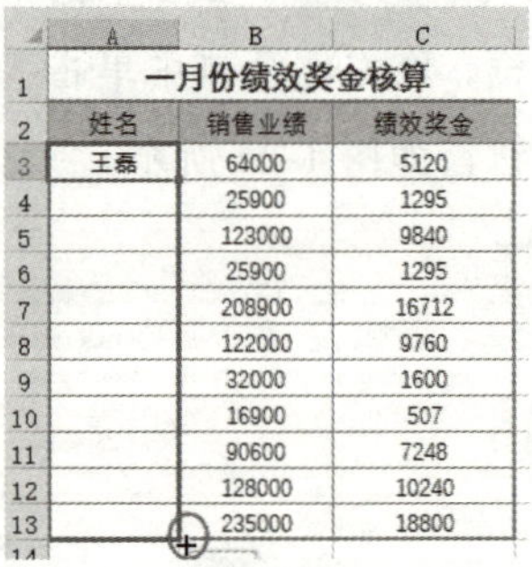

	A	B	C
1	一月份绩效奖金核算		
2	姓名	销售业绩	绩效奖金
3	王磊	64000	5120
4		25900	1295
5		123000	9840
6		25900	1295
7		208900	16712
8		122000	9760
9		32000	1600
10		16900	507
11		90600	7248
12		128000	10240
13		235000	18800

图 1-27

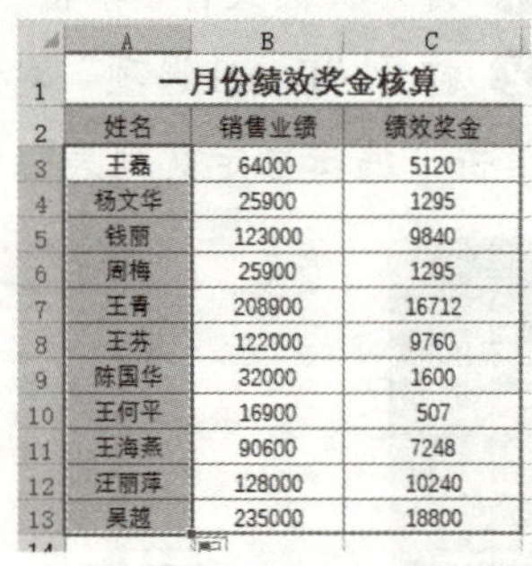

	A	B	C
1	一月份绩效奖金核算		
2	姓名	销售业绩	绩效奖金
3	王磊	64000	5120
4	杨文华	25900	1295
5	钱丽	123000	9840
6	周梅	25900	1295
7	王青	208900	16712
8	王芬	122000	9760
9	陈国华	32000	1600
10	王何平	16900	507
11	王海燕	90600	7248
12	汪丽萍	128000	10240
13	吴越	235000	18800

图 1-28

知识拓展——以12小时制显示员工打卡时间

在Excel表格中，输入的时间数据会默认以“24小时制”的格式来显示，如果希望以“12小时制”显示，则需要进行单元格格式的设置，具体操作如下。

❶ 打开实例文件选中目标单元格区域。在“开始”选项卡的“数字”组中单击“⊿”按钮，打开“设置单元格格式”对话框。在“分类”列表中单击“时间”项，然后根据实际需要在“类型”窗口中设置时间样式为“1:30 PM”，如图1-29所示。

❷ 单击“确定”按钮，可以看到单元格区域中的数据会以“12小时制”来显示，如图1-30所示。

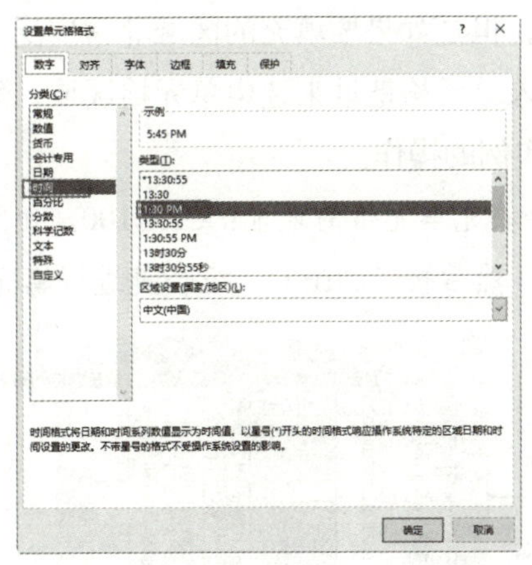

图 1-29

	A	B	C	D
1	编号	姓名	所属部门	下班卡
2	RT001	张楚	财务部	5:45 PM
3	RT002	汪滕	财务部	6:00 PM
4	RT003	滕汪歌	财务部	5:22 PM
5	RT004	黄雅黎	财务部	6:26 PM
6	RT005	夏梓	仓储部	5:45 PM
7	RT006	胡伟立	仓储部	5:41 PM
8	RT007	江华	仓储部	5:25 PM
9	RT008	方小妹	仓储部	5:40 PM
10	RT008	陈友	仓储部	6:10 PM
11	RT08	王莹	客服部	6:05 PM
12	RT011	任玉军	客服部	5:55 PM
13	RT012	鲍骏	客服部	5:47 PM
14	RT013	王启秀	客服部	5:50 PM
15	RT014	张宇	客服部	5:42 PM
16	RT015	张鹤鸣	客服部	6:05 PM
17	RT016	黄俊	客服部	5:55 PM
18	RT017	肖念	客服部	5:47 PM

图 1-30

1.2 使用快捷键重复输入数据

在日常工作中，经常出现要在一些单元格中输入相同的数据，一般可以利用复制、填充和快捷键等方法进行输入。但是遇到大量重复输入数据时，使用快捷键往往更加有效。

1.2.1 一次性填充多条产品类别

在 Excel 中处理大数据时，会需要大量输入相同的数据，此时可以使用快捷键来实现输入，具体操作如下。

❶ 打开实例文件，首先在 D2 单元格中输入首个数据，然后用鼠标选中需要填充数据的单元格区域。注意，区域一定要包含首个数据所在的单元格，如图 1-31 所示。

❷ 此时只要按“Ctrl+D”组合键即可实现瞬间填充，如图 1-32 所示。

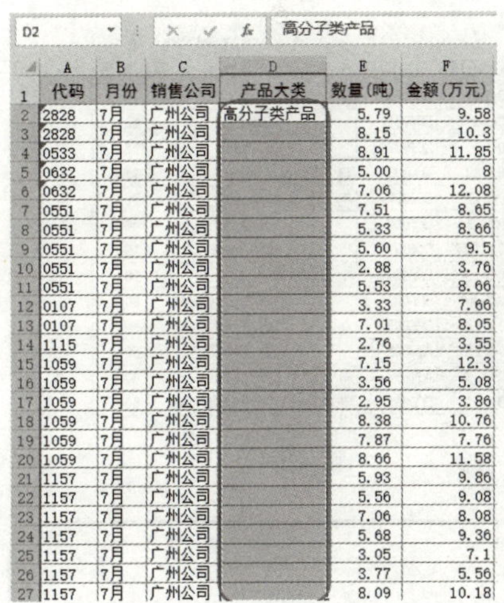

D2 高分子类产品

	A	B	C	D	E	F
1	代码	月份	销售公司	产品大类	数量(吨)	金额(万元)
2	2828	7月	广州公司	高分子类产品	5.79	9.58
3	2828	7月	广州公司		8.15	10.3
4	0533	7月	广州公司		8.91	11.85
5	0632	7月	广州公司		5.00	8
6	0632	7月	广州公司		7.06	12.08
7	0551	7月	广州公司		7.51	8.65
8	0551	7月	广州公司		5.33	8.66
9	0551	7月	广州公司		5.60	9.5
10	0551	7月	广州公司		2.88	3.76
11	0551	7月	广州公司		5.53	8.66
12	0107	7月	广州公司		3.33	7.66
13	0107	7月	广州公司		7.01	8.05
14	1115	7月	广州公司		2.76	3.55
15	1059	7月	广州公司		7.15	12.3
16	1059	7月	广州公司		3.56	5.08
17	1059	7月	广州公司		2.95	3.86
18	1059	7月	广州公司		8.38	10.76
19	1059	7月	广州公司		7.87	7.76
20	1059	7月	广州公司		8.66	11.58
21	1157	7月	广州公司		5.93	9.86
22	1157	7月	广州公司		5.56	9.08
23	1157	7月	广州公司		7.06	8.08
24	1157	7月	广州公司		5.68	9.36
25	1157	7月	广州公司		3.05	7.1
26	1157	7月	广州公司		3.77	5.56
27	1157	7月	广州公司		8.09	10.18

图 1-31

	A	B	C	D	E	F
1	代码	月份	销售公司	产品大类	数量(吨)	金额(万元)
2	2828	7月	广州公司	高分子类产品	5.79	9.58
3	2828	7月	广州公司	高分子类产品	8.15	10.3
4	0533	7月	广州公司	高分子类产品	8.91	11.85
5	0632	7月	广州公司	高分子类产品	5.00	8
6	0632	7月	广州公司	高分子类产品	7.06	12.08
7	0551	7月	广州公司	高分子类产品	7.51	8.65
8	0551	7月	广州公司	高分子类产品	5.33	8.66
9	0551	7月	广州公司	高分子类产品	5.60	9.5
10	0551	7月	广州公司	高分子类产品	2.88	3.76
11	0551	7月	广州公司	高分子类产品	5.53	8.66
12	0107	7月	广州公司	高分子类产品	3.33	7.66
13	0107	7月	广州公司	高分子类产品	7.01	8.05
14	1115	7月	广州公司	高分子类产品	2.76	3.55
15	1059	7月	广州公司	高分子类产品	7.15	12.3
16	1059	7月	广州公司	高分子类产品	3.56	5.08
17	1059	7月	广州公司	高分子类产品	2.95	3.86
18	1059	7月	广州公司	高分子类产品	8.38	10.76
19	1059	7月	广州公司	高分子类产品	7.87	7.76
20	1059	7月	广州公司	高分子类产品	8.66	11.58
21	1157	7月	广州公司	高分子类产品	5.93	9.86
22	1157	7月	广州公司	高分子类产品	5.56	9.08
23	1157	7月	广州公司	高分子类产品	7.06	8.08
24	1157	7月	广州公司	高分子类产品	5.68	9.36
25	1157	7月	广州公司	高分子类产品	3.05	7.1
26	1157	7月	广州公司	高分子类产品	3.77	5.56
27	1157	7月	广州公司	高分子类产品	8.09	10.18

说明：

如果要输入数据的区域不是太大，很多人习惯通过拖动的方式来实现快速输入。

图 1-32

通过鼠标拖动的方式选中填充区域固然方便，但是如果要填充的区域非常广泛，例如几千条，就显得力不从心了。此时，可以使用输入单元格地址来选中单元格区域，然后再使用“Ctrl+D”组合键进行数据填充。下面继续实例的操作。

❸ 在工作表的左上角“名称框”中输入需要填充单元格的地址：C2:C100，如图 1-33 所示，按 Enter 键即可选中区域，如图 1-34 所示，然后按“Ctrl+D”组合键进行填充。

C2:C100 | × ✓ fx | 广州公司

	A	B	C	D	E	F
1	代码	月份	销售公司	产品大类	数量(吨)	金额(万元)
2	2828	7月	广州公司	高分子类产品	5.79	9.58
3	2828	7月		高分子类产品	8.15	10.3
4	0533	7月		高分子类产品	8.91	11.85
5	0632	7月		高分子类产品	5.00	8
6	0632	7月		高分子类产品	7.06	12.08
7	0551	7月		高分子类产品	7.51	8.65
8	0551	7月		高分子类产品	5.33	8.66

图 1-33

说明：为方便显示，这里隐藏了部分单元格。

	A	B	C	D	E	F
1	代码	月份	销售公司	产品大类	数量(吨)	金额(万元)
2	2828	7月	广州公司	高分子类产品	5.79	9.58
3	2828	7月		高分子类产品	8.15	10.3
4	0533	7月		高分子类产品	8.91	11.85
5	0632	7月		高分子类产品	5.00	8
6	0632	7月		高分子类产品	7.06	12.08
88	1407	7月		高分子类产品	3.15	7.56
89	1407	7月		高分子类产品	5.69	8.98
90	1407	7月		高分子类产品	5.03	8.06
91	1407	7月		高分子类产品	2.85	3.7
92	1407	7月		高分子类产品	7.69	12.98
93	1631	7月		高分子类产品	8.97	11.96
94	1690	7月		高分子类产品	7.75	7.66
95	1690	7月		高分子类产品	7.69	12.98
96	1690	7月		高分子类产品	3.61	7.85
97	1690	7月		高分子类产品	5.99	9.98
98	1690	7月		高分子类产品	8.61	10.85
99	2322	7月		高分子类产品	8.89	11.78
100	2459	7月		高分子类产品	7.50	12.6

图 1-34

1.2.2 在不连续单元格中输入相同数据

在不连续的单元格中也可以一次性输入相同的数据，具体操作如下。

❶ 打开实例文件，首先按 Ctrl 键依次选中需要填充数据的单元格（可以是单个的，也可以是连续的），然后松开 Ctrl 键。此时的单元格区域仍旧处于被选中状态，并在选中的最后一个单元格的编辑栏中输入填充的数据，如“电流表”，如图 1-35 所示。

❷ 然后按“Ctrl+Enter”组合键，就可以在不连续的单元格中输入相同的数据了，如图 1-36 所示。

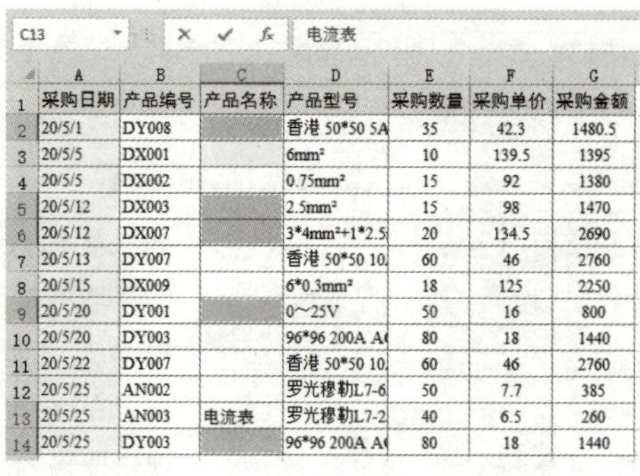

C13 | × ✓ fx | 电流表

	A	B	C	D	E	F	G
1	采购日期	产品编号	产品名称	产品型号	采购数量	采购单价	采购金额
2	20/5/1	DY008		香港 50*50 5A	35	42.3	1480.5
3	20/5/5	DX001		6mm²	10	139.5	1395
4	20/5/5	DX002		0.75mm²	15	92	1380
5	20/5/12	DX003		2.5mm²	15	98	1470
6	20/5/12	DX007		3*4mm²+1*2.5	20	134.5	2690
7	20/5/13	DY007		香港 50*50 10.	60	46	2760
8	20/5/15	DX009		6*0.3mm²	18	125	2250
9	20/5/20	DY001		0～25V	50	16	800
10	20/5/20	DY003		96*96 200A A(	80	18	1440
11	20/5/22	DY007		香港 50*50 10.	60	46	2760
12	20/5/25	AN002		罗光穆勒L7-6	50	7.7	385
13	20/5/25	AN003	电流表	罗光穆勒L7-2	40	6.5	260
14	20/5/25	DY003		96*96 200A A(	80	18	1440

图 1-35

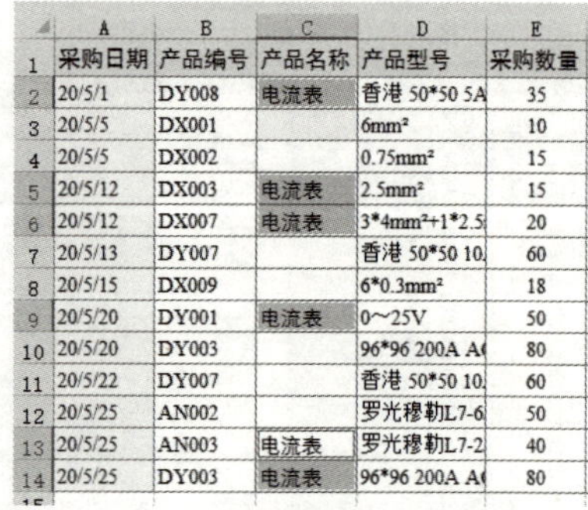

	A	B	C	D	E
1	采购日期	产品编号	产品名称	产品型号	采购数量
2	20/5/1	DY008	电流表	香港 50*50 5A	35
3	20/5/5	DX001		6mm²	10
4	20/5/5	DX002		0.75mm²	15
5	20/5/12	DX003	电流表	2.5mm²	15
6	20/5/12	DX007	电流表	3*4mm²+1*2.5	20
7	20/5/13	DY007		香港 50*50 10.	60
8	20/5/15	DX009		6*0.3mm²	18
9	20/5/20	DY001	电流表	0～25V	50
10	20/5/20	DY003		96*96 200A A(	80
11	20/5/22	DY007		香港 50*50 10.	60
12	20/5/25	AN002		罗光穆勒L7-6	50
13	20/5/25	AN003	电流表	罗光穆勒L7-2	40
14	20/5/25	DY003	电流表	96*96 200A A(	80

图 1-36

专家提示

在选择多个不连续的单元格后松开 Ctrl 键，且在未输入填充数据之前，千万不要在其他任意单元格上单击鼠标，否则就会取消之前的选中操作，无法实现一次性输入了。

1.2.3 一次性建立全年各月销售表单的基础数据

如果多张工作表都存在完全相同的数据，那么可以先将这些工作表组建为一个工作组，然后在其中一张工作表中输入数据，此时其他的工作表也会有相同的效果。例如在“一月销售”“二月销售”“三月销售”这三张工作表中输入相同的数据，具体操作如下。

❶ 打开实例文件，首先按住“Ctrl”键不放，分别在三张工作表的标签上单击，选中后它们就形成一个工作组。然后直接在“一月销售”工作表中输入数据，并设置相关文字与单元格的格式，如图 1-37 所示。

❷ 切换到“二月销售”“三月销售”工作表中，可以看到这两张工作表中也有了完全相同的数据，如图 1-38、图 1-39 所示。

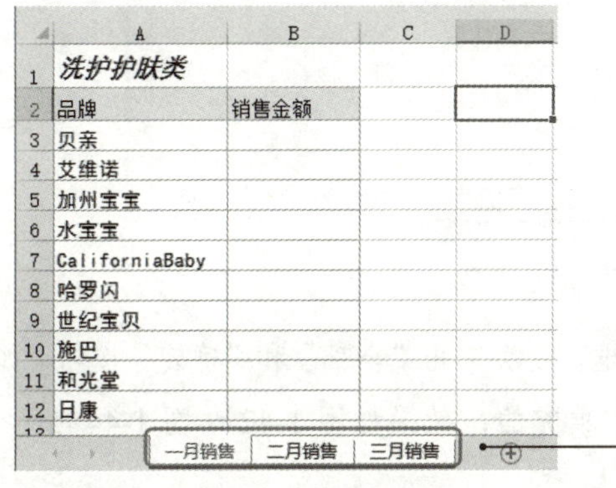

	A	B	C	D
1	洗护护肤类			
2	品牌	销售金额		
3	贝亲			
4	艾维诺			
5	加州宝宝			
6	水宝宝			
7	CaliforniaBaby			
8	哈罗闪			
9	世纪宝贝			
10	施巴			
11	和光堂			
12	日康			

说明：

为方便数据显示，本例只使用三张表格来操作。而在工作中可以根据实际需要选择更多的工作表组成工作组。

图 1-37

	A	B	C
1	洗护护肤类		
2	品牌	销售金额	
3	贝亲		
4	艾维诺		
5	加州宝宝		
6	水宝宝		
7	CaliforniaBaby		
8	哈罗闪		
9	世纪宝贝		
10	施巴		
11	和光堂		
12	日康		

一月销售 二月销售 三月销售

图 1- 38

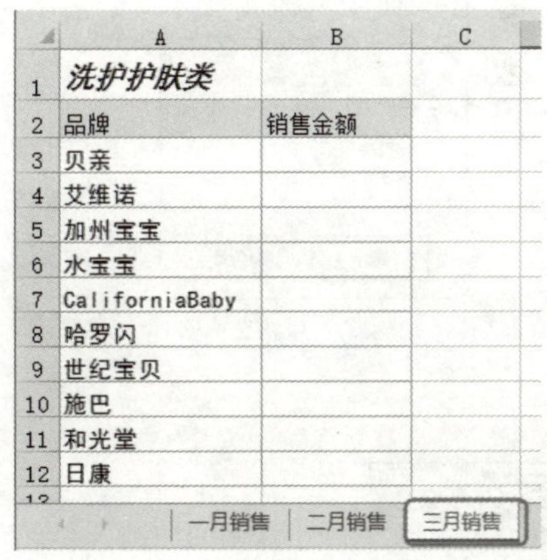

	A	B	C
1	洗护护肤类		
2	品牌	销售金额	
3	贝亲		
4	艾维诺		
5	加州宝宝		
6	水宝宝		
7	CaliforniaBaby		
8	哈罗闪		
9	世纪宝贝		
10	施巴		
11	和光堂		
12	日康		

图 1-39

知识拓展——将重复数据向其他工作表中快速填充

上面讲述了以建立工作组然后再输入内容的方式，一次性在多张工作表中快速输入相同内容的方法。下面讲解在一张工作表中已经输入数据和设置好单元格式，通过填充的方法快速地将其数据填充到其他任意的工作表当中，具体操作如下。

❶ 打开实例文件，单击“1 月销售额”工作表，然后按住 Ctrl 键不放依次选中其他目标工作表的标签，将它们建立为工作组。接着选中“1 月销售额”表中的目标数据，在“开始”选项卡的“编辑”组中单击“填充”按钮，在弹出的下拉菜单中选择“至同组工作表”项，如图 1-40 所示。

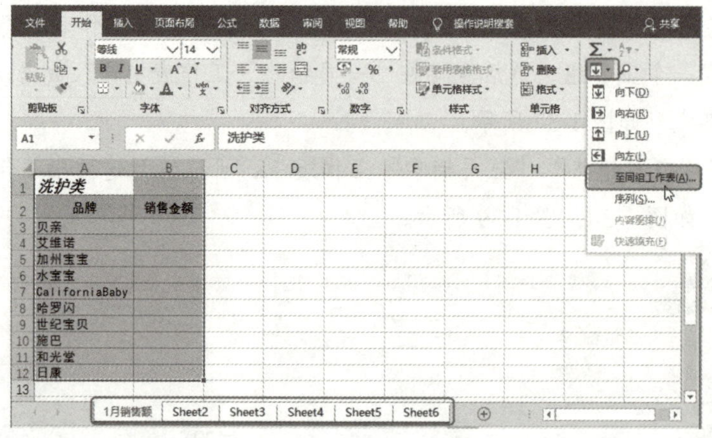

图 1-40

❷ 此时弹出“填充成组工作表”对话框，依次单击“全部”和“确定”按钮，如图 1-41 所示，即可完成操作。注意数据是“原位”填充的，效果如图 1-42 ~ 图 1-44 所示。

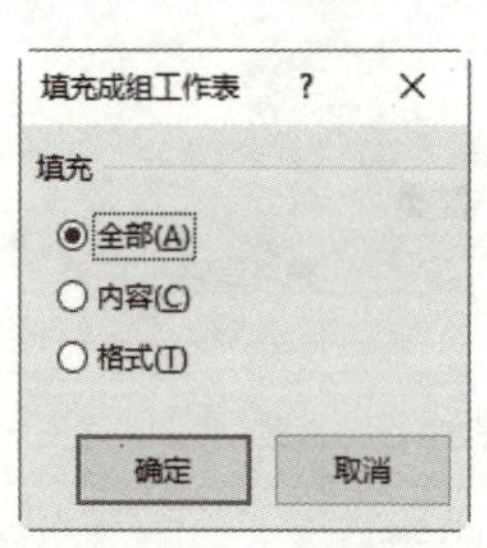

图 1- 41

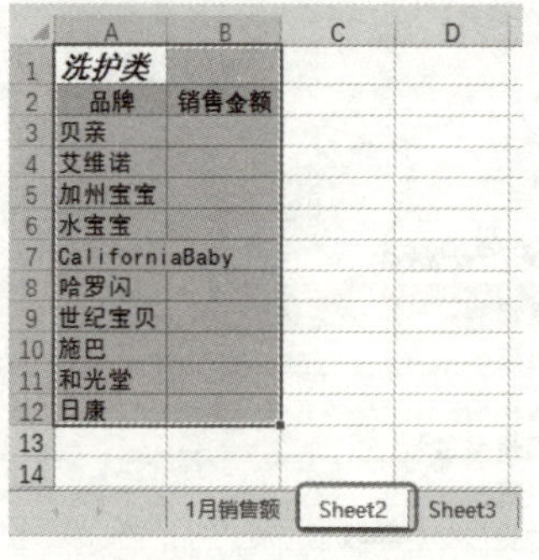

图 1-42

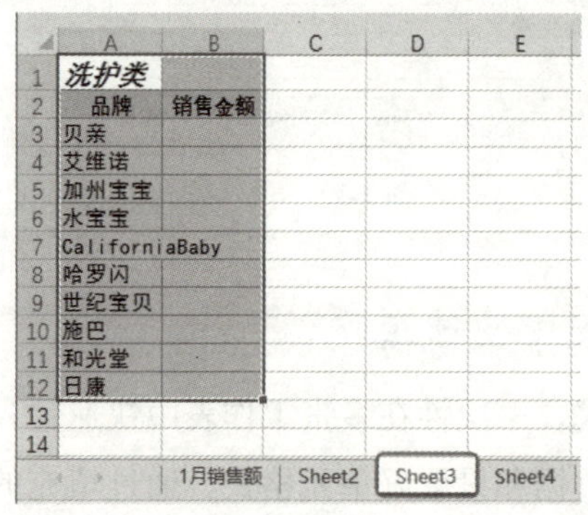

图 1- 43

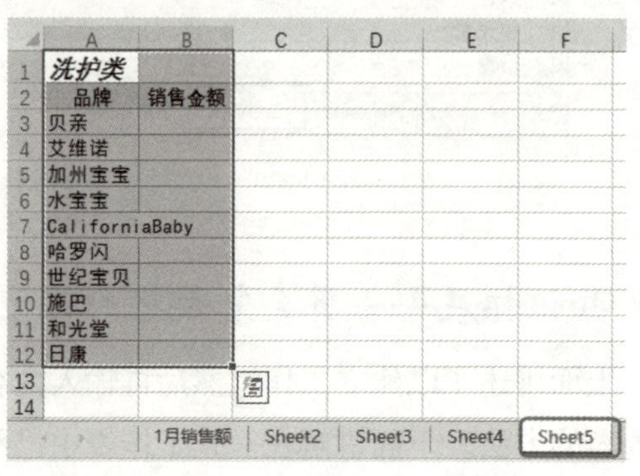

图 1-44

1.2.4 一次性输入大块相同数据

如果大片的单元格区域需要输入同一数据，除了拖动鼠标填充外，还可以使用如下方法一次性填充，填充前要注意可以通过定位法一次性选中目标单元格区域，具体操作如下。

❶ 打开实例文件，在工作表的左上角“名称框”中输入需要填充的地址：C2:E23，如图 1-45 所示，按 Enter 键即可选中单元格区域。

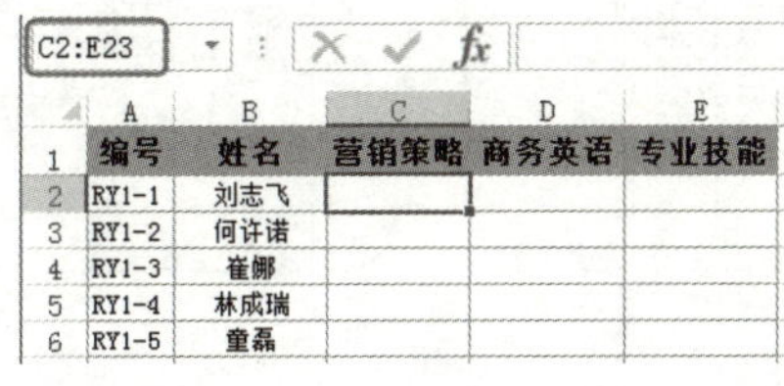

名称框：C2:E23

	A	B	C	D	E
1	编号	姓名	营销策略	商务英语	专业技能
2	RY1-1	刘志飞			
3	RY1-2	何许诺			
4	RY1-3	崔娜			
5	RY1-4	林成瑞			
6	RY1-5	童磊			

图 1-45

❷ 接着将光标定位到“编辑栏”中，输入“合格”，如图 1-46 所示。

❸ 然后按“Ctrl+Enter”组合键，可在选定的单元格区域中填充数据，如图 1-47 所示。

名称框：C2　编辑栏：合格

	A	B	C	D	E	F
1	编号	姓名	营销策略	商务英语	专业技能	
2	RY1-1	刘志飞	合格			
3	RY1-2	何许诺				
4	RY1-3	崔娜				
5	RY1-4	林成瑞				
6	RY1-5	童磊				
7	RY1-6	徐志林				
8	RY1-7	何忆婷				
9	RY2-1	高攀				
10	RY2-2	陈佳佳				
11	RY2-3	陈怡				
12	RY2-4	周蓓				
13	RY2-5	夏慧				
14	RY2-6	韩文信				
15	RY2-7	葛丽				
16	RY2-8	张小河				
17	RY3-1	韩燕				
18	RY3-2	刘江波				
19	RY3-3	王磊				
20	RY3-4	郝艳艳				
21	RY3-5	陶莉莉				
22	RY3-6	李君浩				
23	RY3-7	苏诚				

图 1-46

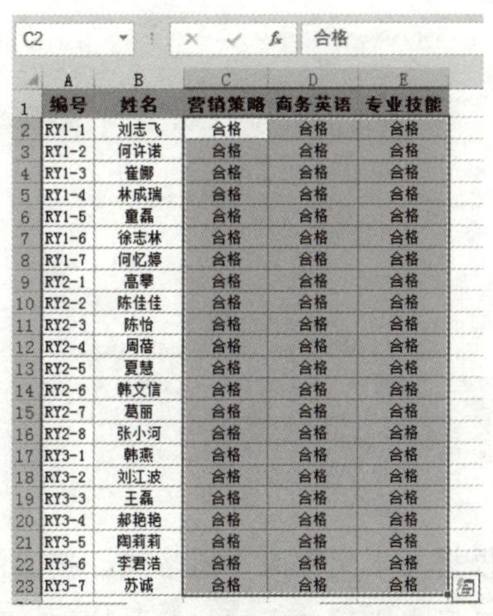

名称框：C2　编辑栏：合格

	A	B	C	D	E
1	编号	姓名	营销策略	商务英语	专业技能
2	RY1-1	刘志飞	合格	合格	合格
3	RY1-2	何许诺	合格	合格	合格
4	RY1-3	崔娜	合格	合格	合格
5	RY1-4	林成瑞	合格	合格	合格
6	RY1-5	童磊	合格	合格	合格
7	RY1-6	徐志林	合格	合格	合格
8	RY1-7	何忆婷	合格	合格	合格
9	RY2-1	高攀	合格	合格	合格
10	RY2-2	陈佳佳	合格	合格	合格
11	RY2-3	陈怡	合格	合格	合格
12	RY2-4	周蓓	合格	合格	合格
13	RY2-5	夏慧	合格	合格	合格
14	RY2-6	韩文信	合格	合格	合格
15	RY2-7	葛丽	合格	合格	合格
16	RY2-8	张小河	合格	合格	合格
17	RY3-1	韩燕	合格	合格	合格
18	RY3-2	刘江波	合格	合格	合格
19	RY3-3	王磊	合格	合格	合格
20	RY3-4	郝艳艳	合格	合格	合格
21	RY3-5	陶莉莉	合格	合格	合格
22	RY3-6	李君浩	合格	合格	合格
23	RY3-7	苏诚	合格	合格	合格

图 1-47

1.3 导入外部数据

要进行数据分析，首先要有数据来源，一般来说数据会有两种途径：一部分来自于公司的销售、财务、人事等部门，例如分析本公司的销售情况、利润情况、成本情况、人员流动情况等（这些数据一般采用手工录入办法）；另一部分数据来自导入，例如导入文本文件中的数据、网站中的数据等。下面来讲解如何在 Excel 中导入外部数据，具体操作如下。

1.3.1 导入本文件数据

❶ 导入如图 1-48 所示的外部文本数据。首先新建一个空白工作簿，然后在“数据”选项卡的“获取和转换数据”组中单击“从文本 /CSV”按钮，如图 1-49 所示。

3月份考勤机数据 - 记事本

文件(F) 编辑(E) 格式(O) 查看(V) 帮助(H)

员工编号	姓名	部门	刷卡日期	上班卡	下班卡
SL-001	李菲菲	生产部	2020/3/1	7:51:52	17:19:15
SL-001	李菲菲	生产部	2020/3/2	7:42:23	17:15:08
SL-001	李菲菲	生产部	2020/3/5	8:10:40	17:19:15
SL-001	李菲菲	生产部	2020/3/6	7:51:52	17:19:15
SL-001	李菲菲	生产部	2020/3/7	7:49:09	17:20:21
SL-001	李菲菲	生产部	2020/3/8	7:58:11	16:55:31
SL-001	李菲菲	生产部	2020/3/9	7:56:53	18:30:22
SL-001	李菲菲	生产部	2020/3/12	7:52:38	17:26:15
SL-001	李菲菲	生产部	2020/3/13	7:52:21	16:50:09
SL-001	李菲菲	生产部	2020/3/14		
SL-001	李菲菲	生产部	2020/3/15	7:51:35	17:21:12
SL-001	李菲菲	生产部	2020/3/16	7:50:36	17:00:23
SL-001	李菲菲	生产部	2020/3/19	7:52:38	17:26:15
SL-001	李菲菲	生产部	2020/3/20	7:52:38	19:22:00
SL-001	李菲菲	生产部	2020/3/21	7:52:38	17:26:15
SL-001	李菲菲	生产部	2020/3/22	7:52:38	17:26:15
SL-001	李菲菲	生产部	2020/3/23	7:52:38	17:26:15
SL-001	李菲菲	生产部	2020/3/26	7:52:38	17:05:10
SL-001	李菲菲	生产部	2020/3/27	7:52:38	17:26:15
SL-001	李菲菲	生产部	2020/3/28	8:10:15	17:09:21
SL-001	李菲菲	生产部	2020/3/29	7:52:38	17:26:15

第1行，第1列

图 1-48

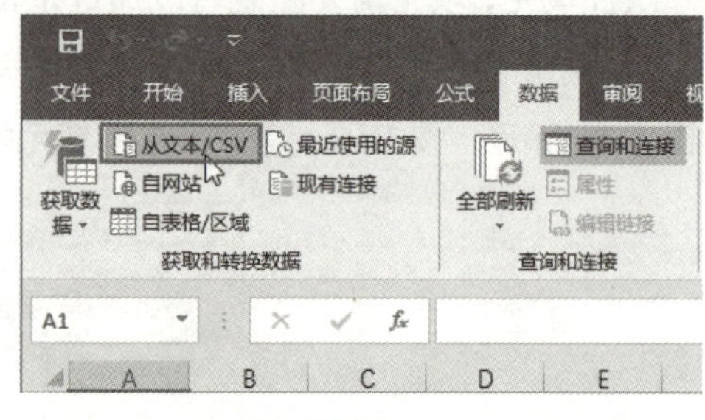

图 1-49

❷ 此时弹出“导入数据”对话框，找到要导入的文本文件（如图 1-50 所示），单击“导入”按钮，打开以文本文件为名的对话框，如图 1-51 所示。

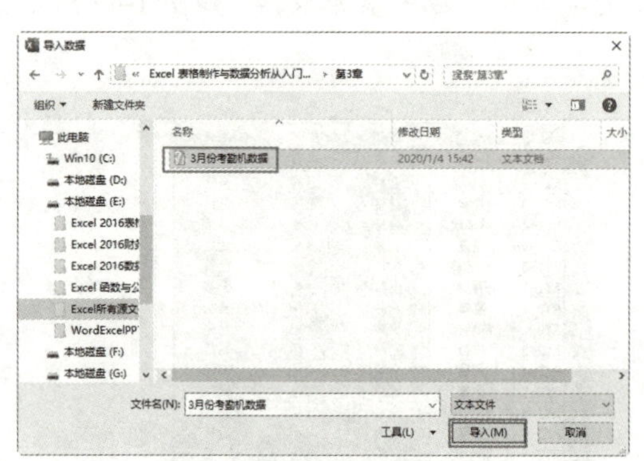

图 1-50

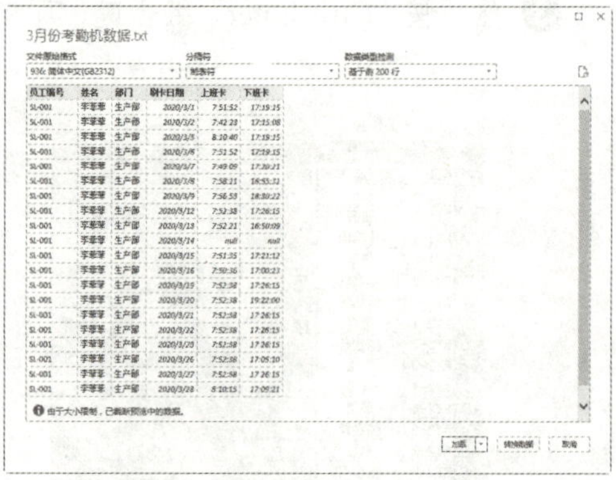

图 1-51

❸ 根据文本文件的不同格式，按实际情况选择不同的分隔符，如图 1-52 所示。

❹ 设置完成后单击“加载”按钮，即可将数据导入到表格中，如图 1-53 所示。

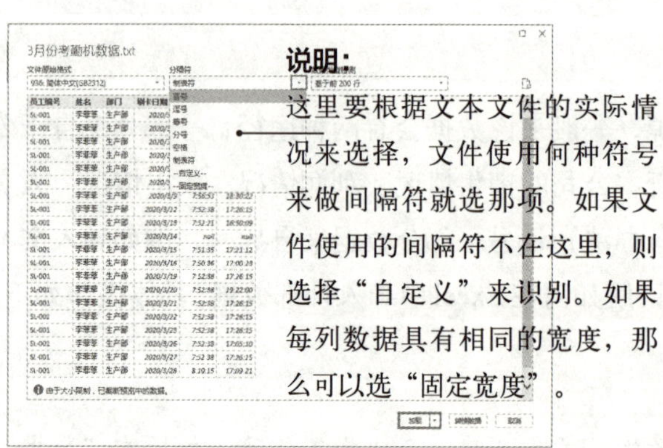

说明：

这里要根据文本文件的实际情况来选择，文件使用何种符号来做间隔符就选那项。如果文件使用的间隔符不在这里，则选择“自定义”来识别。如果每列数据具有相同的宽度，那么可以选“固定宽度”。

图 1-52

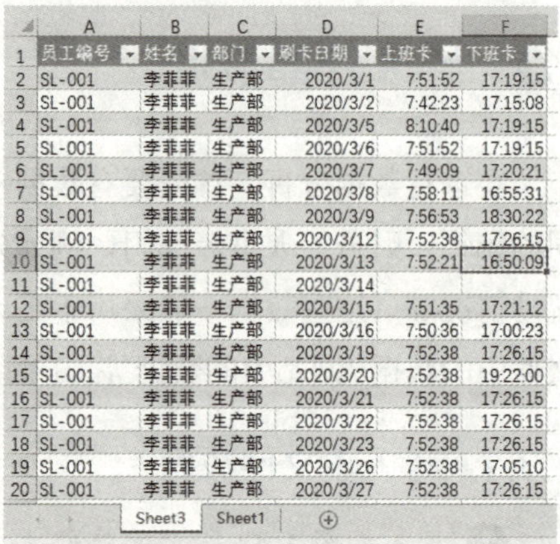

	A	B	C	D	E	F
1	员工编号	姓名	部门	刷卡日期	上班卡	下班卡
2	SL-001	李菲菲	生产部	2020/3/1	7:51:52	17:19:15
3	SL-001	李菲菲	生产部	2020/3/2	7:42:23	17:15:08
4	SL-001	李菲菲	生产部	2020/3/5	8:10:40	17:19:15
5	SL-001	李菲菲	生产部	2020/3/6	7:51:52	17:19:15
6	SL-001	李菲菲	生产部	2020/3/7	7:49:09	17:20:21
7	SL-001	李菲菲	生产部	2020/3/8	7:58:11	16:55:31
8	SL-001	李菲菲	生产部	2020/3/9	7:56:53	18:30:22
9	SL-001	李菲菲	生产部	2020/3/12	7:52:38	17:26:15
10	SL-001	李菲菲	生产部	2020/3/13	7:52:21	16:50:09
11	SL-001	李菲菲	生产部	2020/3/14		
12	SL-001	李菲菲	生产部	2020/3/15	7:51:35	17:21:12
13	SL-001	李菲菲	生产部	2020/3/16	7:50:36	17:00:23
14	SL-001	李菲菲	生产部	2020/3/19	7:52:38	17:26:15
15	SL-001	李菲菲	生产部	2020/3/20	7:52:38	19:22:00
16	SL-001	李菲菲	生产部	2020/3/21	7:52:38	17:26:15
17	SL-001	李菲菲	生产部	2020/3/22	7:52:38	17:26:15
18	SL-001	李菲菲	生产部	2020/3/23	7:52:38	17:26:15
19	SL-001	李菲菲	生产部	2020/3/26	7:52:38	17:05:10
20	SL-001	李菲菲	生产部	2020/3/27	7:52:38	17:26:15

Sheet3 Sheet1

图 1-53

专家提示

想要导入的文本文件其数据一定要有规则，例如，以统一的分隔符进行分隔，或者具有固定的宽度，这样导入的数据才会自动填入相应的单元格中。过于杂乱的文本数据，Excel 难以找到相应的分列规则，即使成功导入也会很杂乱无序。这种情况下，首先应在文本文件中对数据进行整理，然后再进行导入。

1.3.2 从网页中导入数据

在日常工作中，工作表可能需要应用一些网页上的数据。此时可以直接将网页中的数据导入到 Excel 表格中，下面介绍具体操作方法。

❶ 新建一个空白工作薄，在“数据”选项卡的“获取和转换数据”组中单击“自网站”按钮，如图 1-54 所示。

❷ 打开“从 Web”对话框，在“URL”框中输入要导入的网址，单击“确定”按钮，如图 1-55 所示。

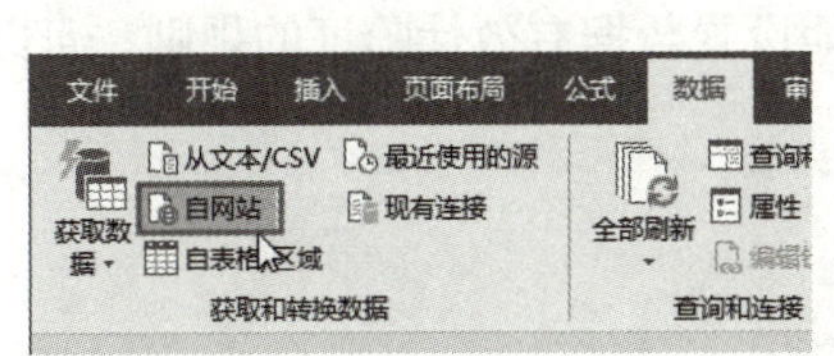

图 1-54

注意：

一定要确认网址中的页面包含表格数据。

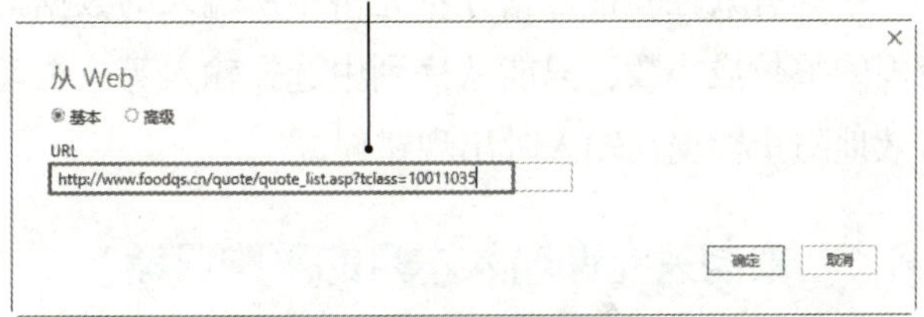

图 1-55

❸ 打开“导航器”对话框，如图 1-56 所示。导航器左侧的选项是当前网页中所有能导入的表格，右侧是这些表格的预览信息，确定好要导入的内容后，单击“加载”按钮，即可将数据导入到表格中，如图 1-57 所示。

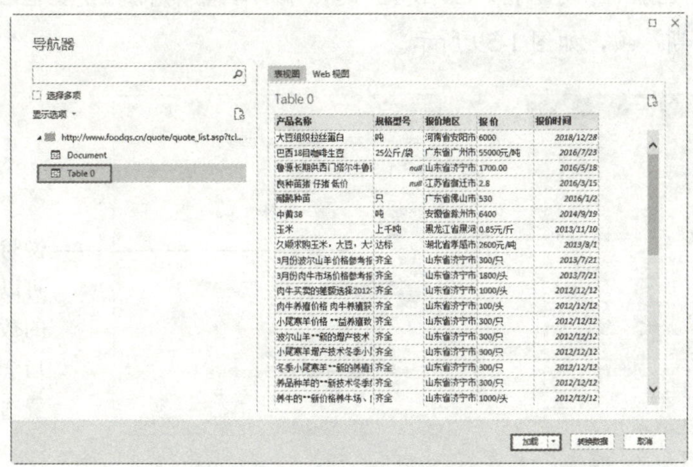

图 1-56

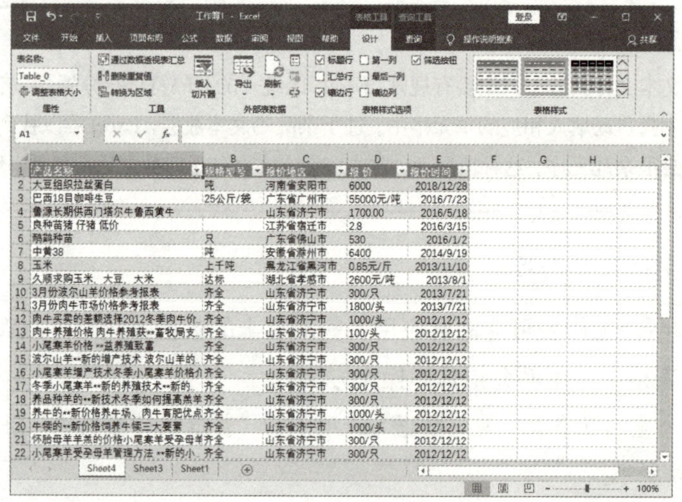

图 1-57

1.4　数据有效性验证

数据有效性验证是指让单元格中所输入的数据都满足一定的要求，例如只能输入指定范围的整数或小数、只能从序列中选择输入等。合理地设置数据有效性验证的规则，可以有效地防止数据在输入时出现错误。

1.4.1　限制只允许输入本月的采购日期

本实例要求输入本月的采购日期，实际上是有两个要求：一是要求只能输入正确格式的日期数据；二是日期数据一定要限定在本月内，具体操作如下。

❶ 打开实例文件，首先选中 A2:A10 单元格区域，然后在“数据”选项卡的“数据工具”组中单击“数据验证”按钮，如图 1-58 所示。

❷ 弹出“数据验证”对话框。在“设置”选项卡中单击“允许”设置框右侧的下拉按钮，在其中选择“日期”项，如图 1-59 所示。

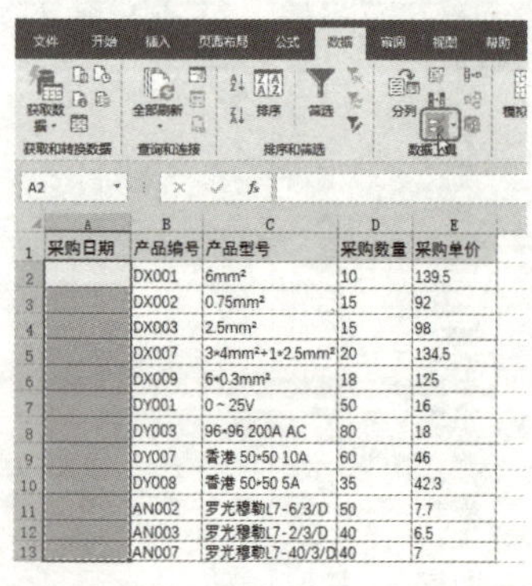

图 1-58

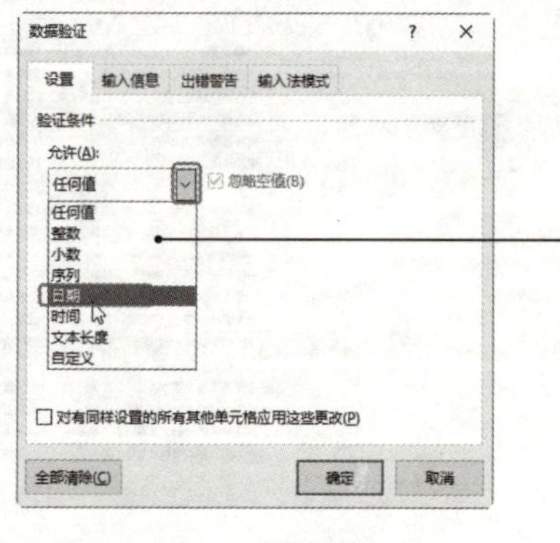

说明：

可以选择设置不同的数据类型，选择后会展开具体的设置选项。

图 1-59

❸ 接着在“开始日期”与“结束日期”文本框中设定最大和最小的日期，并单击“确定”按钮返回到工作表中，如图 1-60 所示。

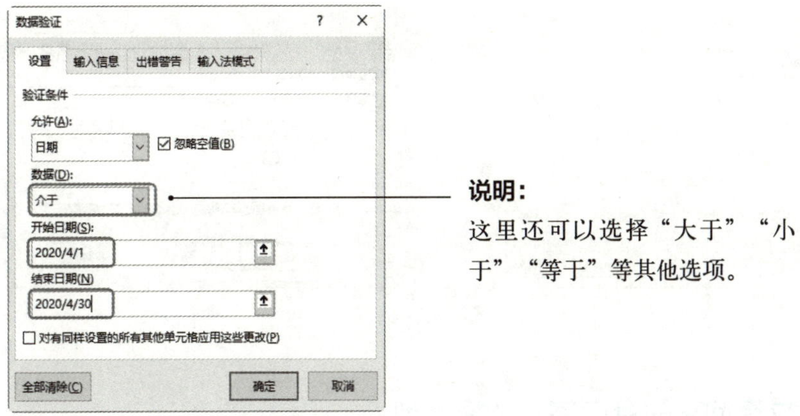

图 1-60

❹ 此时在 A2:A10 单元格区域中输入正确的日期才能显示。如果输入的数据是 Excel 不能识别的标准日期，那么按 Enter 键输入时 Excel 都会弹出如图 1-61 所示的提示框；或者输入的数据不是在设定范围的日期内，那么 Excel 也会弹出错误提示，如图 1-62 所示。

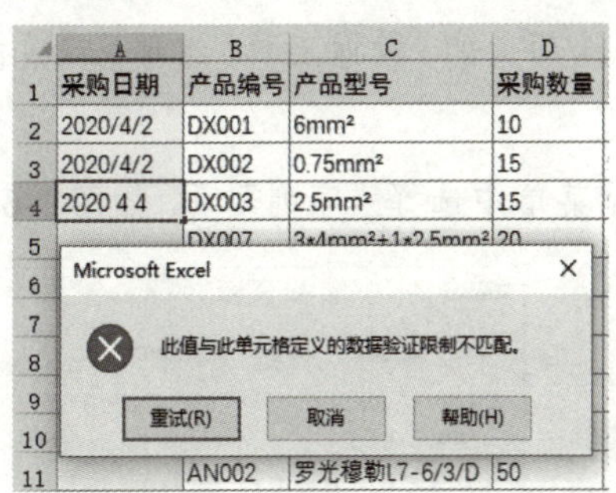

图 1-61

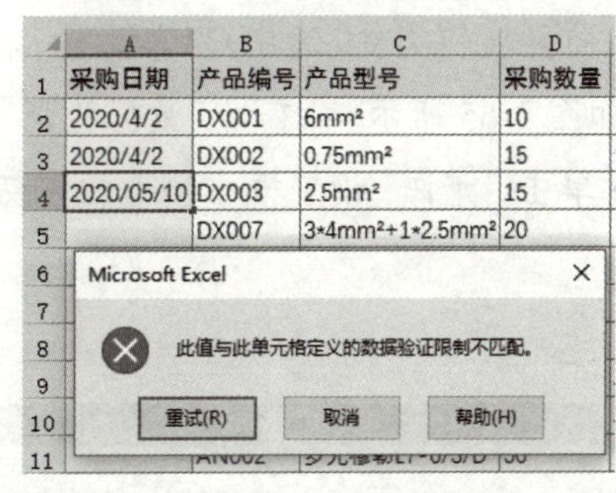

图 1-62

专家提示

在单元格中输入日期时，需要借助符号将数字相连接才能被 Excel 识别。一般是使用符号“-”（如 2020-4-2）或者“/”（如 2020/4/2）相连来输入。如果不带年份输入，如“4/2”，这样 Excel 会默认为是当前年的日期。这些数据都是 Excel 可以识别的日期格式，但是有些使用者喜欢输入如“2020.4.1”“2020 4 1”这样格式的日期，导致 Excel 无法识别。严格来说它们不能称为日期数据，一旦进行数据计算将会出错。因此使用数据验证的方法可以在一定程度上规范数据的格式。

知识拓展——禁止采购数量输入小数值

在表格中有些数据是不允许存在小数形式的，例如采购数量、人数核算等。如图 1-63 所示，设置数据验证只允许输入整数，当输入小数时就会显示出错误提示，如图 1-64 所示。

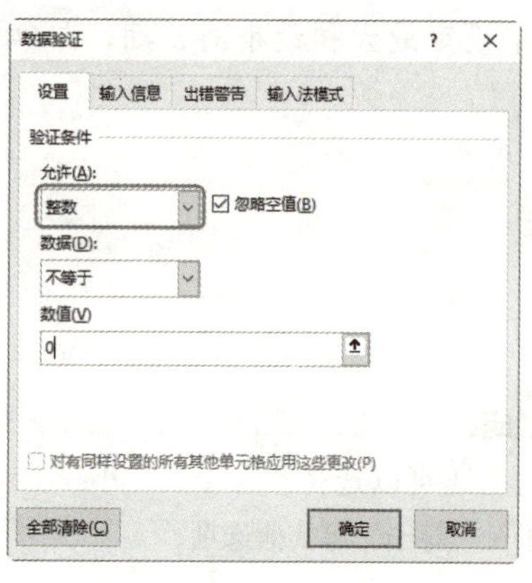

图 1-63

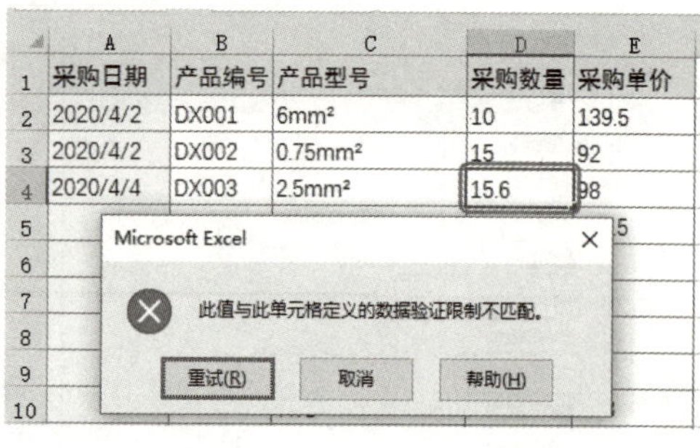

图 1-64

1.4.2 建立查询表的查询序号选择序列

在日常工作中，经常遇到具有数据选择功能的单元格，比如在实现数据查询时，具体查询的对象可以从下拉列表中进行选择，这样的效果就是通过数据验证功能来实现的。例如在本例中建立一个员工信息的查询表，而对于查询的编号则需要通过下拉列表进行选择，具体操作如下。

❶ 打开实例文件，选中C2单元格，在“数据”选项卡的“数据工具”组单击“数据验证”按钮，如图 1-65 所示，打开“数据验证”对话框。

❷ 单击“允许”设置框右侧下拉按钮，在下拉菜单中选择“序列”项，如图 1-66 所示。

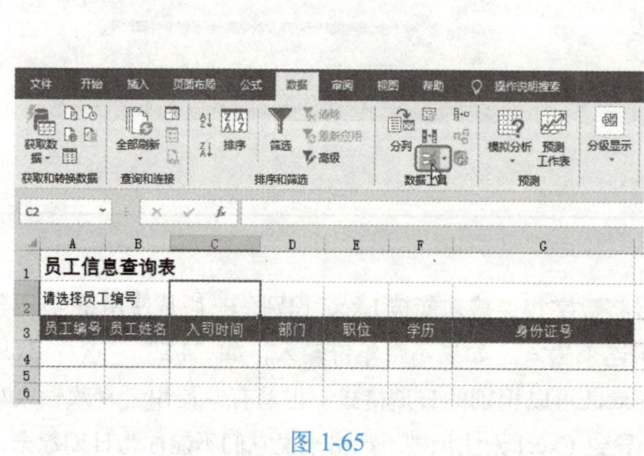

图 1-65

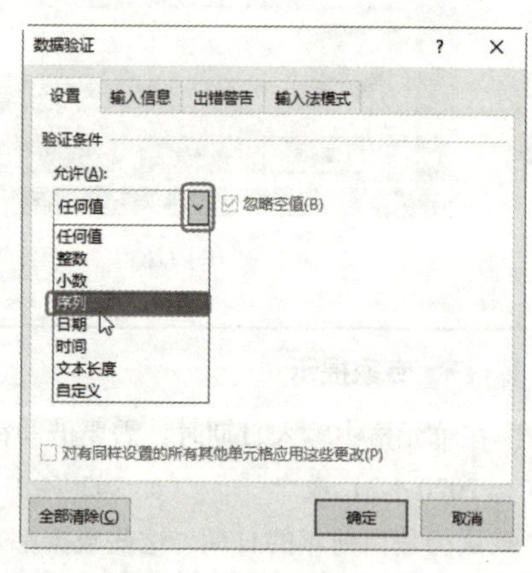

图 1-66

❸ 接着可以看到一个“来源”设置框，单击右侧的按钮（如图 1-67 所示）。此时切换到“员工信息表”中去选择“员工编号”序列区域，如图 1-68 所示。

❹ 选中后，单击按钮返回“数据验证”对话框，再单击“确定”按钮完成设置。这时可以看到只要选中C2单元格就可以出现一个下拉按钮，单击后就可以出现一个可选择的列表，如图 1-69 所示。

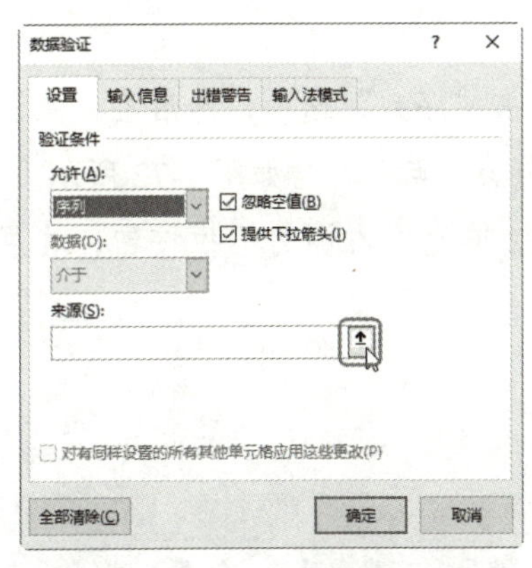

图 1-67

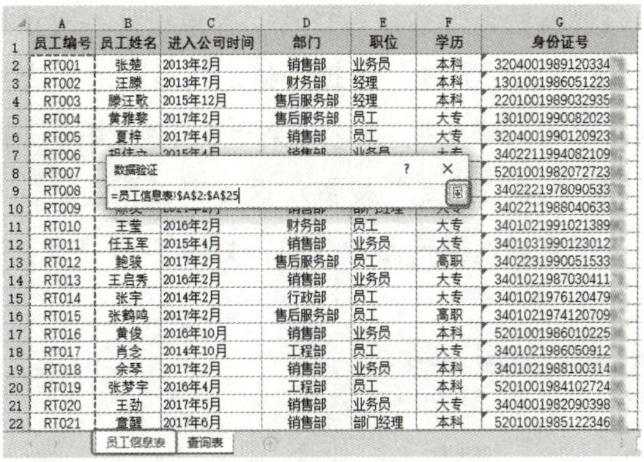

	A	B	C	D	E	F	G
1	员工编号	员工姓名	进入公司时间	部门	职位	学历	身份证号
2	RT001	张楚	2013年2月	销售部	业务员	本科	3204001989120334
3	RT002	汪滕	2013年7月	财务部	经理	本科	1301001986051223
4	RT003	滕汪歌	2015年12月	售后服务部	经理	本科	2201001989032935
5	RT004	黄雅黎	2017年2月	售后服务部	员工	大专	1301001990082023
6	RT005	夏梓	2017年4月	销售部	员工	大专	3204001990120923
7	RT006	[illegible]	[illegible]	[illegible]	[illegible]	[illegible]	3402211994082109
8	RT007						5201001982072723
9	RT008						3402221978090533
10	RT009	[illegible]	[illegible]	[illegible]	[illegible]	[illegible]	3402211988040633
11	RT010	王莹	2016年2月	财务部	员工	大专	3401021991021389
12	RT011	任玉军	2015年4月	销售部	业务员	大专	3401031990123012
13	RT012	鲍骏	2017年2月	售后服务部	员工	高职	3402231990051533
14	RT013	王启秀	2016年2月	销售部	业务员	大专	3401021987030411
15	RT014	张宇	2014年2月	行政部	员工	大专	3401021976120479
16	RT015	张鹤鸣	2017年2月	售后服务部	员工	高职	3401021974120709
17	RT016	黄俊	2016年10月	销售部	业务员	本科	5201001986010225
18	RT017	肖念	2014年10月	工程部	员工	大专	3401021986050912
19	RT018	余琴	2017年2月	销售部	业务员	本科	3401021988100314
20	RT019	张梦宇	2016年4月	工程部	员工	本科	5201001984102724
21	RT020	王劲	2017年5月	销售部	业务员	大专	3404001982090398
22	RT021	章龌	2017年6月	销售部	部门经理	本科	5201001985122346

数据验证

=员工信息表!$A$2:$A$25

员工信息表 | 查询表

图 1-68

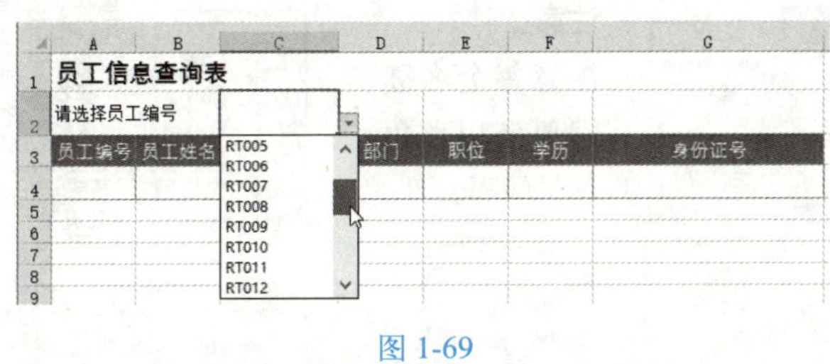

图 1-69

❺ 通过公式的设置，实现选择任意编号就可以查询到与编号对应员工的详细信息，如图 1-70 和图 1-71 所示。

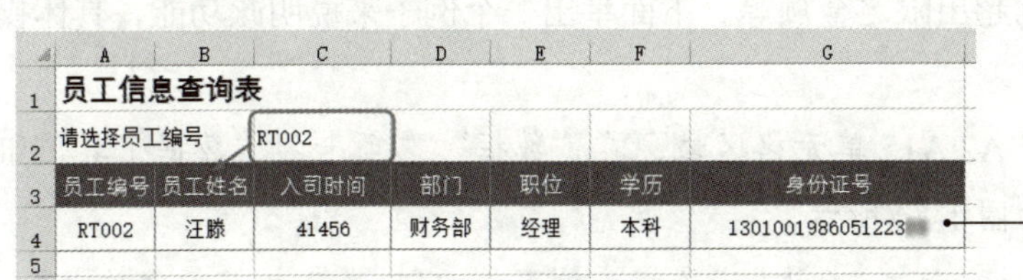

注意：

查询结果不是自动出现的，而是通过公式的设置，实现根据 C2 单元格中不同的编号自动查询。

图 1-70

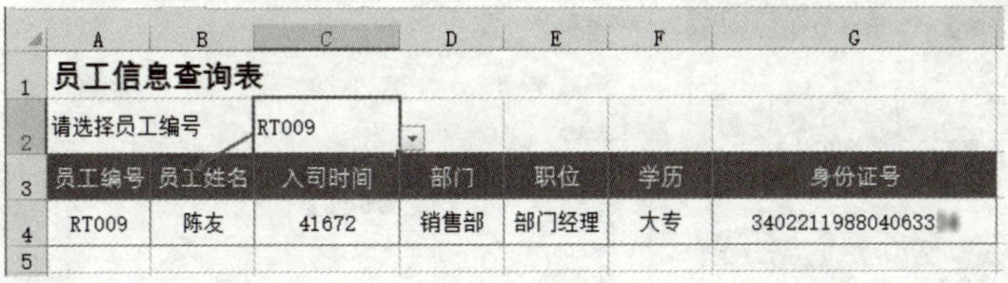

	A	B	C	D	E	F	G
1	员工信息查询表						
2	请选择员工编号		RT009				
3	员工编号	员工姓名	入司时间	部门	职位	学历	身份证号
4	RT009	陈友	41672	销售部	部门经理	大专	3402211988040633
5							

图 1-71

知识拓展——只允许选择输入几个产品大类

当某些单元格中可输入的数据只有固定几项时（如加班性质、所属部门、产品分类等），可以通过数据验证来进行设置，具体操作如下。

❶ 打开实例文件，选中目标单元格区域，在“数据”选项卡“数据工具”选项组中

单击“数据验证”按钮，打开“数据验证”对话框。

❷ 单击“允许”下拉按钮，在展开的列表框中单击“序列”选项，然后在“来源”文本框中输入“坚果 / 炒货 , 果干 / 蜜饯 , 饼干 / 膨化 , 糕点 / 点心”，如图 1-72 所示。

❸ 单击“确定”按钮，返回到工作表中，单击 C2 单元格右侧的下拉按钮，在展开的菜单中可以选择产品的分类，如图 1-73 所示。

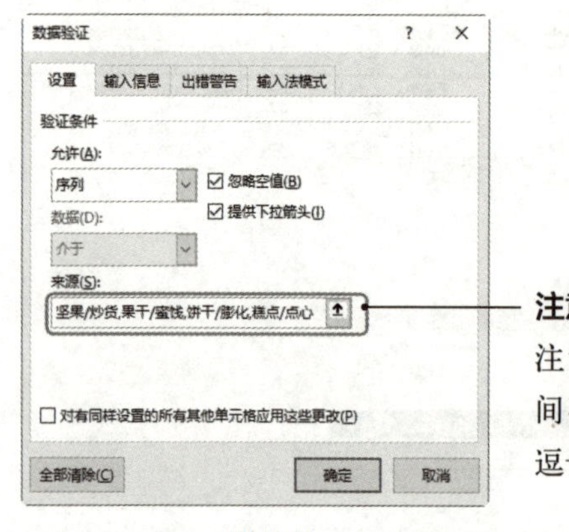

注意：
注意每个名称间要使用半角逗号间隔。

图 1-72

	A	B	C	D
1	编号	产品名称	分类	规格（克）
2	001	碧根果		210
3	002	夏威夷果	坚果/炒货	265
4	003	开口松子	果干/蜜饯	218
5	004	奶油瓜子	饼干/膨化	168
6	005	紫薯花生	糕点/点心	120
7	006	山核桃仁		155
8	007	炭烧腰果		185
9	008	芒果干		116
10	009	草莓干		106

图 1-73

1.4.3 禁止输入重复的产品编号

通过公式建立验证条件可以设置更广泛、更灵活的数据验证，例如避免输入重复编号、禁止输入空格、避免求和数据超出限定金额等。下面举出一个例子来说明此功能，具体操作如下。

❶ 打开实例文件，选中 A2:A15 单元格区域，在“数据”选项卡的“数据工具”组中单击“数据验证”按钮，如图 1-74 所示。

❷ 打开“数据验证”对话框，单击“允许”设置框右侧下拉按钮，在下拉菜单中单击“自定义”。接着在“公式”文本框中输入“=COUNTIF（A:A,A2）=1”，如图 1-75 所示。

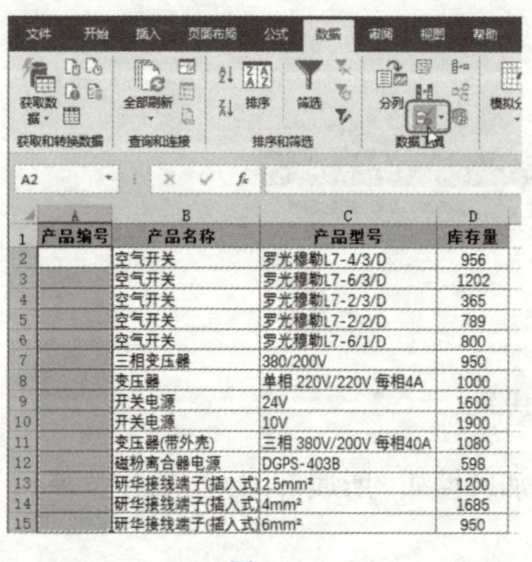

	A	B	C	D
1	产品编号	产品名称	产品型号	库存量
2		空气开关	罗光穆勒L7-4/3/D	956
3		空气开关	罗光穆勒L7-6/3/D	1202
4		空气开关	罗光穆勒L7-2/3/D	365
5		空气开关	罗光穆勒L7-2/2/D	789
6		空气开关	罗光穆勒L7-6/1/D	800
7		三相变压器	380/200V	950
8		变压器	单相 220V/220V 每相4A	1000
9		开关电源	24V	1600
10		开关电源	10V	1900
11		变压器(带外壳)	三相 380V/200V 每相40A	1080
12		磁粉离合器电源	DGPS-403B	598
13		研华接线端子(插入式)	2.5mm²	1200
14		研华接线端子(插入式)	4mm²	1685
15		研华接线端子(插入式)	6mm²	950

图 1-74

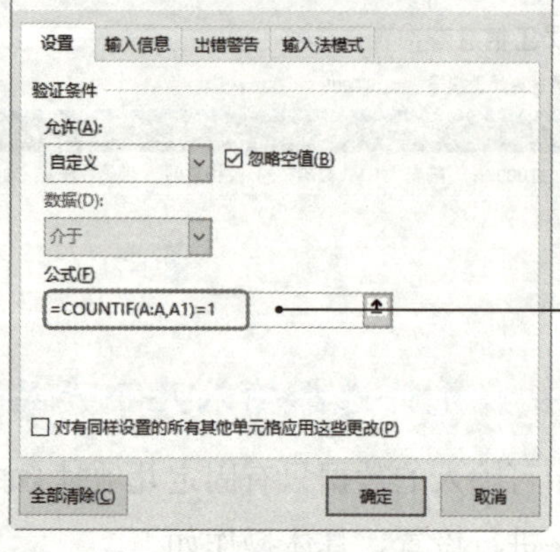

公式解释：
公式的作用是：判断在第 A 列（A:A）中等于 A2 数值的个数是否为 1。在设置完成后，选中的每一个单元格都会判断其数据是否在列表中唯一。

图 1-75

❸ 单击“确定”按钮，返回到工作表中。此时在 A 列中输入的数据不能出现重复，否则会弹出如图 1-76 所示的提示框。

	A	B	C	D
1	产品编号	产品名称	产品型号	库存量
2	AN001	空气开关	罗光穆勒L7-4/3/D	956
3	AN002	空气开关	罗光穆勒L7-6/3/D	1202
4	AN003	空气开关	罗光穆勒L7-2/3/D	365
5	AN004	空气开关	罗光穆勒L7-2/2/D	789
6	AN005	空气开关	罗光穆勒L7-6/1/D	800
7	BY001	三相变压器	380/200V	950
8	BY001	变压器	单相 220V/220V 每相4A	1000
9				1600
10				1900
11				1080
12				598
13				1200
14				1685
15				950

Microsoft Excel

此值与此单元格定义的数据验证限制不匹配。

重试(R) 取消 帮助(H)

图 1-76

知识拓展——禁止出库数量大于库存数

在日常办公中，月末要编辑产品的库存表，其中记录了上月的结余量和本月的入库量。当产品出库时，显然出库数量应当小于库存数。为了保证及时发现错误，需要设置数据验证，禁止输入的出库数量大于库存数量。在如图 1-77 所示的产品库存表中，设置数据验证后，当输入的出库数量大于库存数量时就会弹出错误提示，具体操作如下。

❶ 打开实例文件，选中 F2:F14 单元格区域，在“数据”选项卡“数据工具”选项组中单击“数据验证”，打开“数据验证”对话框。

❷ 在“允许”框下拉菜单中单击“自定义”选项，在“公式”文本框中输入公式“=D2+E2>F2”，如图 1-78 所示。

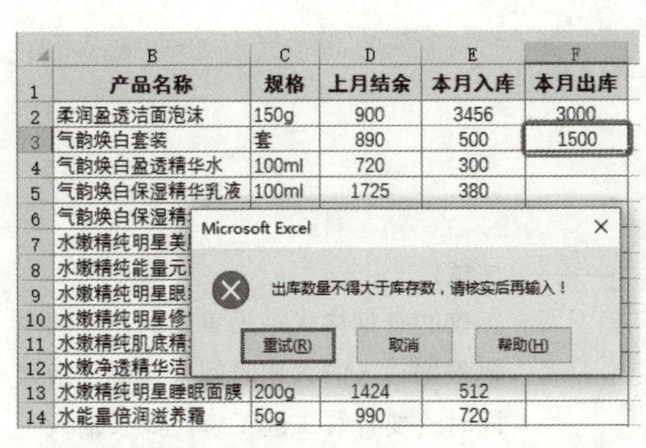

	B	C	D	E	F
1	产品名称	规格	上月结余	本月入库	本月出库
2	柔润盈透洁面泡沫	150g	900	3456	3000
3	气韵焕白套装	套	890	500	1500
4	气韵焕白盈透精华水	100ml	720	300	
5	气韵焕白保湿精华乳液	100ml	1725	380	
6	气韵焕白保湿精				
7	水嫩精纯明星美				
8	水嫩精纯能量元				
9	水嫩精纯明星眼				
10	水嫩精纯明星修				
11	水嫩精纯肌底精				
12	水嫩净透精华洁				
13	水嫩精纯明星睡眠面膜	200g	1424	512	
14	水能量倍润滋养霜	50g	990	720	

Microsoft Excel

出库数量不得大于库存数，请核实后再输入！

重试(R) 取消 帮助(H)

图 1-77

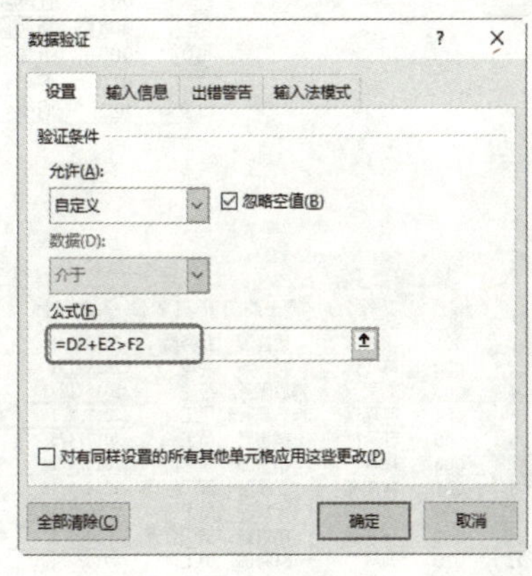

图 1-78

1.4.4 工龄工资计算表中提示输入正确格式的日期

Excel 为单元格设置数据有效性验证时，还可以为其添加输入提示。即设置后，当光标指向单元格时，系统会显示输入提示，从而达到提示输入正确数据的目的，具体操作如下。

❶ 打开实例文件，选中需要设置验证的单元格区域 E2:E16，在“数据”选项卡的“数据工具”组单击“数据验证”按钮，如图 1-79 所示，打开“数据验证”对话框。

❷ 单击“输入信息”选项卡，在“标题”和“输入信息”文本框中输入要提示的信息，如图 1-80 所示。

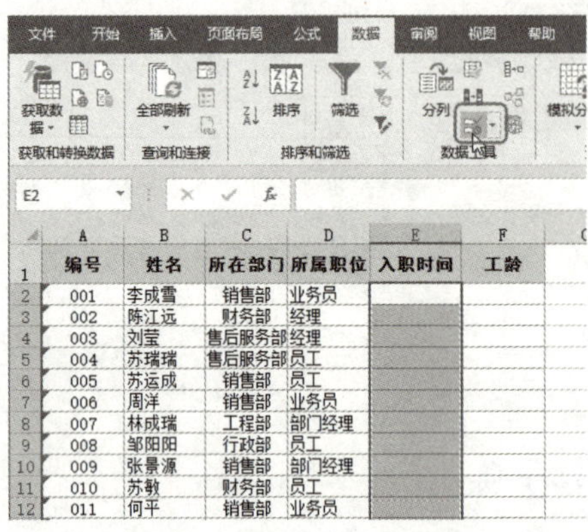

	A	B	C	D	E	F
1	编号	姓名	所在部门	所属职位	入职时间	工龄
2	001	李成雪	销售部	业务员		
3	002	陈江远	财务部	经理		
4	003	刘莹	售后服务部	经理		
5	004	苏瑞瑞	售后服务部	员工		
6	005	苏运成	销售部	员工		
7	006	周洋	销售部	业务员		
8	007	林成瑞	工程部	部门经理		
9	008	邹阳阳	行政部	员工		
10	009	张景源	销售部	部门经理		
11	010	苏敏	财务部	员工		
12	011	何平	销售部	业务员		

图 1-79

数据验证 ? ×

设置 输入信息 出错警告 输入法模式

☑ 选定单元格时显示输入信息(S)

选定单元格时显示下列输入信息:

标题(T):

输入信息(I):

请输入正确格式的日期，如：2020/3/1

全部清除(C) 确定 取消

图 1-80

❸ 单击“确定”按钮返回到工作表中，只要选中设置了数据验证的单元格时，系统会显示出所设置的提示信息，如图 1-81 所示。

	A	B	C	D	E	F
1	编号	姓名	所在部门	所属职位	入职时间	工龄
2	001	李成雪	销售部	业务员		
3	002	陈江远	财务部	经理		
4	003	刘莹	售后服务部	经理		
5	004	苏瑞瑞	售后服务部	员工		
6	005	苏运成	销售部	员工		
7	006	周洋	销售部	业务员		
8	007	林成瑞	工程部	部门经理		
9	008	邹阳阳	行政部	员工		
10	009	张景源	销售部	部门经理		
11	010	苏敏	财务部	员工		
12	011	何平	销售部	业务员		

请输入正确格式的日期，如：2020/3/1

图 1-81

	A	B	C	D	E	F	G
1	编号	姓名	所在部门	所属职位	入职时间	工龄	工龄工资
2	001	李成雪	销售部	业务员	2013/3/1	7	500
3	002	陈江远	财务部	经理	2014/7/1	6	400
4	003	刘莹	售后服务部	经理	2015/12/1	5	300
5	004	苏瑞瑞	售后服务部	员工	2017.2.1	#VALUE!	#VALUE!
6	005	苏运成	销售部	员工	2017/4/5	3	100
7	006	周洋	销售部	业务员	2015/4/14	5	300
8	007	林成瑞	工程部	部门经理	2014/6/14	6	400
9	008	邹阳阳	行政部	员工	2016/1/28	4	200
10	009	张景源	销售部	部门经理	2014 2 2	#VALUE!	#VALUE!
11	010	苏敏	财务部	员工	2016/2/19	4	200
12	011	何平	销售部	业务员	2015/4/7	5	300
13	012	李梅	售后服务部	员工	2017/2/25	3	100
14	013	何艳红	销售部	业务员	2016/2/25	4	200
15	014	胡平	行政部	员工	2014/2/25	6	400

图 1-82

注意：

正确的日期格式是很重要的。本例中要根据输入的入职时间来计算工龄，同时还要计算工龄工资。如果输入了错误的入职日期，则会导致一系列的计算错误，如图 1-82 所示。

第2章 表格数据整理、分析查看

2.1 数据整理

由于数据的来源各不相同，会造成原始数据比较凌乱。因此在统计分析前经常需要进行一系列的整理操作，如在数据中对重复值、空白数据、文本数字等的处理。

2.1.1 删除采购计划表中重复统计的记录

如果表格有少量的重复数据，手工处理则不会太麻烦。但如果重复数据过多，再机械地手工处理就会显得力不从心了。下面讲解快速删除重复数据的方法，具体操作如下。

❶ 打开实例文件，选中数据表格任意单元格。在“数据”选项卡“数据工具”组中单击“删除重复值”按钮（如图 2-1 所示），弹出“删除重复值”对话框。

❷ 在“列”区域中保持默认选项，如图 2-2 所示。

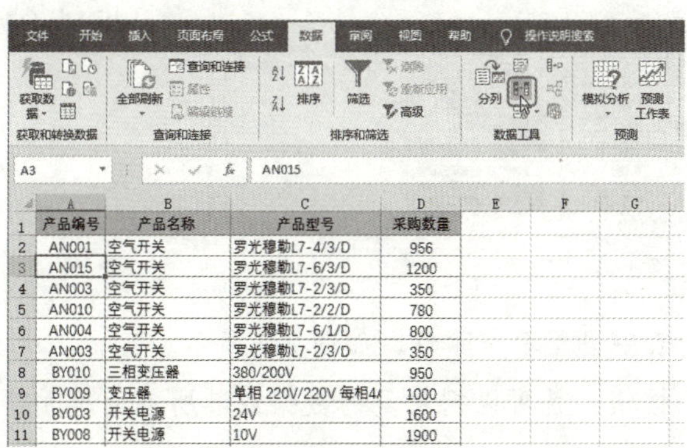

	A	B	C	D
1	产品编号	产品名称	产品型号	采购数量
2	AN001	空气开关	罗光穆勒L7-4/3/D	956
3	AN015	空气开关	罗光穆勒L7-6/3/D	1200
4	AN003	空气开关	罗光穆勒L7-2/3/D	350
5	AN010	空气开关	罗光穆勒L7-2/2/D	780
6	AN004	空气开关	罗光穆勒L7-6/1/D	800
7	AN003	空气开关	罗光穆勒L7-2/3/D	350
8	BY010	三相变压器	380/200V	950
9	BY009	变压器	单相 220V/220V 每相4	1000
10	BY003	开关电源	24V	1600
11	BY008	开关电源	10V	1900

图 2-1

删除重复值

若要删除重复值，请选择一个或多个包含重复值的列。

全选(A) 取消全选(U) ☑ 数据包含标题(M)

列

☑ 产品编号

☑ 产品名称

☑ 产品型号

☑ 采购数量

确定 取消

图 2-2

注意：

这里默认的状态是每个列标识都被选中，其判断标准是：行标识数据完全重复时被认定为重复记录。也可以只选择个别复选框，例如选中“产品编号”，其判断标准为：只要“产品编号”的数据是重复的就被认定为是重复记录。

❸ 单击“确定”按钮，弹出提示对话框，指出有多少重复值被删除，如图 2-3 所示。单击“确定”按钮即可完成重复值的删除操作。

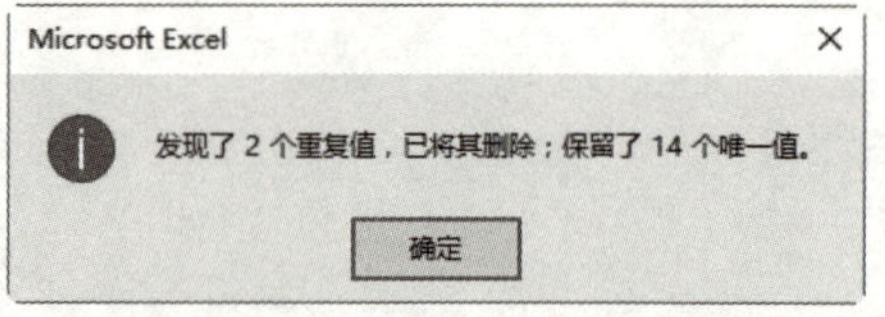

图 2-3

知识拓展——从录用名单中找出重数据并标记出来

通过条件格式功能也可以快速找到重复值，找到后还可以特殊标记。这种方式便于人们先查看数据，然后再采取对应的处理办法，具体操作如下。

❶ 打开实例文件，选中 A2:A23 单元格区域，在“开始”选项卡的“样式”组中单击“条件格式”按钮，在下拉菜单中选择“突出显示单元格规则”子菜单“重复值”命令（如图 2-4 所示），打开“重复值”对话框。

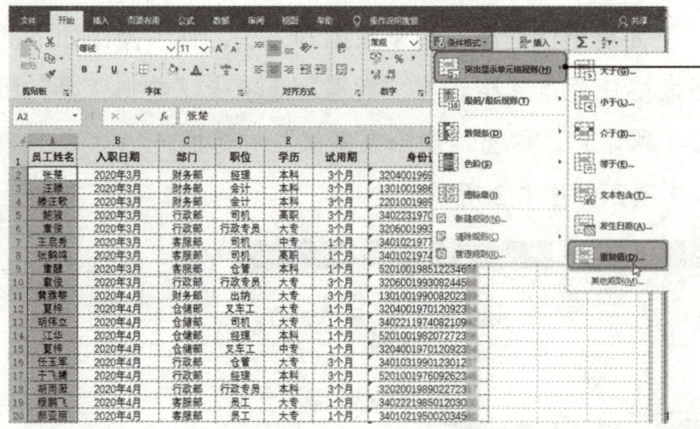

图 2-4

说明：

关于“条件格式”的知识在后面的章节中还会继续介绍，它涵盖较多的内容，对数据的分析、查看起到比较重要的作用。

❷ 在右侧下拉列表中设置填充颜色，如图 2-5 所示。

❸ 单击“确定”按钮，就可以把重复的数据或其所在的单元格标识为不同的颜色，如图 2-6 所示。

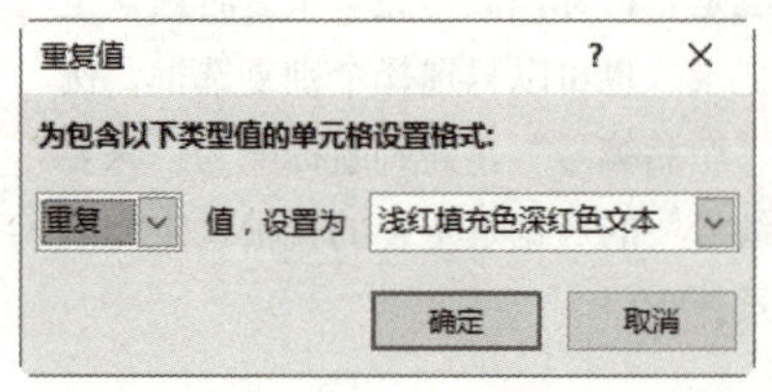

图 2-5

	A	B	C	D	E	F	G
1	员工姓名	入职日期	部门	职位	学历	试用期	身份证号
2	张楚	2020年3月	财务部	经理	本科	3个月	3204001969120334
3	汪滕	2020年3月	财务部	会计	本科	3个月	1301001986051223
4	滕汪歌	2020年3月	财务部	会计	本科	3个月	2201001989032935
5	鲍骏	2020年3月	行政部	司机	高职	3个月	3402231970051533
6	章俊	2020年3月	行政部	行政专员	大专	3个月	3206001993082445
7	王启秀	2020年3月	客服部	司机	中专	1个月	3401021977030411
8	张鹤鸣	2020年3月	客服部	司机	高职	1个月	3401021974120709
9	章醒	2020年3月	客服部	仓管	本科	1个月	5201001985122346
10	章俊	2020年3月	行政部	行政专员	大专	3个月	3206001993082445
11	黄雅黎	2020年4月	财务部	出纳	大专	3个月	1301001990082023
12	夏梓	2020年4月	仓储部	叉车工	大专	1个月	3204001970120923
13	胡伟立	2020年4月	仓储部	司机	大专	1个月	3402211974082109
14	江华	2020年4月	仓储部	经理	本科	1个月	5201001982072723
15	夏梓	2020年4月	仓储部	叉车工	中专	1个月	3204001970120923
16	任玉军	2020年4月	行政部	仓管	大专	3个月	3401031990123012
17	于飞腾	2020年4月	行政部	经理	本科	3个月	5201001976092623
18	胡雨薇	2020年4月	行政部	行政专员	本科	3个月	3202001989022723
19	程鹏飞	2020年4月	客服部	员工	大专	1个月	3402221985012030
20	郝亚丽	2020年4月	客服部	员工	大专	1个月	3401021950020345

图 2-6

2.1.2　数据列列互换

当数据输入完成后，有时会发现数据的行、列位置需要重新调整，即列与列、行与行之间交换位置。要实现上述目的，可以利用鼠标拖动的办法快速实现。例如需要将下面表格中表头为“身份证号”的数据由 G 列调整到 B 列，具体操作如下。

❶ 打开实例文件，选中“身份证号”列数据，将鼠标指针指向列的边缘，让指针变为双十字箭头，如图 2-7 所示。

❷ 按住 Shift 键，同时按住鼠标左键向左拖动，水平拖动到要移到的位置 B 列，此时会出现一条类似大 I 形的线条。然后释放鼠标左键即可完成对“身份证号”列数据的移动，如图 2-8 所示。

	A	B	C	D	E	F	G
1	员工姓名	入职日期	部门	职位	学历	试用期	身份证号
2	张楚	2020年3月	财务部	经理	本科	3个月	320400196912033
3	汪滕	2020年3月	财务部	会计	本科	3个月	130100198605122
4	滕汪歌	2020年3月	财务部	会计	本科	3个月	220100198903293
5	鲍骏	2020年3月	行政部	司机	高职	3个月	340223197005153
6	王启秀	2020年3月	客服部	司机	中专	1个月	340102197703041
7	张鹤鸣	2020年3月	客服部	司机	高职	1个月	340102197412070
8	章甜	2020年3月	客服部	仓管	本科	1个月	520100198512234
9	章俊	2020年3月	行政部	行政专员	大专	3个月	320600199308244
10	黄雅黎	2020年4月	财务部	出纳	大专	3个月	130100199008202
11	夏梓	2020年4月	仓储部	叉车工	大专	1个月	320400197012092
12	胡伟立	2020年4月	仓储部	司机	大专	1个月	340221197408210
13	江华	2020年4月	仓储部	经理	本科	1个月	520100198207272
14	任玉军	2020年4月	行政部	仓管	大专	3个月	340103199012301
15	于飞腾	2020年4月	行政部	经理	本科	3个月	520100197609262
16	胡雨薇	2020年4月	行政部	行政专员	本科	3个月	320200198902272
17	程鹏飞	2020年4月	客服部	员工	大专	1个月	340222198501203
18	郝亚丽	2020年4月	客服部	员工	大专	1个月	340102195002034
19	马董颜	2020年4月	客服部	员工	大专	1个月	320400196202281
20	艾好	2020年4月	生产部	统计员	大专	3个月	340400198904282
21	沈慧琴	2020年4月	生产部	叉车工	中专	3个月	320400197001237

图 2-7

	A	B	C	D	E	F	G
1	员工姓名	身份证号	入职日期	部门	职位	学历	试用期
2	张楚	320400196912033	2020年3月	财务部	经理	本科	3个月
3	汪滕	130100198605122	2020年3月	财务部	会计	本科	3个月
4	滕汪歌	220100198903293	2020年3月	财务部	会计	本科	3个月
5	鲍骏	340223197005153	2020年3月	行政部	司机	高职	3个月
6	王启秀	340102197703041	2020年3月	客服部	司机	中专	1个月
7	张鹤鸣	340102197412070	2020年3月	客服部	司机	高职	1个月
8	章甜	520100198512234	2020年3月	客服部	仓管	本科	1个月
9	章俊	320600199308244	2020年3月	行政部	行政专员	大专	3个月
10	黄雅黎	130100199008202	2020年4月	财务部	出纳	大专	3个月
11	夏梓	320400197012092	2020年4月	仓储部	叉车工	大专	1个月
12	胡伟立	340221197408210	2020年4月	仓储部	司机	大专	1个月
13	江华	520100198207272	2020年4月	仓储部	经理	本科	1个月
14	任玉军	340103199012301	2020年4月	行政部	仓管	大专	3个月
15	于飞腾	520100197609262	2020年4月	行政部	经理	本科	3个月
16	胡雨薇	320200198902272	2020年4月	行政部	行政专员	本科	3个月
17	程鹏飞	340222198501203	2020年4月	客服部	员工	大专	1个月
18	郝亚丽	340102195002034	2020年4月	客服部	员工	大专	1个月
19	马董颜	320400196202281	2020年4月	客服部	员工	大专	1个月
20	艾好	340400198904282	2020年4月	生产部	统计员	大专	3个月
21	沈慧琴	320400197001237	2020年4月	生产部	叉车工	中专	3个月

图 2-8

> **专家提示**
>
> 要想交换行行的数据，操作方法都是相似的，仍然是选中行、鼠标指针定位到边缘、按住 Shift 键的同时进行拖动过程。

2.1.3　从产品型号中提取品牌名称

在数据整理时，经常会发现本应该分列显示的数据却在同一列中显示，此时就需要对数据进行分列处理。数据的拆分可以使用 Excel 中的“数据分列”功能来实现，如图在 2-9 所示的表格中，将“型号”列中的数据进行分列，以形成“品牌”与“型号”两列，具体操作如下。

❶ 打开实例文件，首先在 C 列的右侧插入一个空白列预留出位置。

	A	B	C	D	E
1	产品编号	产品名称	型号	采购数量	
2	AN001	空气开关	罗光穆勒 L7-4/3/D	80	
3	AN002	空气开关	罗光穆勒 L7-6/3/D	55	
4	AN003	空气开关	罗光穆勒 L7-2/3/D	60	
5	AN008	空气开关	至全 L7-20/3/D	55	
6	AN009	空气开关	金泰 L7-15/3/D	62	
7	AN014	空气开关	罗光穆勒 NZM7-250A	55	
8	AN015	空气开关	罗光穆勒 NZM7-200A	50	
9	BY001	三相变压器	至全 380/200V	62	
10	BY002	变压器	至全 220V/220V	60	
11	BY003	开关电源	至全 24V	73	
12	JD001	接触器(交流)	罗光穆勒 OOMC/220V	70	
13	DY007	电流表	香源 50*50	70	
14	DY008	电流表	香源 50*50	75	
15	KZ006	触摸屏	金泰 TP270-10	65	
16	KZ011	研华模块	金泰 ADAM4017+	65	
17	KZ012	研华模块	金泰 ADAM4018	65	
18	KZ013	研华模块	罗光穆勒 ADAM4080	65	
19	KZ014	研华模块	罗光穆勒 ADAM4024	65	
20	PD004	配电箱	基业 80*60*25	75	
21	PD006	配电箱	基业 60*40*23	75	

图 2-9

❷ 选中C列的所有数据，单击“数据”选项卡的“数据工具”选项组中的“分列”命令按钮，如图2-10所示。

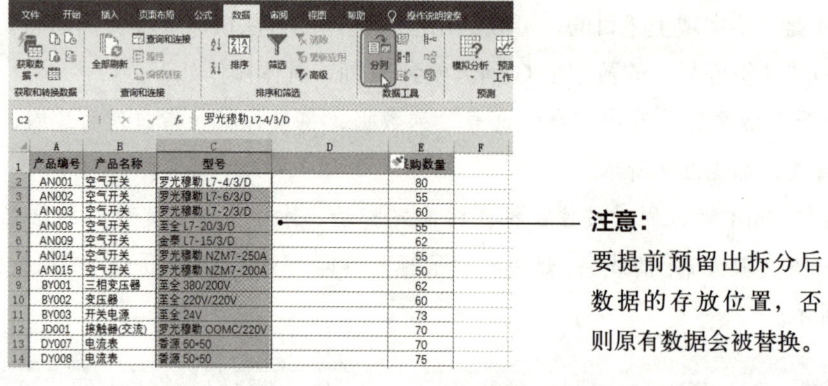

图2-10

❸ 打开“文本分列向导-第1步，共3步”对话框（如图2-11所示），持续保持默认选项。

❹ 单击“下一步”按钮，在“文本分列向导-第2步，共3步”对话框中选中“空格”复选框，如图2-12所示。

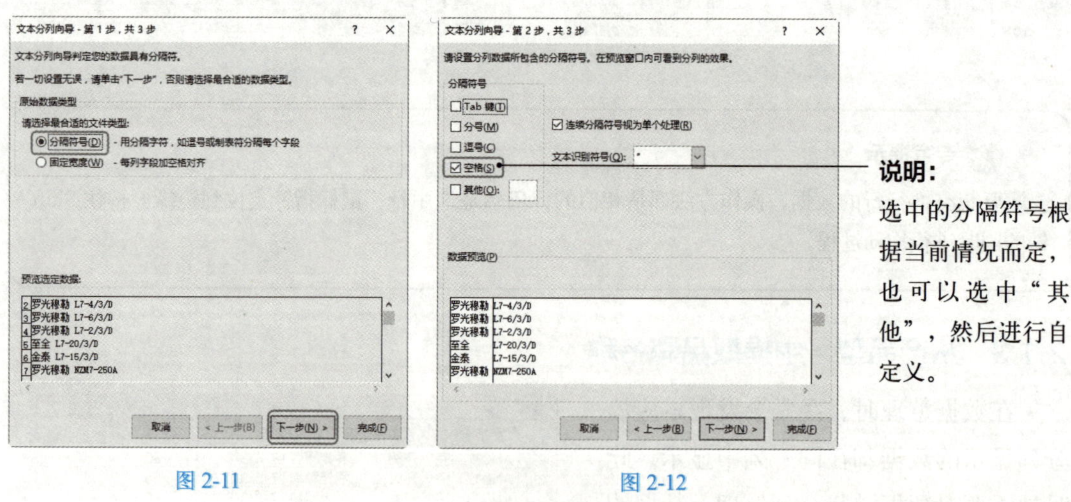

图2-11　　图2-12

❺ 单击“完成”按钮返回表格，可以看到单元格中的数据被分成多列显示，如图2-13所示。

❻ 最后对分列好的表格进行格式设置，并添加行标识就可以了，如图2-14所示。

专家提示

有一点值得注意的是，分列抽取数据，需要源数据具有一定规律，如具有相等宽度，或者使用同一种间隔符号分隔（如空格、逗号、分号）。只要让Excel找寻到数据的统一规律，就能按照规律执行分列操作。

	A	B	C	D	E
1	产品编号	产品名称	型号		采购数量
2	AN001	空气开关	罗光穆勒	L7-4/3/D	80
3	AN002	空气开关	罗光穆勒	L7-6/3/D	55
4	AN003	空气开关	罗光穆勒	L7-2/3/D	60
5	AN008	空气开关	至全	L7-20/3/D	55
6	AN009	空气开关	金泰	L7-15/3/D	62
7	AN014	空气开关	罗光穆勒	NZM7-250A	55
8	AN015	空气开关	罗光穆勒	NZM7-200A	50
9	BY001	三相变压器	至全	380/200V	62
10	BY002	变压器	至全	220V/220V	60
11	BY003	开关电源	至全	24V	73
12	JD001	接触器(交流)	罗光穆勒	OOMC/220V	70
13	DY007	电流表	香源	50*50	70
14	DY008	电流表	香源	50*50	75
15	KZ006	触摸屏	金泰	TP270-10	65
16	KZ011	研华模块	金泰	ADAM4017+	65
17	KZ012	研华模块	金泰	ADAM4018	65
18	KZ013	研华模块	罗光穆勒	ADAM4080	65
19	KZ014	研华模块	罗光穆勒	ADAM4024	65
20	PD004	配电箱	基业	80*60*25	75
21	PD006	配电箱	基业	60*40*23	75

图 2-13

	A	B	C	D	E
1	产品编号	产品名称	品牌	型号	采购数量
2	AN001	空气开关	罗光穆勒	L7-4/3/D	80
3	AN002	空气开关	罗光穆勒	L7-6/3/D	55
4	AN003	空气开关	罗光穆勒	L7-2/3/D	60
5	AN008	空气开关	至全	L7-20/3/D	55
6	AN009	空气开关	金泰	L7-15/3/D	62
7	AN014	空气开关	罗光穆勒	NZM7-250A	55
8	AN015	空气开关	罗光穆勒	NZM7-200A	50
9	BY001	三相变压器	至全	380/200V	62
10	BY002	变压器	至全	220V/220V	60
11	BY003	开关电源	至全	24V	73
12	JD001	接触器(交流)	罗光穆勒	OOMC/220V	70
13	DY007	电流表	香源	50*50	70
14	DY008	电流表	香源	50*50	75
15	KZ006	触摸屏	金泰	TP270-10	65
16	KZ011	研华模块	金泰	ADAM4017+	65
17	KZ012	研华模块	金泰	ADAM4018	65
18	KZ013	研华模块	罗光穆勒	ADAM4080	65
19	KZ014	研华模块	罗光穆勒	ADAM4024	65
20	PD004	配电箱	基业	80*60*25	75
21	PD006	配电箱	基业	60*40*23	75

图 2-14

知识拓展——通过分列功能一次删除数量单位

在编辑数据表时，很多人喜欢把数量的单位也添加上。但是这样操作会造成数据无法计算，如图 2-15 所示的表格中，采购数量的合计数无法通过“求和功能”快速计算出来。这时可通过“分列”功能进行处理，具体操作如下。

G2 =SUM(E2:E18)

	A	B	C	D	E	F	G
1	产品编号	产品名称	品牌	型号	采购数量		总采购数量
2	AN001	空气开关	罗光穆勒	L7-4/3/D	80个		0
3	AN002	空气开关	罗光穆勒	L7-6/3/D	55个		
4	AN003	空气开关	罗光穆勒	L7-2/3/D	60个		
5	AN008	空气开关	至全	L7-20/3/D	55个		
6	AN009	空气开关	金泰	L7-15/3/D	62个		
7	AN014	空气开关	罗光穆勒	NZM7-250A	55个		
8	AN015	空气开关	罗光穆勒	NZM7-200A	50个		
9	BY001	三相变压器	至全	380/200V	62个		
10	BY002	变压器	至全	220V/220V	60个		
11	BY003	开关电源	至全	24V	73个		
12	JD001	接触器(交流)	罗光穆勒	OOMC/220V	70个		
13	DY007	电流表	香源	50*50	70个		
14	DY008	电流表	香源	50*50	75个		
15	KZ006	触摸屏	金泰	TP270-10	65个		
16	KZ011	研华模块	金泰	ADAM4017+	65个		
17	KZ012	研华模块	金泰	ADAM4018	65个		
18	KZ013	研华模块	罗光穆勒	ADAM4080	65个		

图 2-15

❶ 打开实例文件，选中 E 列的所有数据，单击“数据”选项卡的“数据工具”选项组中的“分列”命令按钮，如图 2-16 所示。

❷ 依次进入到“文本分列向导 - 第 2 步，共 3 步”对话框中，选中“其他”复选框，并在后面的框中输入“个”，如图 2-17 所示。

❸ 单击“完成”按钮返回表格，可以看到所有的采购单位被删除了，同时总采购数量也能计算出来，如图 2-18 所示。

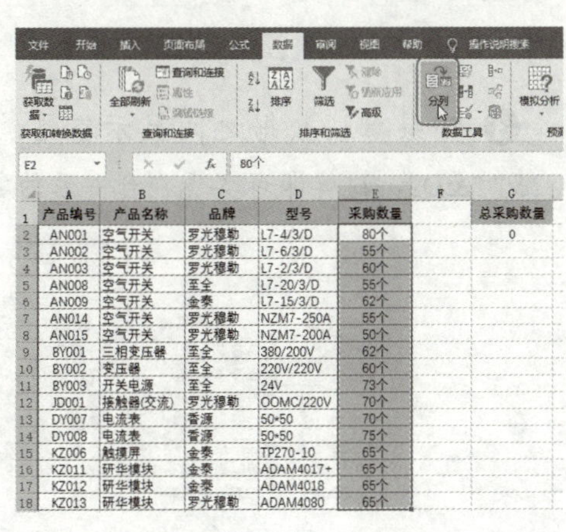

	A	B	C	D	E	F	G
1	产品编号	产品名称	品牌	型号	采购数量		总采购数量
2	AN001	空气开关	罗光穆勒	L7-4/3/D	80个		0
3	AN002	空气开关	罗光穆勒	L7-6/3/D	55个		
4	AN003	空气开关	罗光穆勒	L7-2/3/D	60个		
5	AN008	空气开关	至全	L7-20/3/D	55个		
6	AN009	空气开关	金泰	L7-15/3/D	62个		
7	AN014	空气开关	罗光穆勒	NZM7-250A	55个		
8	AN015	空气开关	罗光穆勒	NZM7-200A	50个		
9	BY001	三相变压器	至全	380/200V	62个		
10	BY002	变压器	至全	220V/220V	60个		
11	BY003	开关电源	至全	24V	73个		
12	JD001	接触器(交流)	罗光穆勒	OOMC/220V	70个		
13	DY007	电流表	香源	50*50	70个		
14	DY008	电流表	香源	50*50	75个		
15	KZ006	触摸屏	金泰	TP270-10	65个		
16	KZ011	研华模块	金泰	ADAM4017+	65个		
17	KZ012	研华模块	金泰	ADAM4018	65个		
18	KZ013	研华模块	罗光穆勒	ADAM4080	65个		

图 2-16

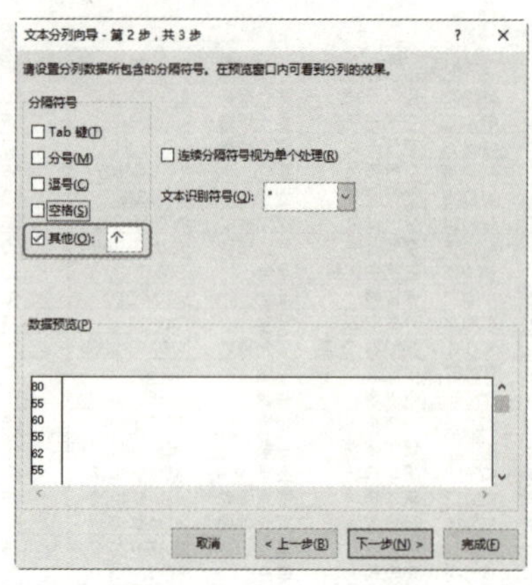

图 2-17

	A	B	C	D	E	F	G
1	产品编号	产品名称	品牌	型号	采购数量		总采购数量
2	AN001	空气开关	罗光穆勒	L7-4/3/D	80		1087
3	AN002	空气开关	罗光穆勒	L7-6/3/D	55		
4	AN003	空气开关	罗光穆勒	L7-2/3/D	60		
5	AN008	空气开关	至全	L7-20/3/D	55		
6	AN009	空气开关	金泰	L7-15/3/D	62		
7	AN014	空气开关	罗光穆勒	NZM7-250A	55		
8	AN015	空气开关	罗光穆勒	NZM7-200A	50		
9	BY001	三相变压器	至全	380/200V	62		
10	BY002	变压器	至全	220V/220V	60		
11	BY003	开关电源	至全	24V	73		
12	JD001	接触器(交流)	罗光穆勒	OOMC/220V	70		
13	DY007	电流表	香源	50*50	70		
14	DY008	电流表	香源	50*50	75		
15	KZ006	触摸屏	金泰	TP270-10	65		
16	KZ011	研华模块	金泰	ADAM4017+	65		
17	KZ012	研华模块	金泰	ADAM4018	65		
18	KZ013	研华模块	罗光穆勒	ADAM4080	65		

图 2-18

2.1.4 合并两列数据构建新数据

在数据处理过程中，不仅需要分列数据，有时也需要合并。例如下面表格中需要将 C 列与 D 列中的数据合并成一列，具体操作如下。

❶ 打开实例文件，首先使用辅助列来显示合并后的数据，因此选中 E2 单元格，在公式编辑栏中输入公式：=C2&D2，按 Enter 键得到第一项合并后的数据，如图 2-19 所示。

❷ 光标定位到 E2 单元格的右下角，按住鼠标左键向下拖动即可得到一系列并合后的数据，如图 2-20 所示。

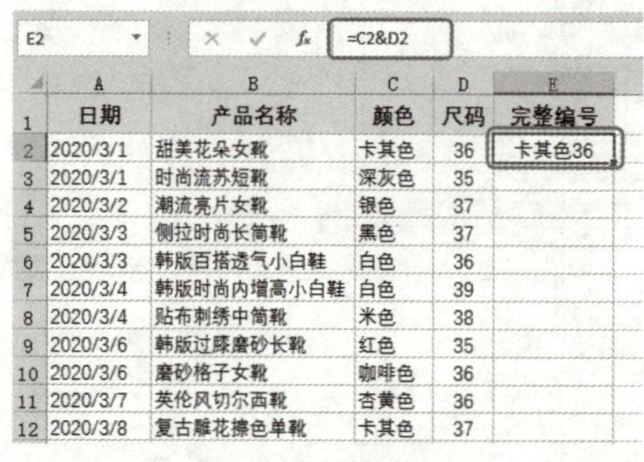

E2 =C2&D2

	A	B	C	D	E
1	日期	产品名称	颜色	尺码	完整编号
2	2020/3/1	甜美花朵女靴	卡其色	36	卡其色36
3	2020/3/1	时尚流苏短靴	深灰色	35	
4	2020/3/2	潮流亮片女靴	银色	37	
5	2020/3/3	侧拉时尚长筒靴	黑色	37	
6	2020/3/3	韩版百搭透气小白鞋	白色	36	
7	2020/3/4	韩版时尚内增高小白鞋	白色	39	
8	2020/3/4	贴布刺绣中筒靴	米色	38	
9	2020/3/6	韩版过膝磨砂长靴	红色	35	
10	2020/3/6	磨砂格子女靴	咖啡色	36	
11	2020/3/7	英伦风切尔西靴	杏黄色	36	
12	2020/3/8	复古雕花擦色单靴	卡其色	37	

图 2-19

	A	B	C	D	E
1	日期	产品名称	颜色	尺码	完整编号
2	2020/3/1	甜美花朵女靴	卡其色	36	卡其色36
3	2020/3/1	时尚流苏短靴	深灰色	35	深灰色35
4	2020/3/2	潮流亮片女靴	银色	37	银色37
5	2020/3/3	侧拉时尚长筒靴	黑色	37	黑色37
6	2020/3/3	韩版百搭透气小白鞋	白色	36	白色36
7	2020/3/4	韩版时尚内增高小白鞋	白色	39	白色39
8	2020/3/4	贴布刺绣中筒靴	米色	38	米色38
9	2020/3/6	韩版过膝磨砂长靴	红色	35	红色35
10	2020/3/6	磨砂格子女靴	咖啡色	36	咖啡色36
11	2020/3/7	英伦风切尔西靴	杏黄色	36	杏黄色36
12	2020/3/8	复古雕花擦色单靴	卡其色	37	卡其色37

图 2-20

❸ 如果想让数据之间显示空格，只需要对公式进行改进，即将公式更改为：=C2&" "&D2，这样即可实现在合并后的数据之间增加了空格效果，如图 2-21 所示。

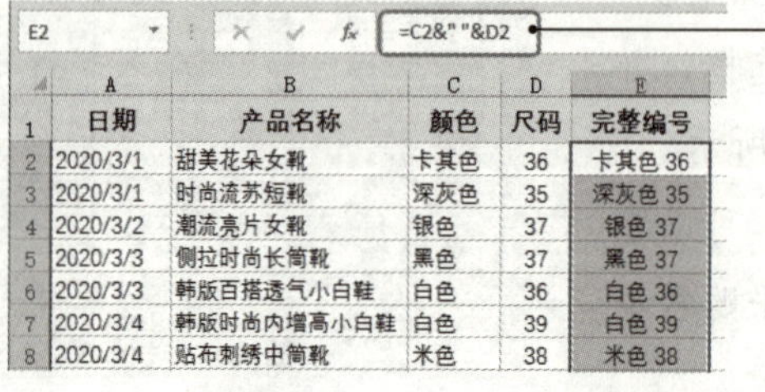

E2 =C2&" "&D2

	A	B	C	D	E
1	日期	产品名称	颜色	尺码	完整编号
2	2020/3/1	甜美花朵女靴	卡其色	36	卡其色 36
3	2020/3/1	时尚流苏短靴	深灰色	35	深灰色 35
4	2020/3/2	潮流亮片女靴	银色	37	银色 37
5	2020/3/3	侧拉时尚长筒靴	黑色	37	黑色 37
6	2020/3/3	韩版百搭透气小白鞋	白色	36	白色 36
7	2020/3/4	韩版时尚内增高小白鞋	白色	39	白色 39
8	2020/3/4	贴布刺绣中筒靴	米色	38	米色 38

注意：
公式的双引号中间要输入一个空格。

图 2-21

合并完成的数据是公式计算的结果，如果复制数据到其他位置，则会造成数据出错或返回其他的计算结果。为了方便使用，可以将公式的结果转换为实际数据，这样无论数据复制到何处使用都不会改变结果了。

❹ 选中合并后的单元格区域，按“Ctrl+C”组合键复制，接着按“Ctrl+V”组合键粘贴。此时会出现一个“粘贴选项”按钮，单击按钮并在下拉列表中选中“值”命令（如图 2-22 所示），即可实现公式结果到数据的转换。

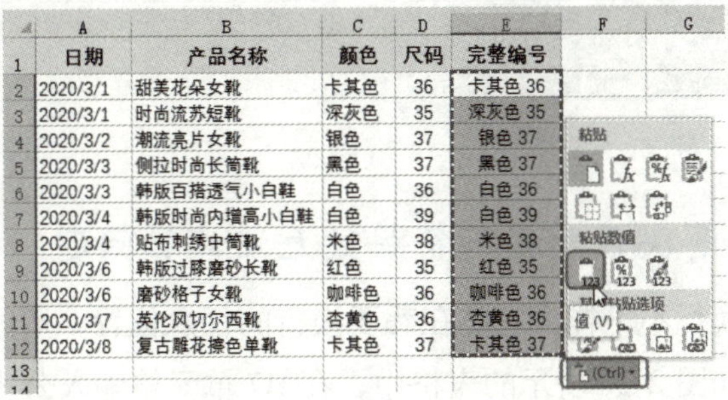

日期	产品名称	颜色	尺码	完整编号
2020/3/1	甜美花朵女靴	卡其色	36	卡其色 36
2020/3/1	时尚流苏短靴	深灰色	35	深灰色 35
2020/3/2	潮流亮片女靴	银色	37	银色 37
2020/3/3	侧拉时尚长筒靴	黑色	37	黑色 37
2020/3/3	韩版百搭透气小白鞋	白色	36	白色 36
2020/3/4	韩版时尚内增高小白鞋	白色	39	白色 39
2020/3/4	贴布刺绣中筒靴	米色	38	米色 38
2020/3/6	韩版过膝磨砂长靴	红色	35	红色 35
2020/3/6	磨砂格子女靴	咖啡色	36	咖啡色 36
2020/3/7	英伦风切尔西靴	杏黄色	36	杏黄色 36
2020/3/8	复古雕花擦色单靴	卡其色	37	卡其色 37

粘贴
粘贴数值
值 (V)
(Ctrl)

图 2-22

> **专家提示**
>
> 可见 & 符号就是一个连接符，它可以将文本数据直接相连接，或是使用单元格的地址相连接，组成一个新的数据。另外，还可以使用多个 & 符号连接多项数据。

2.1.5 将文本类型的培训成绩更改为数值数据

在获取数据时，经常出现显示的数据属于文本类型，即单元格的左上角都会出现一个绿色三角形。而文本类型的数据实际上就是一个文本值，无法进行计算。例如为“总分”“平均成绩”“名次”列都建立了公式，但由于前面的数字属于文本类型，所以导致公式计算错误，如图 2-23 所示。这时就需要批量对数据格式进行转换，具体操作如下。

员工编号	姓名	促销方案	营销策略	沟通	顾客心理	市场开拓	总分	平均成绩	名次
PX01	王磊	89	92	73	82	78	0	#DIV/0!	1
PX02	郝凌云	98	90	88	87	90	0	#DIV/0!	1
PX03	陈南	69	72	89	80	77	0	#DIV/0!	1
PX04	周晓丽	87	78	70	73	85	0	#DIV/0!	1
PX05	杨文华	85	86	91	90	82	0	#DIV/0!	1
PX06	钱丽	85	76	69	90	91	0	#DIV/0!	1
PX07	陶莉莉	95	86	88	70	90	0	#DIV/0!	1
PX08	方伟	68	87	74	89	87	0	#DIV/0!	1
PX09	周梅	78	77	90	87	82	0	#DIV/0!	1
PX10	郝艳艳	82	90	72	78	86	0	#DIV/0!	1
PX11	王青	85	89	78	81	91	0	#DIV/0!	1
PX12	吴银花	82	87	80	73	90	0	#DIV/0!	1
PX13	王芬丽	78	90	77	85	82	0	#DIV/0!	1
PX14	刘勇	85	85	95	68	78	0	#DIV/0!	1

图 2-23

❶ 打开实例文件，选中所有需要转换的单元格区域，单击区域左侧上面的“!”按钮，在下拉菜单中单击“转换为数字”命令，如图 2-24 所示。

❷ 执行上面命令后即可实现将选中的数据转换为数值类型，可以看到“总分”“平均成绩”“名次”列都自动得到了计算结果，如图 2-25 所示。

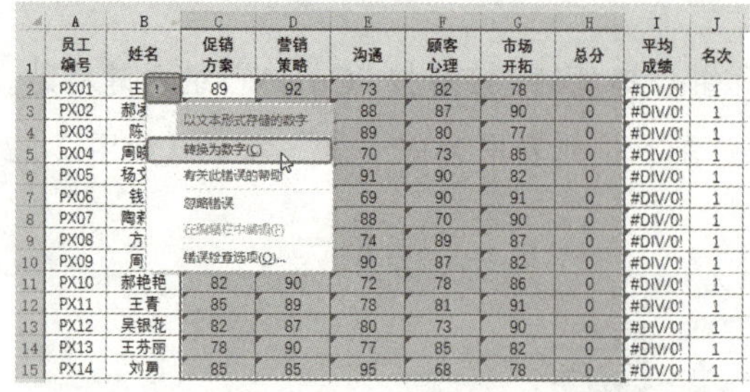

图 2-24

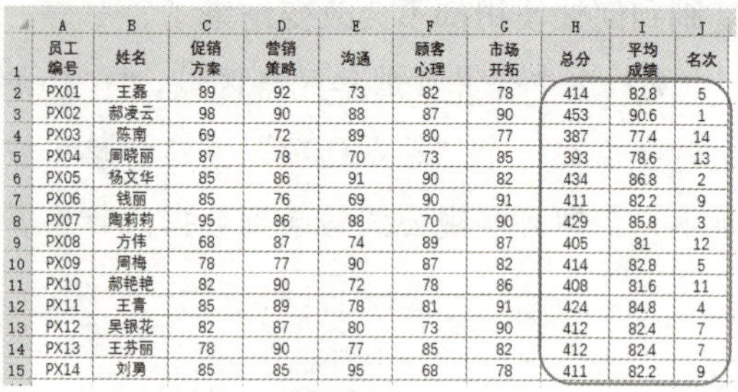

	A	B	C	D	E	F	G	H	I	J
1	员工编号	姓名	促销方案	营销策略	沟通	顾客心理	市场开拓	总分	平均成绩	名次
2	PX01	王磊	89	92	73	82	78	414	82.8	5
3	PX02	郝凌云	98	90	88	87	90	453	90.6	1
4	PX03	陈南	69	72	89	80	77	387	77.4	14
5	PX04	周晓丽	87	78	70	73	85	393	78.6	13
6	PX05	杨文华	85	86	91	90	82	434	86.8	2
7	PX06	钱丽	85	76	69	90	91	411	82.2	9
8	PX07	陶莉莉	95	86	88	70	90	429	85.8	3
9	PX08	方伟	68	87	74	89	87	405	81	12
10	PX09	周梅	78	77	90	87	82	414	82.8	5
11	PX10	郝艳艳	82	90	72	78	86	408	81.6	11
12	PX11	王青	85	89	78	81	91	424	84.8	4
13	PX12	吴银花	82	87	80	73	90	412	82.4	7
14	PX13	王芬丽	78	90	77	85	82	412	82.4	7
15	PX14	刘勇	85	85	95	68	78	411	82.2	9

图 2-25

知识拓展——解决强制换行符导致无法计算问题

强制换行与自动换行不一样，它是在想要换行的任意位置，通过按“Alt+Enter”组合键产生的换行效果。如图 2-26 所示的表格中，在 B7 单元格输入公式计算总销量时，得到的是 B2+B4+B5 单元格求和的结果，而 B3 单元格的值没有计算在内。这是因为 B3 单元格中输入了强制换行符，所以该单元格无法被 Excel 识别为数据，进而无法进行求和运算。所以，在整理数据时要求一次性删除表格中所有换行符，具体操作如下。

❶ 打开实例文件，按“Ctrl+H”键打开“查找与替换”对话框，在“查找内容”对话框中，按下“Ctrl+J”组合键，如图 2-27 所示。

❷ 单击“全部替换”按钮即可删除全部的换行符，这时 B2 到 B5 单元格中的数据可以正常计算了，如图 2-28 所示。

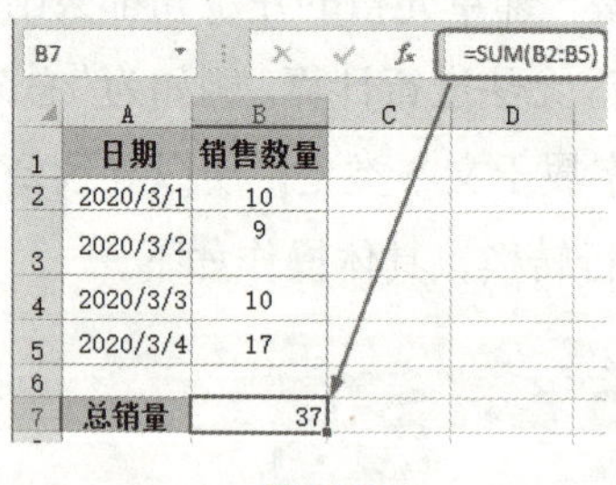

图 2-26

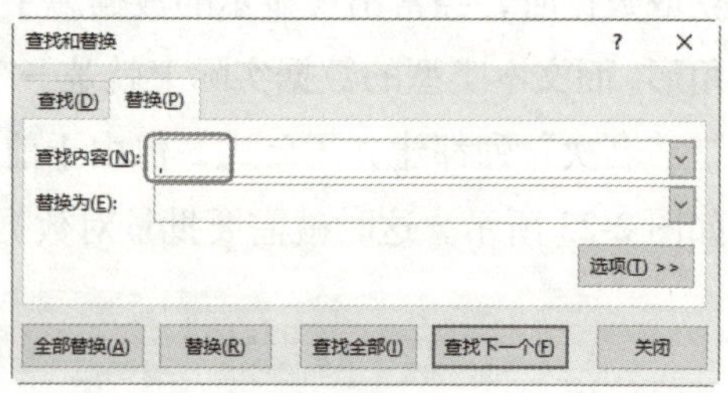

图 2-27

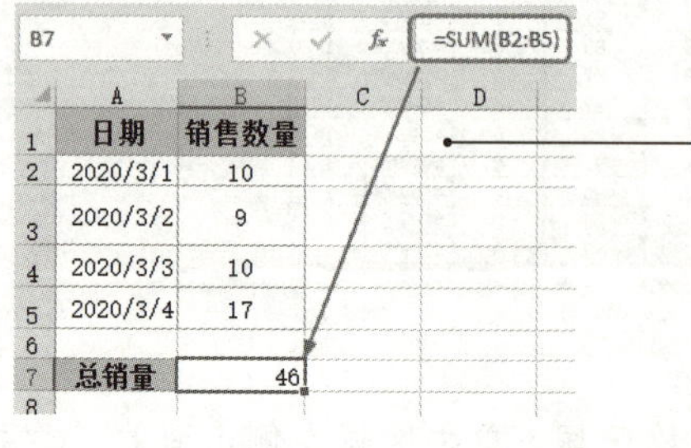

图 2-28

说明：

本例为方便读者学习，只选用了很少量的数据。而在实际的大数据表中，如果多处出现强制换行符，肉眼无法一一查看和删除，所以利用这种查找和替换的方法可以一次性地解决问题。

2.1.6 将文本型入职日期转换为规范日期便于计算工龄工资

在获取数据时经常会遇到不规范的日期数据，由于无法被 Excel 自动识别，在进行数据分析时也不会把它作为日期数据来处理，例如，在进行筛选时无法对不规范的日期进行分组，也无法对其进行年、月、季度的判断。所以在进行数据整理时，需要将不规范的日期转换为规范格式。例如要根据所输入的入职时间来计算工龄，同时还要计算工龄工资，而当前的入职日期不是被 Excel 能识别的格式，所以导致了后面的公式计算错误，如图 2-29 所示。此时需要修改日期的格式，具体操作如下。

	A	B	C	D	E	F	G
1	编号	姓名	所在部门	所属职位	入职时间	工龄	工龄工资
2	001	李成雪	销售部	业务员	2013.3.1	#VALUE!	#VALUE!
3	002	陈江远	财务部	经理	2014.7.1	#VALUE!	#VALUE!
4	003	刘莹	售后服务部	经理	2015.12.1	#VALUE!	#VALUE!
5	004	苏瑞瑞	售后服务部	员工	2017.2.1	#VALUE!	#VALUE!
6	005	苏运成	销售部	员工	2017.4.5	#VALUE!	#VALUE!
7	006	周洋	销售部	业务员	2015.4.14	#VALUE!	#VALUE!
8	007	林成瑞	工程部	部门经理	2014.6.14	#VALUE!	#VALUE!
9	008	邹阳阳	行政部	员工	2016.1.28	#VALUE!	#VALUE!
10	009	张景源	销售部	部门经理	2014.2.2	#VALUE!	#VALUE!
11	010	苏敏	财务部	员工	2016.2.19	#VALUE!	#VALUE!
12	011	何平	销售部	业务员	2015.4.7	#VALUE!	#VALUE!
13	012	李梅	售后服务部	员工	2017.2.25	#VALUE!	#VALUE!
14	013	何艳红	销售部	业务员	2016.2.25	#VALUE!	#VALUE!
15	014	胡平	行政部	员工	2014.2.25	#VALUE!	#VALUE!
16	015	胡晓阳	售后服务部	员工	2017.2.25	#VALUE!	#VALUE!

图 2-29

❶ 打开实例文件，选中进行转换的数据区域。在“数据”选项卡的“数据工具”组中单击“分列”按钮（如图 2-30 所示），打开“文本分列向导 - 第 1 步，共 3 步”对话框，如图 2-31 所示。

❷ 保持默认选项，依次单击“下一步”按钮直到打开“文本分列向导 - 第 3 步，共 3 步”对话框，选中“日期”单选框，并在其后的下拉列表中选择“YMD”格式，如图 2-32 所示。

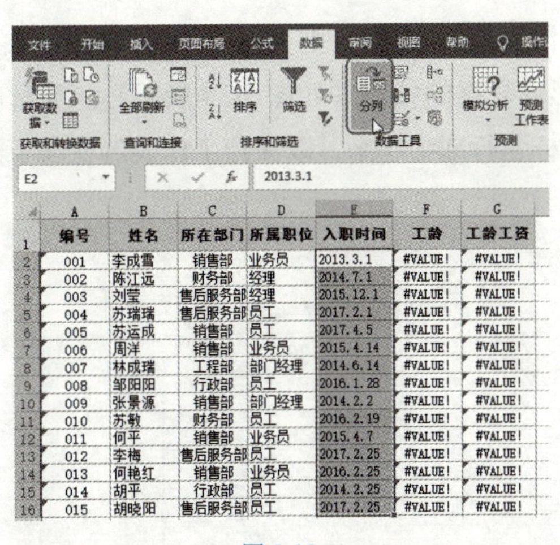

图 2-30

文本分列向导 - 第 1 步，共 3 步

文本分列向导判定您的数据具有分隔符。

若一切设置无误，请单击“下一步”，否则请选择最合适的数据类型。

原始数据类型

请选择最合适的文件类型:

◉ 分隔符号(D) - 用分隔字符，如逗号或制表符分隔每个字段

○ 固定宽度(W) - 每列字段加空格对齐

预览选定数据:

2 2013.3.1
3 2014.7.1
4 2015.12.1
5 2017.2.1
6 2017.4.5
7 2015.4.14

取消　< 上一步(B)　下一步(N) >　完成(F)

图 2-31

❸ 单击“完成”按钮，即可将表格中的数值全部转换为日期格式，同时公式的计算结果也自动正确显示了，如图 2-33 所示。

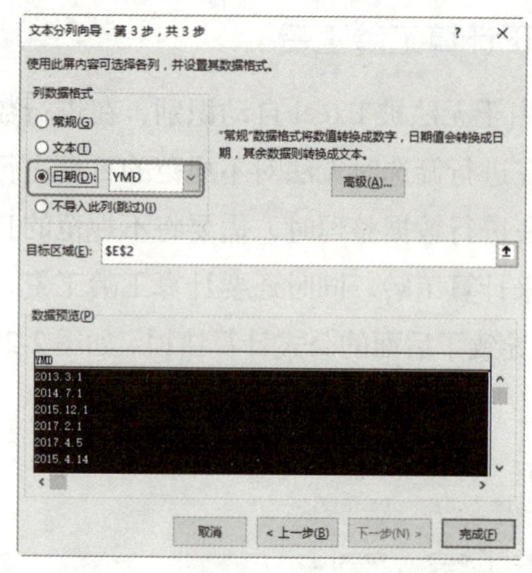

图 2-32

	A	B	C	D	E	F	G
1	编号	姓名	所在部门	所属职位	入职时间	工龄	工龄工资
2	001	李成雪	销售部	业务员	2013/3/1	7	500
3	002	陈江远	财务部	经理	2014/7/1	6	400
4	003	刘莹	售后服务部	经理	2015/12/1	5	300
5	004	苏瑞瑞	售后服务部	员工	2017/2/1	3	100
6	005	苏运成	销售部	员工	2017/4/5	3	100
7	006	周洋	销售部	业务员	2015/4/14	5	300
8	007	林成瑞	工程部	部门经理	2014/6/14	6	400
9	008	邹阳阳	行政部	员工	2016/1/28	4	200
10	009	张景源	销售部	部门经理	2014/2/2	6	400
11	010	苏敏	财务部	员工	2016/2/19	4	200
12	011	何平	销售部	业务员	2015/4/7	5	300
13	012	李梅	售后服务部	员工	2017/2/25	3	100
14	013	何艳红	销售部	业务员	2016/2/25	4	200
15	014	胡平	行政部	员工	2014/2/25	6	400
16	015	胡晓阳	售后服务部	员工	2017/2/25	3	100

图 2-33

2.2 数据分析与查看

对于大数据而言，查看信息并非容易，尤其是从众多数据中寻找一些对分析决策起作用的数据则更加困难。因此借助 Excel 中的分析工具来查看数据，能给统计分析工作带来很多便利。本节中将介绍几个利用“条件格式”功能来辅助数据分析与查看的实例。

在 Excel 表格中，由于数据显示的纵横跨度较大，即使把界面拉到最大，也无法显示全部的行或列。另外，通过鼠标拖动查看数据很容易造成定位不准，发生对比失误的情况。所以利用 Excel 提供的“拆分窗口”和“冻结窗格”功能可以辅助对数据的查看。

2.2.1 锁定标题行

如果Excel表格包含众多条目，一旦向下滚屏查看数据时，则上面的标题行也跟着滚动，这时就会难以分清各列数据对应的标题，影响数据的核对（如图 2-34 所示）。为解决这个问题，可以使用工作表窗口的冻结功能将标题行冻结起来，以保持工作表的在向下滚动时标题行始终可见，具体操作如下。

	A	B	C	D	E	F	G	H	I	J	K	L	M	N	O
7	AN004	空气开关	个	11	8.3	91.3	107	8.3	888.1	118	12.8	1510.4	0	8.3	0
8	AN005	空气开关	个	4	10	40	0	10	0	0	14.5	0	4	10	40
9	AN006	空气开关	个	8	9.8	78.4	0	9.8	0	0	14.3	0	8	9.8	78.4
10	AN007	空气开关	个	2	7	14	40	7	280	12	11	132	30	7	210
11	AN008	空气开关	个	5	8	40	0	8	0	0	12.9	0	5	8	40
12	AN009	空气开关	个	12	6.3	75.6	0	6.3	0	0	10.6	0	12	6.3	75.6
13	AN010	空气开关	个	2	9	18	0	9	0	0	13.5	0	2	9	18
14	AN011	空气开关	个	8	9.1	72.8	0	9.1	0	3	13.6	40.8	5	9.1	45.5
15	AN012	空气开关	个	7	9.6	67.2	0	9.6	0	0	14.1	0	7	9.6	67.2
16	AN013	空气开关	个	5	9.3	46.5	0	9.3	0	0	13.8	0	5	9.3	46.5
17	AN014	空气开关	个	5	6	30	0	6	0	0	9.5	0	5	6	30
18	AN015	空气开关	个	1	5.7	5.7	0	5.7	0	0	9.2	0	1	5.7	5.7
19	BY001	三相变压器	台	12	257.5	3090	33	257.5	8497.5	10	315	3150	35	257.5	9012.5
20	BY002	变压器	台	10	197.5	1975	0	197.5	0	0	222	0	10	197.5	1975
21	BY003	开关电源	个	23	16.5	379.5	93	16.5	1534.5	57	21	1197	59	16.5	973.5
22	BY004	开关电源	个	25	12.3	307.5	175	12.3	2152.5	163	16.8	2738.4	37	12.3	455.1
23	BY005	变压器(带外壳	台	9	244.5	2200.5	0	244.5	0	0	281	0	9	244.5	2200.5
24	BY006	磁粉离合器电	个	21	46.3	972.3	185	46.3	8565.5	180	55.8	10044	26	46.3	1203.8
25	JC001	研华接线端子(	片	38	0.3	11.4	515	0.3	154.5	551	0.8	440.8	2	0.3	0.6

图 2-34

❶ 打开实例文件，选中 A4 单元格，在“视图”选项卡的“窗口”组中单击“冻结窗格”按钮，在下拉菜单中单击“冻结窗格”命令，如图 2-35 所示。

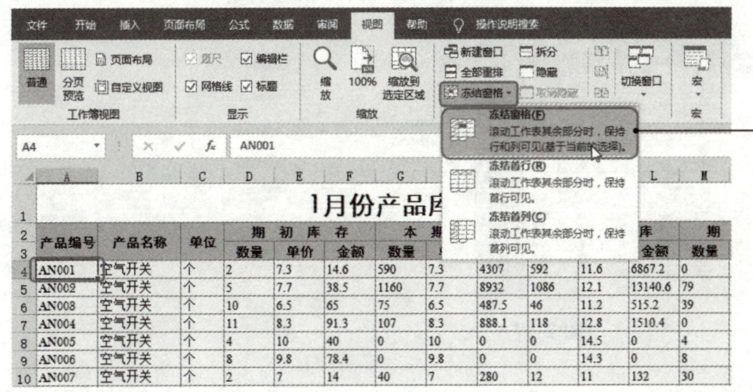

说明：

如果标题只位于首行，则可以直接执行“冻结首行”命令。由于本例前 3 行都为标题行，所以才选中 A4 单元格为冻结的定位位置。

图 2-35

❷ 执行操作后，A4 单元格以上的行都被冻结了。当表格向下滚动时，上面几行始终显示，如图 2-36 所示。

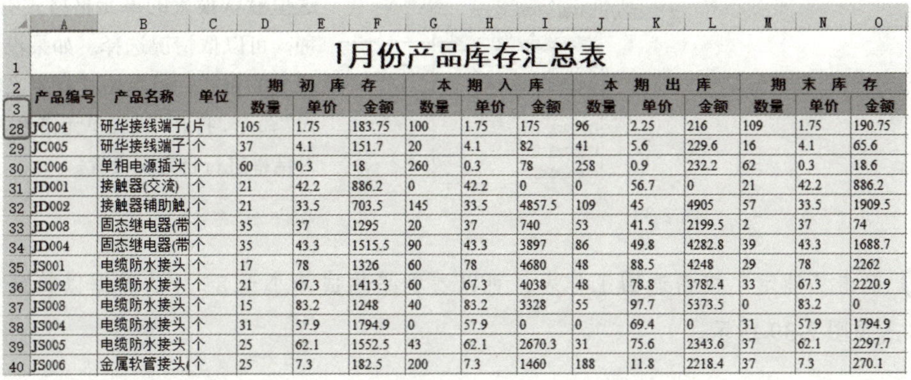

	A	B	C	D	E	F	G	H	I	J	K	L	M	N	O
1	1月份产品库存汇总表														
2	产品编号	产品名称	单位	期初库存			本期入库			本期出库			期末库存		
3				数量	单价	金额	数量	单价	金额	数量	单价	金额	数量	单价	金额
28	JC004	研华接线端子(	片	105	1.75	183.75	100	1.75	175	96	2.25	216	109	1.75	190.75
29	JC005	研华接线端子(	个	37	4.1	151.7	20	4.1	82	41	5.6	229.6	16	4.1	65.6
30	JC006	单相电源插头	个	60	0.3	18	260	0.3	78	258	0.9	232.2	62	0.3	18.6
31	JD001	接触器(交流)	个	21	42.2	886.2	0	42.2	0	0	56.7	0	21	42.2	886.2
32	JD002	接触器辅助触,	个	21	33.5	703.5	145	33.5	4857.5	109	45	4905	57	33.5	1909.5
33	JD008	固态继电器(带	个	35	37	1295	20	37	740	53	41.5	2199.5	2	37	74
34	JD004	固态继电器(带	个	35	43.3	1515.5	90	43.3	3897	86	49.8	4282.8	39	43.3	1688.7
35	JS001	电缆防水接头	个	17	78	1326	60	78	4680	48	88.5	4248	29	78	2262
36	JS002	电缆防水接头	个	21	67.3	1413.3	60	67.3	4038	48	78.8	3782.4	33	67.3	2220.9
37	JS008	电缆防水接头	个	15	83.2	1248	40	83.2	3328	55	97.7	5373.5	0	83.2	0
38	JS004	电缆防水接头	个	31	57.9	1794.9	0	57.9	0	0	69.4	0	31	57.9	1794.9
39	JS005	电缆防水接头	个	25	62.1	1552.5	43	62.1	2670.3	31	75.6	2343.6	37	62.1	2297.7
40	JS006	金属软管接头(	个	25	7.3	182.5	200	7.3	1460	188	11.8	2218.4	37	7.3	270.1

图 2-36

专家提示

在设置过冻结窗格的工作表中，按“Ctrl+Home”组合键可快速定位到冻结线交叉的位置，即最初执行冻结窗口命令的定位位置。

2.2.2　突出显示未达标的成绩

在员工考核成绩统计表中，将所有平均成绩低于 85 分的数据以特殊的格式显示出来，具体操作如下。

❶ 打开实例文件，选中要设置条件格式的单元格区域，切换到“开始”选项卡，在“样式”组中单击“条件格式”下拉按钮，鼠标指向“突出显示单元格规则”命令，在弹出子菜单中选择“小于”命令（如图 2-37 所示），打开“小于”对话框。

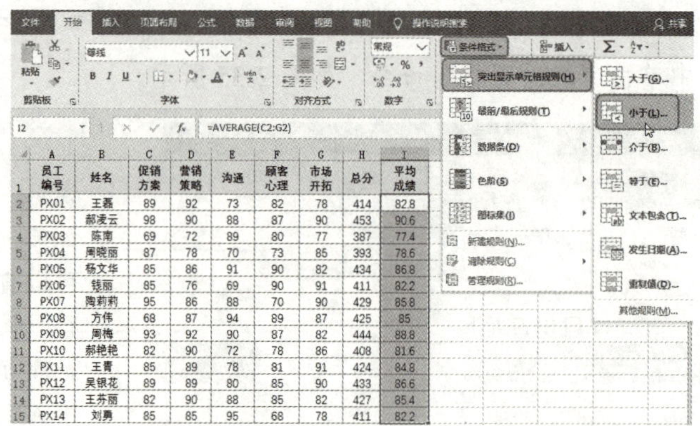

图 2-37

❷ 在“为小于以下值的单元格设置格式”文本框中输入“85”，在“设置为”下拉列表中选择“浅红色填充色深红色文本”，如图 2-38 所示。

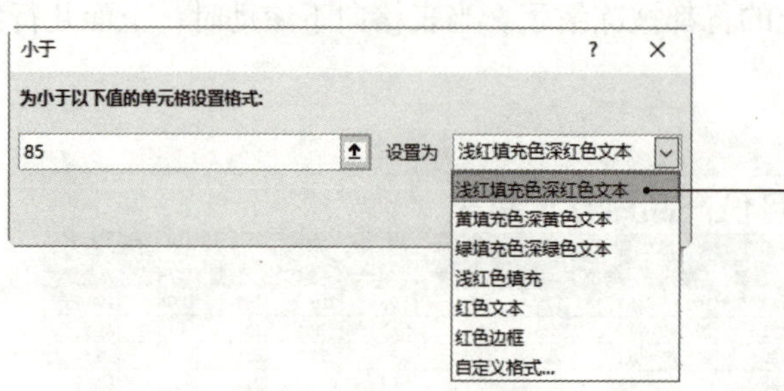

说明：

这里默认设置的单元格格式有 7 种，可以依情况选择。如果没有想要的格式，可单击“自定义格式”命令，打开“设置单元格格式”对话框进行自定义设置。

图 2-38

❸ 单击“确定”按钮返回工作表，可以看到平均成绩小于 85 分的数据以特殊格式突出显示，如图 2-39 所示。

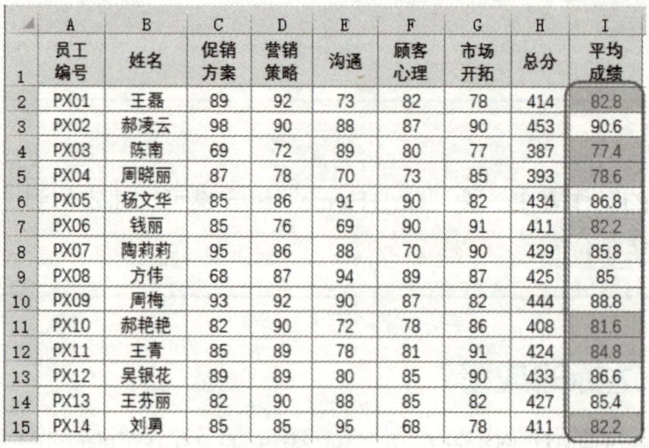

	A	B	C	D	E	F	G	H	I
1	员工编号	姓名	促销方案	营销策略	沟通	顾客心理	市场开拓	总分	平均成绩
2	PX01	王磊	89	92	73	82	78	414	82.8
3	PX02	郝凌云	98	90	88	87	90	453	90.6
4	PX03	陈南	69	72	89	80	77	387	77.4
5	PX04	周晓丽	87	78	70	73	85	393	78.6
6	PX05	杨文华	85	86	91	90	82	434	86.8
7	PX06	钱丽	85	76	69	90	91	411	82.2
8	PX07	陶莉莉	95	86	88	70	90	429	85.8
9	PX08	方伟	68	87	94	89	87	425	85
10	PX09	周梅	93	92	90	87	82	444	88.8
11	PX10	郝艳艳	82	90	72	78	86	408	81.6
12	PX11	王青	85	89	78	81	91	424	84.8
13	PX12	吴银花	89	89	80	85	90	433	86.6
14	PX13	王芬丽	82	90	88	85	82	427	85.4
15	PX14	刘勇	85	85	95	68	78	411	82.2

图 2-39

知识拓展——高于平均分的数据突出显示

快速找到一组高于平均值的数据并特殊标记，具体操作如下。

打开实例文件，选中要设置条件格式的单元格区域，切换到“开始”选项卡，在“样式”组中单击“条件格式”下拉按钮，鼠标指向“最前 / 最后规则”命令，在弹出的子菜单中选择“高于平均值”命令（如图 2-40 所示），这样可以特殊标记出在区域中哪些是高于平均值的数据，如图 2-41 所示。

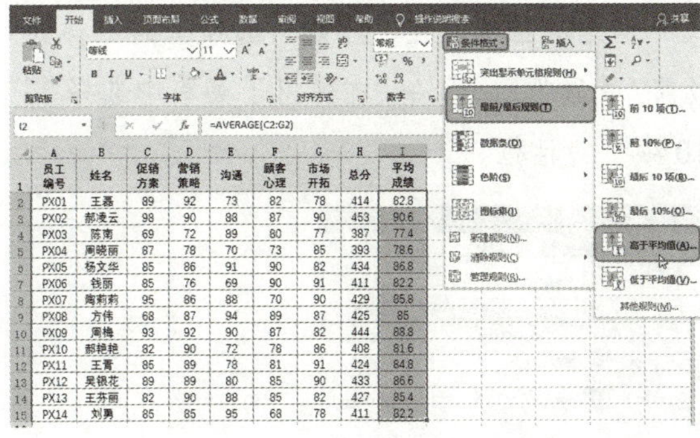

图 2-40

	A	B	C	D	E	F	G	H	I
1	员工编号	姓名	促销方案	营销策略	沟通	顾客心理	市场开拓	总分	平均成绩
2	PX01	王磊	89	92	73	82	78	414	82.8
3	PX02	郝凌云	98	90	88	87	90	453	90.6
4	PX03	陈南	69	72	89	80	77	387	77.4
5	PX04	周晓丽	87	78	70	73	85	393	78.6
6	PX05	杨文华	85	86	91	90	82	434	86.8
7	PX06	钱丽	85	76	69	90	91	411	82.2
8	PX07	陶莉莉	95	86	88	70	90	429	85.8
9	PX08	方伟	68	87	94	89	87	425	85
10	PX09	周梅	93	92	90	87	82	444	88.8
11	PX10	郝艳艳	82	90	72	78	86	408	81.6
12	PX11	王青	85	89	78	81	91	424	84.8
13	PX12	吴银花	89	89	80	85	90	433	86.6
14	PX13	王芬丽	82	90	88	85	82	427	85.4
15	PX14	刘勇	85	85	95	68	78	411	82.2

图 2-41

2.2.3 标识出只值班一次的员工

企业安排员工值班，有些员工值班次数偏多，而有些员工只有一次值班。现在要对员工值班表进行分析，快速地将只值一次班的员工标记出来，具体操作如下。

❶ 打开实例文件，选中 B3:B17 单元格，此时区域的右下角会出现一个“[快速分析按钮图标]”（快速分析）按钮。

❷ 单击按钮，并在下拉菜单中选中“唯一值”命令（如图 2-42 所示）。此时 Excel 将选择区域中的“唯一值”以浅红色填充深红色文本的方式特殊显示出来，如图 2-43 所示。

说明：
如果想特殊显示数据区域中的重复值，可以单击“重复的值”命令。利用此功能可以辅助查找重复值。

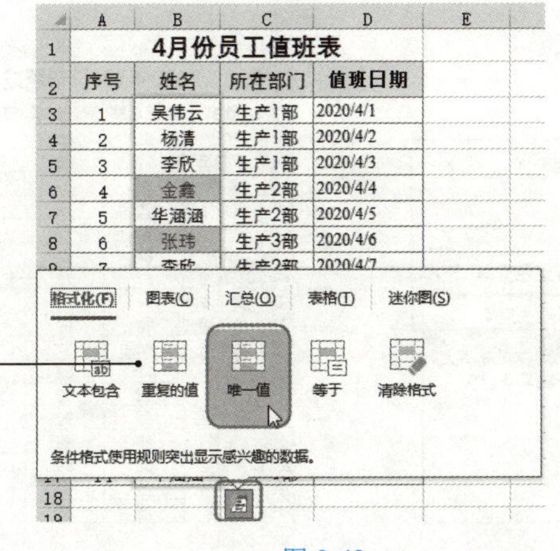

图 2-42

	A	B	C	D
1	4月份员工值班表			
2	序号	姓名	所在部门	值班日期
3	1	吴伟云	生产1部	2020/4/1
4	2	杨清	生产1部	2020/4/2
5	3	李欣	生产1部	2020/4/3
6	4	金鑫	生产2部	2020/4/4
7	5	华涵涵	生产2部	2020/4/5
8	6	张玮	生产3部	2020/4/6
9	7	李欣	生产2部	2020/4/7
10	8	高雨	生产1部	2020/4/8
11	9	李云飞	生产1部	2020/4/9
12	10	刘慧洁	生产3部	2020/4/10
13	11	李欣	生产3部	2020/4/11
14	12	吴伟云	生产3部	2020/4/12
15	13	杨清	生产1部	2020/4/13
16	14	高雨	生产1部	2020/4/14
17	14	华涵涵	生产3部	2020/4/15

图 2-43

专家提示：

在“开始”选项卡的“样式”组中单击“条件格式”下拉按钮，在下拉菜单中单击“突出显示单元格规则”命令，在子菜单中也可以看到“重复值”命令，单击打开对话框，通过设置可以达到相同的效果。

2.2.4 快速找出总评成绩前 5 名的记录

在对一列数据分析时，可以设置让前几名的数据以特殊的格式显示。例如在招聘成绩表中，可以让成绩前 5 名的数据以特殊格式突出显示，具体操作如下。

❶ 打开实例文件，选中要设置条件格式的单元格区域，在“开始”选项卡的“样式”组中单击“条件格式”下拉按钮，鼠标指向“最前/最后规则”命令，在弹出子菜单中选择“前 10 项”命令（如图 2-44 所示），打开“前 10 项”对话框。

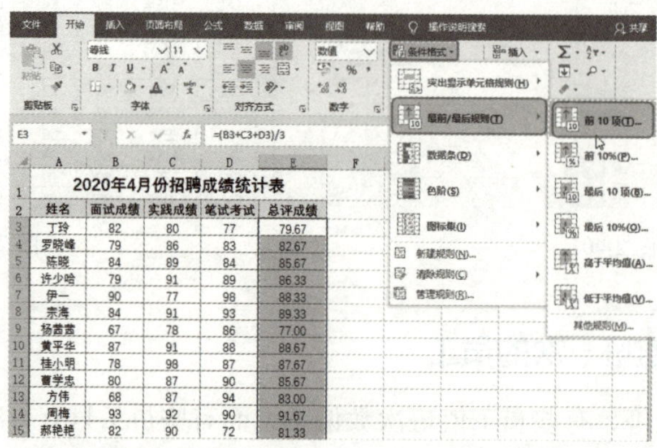

图 2-44

❷ 在“为值最大的那些单元格设置格式”文本框中将“10”更改为“5”，单击“设置为”文本框下拉按钮，在下拉菜单中单击“黄填充色深黄色文本”，如图 2-45 所示。

❸ 单击“确定”按钮返回工作表，可以看到总评成绩为前 5 名的数据所在单元格以特殊的格式显示出来，如图 2-46 所示。

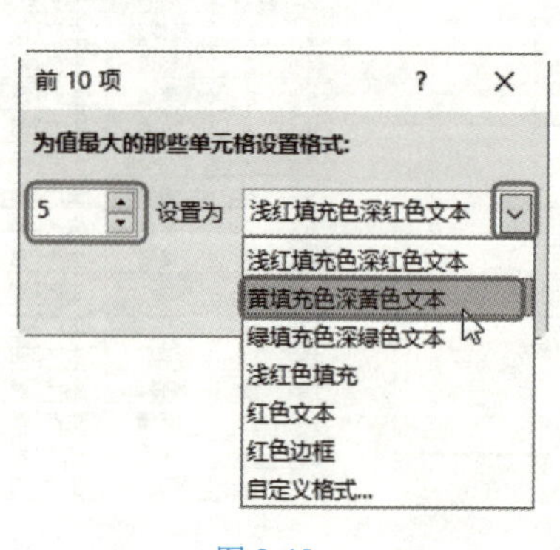

图 2-45

	A	B	C	D	E
1	2020年4月份招聘成绩统计表				
2	姓名	面试成绩	实践成绩	笔试考试	总评成绩
3	丁玲	82	80	77	79.67
4	罗晓峰	79	86	83	82.67
5	陈晓	84	89	84	85.67
6	许少哈	79	91	89	86.33
7	伊一	90	77	98	88.33
8	宗海	84	91	93	89.33
9	杨蕾蕾	67	78	86	77.00
10	黄平华	87	91	88	88.67
11	桂小明	78	98	87	87.67
12	曹学忠	80	87	90	85.67
13	方伟	68	87	94	83.00
14	周梅	93	92	90	91.67
15	郝艳艳	82	90	72	81.33
16	王青	85	89	78	84.00
17	吴银花	89	89	80	86.00
18	王芬丽	82	90	88	86.67
19	刘勇	85	85	95	88.33

图 2-46

2.2.5 为不同库存量亮起三色灯

企业对库存进行分析时，可以通过设置图标集格式，直观显示出各商品库存的数量。例如本例中要求当库存量大于等于 500 时显示绿色图标，当库存量在 500 至 200 之间时显示黄色图标，当库存量小于200时显示红色图标，具体操作如下。

❶ 打开实例文件，选中要设置条件格式的单元格区域：C2:C19，在“开始”选项卡的“样式”组中单击“条件格式”下拉按钮，在下拉菜单中单击“图标集”命令，在弹出的子菜单中选择“其他规则”命令（如图2-47所示），打开“新建格式规则”对话框。

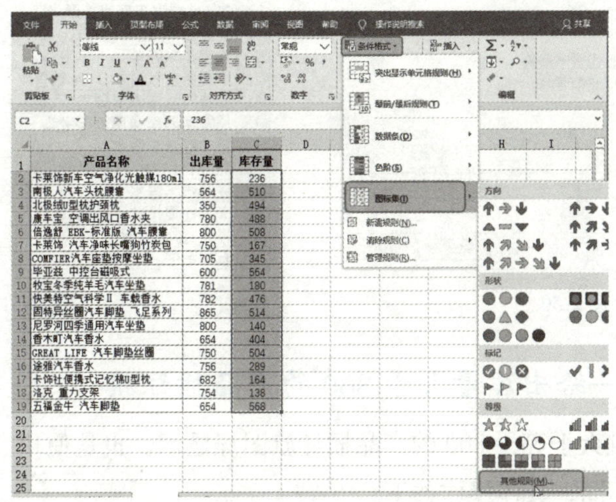

图 2-47

❷ 由于默认的值类型都是“百分比”，所以首先单击“类型”区域中每个设置框右侧的下拉按钮，从打开的列表中选择“数字”格式，如图2-48所示。

❸ 在“图标”区域设置绿色圆形，“当前值”区域设置“>=”，“值”为“500”，如图2-49所示。

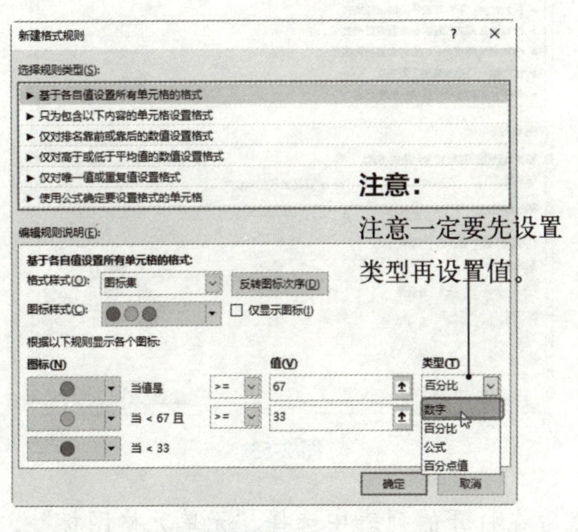

图 2-48

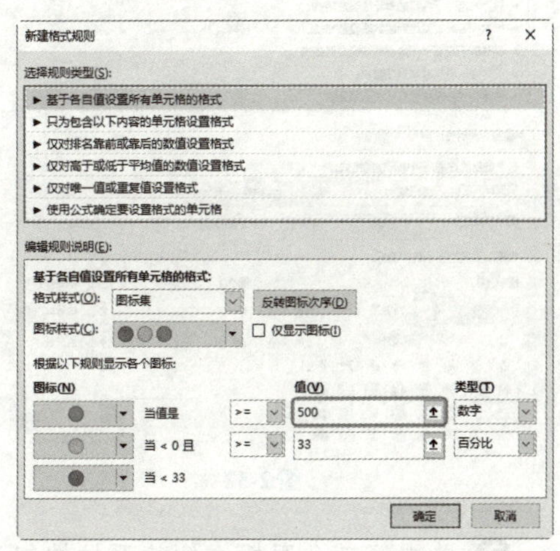

图 2-49

❹ 接着按相同方法设置黄色圆形图标的“值”为“>=200”，此时红色圆形图标自动显示为“<200”，如图2-50所示。单击“确定”按钮返回工作表，可以看到在C2:C19单元格区域会使用不同的图标集来显示库存量（库存较少显示红色圆点），如图2-51所示。

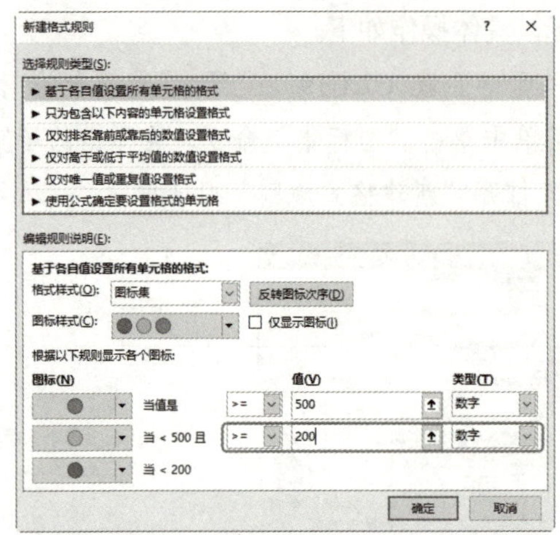

图 2-50

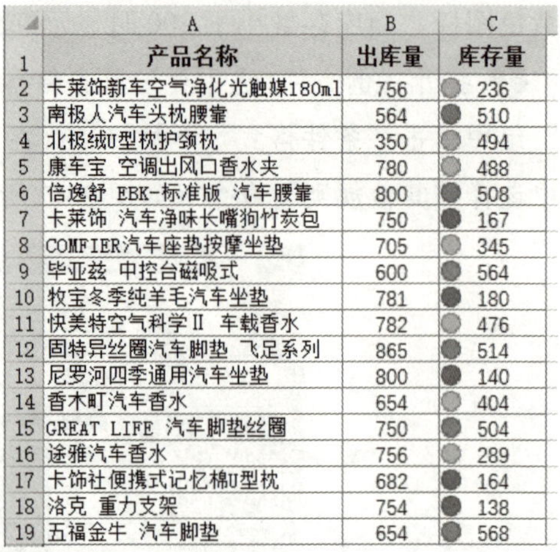

	A	B	C
1	产品名称	出库量	库存量
2	卡莱饰新车空气净化光触媒180ml	756	236
3	南极人汽车头枕腰靠	564	510
4	北极绒U型枕护颈枕	350	494
5	康车宝 空调出风口香水夹	780	488
6	倍逸舒 EBK-标准版 汽车腰靠	800	508
7	卡莱饰 汽车净味长嘴狗竹炭包	750	167
8	COMFIER汽车座垫按摩坐垫	705	345
9	毕亚兹 中控台磁吸式	600	564
10	牧宝冬季纯羊毛汽车坐垫	781	180
11	快美特空气科学Ⅱ 车载香水	782	476
12	固特异丝圈汽车脚垫 飞足系列	865	514
13	尼罗河四季通用汽车坐垫	800	140
14	香木町汽车香水	654	404
15	GREAT LIFE 汽车脚垫丝圈	750	504
16	途雅汽车香水	756	289
17	卡饰社便携式记忆棉U型枕	682	164
18	洛克 重力支架	754	138
19	五福金牛 汽车脚垫	654	568

图 2-51

知识拓展——给出库量大于800的产品插红旗

如果要对出库量大于等于800的产品插红旗图标显示，也是使用“条件格式”功能，其设置方法会有所不同，具体操作如下。

❶ 打开实例文件，选择目标区域后打开“新建格式规则”对话框。首先需要更改图标的样式，单击第一个图标右侧的下拉按钮，在列表中选择红旗，如图2-52所示。

❷ 接着设置“值”为“>=800”（注意先选择“类型”为“数字”），如图2-53所示。

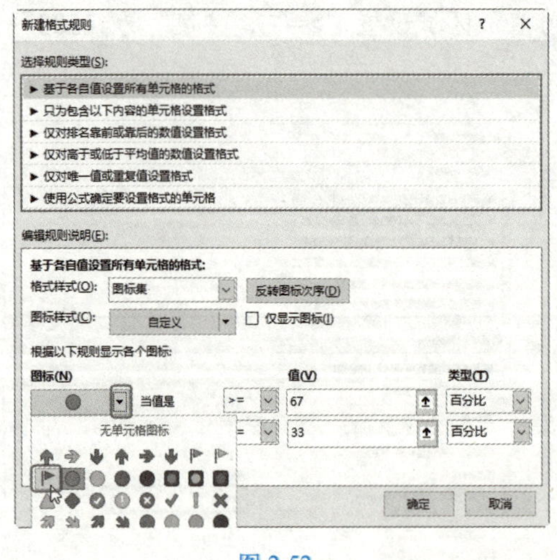

图 2-52

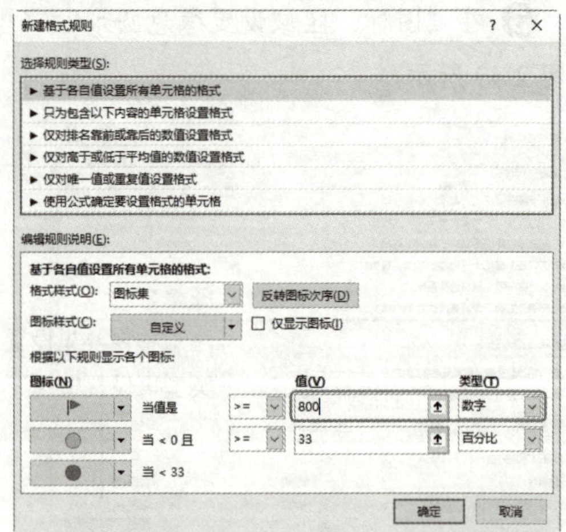

图 2-53

❸ 单击第二个图标右侧的下拉按钮，然后在打开的列表中选择“无单元格图标”，即取消图标，如图2-54所示。按相同方法再取消第三个图标，如图2-55所示。

❹ 完成设置后，单击“确定”按钮可以看到在“出库量”列只给大于等于800的数字前添加了红旗图标，如图2-56所示。

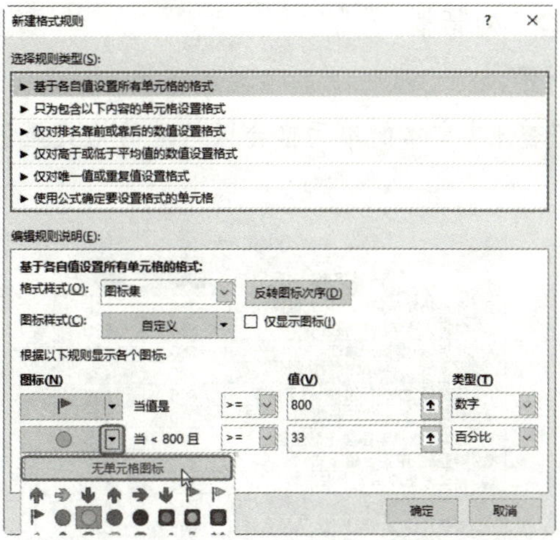

新建格式规则

选择规则类型(S):

- 基于各自值设置所有单元格的格式
- 只为包含以下内容的单元格设置格式
- 仅对排名靠前或靠后的数值设置格式
- 仅对高于或低于平均值的数值设置格式
- 仅对唯一值或重复值设置格式
- 使用公式确定要设置格式的单元格

编辑规则说明(E):

基于各自值设置所有单元格的格式:

格式样式(O): 图标集　反转图标次序(D)

图标样式(C): 自定义　☐ 仅显示图标(I)

根据以下规则显示各个图标:

图标(N)			值(V)	类型(T)
▶	当值是	>=	800	数字
●	当 < 800 且	>=	33	百分比

无单元格图标

确定　取消

图 2-54

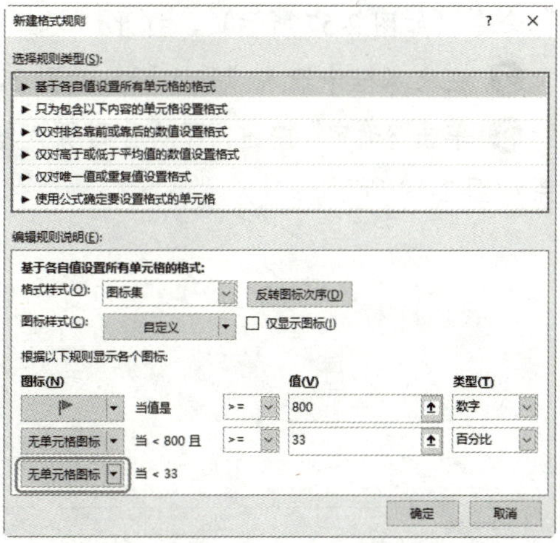

新建格式规则

选择规则类型(S):

- 基于各自值设置所有单元格的格式
- 只为包含以下内容的单元格设置格式
- 仅对排名靠前或靠后的数值设置格式
- 仅对高于或低于平均值的数值设置格式
- 仅对唯一值或重复值设置格式
- 使用公式确定要设置格式的单元格

编辑规则说明(E):

基于各自值设置所有单元格的格式:

格式样式(O): 图标集　反转图标次序(D)

图标样式(C): 自定义　☐ 仅显示图标(I)

根据以下规则显示各个图标:

图标(N)			值(V)	类型(T)
▶	当值是	>=	800	数字
无单元格图标	当 < 800 且	>=	33	百分比
无单元格图标	当 < 33			

确定　取消

图 2-55

	A	B	C
1	产品名称	出库量	库存量
2	卡莱饰新车空气净化光触媒180ml	756	236
3	南极人汽车头枕腰靠	564	510
4	北极绒U型枕护颈枕	350	494
5	康车宝 空调出风口香水夹	780	488
6	倍逸舒 EBK-标准版 汽车腰靠	▶ 800	508
7	卡莱饰 汽车净味长嘴狗竹炭包	750	167
8	COMFIER汽车座垫按摩坐垫	705	345
9	毕亚兹 中控台磁吸式	600	564
10	牧宝冬季纯羊毛汽车坐垫	781	180
11	快美特空气科学Ⅱ 车载香水	782	476
12	固特异丝圈汽车脚垫 飞足系列	▶ 865	514
13	尼罗河四季通用汽车坐垫	▶ 800	140
14	香木町汽车香水	654	404
15	GREAT LIFE 汽车脚垫丝圈	750	504
16	途雅汽车香水	756	289
17	卡饰社便携式记忆棉U型枕	682	164
18	洛克 重力支架	754	138
19	五福金牛 汽车脚垫	▶ 865	568

图 2-56

2.2.6 分析同类产品的销量

通过标识包含特定文本的数据，往往能实现对同一类数据的查看与分析。例如在销售统计报表中，通过标记出“香水”这个文本关键字，可以快速查看此类产品的销售数据，具体操作如下。

❶ 打开实例文件，选中要设置的单元格区域，切换到“开始”选项卡，在“样式”组中单击“条件格式”下拉按钮，鼠标指向“突出显示单元格规则”命令，在弹出的子菜单中选择“文本包

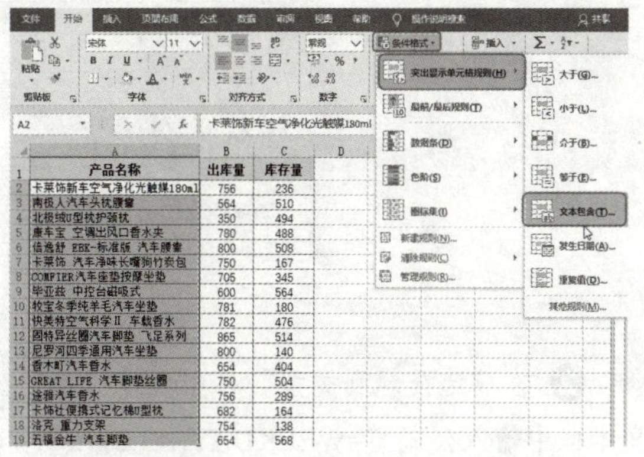

图 2-57

含”命令（如图 2-57 所示），打开“文本中包含”对话框。

❷ 在文本框中输入“香水”，如图 2-58 所示。

❸ 单击“确定”按钮，可以看到所有包含“香水”文本的单元格会以特殊的格式显示，效果如图 2-59 所示。

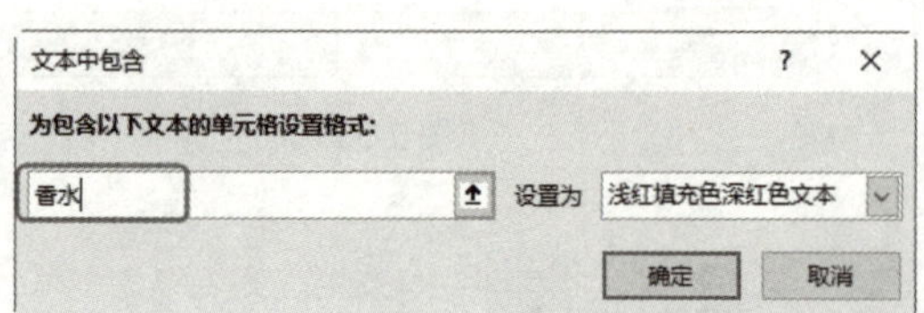

图 2-58

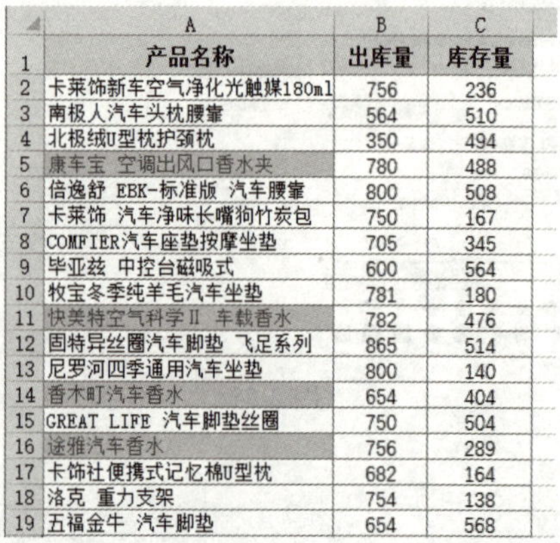

	A	B	C
1	产品名称	出库量	库存量
2	卡莱饰新车空气净化光触媒180ml	756	236
3	南极人汽车头枕腰靠	564	510
4	北极绒U型枕护颈枕	350	494
5	康车宝 空调出风口香水夹	780	488
6	倍逸舒 EBK-标准版 汽车腰靠	800	508
7	卡莱饰 汽车净味长嘴狗竹炭包	750	167
8	COMFIER汽车座垫按摩坐垫	705	345
9	毕亚兹 中控台磁吸式	600	564
10	牧宝冬季纯羊毛汽车坐垫	781	180
11	快美特空气科学Ⅱ 车载香水	782	476
12	固特异丝圈汽车脚垫 飞足系列	865	514
13	尼罗河四季通用汽车坐垫	800	140
14	香木町汽车香水	654	404
15	GREAT LIFE 汽车脚垫丝圈	750	504
16	途雅汽车香水	756	289
17	卡饰社便携式记忆棉U型枕	682	164
18	洛克 重力支架	754	138
19	五福金牛 汽车脚垫	654	568

图 2-59

2.2.7 快速标识出周末加班的记录

在加班统计表中，可以通过“条件格式”的设置快速标识出周末加班的记录，而且此处对“条件格式”的设置还需要使用公式进行判断，具体操作如下。

❶ 打开实例文件，选中目标单元格区域，在“开始”选项卡的“样式”组中单击“条件格式”下拉按钮，选择“新建规则”命令（如图 2-60 所示），打开“新建格式规则”对话框。

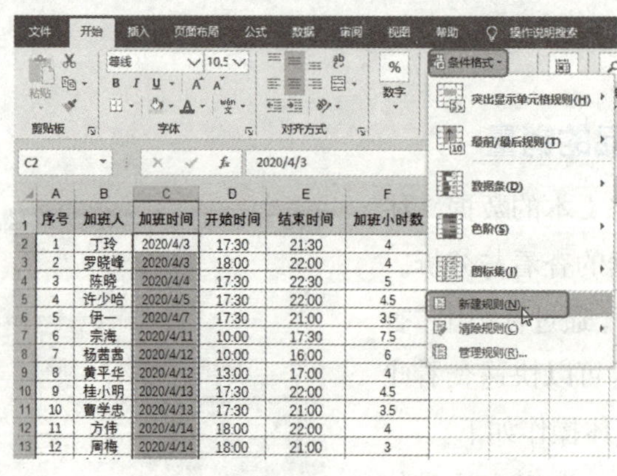

图 2-60

❷ 在“选择规则类型”栏中选择“使用公式确定要设置格式的单元格”，在下面的文本框中输入公式“=WEEKDAY(A3,2)>5”，如图 2-61 所示。

❸ 单击“格式”按钮，打开“设置单元格格式”对话框。对需要标识的单元格进行

格式设置，这里以设置单元格背景颜色为“黄色”为例，如图 2-62 所示。

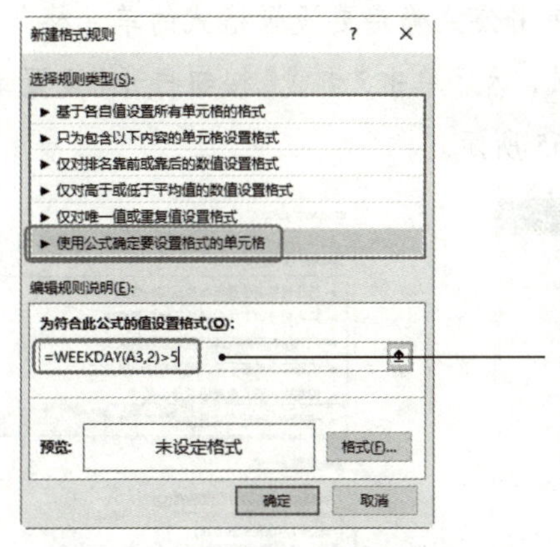

说明：

WEEKDAY 函数返回日期对应的星期数，用数字 1 到 7 表示星期一到星期日。这里的公式返回大于 5 的数值，也就是返回 6 和 7 对应的周六、周日。

图 2-61

❹ 单击“确定”按钮返回到“新建格式规则”对话框，再次单击“确定”按钮，即可将选定单元格区域内的双休日以黄色为填充色标识出来，如图 2-63 所示。

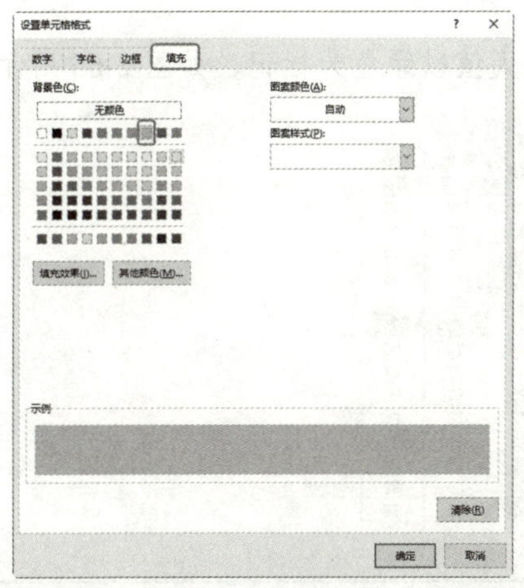

图 2-62

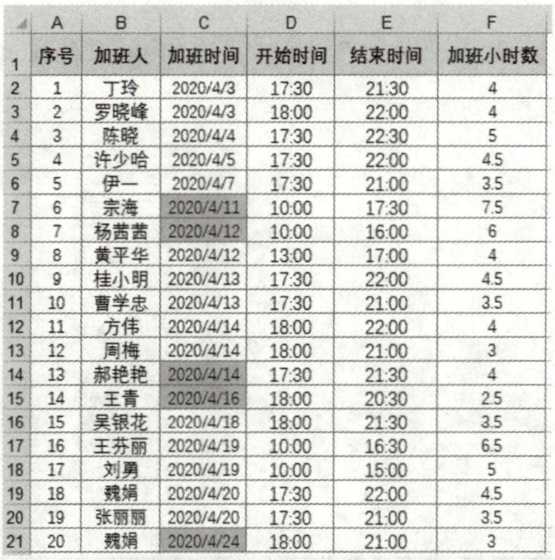

	A	B	C	D	E	F
1	序号	加班人	加班时间	开始时间	结束时间	加班小时数
2	1	丁玲	2020/4/3	17:30	21:30	4
3	2	罗晓峰	2020/4/3	18:00	22:00	4
4	3	陈晓	2020/4/4	17:30	22:30	5
5	4	许少哈	2020/4/5	17:30	22:00	4.5
6	5	伊一	2020/4/7	17:30	21:00	3.5
7	6	宗海	2020/4/11	10:00	17:30	7.5
8	7	杨茜茜	2020/4/12	10:00	16:00	6
9	8	黄平华	2020/4/12	13:00	17:00	4
10	9	桂小明	2020/4/13	17:30	22:00	4.5
11	10	曹学忠	2020/4/13	17:30	21:00	3.5
12	11	方伟	2020/4/14	18:00	22:00	4
13	12	周梅	2020/4/14	18:00	21:00	3
14	13	郝艳艳	2020/4/14	17:30	21:30	4
15	14	王青	2020/4/16	18:00	20:30	2.5
16	15	吴银花	2020/4/18	18:00	21:30	3.5
17	16	王芬丽	2020/4/19	10:00	16:30	6.5
18	17	刘勇	2020/4/19	10:00	15:00	5
19	18	魏娟	2020/4/20	17:30	22:00	4.5
20	19	张丽丽	2020/4/20	17:30	21:00	3.5
21	20	魏娟	2020/4/24	18:00	21:00	3

图 2-63

专家提示

利用公式建立的“条件格式”可以处理更为复杂的数据，让条件的判断更加灵活，但是要应用好此项功能，还需要对 Excel 函数有所了解。

知识拓展——突出显示每列中的最大值

突出显示每列中的最大值，也可以使用公式设置“条件格式”来实现。本例突出显示每列中的最大值可以很直观地看到每个课程的最高分是哪位学员，具体操作如下。

❶ 打开实例文件，选中目标单元格区域，在“开始”选项卡的“样式”组中单击“条件格式”下拉按钮，选择“新建规则”命令（如图 2-64 所示），打开“新建格式规则”

对话框。

❷ 在“选择规则类型”栏中选择“使用公式确定要设置格式的单元格”，在下面的文本框中输入公式“=C2=MAX(C$2:C$15)”，然后单击“格式”按钮打开“设置单元格格式”对话框，设置填充背景色为绿色，如图 2-65 所示。

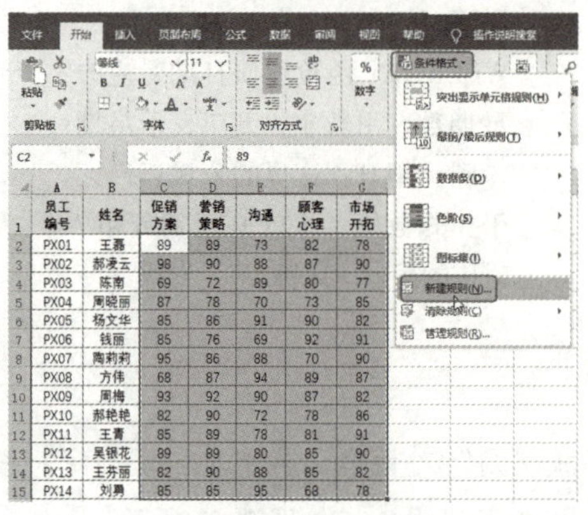

图 2-64

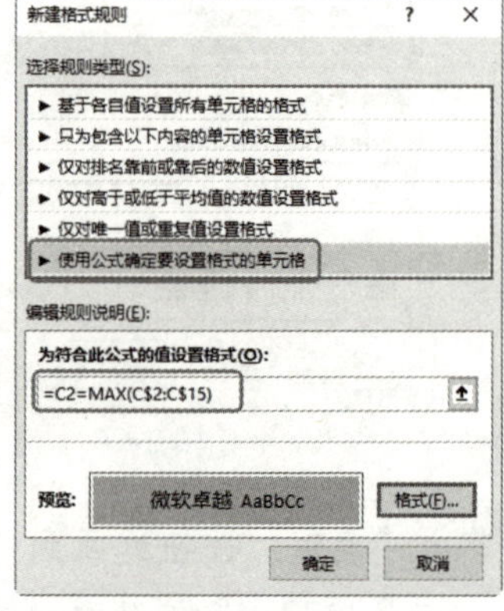

图 2-65

❸ 单击“确定”按钮，即可看到每列中的最大值以绿色为标记，如图 2-66 所示。

	A	B	C	D	E	F	G
1	员工编号	姓名	促销方案	营销策略	沟通	顾客心理	市场开拓
2	PX01	王磊	89	89	73	82	78
3	PX02	郝凌云	98	90	88	87	90
4	PX03	陈南	69	72	89	80	77
5	PX04	周晓丽	87	78	70	73	85
6	PX05	杨文华	85	86	91	90	82
7	PX06	钱丽	85	76	69	92	91
8	PX07	陶莉莉	95	86	88	70	90
9	PX08	方伟	68	87	94	89	87
10	PX09	周梅	93	92	90	87	82
11	PX10	郝艳艳	82	90	72	78	86
12	PX11	王青	85	89	78	81	91
13	PX12	吴银花	89	89	80	85	90
14	PX13	王芬丽	82	90	88	85	82
15	PX14	刘勇	85	85	95	68	78

图 2-66

专家提示

当数据区域设置了“条件格式”后，如果数据发生变化，那么条件格式会根据当前的变化自动重新标记。如果不再想让区域显示条件格式了，则可以将其删除。在“开始”选项卡的“样式”组中，单击“条件格式”下拉按钮，再单击“管理规则”命令，打开“条件格式规则管理器”对话框。其中会显示所有定义的规则，选中不需要的（如图 2-67 所示）单击“删除”按钮即可。

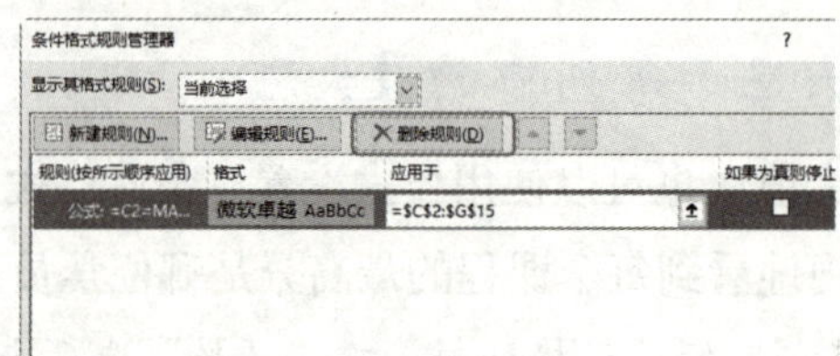

图 2-67

Excel

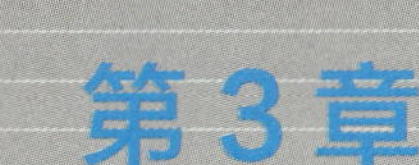

第3章 日常办公数据的分析统计

3.1 筛选目标数据

筛选功能是按照设定的条件，将不满足条件的条目暂时隐藏起来。使用者可以很灵活地设定这个条件，从而在大数据中获取需要的数据。筛选操作虽然简单，但在数据的分析统计过程中被频繁使用。

3.1.1 筛选查看出库量大于20件的记录

例如要筛选出出货量大于20件的记录，可以按下面的方法进行筛选，具体操作如下。

❶ 打开实例文件，选中数据区域任意单元格，然后在“数据”选项卡的“排序和筛选”组中单击“筛选”按钮（如图3-1所示）。这时可以看到标题栏中每一个单元格旁边都显示一个下拉按钮，这就是自动筛选按钮。

	A	B	C	D	E	F
1	客户	料号	行业类别	城市名	出货量	单价
2	110040	ET.WG5HC.005	批发商	昆明市	7	640
3	110040	ET.XV3HC.B01	系统集成商	昆明市	7	980
4	111186	ET.XV3HC.B01	集中/连锁门市	昆明市	6	630
5	111186	ET.WG5HC.005	集中/连锁门市	昆明市	21	580
6	111186	ET.XV3HC.B01	批发商	昆明市	5	790
7	112904	ET.DV3HC.C05	外围门市	保山市	12	790
8	112904	ET.XV3HC.B01	外围门市	保山市	12	1100
9	112904	ET.VS0HC.001	集中/连锁门市	保山市	13	630
10	112904	ET.CV3WC.C01	集中/连锁门市	保山市	12	700
11	113240	ET.WG5HC.005	外围门市	昆明市	8	790
12	113240	ET.WG5HC.005	系统集成商	昆明市	5	630

图3-1

❷ 单击“出货量”右侧筛选按钮，在筛选菜单中单击“数字筛选”命令，在弹出的子菜单中单击“大于或等于”命令（如图3-2所示），打开“自定义自动筛选方式”对话框。

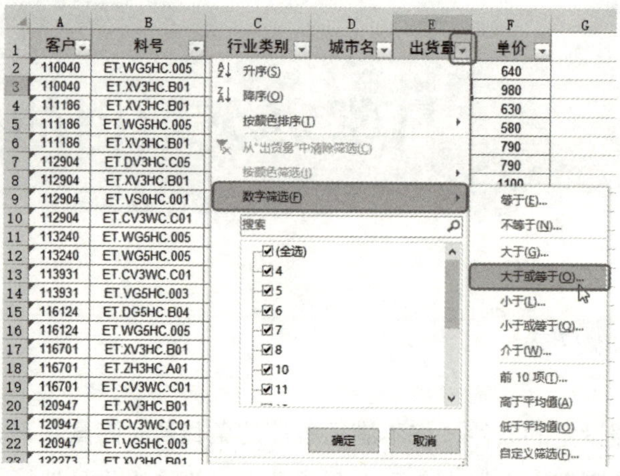

图 3-2

❸ 在"大于或等于"后面文本框中输入"20"，如图 3-3 所示。

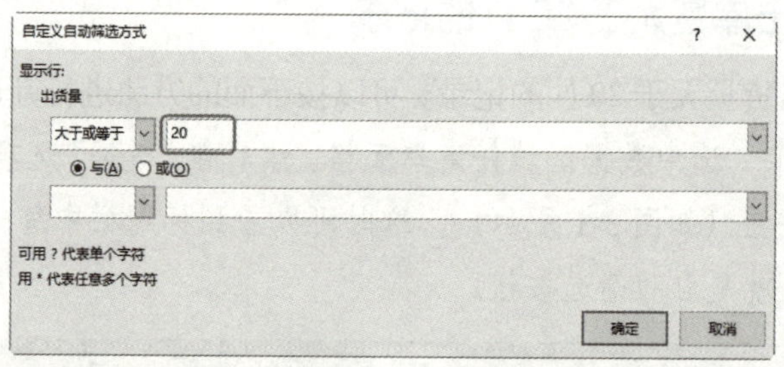

图 3-3

❹ 单击"确定"按钮返回工作表，即可筛选出出货量大于等于 20 件的记录，如图 3-4 所示。

注意:
不符合条件的记录将被隐藏起来。

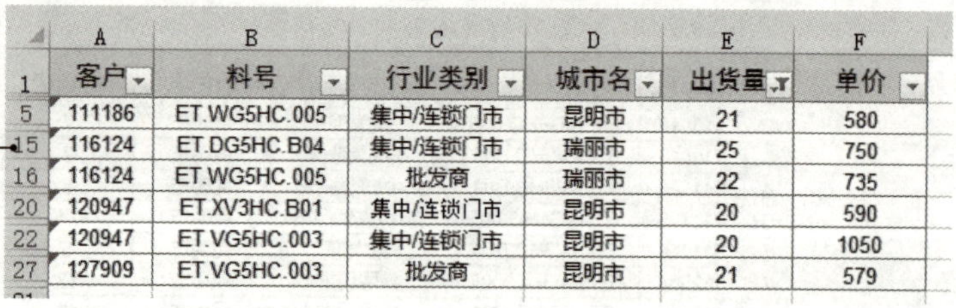

	A	B	C	D	E	F
1	客户	科号	行业类别	城市名	出货量	单价
5	111186	ET.WG5HC.005	集中/连锁门市	昆明市	21	580
15	116124	ET.DG5HC.B04	集中/连锁门市	瑞丽市	25	750
16	116124	ET.WG5HC.005	批发商	瑞丽市	22	735
20	120947	ET.XV3HC.B01	集中/连锁门市	昆明市	20	590
22	120947	ET.VG5HC.003	集中/连锁门市	昆明市	20	1050
27	127909	ET.VG5HC.003	批发商	昆明市	21	579

图 3-4

专家提示

当不需要对数据进行分析，而要显示出全部数据时，可以取消筛选。例如上面对"出货量"字段进行了筛选，则单击"出货量"右侧下拉按钮，在筛选菜单中选中"从'出货量'中清除筛选"命令即可。

如果工作表中对多个字段进行了筛选，想要一次性取消多个字段的筛选设置，可以单击"数据"选项卡，在"排序和筛选"选项组单击"清除"按钮，即可取消多个字段的筛选。

3.1.2 筛选年龄介于 30 岁至 35 岁之间的应聘者

例如筛选年龄介于 30 岁至 35 岁之间的应聘者记录，具体操作如下。

❶ 打开实例文件，选中数据区域任意单元格，然后在“数据”选项卡的“排序和筛选”组中单击“筛选”按钮，如图 3-5 所示。

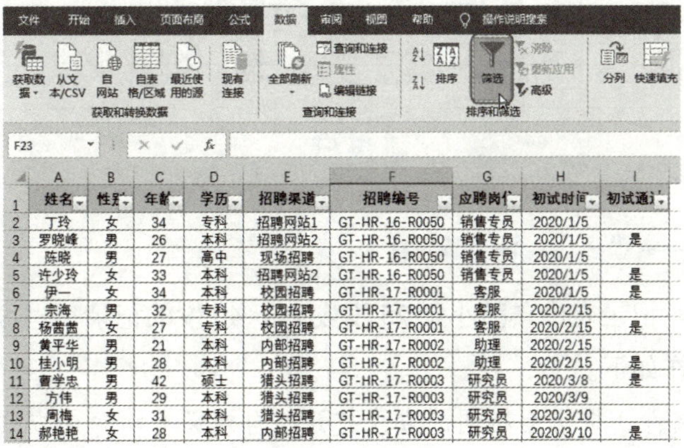

图 3-5

❷ 单击“年龄”右侧筛选按钮，在筛选菜单中单击“数字筛选”命令，在弹出的子菜单中单击“介于”命令（如图 3-6 所示），打开“自定义自动筛选方式”对话框。

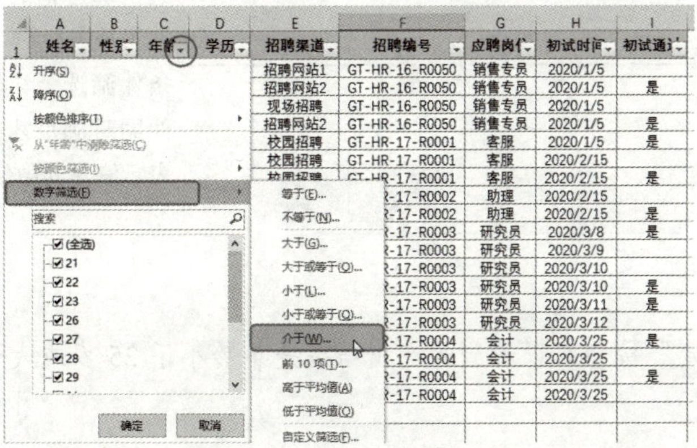

图 3-6

❸ 在“大于或等于”后面文本框中输入“30”，在 “小于或等于”后面文本框中输入“35”如图 3-7 所示。

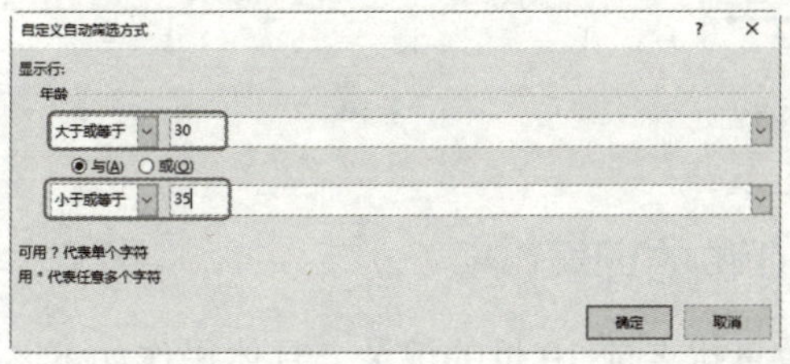

图 3-7

❹ 单击“确定”按钮返回工作表，即可筛选出年龄介于 30 岁至 35 岁之间的记录，如图 3-8 所示。

	A	B	C	D	E	F	G	H	I
1	姓名	性别	年龄	学历	招聘渠道	招聘编号	应聘岗位	初试时间	初试通过
2	丁玲	女	34	专科	招聘网站1	GT-HR-16-R0050	销售专员	2020/1/5	
5	许少玲	女	33	本科	招聘网站2	GT-HR-16-R0050	销售专员	2020/1/5	是
6	伊一	女	34	本科	校园招聘	GT-HR-17-R0001	客服	2020/1/5	是
7	宗海	男	32	专科	校园招聘	GT-HR-17-R0001	客服	2020/2/15	
13	周梅	女	31	本科	猎头招聘	GT-HR-17-R0003	研究员	2020/3/10	
19	魏娟	女	35	硕士	刊登广告	GT-HR-17-R0004	会计	2020/3/25	是
20	张丽丽	女	33	本科	刊登广告	GT-HR-17-R0004	会计	2020/3/25	
21									

图 3-8

知识拓展——“或”条件筛选

假如想排除应聘记录表中年龄小于 25 岁或大于 40 岁的记录，也可以通过设置筛选条件来实现，具体操作如下。

❶ 打开实例文件，按上面相同的方法打开“自定义自动筛选方式”对话框。在“大于或等于”后面文本框中输入“40”，选中“或”单选框，在“小于或等于”后面文本框中输入“25”如图 3-9 所示。

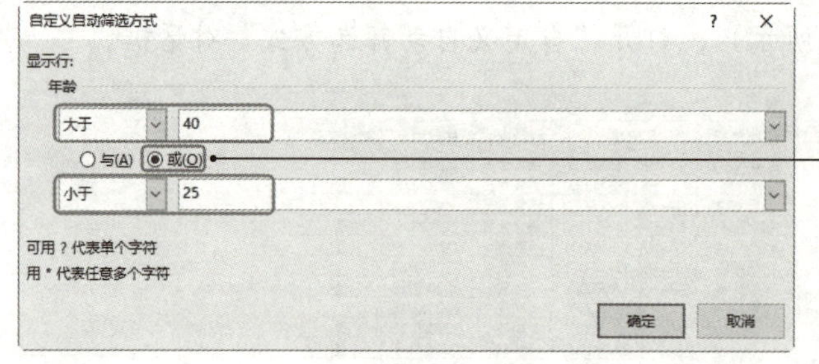

注意：

这个单选框的选择非常重要，它决定了是进行“与”条件筛选还是“或”条件筛选。“与”条件表示两个条件同时满足才有效，而“或”条件表示满足其中任意一个条件就有效。

图 3-9

❷ 单击“确定”按钮可以看到筛选出结果是年龄小于 25 岁或大于 40 岁的记录，如图 3-10 所示。

	A	B	C	D	E	F	G	H	I
1	姓名	性别	年龄	学历	招聘渠道	招聘编号	应聘岗位	初试时间	初试通过
9	黄平华	男	21	本科	内部招聘	GT-HR-17-R0002	助理	2020/2/15	
11	曹学忠	男	42	硕士	猎头招聘	GT-HR-17-R0003	研究员	2020/3/8	是
16	吴银花	女	42	专科	内部招聘	GT-HR-17-R0003	研究员	2020/3/12	
17	王芬丽	女	23	本科	校园招聘	GT-HR-17-R0004	会计	2020/3/25	是
18	刘勇	男	22	本科	校园招聘	GT-HR-17-R0004	会计	2020/3/25	
21									

图 3-10

3.1.3 筛选排名前 10 位的记录

例如要筛选出销售数量排名前 10 位的记录，具体操作如下。

❶ 打开实例文件，选中数据区域任意单元格，在“数据”选项卡的“排序和筛选”组中单击“筛选”命令，为数据源列标识添加自动筛选按钮。单击“销售数量”右侧的筛选按钮，在筛选菜单中单击“数字筛选”命令，在弹出的子菜单中单击“前10项”命令（如图3-11所示），打开“自动筛选前10个”对话框，如图3-12所示。

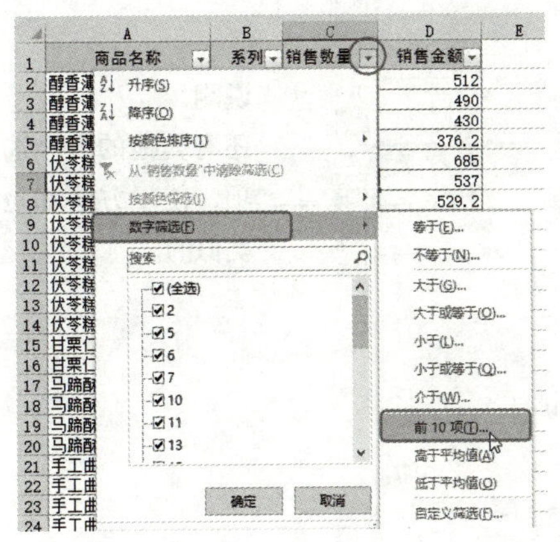

图3-11

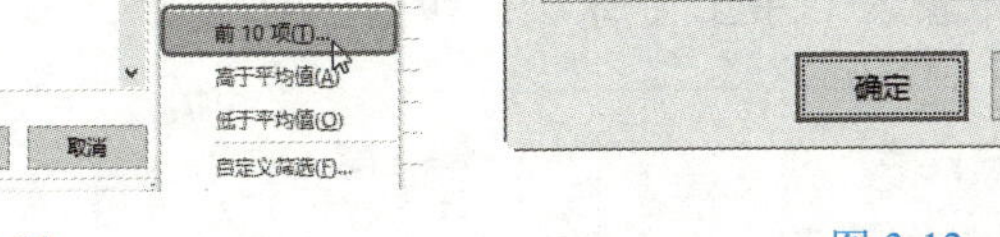

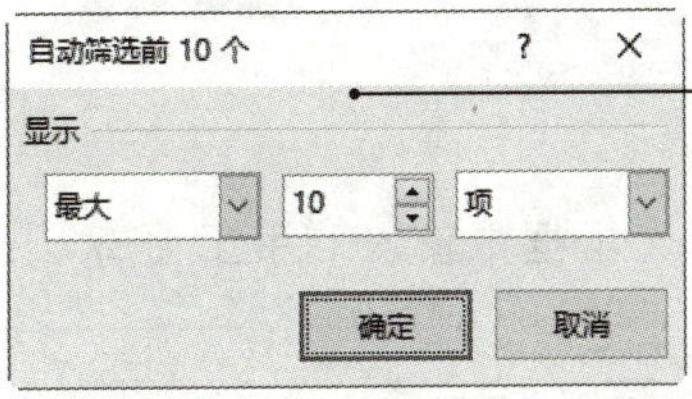

图3-12

说明：

此处的默认且最大的值为10，如果不想使用，可以根据实际情况在中间文本框中调节数值，例如5，即筛选出前5名的记录。

❷ 单击“确定”按钮返回工作表，即可筛选出销售数量排名前10位的记录，如图3-13所示。

	A	B	C	D
1	商品名称	系列	销售数量	销售金额
3	醇香薄烧（榛果薄饼）	醇香薄烧	59	490
4	醇香薄烧（醇香薄烧）	醇香薄烧	57	430
8	伏苓糕（椒盐）	伏苓糕	54	529.2
15	甘栗仁	甘栗仁	65	877.5
17	马蹄酥（花生）	马蹄酥	66	844.8
18	马蹄酥（椒盐）	马蹄酥	68	384
21	手工曲奇（迷你）	手工曲奇	175	2100
22	手工曲奇（草莓）	手工曲奇	146	1971
23	手工曲奇（红枣）	手工曲奇	68	918
24	手工曲奇（巧克力）	手工曲奇	78	472.5

图3-13

3.1.4 筛选出同类商品记录

当数据区域显示的是文本，也可以为其设定筛选条件，如开头是“某”文本、或包含“某”文本等。下面要筛选出商品名称以“手工曲奇”为开头的所有销售记录，具体操作如下。

❶ 打开实例文件，选中数据区域任意单元格，在“数据”选项卡的“排序和筛选”组中单击“筛选”命令，为数据源列标识添加自动筛选按钮（如图3-14所示）。单击“商品名称”右侧筛选按钮，在筛选菜单中单击“文本筛选”命令，在弹出的子菜单中单击“开头是”命令（如图3-15所示），打开“自定义自动筛选方式”对话框。

	A	B	C
1	商品名称	销售数量	销售金
2	醇香薄烧（杏仁薄烧）	20	512
3	手工曲奇（红枣）	68	918
4	伏苓糕（绿豆沙）	11	99
5	伏苓糕（桂花）	20	180
6	醇香薄烧（榛果薄饼）	49	490
7	手工曲奇（草莓）	146	1971
8	伏苓糕（铁盒）	15	537
9	伏苓糕（礼盒海苔）	29	521.5
10	伏苓糕（海苔）	5	49
11	伏苓糕（香芋）	10	90
12	醇香薄烧（醇香薄烧）	43	430
13	伏苓糕（花生）	7	63
14	甘栗仁	65	877.5
15	伏苓糕（礼盒黑芝麻）	29	685
16	伏苓糕（椒盐）	54	529.2
17	马蹄酥（花生）	66	844.8
18	甘栗仁（100 *2礼盒）	2	57.6
19	马蹄酥（椒盐）	30	384
20	马蹄酥（海苔）	13	166.4
21	手工曲奇（巧克力）	35	472.5

图 3-14

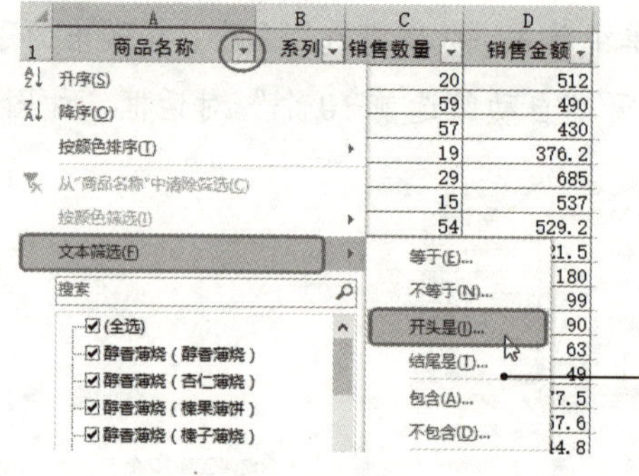

说明：

还有其他的多个选项，使用方法都是类似的。

图 3-15

❷ 在“开头是”文本框中输入“手工曲奇”，如图 3-16 所示。

图 3-16

❸ 单击“确定”按钮返回工作表，即可筛选出商品名称以“手工曲奇”为开头的所有记录，如图 3-17 所示。

	A	B	C
1	商品名称	销售数量	销售金
3	手工曲奇（红枣）	68	918
7	手工曲奇（草莓）	146	1971
21	手工曲奇（巧克力）	35	472.5
22	手工曲奇（迷你）	175	2100
25	手工曲奇（蔓越莓）	22	283.5
26			

图 3-17

3.1.5 筛选出包含某文本的记录

下面要求筛选出分类为“少儿”的图书，具体操作如下。

❶ 打开实例文件，选中数据区域任意单元格，在“数据”选项卡的“排序和筛选”组中单击“筛选”命令，为数据源列标识添加自动筛选按钮（如图 3-18 所示），单击“图书分类”右侧筛选按钮，在“搜索”框中输入“少儿”，如图 3-19 所示。

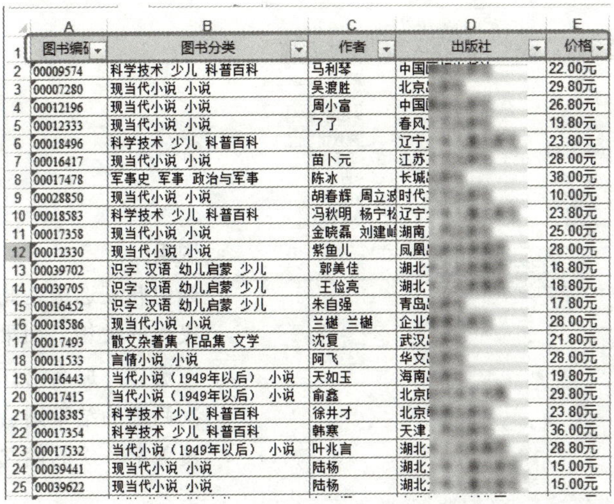

	A	B	C	D	E
1	图书编码	图书分类	作者	出版社	价格
2	00009574	科学技术 少儿 科普百科	马利琴	中国	22.00元
3	00007280	现当代小说 小说	吴渡胜	北京	29.80元
4	00012196	现当代小说 小说	周小富	中国	26.80元
5	00012333	现当代小说 小说	了了	春风	19.80元
6	00018496	科学技术 少儿 科普百科		辽宁	23.80元
7	00016417	现当代小说 小说	苗卜元	江苏	28.00元
8	00017478	军事史 军事 政治与军事	陈冰	长城	38.00元
9	00028850	现当代小说 小说	胡春辉 周立波	时代	10.00元
10	00018583	科学技术 少儿 科普百科	冯秋明 杨宁松	辽宁	23.80元
11	00017358	现当代小说 小说	金晓磊 刘建峰	湖南	25.00元
12	00012330	现当代小说 小说	紫鱼儿	凤凰	28.00元
13	00039702	识字 汉语 幼儿启蒙 少儿	郭美佳	湖北	18.80元
14	00039705	识字 汉语 幼儿启蒙 少儿	王俭亮	湖北	18.80元
15	00016452	识字 汉语 幼儿启蒙 少儿	朱自强	青岛	17.80元
16	00018586	现当代小说 小说	兰樾 兰樾	企业	28.00元
17	00017493	散文杂著集 作品集 文学	沈复	武汉	21.80元
18	00011533	言情小说 小说	阿飞	华文	28.00元
19	00016443	当代小说（1949年以后） 小说	天如玉	海南	19.80元
20	00017415	当代小说（1949年以后） 小说	俞鑫	北京	29.80元
21	00018385	科学技术 少儿 科普百科	徐井才	北京	23.80元
22	00017354	科学技术 少儿 科普百科	韩寒	天津	36.00元
23	00017532	当代小说（1949年以后） 小说	叶兆言	湖北	28.80元
24	00039441	现当代小说 小说	陆杨	湖北	15.00元
25	00039622	现当代小说 小说	陆杨	湖北	15.00元

图 3-18

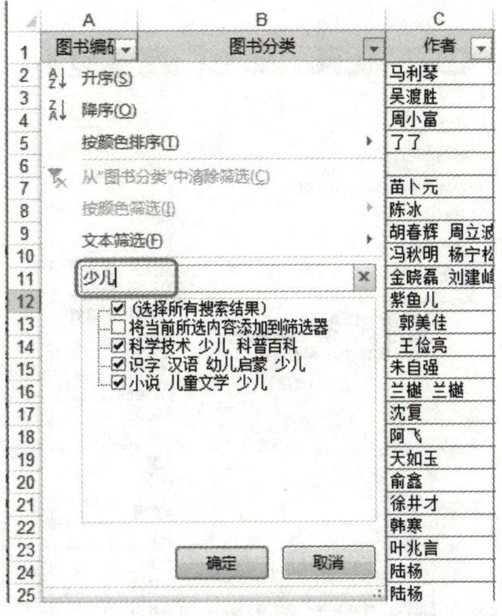

图 3-19

❷ 单击“确定”按钮返回工作表，即可筛选出在图书分类中包含“少儿”文本的图书记录里，如图 3-20 所示。

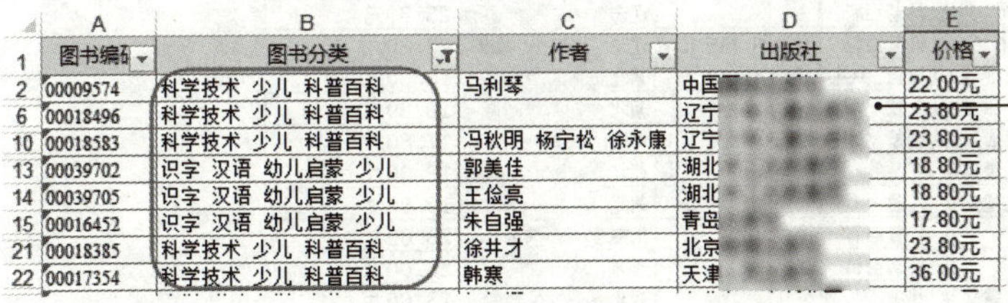

	A	B	C	D	E
1	图书编码	图书分类	作者	出版社	价格
2	00009574	科学技术 少儿 科普百科	马利琴	中国	22.00元
6	00018496	科学技术 少儿 科普百科		辽宁	23.80元
10	00018583	科学技术 少儿 科普百科	冯秋明 杨宁松 徐永康	辽宁	23.80元
13	00039702	识字 汉语 幼儿启蒙 少儿	郭美佳	湖北	18.80元
14	00039705	识字 汉语 幼儿启蒙 少儿	王俭亮	湖北	18.80元
15	00016452	识字 汉语 幼儿启蒙 少儿	朱自强	青岛	17.80元
21	00018385	科学技术 少儿 科普百科	徐井才	北京	23.80元
22	00017354	科学技术 少儿 科普百科	韩寒	天津	36.00元

说明：

打开“图书分类”右侧筛选按钮，在“文本筛选”命令的子菜单中单击“文本包含”命令，也可以达到相同的筛选效果。

图 3-20

专家提示

在对数据进行筛选时，还可以使用“通配符”对文本进行模糊筛选。符号“?”代表单个字符，符号“*”代表多个字符。使用通配符对文本进行筛选，可以筛选出包含某个字符的所有文本。

知识拓展——文本“或”筛选

文本“或”筛选是指筛选出包含两个关键字中任意一个条件的记录，例如要筛选出图书分类中包含“少儿”或“儿童”的记录，具体操作如下。

❶ 打开实例文件，单击“图书分类”右侧筛选按钮，在“搜索”框中输入“少儿”（如图 3-21 所示），单击“确定”按钮完成第一次筛选。

❷ 再次单击“图书分类”右侧筛选按钮，在“搜索”框中输入“儿童”，并选中“将当前所选内容添加到筛选器”复选框，如图 3-22 所示。

❸ 单击“确定”按钮完成第二次筛选，即为需要的筛选结果，如图 3-23 所示。

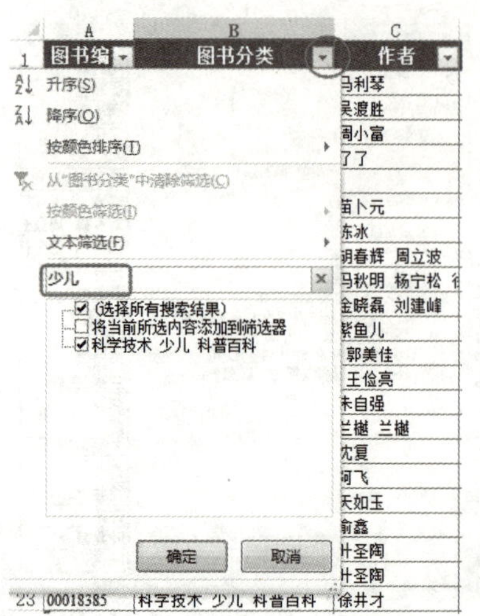

图 3-21

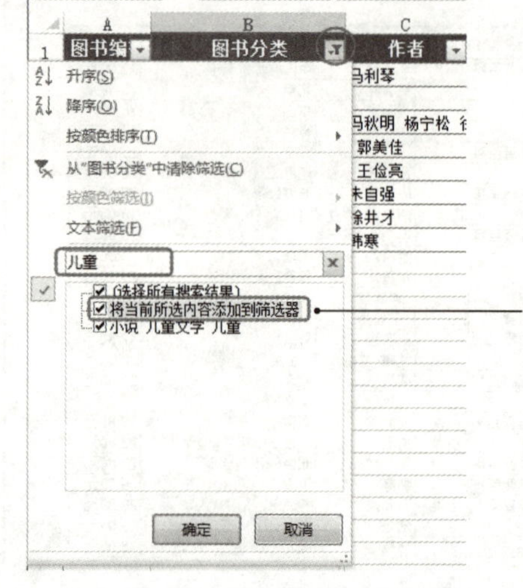

图 3-22

说明：

选中此复选框是此操作的关键。如果不选择，那么第二次筛选的结果则会覆盖第一次的筛选结果。

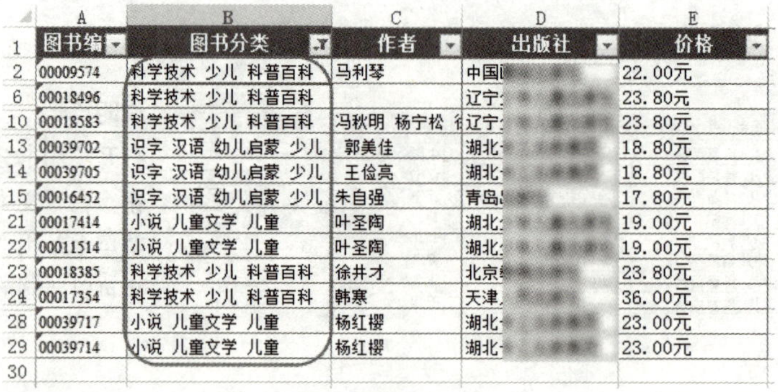

	图书编	图书分类	作者	出版社	价格
2	00009574	科学技术 少儿 科普百科	马利琴	中国	22.00元
6	00018496	科学技术 少儿 科普百科		辽宁	23.80元
10	00018583	科学技术 少儿 科普百科	冯秋明 杨宁松	辽宁	23.80元
13	00039702	识字 汉语 幼儿启蒙 少儿	郭美佳	湖北	18.80元
14	00039705	识字 汉语 幼儿启蒙 少儿	王俭亮	湖北	18.80元
15	00016452	识字 汉语 幼儿启蒙 少儿	朱自强	青岛	17.80元
21	00017414	小说 儿童文学 儿童	叶圣陶	湖北	19.00元
22	00011514	小说 儿童文学 儿童	叶圣陶	湖北	19.00元
23	00018385	科学技术 少儿 科普百科	徐井才	北京	23.80元
24	00017354	科学技术 少儿 科普百科	韩寒	天津	36.00元
28	00039717	小说 儿童文学 儿童	杨红樱	湖北	23.00元
29	00039714	小说 儿童文学 儿童	杨红樱	湖北	23.00元
30					

图 3-23

专家提示

按相同的办法可以实现多个关键字的“或”筛选，只要设定关键字，并确保选中“将当前所选内容添加到筛选器”复选框即可。

3.1.6 筛选某日期之前的借阅记录

在 Excel 表格中可以对日期进行筛选，如筛选出指定日期之前（之后）、本月、上月、本季度、本年等信息。例如在下面的例子中要求筛选出 2020 年 1 月 1 日以前的所有借阅记录，可以按下面的方法进行筛选，具体操作如下。

❶ 打开实例文件，选中数据区域任意单元格，在“数据”选项卡的“排序和筛选”组中单击“筛选”命令，为数据源列标识添加自动筛选按钮，如图 3-24 所示。

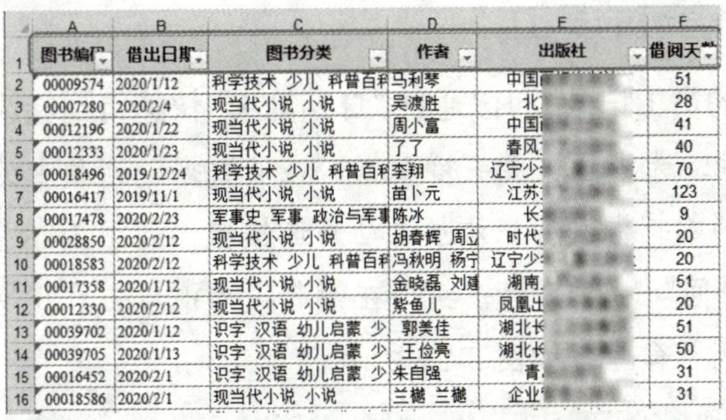

	A	B	C	D	E	F
1	图书编阝	借出日期	图书分类	作者	出版社	借阅天数
2	00009574	2020/1/12	科学技术 少儿 科普百科	马利琴	中国	51
3	00007280	2020/2/4	现当代小说 小说	吴渡胜	北	28
4	00012196	2020/1/22	现当代小说 小说	周小富	中国	41
5	00012333	2020/1/23	现当代小说 小说	了了	春风	40
6	00018496	2019/12/24	科学技术 少儿 科普百科	李翔	辽宁少	70
7	00016417	2019/11/1	现当代小说 小说	苗卜元	江苏	123
8	00017478	2020/2/23	军事史 军事 政治与军事	陈冰	长	9
9	00028850	2020/2/12	现当代小说 小说	胡春辉 周立	时代	20
10	00018583	2020/2/12	科学技术 少儿 科普百科	冯秋明 杨宁	辽宁少	20
11	00017358	2020/1/12	现当代小说 小说	金晓磊 刘建	湖南	51
12	00012330	2020/2/12	现当代小说 小说	紫鱼儿	凤凰出	20
13	00039702	2020/1/12	识字 汉语 幼儿启蒙 少	郭美佳	湖北长	51
14	00039705	2020/1/13	识字 汉语 幼儿启蒙 少	王俭亮	湖北长	50
15	00016452	2020/2/1	识字 汉语 幼儿启蒙 少	朱自强	青	31
16	00018586	2020/2/1	现当代小说 小说	兰樾 兰樾	企业	31

图 3-24

❷ 单击“借出日期”右侧筛选按钮，单击“日期筛选”命令，在弹出的子菜单中单击“之前”命令（如图 3-25 所示），打开“自定义自动筛选方式”对话框。

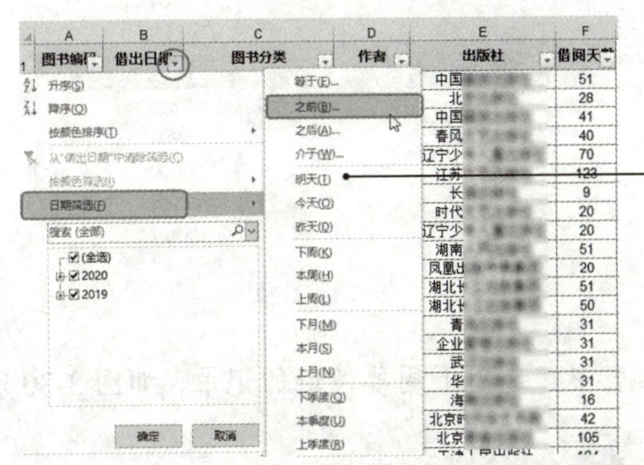

说明：

在“日期筛选”子菜单中包含多种筛选方式，有些命令是根据当前日期来判断的，在单击命令后立即显示筛选结果，如“上个月”“今天”“明天”“下周”等。

图 3-25

❸ 在“在以下日期之前”文本框后输入日期“2020/1/1”，如图 3-26 所示。

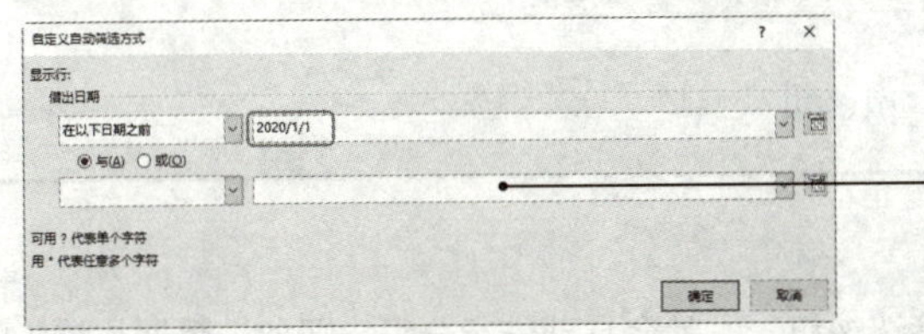

说明：

如同数字筛选一样，也可以通过“与”和“或”两个条件设置对日期数据的筛选。

图 3-26

❹ 单击“确定”按钮，返回工作表中，即可看到筛选出 2020 年 1 月 1 号以前所有的借出记录，如图 3-27 所示。

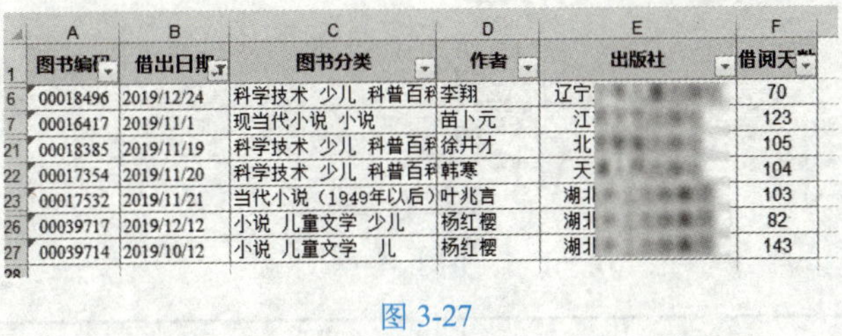

	A	B	C	D	E	F
1	图书编阝	借出日期	图书分类	作者	出版社	借阅天数
6	00018496	2019/12/24	科学技术 少儿 科普百科	李翔	辽宁	70
7	00016417	2019/11/1	现当代小说 小说	苗卜元	江	123
21	00018385	2019/11/19	科学技术 少儿 科普百科	徐井才	北	105
22	00017354	2019/11/20	科学技术 少儿 科普百科	韩寒	天	104
23	00017532	2019/11/21	当代小说（1949年以后）	叶兆言	湖北	103
26	00039717	2019/12/12	小说 儿童文学 少儿	杨红樱	湖北	82
27	00039714	2019/10/12	小说 儿童文学 儿	杨红樱	湖北	143

图 3-27

3.1.7 筛选出下周值班的员工

筛选出下周值班的员工记录，可以通过“日期筛选”快速得到筛选结果，具体操作如下。

❶ 打开实例文件，选中区域表头行数据，在“数据”选项卡的“排序和筛选”组中单击“筛选”命令，为数据源列标识添加自动筛选按钮，如图 3-28 所示。

❷ 单击“值班时间”右侧筛选按钮，在筛选菜单中单击“日期筛选”命令，在弹出的子菜单中单击“下周”命令，如图 3-29 所示。

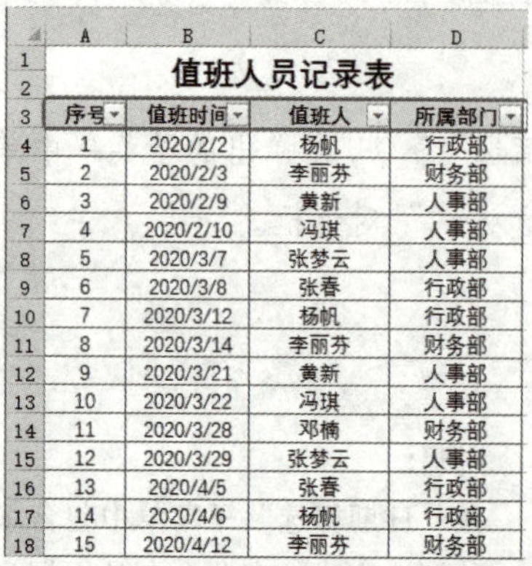

	A	B	C	D
1	值班人员记录表			
2				
3	序号	值班时间	值班人	所属部门
4	1	2020/2/2	杨帆	行政部
5	2	2020/2/3	李丽芬	财务部
6	3	2020/2/9	黄新	人事部
7	4	2020/2/10	冯琪	人事部
8	5	2020/3/7	张梦云	人事部
9	6	2020/3/8	张春	行政部
10	7	2020/3/12	杨帆	行政部
11	8	2020/3/14	李丽芬	财务部
12	9	2020/3/21	黄新	人事部
13	10	2020/3/22	冯琪	人事部
14	11	2020/3/28	邓楠	财务部
15	12	2020/3/29	张梦云	人事部
16	13	2020/4/5	张春	行政部
17	14	2020/4/6	杨帆	行政部
18	15	2020/4/12	李丽芬	财务部

图 3-28

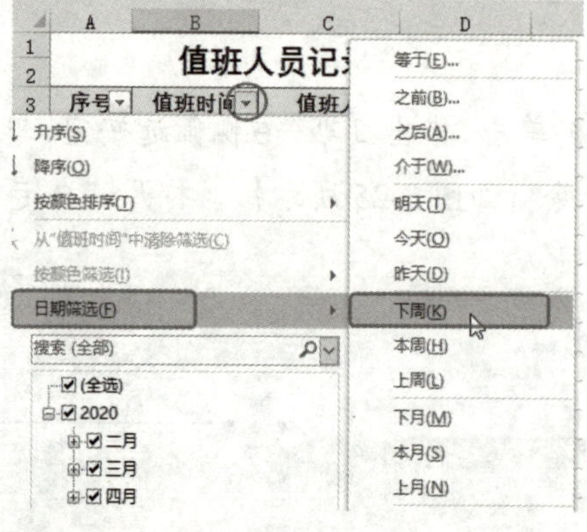

图 3-29

❸ 单击“下周”命令后，即可在工作表中筛选出下周要值班的记录，如图 3-30 所示。

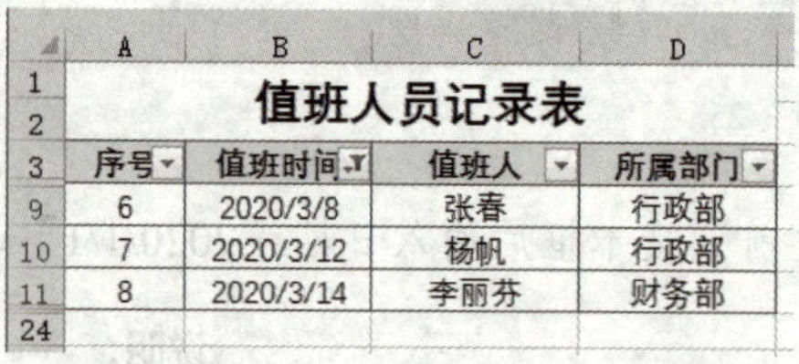

	A	B	C	D
1	值班人员记录表			
2				
3	序号	值班时间	值班人	所属部门
9	6	2020/3/8	张春	行政部
10	7	2020/3/12	杨帆	行政部
11	8	2020/3/14	李丽芬	财务部
24				

图 3-30

专家提示

对于日期数据来说，只要为其添加自动筛选按钮，它就会自动进行分组，即如果数据是跨年的会自动按年份分组，如果数据是跨月的会自动按月分组，如图 3-31 所示。因此当打开日期数据的自动筛选下拉列表时，可以直接通过选择复选框来筛选查看某年或某月的数据，非常方便。

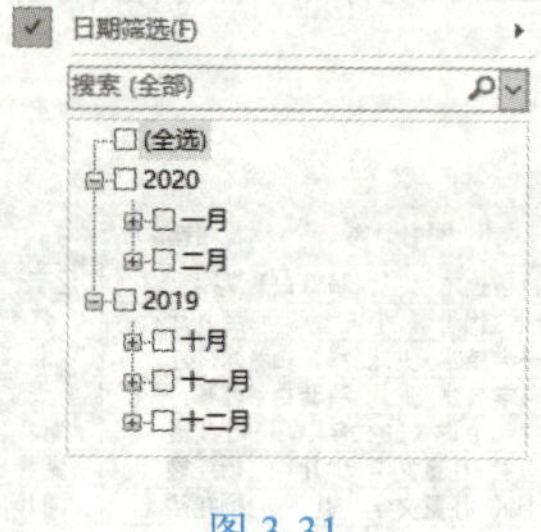

图 3-31

知识拓展——按季度筛选数据

日期数据会按年、月自动分组，可以方便数据的筛选与查看，但却没有直接提供按季度分组筛选。如果想实现按季度分组，则可以要按如下方法实现。

打开实例文件，单击日期数据右侧的自动筛选按钮，在筛选菜单中单击“日期筛选”命令，在弹出的子菜单中单击“期间所有日期”命令，然后在下级子菜单中选择某一季度，如图 3-32 所示。

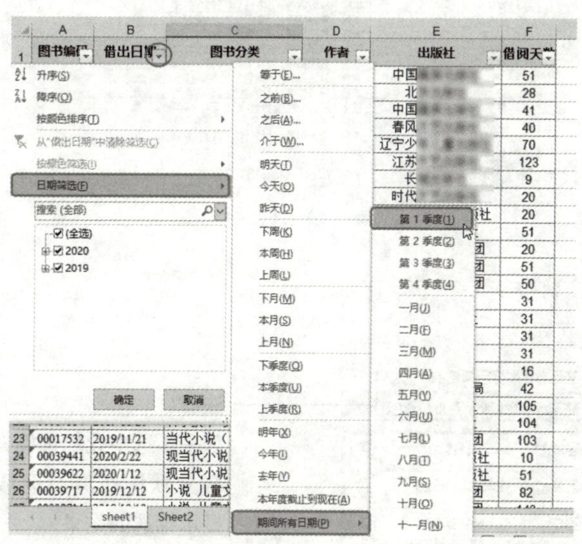

图 3-32

3.2 高级筛选获取新表格

自动筛选都是在原有表格上实现数据的筛选，不符合筛选条件的记录会自动被隐藏，而使用高级筛选功能则可以将筛选到的结果存放于其他位置上，以便得到单一的分析结果，便于使用。在高级筛选方式下，可以实现满足多个条件中任意一个条件的筛选（即“或”条件筛选），也可以实现同时满足多个条件的筛选（即“与”条件筛选）。

3.2.1 高级筛选“与”条件筛选

“与”条件筛选是指同时满足两个或以上条件的筛选。例如在下面的招聘统计表中，需要筛选出应聘岗位为“销售专员”且初试已通过的所有记录，具体操作如下。

❶ 打开实例文件，选中 A22:B23 单元格区域，如图 3-33 所示，在“数据”选项卡的“排序和筛选”组中单击“高级”按钮，打开“高级筛选”对话框设定筛选条件。

❷ 设置“列表区域”为“$A$1:$H$20”单元格区域，设置“条件区域”为“!$A$22:$B$23”单元格区域，选中“将筛选结果复制到其他位置”单选项，将光标放置到激活的“复制到”文本框中，在工作表中单击 A25 单元格，如图 3-34 所示。

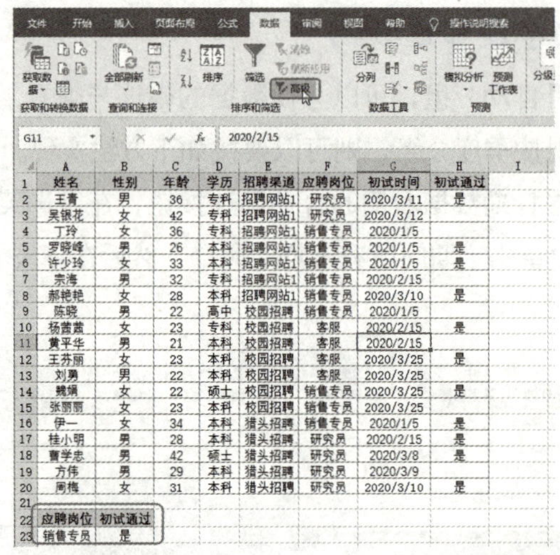

	A	B	C	D	E	F	G	H
1	姓名	性别	年龄	学历	招聘渠道	应聘岗位	初试时间	初试通过
2	王青	男	36	专科	招聘网站1	研究员	2020/3/11	是
3	吴银花	女	42	专科	招聘网站1	研究员	2020/3/12	
4	丁玲	女	36	专科	招聘网站1	销售专员	2020/1/5	
5	罗晓峰	男	26	本科	招聘网站1	销售专员	2020/1/5	是
6	许少玲	女	33	本科	招聘网站1	销售专员	2020/1/5	是
7	宗海	男	32	专科	招聘网站1	销售专员	2020/2/15	
8	郝艳艳	女	28	本科	招聘网站1	销售专员	2020/3/10	是
9	陈晓	男	22	高中	校园招聘	销售专员	2020/1/5	
10	杨茜茜	女	23	专科	校园招聘	客服	2020/2/15	是
11	黄平华	男	21	本科	校园招聘	客服	2020/2/15	
12	王芬丽	女	23	本科	校园招聘	客服	2020/3/25	是
13	刘勇	男	22	本科	校园招聘	客服	2020/3/25	
14	魏娟	女	22	硕士	校园招聘	销售专员	2020/3/25	是
15	张丽丽	女	23	本科	校园招聘	销售专员	2020/3/25	
16	伊一	女	34	本科	猎头招聘	销售专员	2020/1/5	是
17	桂小明	男	28	本科	猎头招聘	研究员	2020/2/15	是
18	曹学忠	男	42	硕士	猎头招聘	研究员	2020/3/8	是
19	方伟	男	29	本科	猎头招聘	研究员	2020/3/9	
20	周梅	女	31	本科	猎头招聘	研究员	2020/3/10	是
21								
22	应聘岗位	初试通过						
23	销售专员	是						

图 3-33

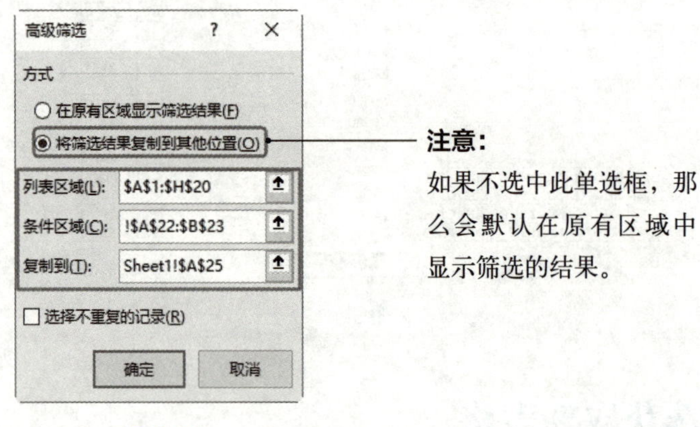

图 3-34

❸ 单击“确定”按钮返回到工作表，即可得到同时满足双条件的筛选结果，如图 3-35 所示。

	A	B	C	D	E	F	G	H
13	刘勇	男	22	本科	校园招聘	客服	2020/3/25	
14	魏娟	女	22	硕士	校园招聘	销售专员	2020/3/25	是
15	张丽丽	女	23	本科	校园招聘	销售专员	2020/3/25	
16	伊一	女	34	本科	猎头招聘	销售专员	2020/1/5	是
17	桂小明	男	28	本科	猎头招聘	研究员	2020/2/15	是
18	曹学忠	男	42	硕士	猎头招聘	研究员	2020/3/8	是
19	方伟	男	29	本科	猎头招聘	研究员	2020/3/9	
20	周梅	女	31	本科	猎头招聘	研究员	2020/3/10	是
21								
22	应聘岗位	初试通过						
23	销售专员	是						
24								
25	姓名	性别	年龄	学历	招聘渠道	应聘岗位	初试时间	初试通过
26	罗晓峰	男	26	本科	招聘网站1	销售专员	2020/1/5	是
27	许少玲	女	33	本科	招聘网站1	销售专员	2020/1/5	是
28	郝艳艳	女	28	本科	招聘网站1	销售专员	2020/3/10	是
29	魏娟	女	22	硕士	校园招聘	销售专员	2020/3/25	是
30	伊一	女	34	本科	猎头招聘	销售专员	2020/1/5	是
31								

图 3-35

知识拓展——配合通配符设置条件

在设置筛选条件时也可以使用通配符。例如在下面的销售记录表中，通过使用通配符可以实现对同一类数据的筛选，具体操作如下。

❶ 打开实例文件，选中 E1:F2 单元格区域，如图 3-36 所示（注意使用了“*”通配符）。打开“高级筛选”对话框，将“列表区域”设置为 $A$1:$C$25，“条件区域”设置为 !$E$1:$F$2，“复制到”选中 E4 单元格。

	A	B	C	D	E	F	G
1	商品名称	销售数量	销售金		商品名称	销售数量	
2	醇香薄烧（杏仁薄烧）	20	512		伏苓糕*	>=20	
3	手工曲奇（红枣）	68	918				
4	伏苓糕（绿豆沙）	22	99				
5	伏苓糕（桂花）	20	180				
6	醇香薄烧（榛果薄饼）	49	490				
7	手工曲奇（草莓）	146	1971				
8	伏苓糕（铁盒）	15	537				
9	伏苓糕（礼盒海苔）	29	521.5				
10	伏苓糕（海苔）	5	49				
11	伏苓糕（香芋）	10	90				

图 3-36

❷ 通过此筛选条件得到的结果如图 3-37 所示。

	A	B	C	D	E	F	G
1	商品名称	销售数量	销售金额		商品名称	销售数量	
2	醇香薄烧（杏仁薄烧）	20	512		伏苓糕*	>=20	
3	手工曲奇（红枣）	68	918				
4	伏苓糕（绿豆沙）	22	99		商品名称	销售数量	销售金额
5	伏苓糕（桂花）	20	180		伏苓糕（绿豆沙）	22	99
6	醇香薄烧（榛果薄饼）	49	490		伏苓糕（桂花）	20	180
7	手工曲奇（草莓）	146	1971		伏苓糕（礼盒海苔）	29	521.5
8	伏苓糕（铁盒）	15	537		伏苓糕（礼盒黑芝麻）	29	685
9	伏苓糕（礼盒海苔）	29	521.5		伏苓糕（椒盐）	54	529.2
10	伏苓糕（海苔）	5	49				
11	伏苓糕（香芋）	10	90				
12	醇香薄烧（醇香薄烧）	43	430				
13	伏苓糕（花生）	7	63				
14	甘栗仁	65	877.5				
15	伏苓糕（礼盒黑芝麻）	29	685				
16	伏苓糕（椒盐）	54	529.2				
17	马蹄酥（花生）	66	844.8				
18	甘栗仁（100*2礼盒）	2	57.6				
19	马蹄酥（椒盐）	30	384				
20	马蹄酥（海苔）	13	166.4				
21	手工曲奇（巧克力）	35	472.5				
22	手工曲奇（迷你）	175	2100				
23	醇香薄烧（榛子薄烧）	19	376.2				
24	马蹄酥（椰丝）	6	76.8				
25	手工曲奇（蔓越莓）	22	283.5				

图 3-37

3.2.2 高级筛选“或”条件筛选

“或”条件筛选是指数据只要满足众多条件中的一个条件即被视作有效记录。例如沿用上面的例子，筛选出年龄在 35 岁以上或者应聘岗位为“研究员”的所有记录，具体操作如下。

❶ 打开实例文件，在 A22:B24 单元格区域设定筛选条件（如图 3-38 所示），在“数据”选项卡的“排序和筛选”组中单击“高级”按钮，打开“高级筛选”对话框。

	A	B	C	D	E	F	G	H
1	姓名	性别	年龄	学历	招聘渠道	应聘岗位	初试时间	初试通过
2	王青	男	36	专科	招聘网站1	研究员	2020/3/11	是
3	吴银花	女	42	专科	招聘网站1	研究员	2020/3/12	
4	丁玲	女	36	专科	招聘网站1	销售专员	2020/1/5	
5	罗晓峰	男	26	本科	招聘网站1	销售专员	2020/1/5	是
6	许少玲	女	33	本科	招聘网站1	销售专员	2020/1/5	是
7	宗海	男	32	专科	招聘网站1	销售专员	2020/2/15	
8	郝艳艳	女	28	本科	招聘网站1	销售专员	2020/3/10	是
9	陈晓	男	22	高中	校园招聘	销售专员	2020/1/5	
10	杨茜茜	女	23	专科	校园招聘	客服	2020/2/15	是
11	黄平华	男	21	本科	校园招聘	客服	2020/2/15	
12	王芬丽	女	23	本科	校园招聘	客服	2020/3/25	是
13	刘勇	男	22	本科	校园招聘	客服	2020/3/25	
14	魏娟	女	22	硕士	校园招聘	销售专员	2020/3/25	是
15	张丽丽	女	23	本科	校园招聘	销售专员	2020/3/25	
16	伊一	女	34	本科	猎头招聘	销售专员	2020/1/5	是
17	桂小明	男	28	本科	猎头招聘	研究员	2020/2/15	是
18	曹学忠	男	42	硕士	猎头招聘	研究员	2020/3/8	是
19	方伟	男	29	本科	猎头招聘	研究员	2020/3/9	
20	周梅	女	31	本科	猎头招聘	研究员	2020/3/10	是
21								
22	年龄	应聘岗位						
23	>35							
24		研究员						

注意：

通过对比“与”条件的设置，可以看到在“与”条件中每个条件都显示在同一行，而“或”条件设置要保证每个条件都位于不同行中。

图 3-38

❷ 设置“列表区域”为 $A$1:$H$20 单元格区域，“条件区域”为 !$A$22:$B$24，选中“将筛选结果复制到其他位置”单选项，将光标放置到激活的“复制到”文本框中，在工作表中单击 A26 单元格，如图 3-39 所示。

❸ 单击“确定”按钮返回到工作表，可以查看 C 列与 F 列的数据，发现这些记录至少会满足两个条件中的任意一个，如图 3-40 所示。

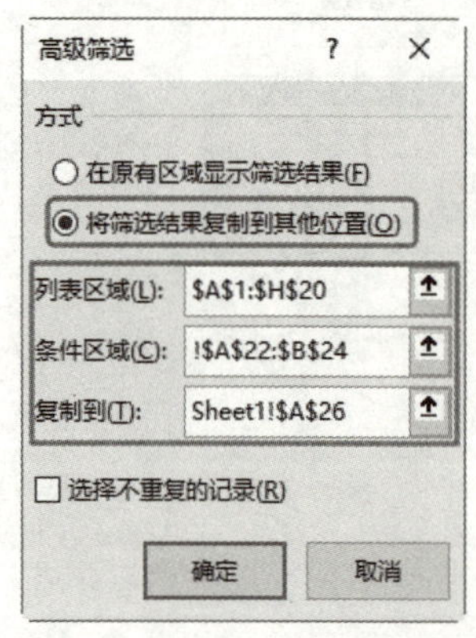

图 3-39

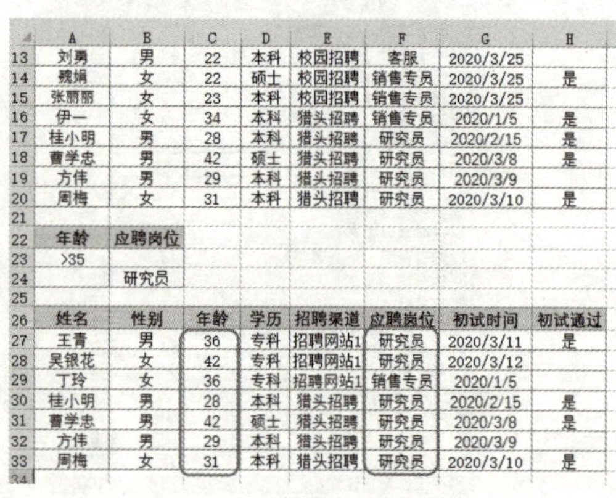

	A	B	C	D	E	F	G	H
13	刘勇	男	22	本科	校园招聘	客服	2020/3/25	
14	魏娟	女	22	硕士	校园招聘	销售专员	2020/3/25	是
15	张丽丽	女	23	本科	校园招聘	销售专员	2020/3/25	
16	伊一	女	34	本科	猎头招聘	销售专员	2020/1/5	是
17	桂小明	男	28	本科	猎头招聘	研究员	2020/2/15	是
18	曹学忠	男	42	硕士	猎头招聘	研究员	2020/3/8	是
19	方伟	男	29	本科	猎头招聘	研究员	2020/3/9	
20	周梅	女	31	本科	猎头招聘	研究员	2020/3/10	是
21								
22	年龄	应聘岗位						
23	>35							
24		研究员						
25								
26	姓名	性别	年龄	学历	招聘渠道	应聘岗位	初试时间	初试通过
27	王青	男	36	专科	招聘网站1	研究员	2020/3/11	是
28	吴银花	女	42	专科	招聘网站1	研究员	2020/3/12	
29	丁玲	女	36	专科	招聘网站1	销售专员	2020/1/5	
30	桂小明	男	28	本科	猎头招聘	研究员	2020/2/15	是
31	曹学忠	男	42	硕士	猎头招聘	研究员	2020/3/8	是
32	方伟	男	29	本科	猎头招聘	研究员	2020/3/9	
33	周梅	女	31	本科	猎头招聘	研究员	2020/3/10	是

图 3-40

专家提示

筛选结果也可以显示到其他表格中，此处是为了方便筛选结果的对比查看，因此显示到当前工作表中。

知识拓展——同时满足三个条件怎么设置

在设置筛选条件时，前面的例子都是使用了两个条件，那么如果设置三个筛选条件该如何操作呢？

例如要求各项成绩中只要有一项达到 90 分就被筛选出来，设置条件的方法和效果如图 3-41 所示。

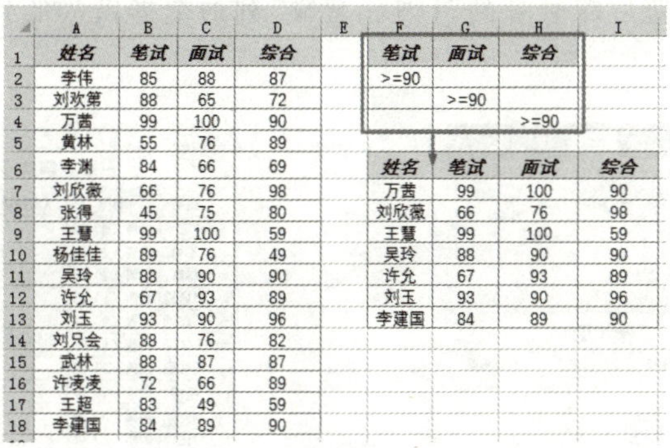

	A	B	C	D
1	姓名	笔试	面试	综合
2	李伟	85	88	87
3	刘欢第	88	65	72
4	万茜	99	100	90
5	黄林	55	76	89
6	李渊	84	66	69
7	刘欣薇	66	76	98
8	张得	45	75	80
9	王慧	99	100	59
10	杨佳佳	89	76	49
11	吴玲	88	90	90
12	许允	67	93	89
13	刘玉	93	90	96
14	刘只会	88	76	82
15	武林	88	87	87
16	许凌凌	72	66	89
17	王超	83	49	59
18	李建国	84	89	90

笔试	面试	综合
>=90		
	>=90	
		>=90

姓名	笔试	面试	综合
万茜	99	100	90
刘欣薇	66	76	98
王慧	99	100	59
吴玲	88	90	90
许允	67	93	89
刘玉	93	90	96
李建国	84	89	90

图 3-41

3.3 数据查看极值

在进行大数据分析时，排序操作再常见不过了。比如：对数值进行排序可以迅速查看数据的大小、极值；对文本进行排序可以方便地对同一类数据进行集中查看、对比、分析等。

3.3.1 快速查看极值

按单个数据排序是最简单的排序方法，其关键是在执行排序命令前准确地选中数据单元格，具体操作如下。

❶ 打开实例文件，选中“1 月销售额”列中的任意单元格（即要求对金额进行排序），在“数据”选项卡的“排序和筛选”组中单击“降序”按钮，如图 3-42 所示。

❷ 单击“降序”按钮后即可看到“1 月销售额”列的数据以从高到低进行排序，如图 3-43 所示。

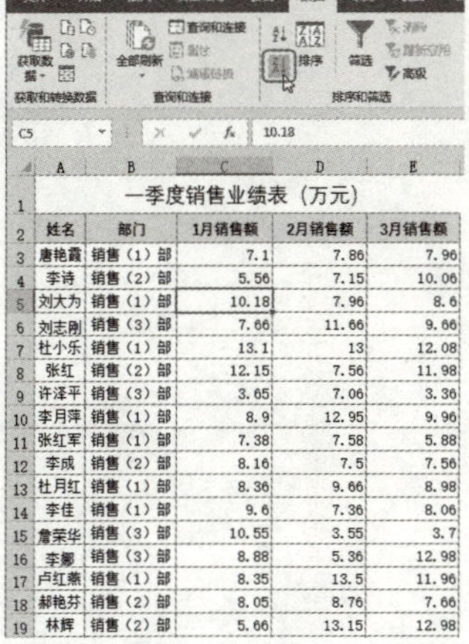

	A	B	C	D	E
1	一季度销售业绩表（万元）				
2	姓名	部门	1月销售额	2月销售额	3月销售额
3	唐艳霞	销售（1）部	7.1	7.86	7.96
4	李诗	销售（2）部	5.56	7.15	10.06
5	刘大为	销售（1）部	10.18	7.96	8.6
6	刘志刚	销售（3）部	7.66	11.66	9.66
7	杜小乐	销售（1）部	13.1	13	12.08
8	张红	销售（2）部	12.15	7.56	11.98
9	许泽平	销售（3）部	3.65	7.06	3.36
10	李月萍	销售（1）部	8.9	12.95	9.96
11	张红军	销售（1）部	7.38	7.58	5.88
12	李成	销售（2）部	8.16	7.5	7.56
13	杜月红	销售（1）部	8.36	9.66	8.98
14	李佳	销售（1）部	9.6	7.36	8.06
15	詹荣华	销售（3）部	10.55	3.55	3.7
16	李娜	销售（3）部	8.88	5.36	12.98
17	卢红燕	销售（1）部	8.35	13.5	11.96
18	郝艳芬	销售（2）部	8.05	8.76	7.66
19	林辉	销售（2）部	5.66	13.15	12.98

图 3-42

	A	B	C	D	E
1	一季度销售业绩表（万元）				
2	姓名	部门	1月销售额	2月销售额	3月销售额
3	范俊弟	销售（2）部	13.86	12.66	12.76
4	杜小乐	销售（1）部	13.1	13	12.08
5	杨鹏	销售（3）部	13.06	8.56	7.06
6	卢红	销售（1）部	12.76	7.56	13.8
7	刘丽	销售（1）部	12.65	7.56	12.6
8	张红	销售（2）部	12.15	7.56	11.98
9	詹荣华	销售（3）部	10.55	3.55	3.7
10	杜明璐	销售（1）部	10.36	8.36	9.98
11	杨伟健	销售（2）部	10.3	9.96	8.15
12	刘大为	销售（1）部	10.18	7.96	8.6
13	李佳	销售（1）部	9.6	7.36	8.06
14	李月萍	销售（1）部	8.9	12.95	9.96
15	李娜	销售（3）部	8.88	5.36	12.98
16	张正阳	销售（1）部	8.68	7.68	7.85
17	杜月红	销售（1）部	8.36	9.66	8.98
18	卢红燕	销售（1）部	8.35	13.5	11.96
19	李成	销售（2）部	8.16	7.5	7.56
20	郝艳芬	销售（2）部	8.05	8.76	7.66
21	刘志刚	销售（3）部	7.66	11.66	9.66
22	田丽	销售（3）部	7.65	8.05	10.85
23	杨红敏	销售（2）部	7.6	9.05	11.78
24	张红军	销售（1）部	7.38	7.58	5.88

说明：

光标定位到哪一列就对谁排序，所以当前只对“1 月销售额”列进行排序。

图 3-43

❸ 选中“1 月销售额”列中的任意单元格（即要求对金额进行排序），在“数据”选项卡的“排序和筛选”组中单击“升序”按钮，如图 3-44 所示。

❹ 单击“升序”按钮后即可看到“1 月销售额”列的数据以从低到高进行排序，如图 3-45 所示。

一季度销售业绩表（万元）

姓名	部门	1月销售额	2月销售额	3月销售额
唐艳霞	销售（1）部	7.1	7.86	7.96
李诗	销售（2）部	5.56	7.15	10.06
刘大为	销售（1）部	10.18	7.96	8.6
刘志刚	销售（3）部	7.66	11.66	9.66
杜小乐	销售（1）部	13.1	13	12.08
张红	销售（2）部	12.15	7.56	11.98
许泽平	销售（3）部	3.65	7.06	3.36
李月萍	销售（1）部	8.9	12.95	9.96
张红军	销售（1）部	7.38	7.58	5.88
李成	销售（2）部	8.16	7.5	7.56
杜月红	销售（1）部	8.36	9.66	8.98
李佳	销售（1）部	9.6	7.36	8.06
詹荣华	销售（3）部	10.55	3.55	3.7
李娜	销售（3）部	8.88	5.36	12.98
卢红燕	销售（1）部	8.35	13.5	11.96
郝艳芬	销售（2）部	8.05	8.76	7.66

图 3-44

一季度销售业绩表（万元）

姓名	部门	1月销售额	2月销售额	3月销售额
许泽平	销售（3）部	3.65	7.06	3.36
李诗	销售（2）部	5.56	7.15	10.06
林辉	销售（2）部	5.66	13.15	12.98
唐艳霞	销售（1）部	7.1	7.86	7.96
马路刚	销售（2）部	7.1	7.1	8.65
张红军	销售（1）部	7.38	7.58	5.88
杨红敏	销售（2）部	7.6	9.05	11.78
田丽	销售（3）部	7.65	8.05	10.85
刘志刚	销售（3）部	7.66	11.66	9.66
郝艳芬	销售（2）部	8.05	8.76	7.66
李成	销售（2）部	8.16	7.5	7.56
卢红燕	销售（1）部	8.35	13.5	11.96
杜月红	销售（1）部	8.36	9.66	8.98
张正阳	销售（1）部	8.68	7.68	7.85
李娜	销售（3）部	8.88	5.36	12.98
李月萍	销售（1）部	8.9	12.95	9.96
李佳	销售（1）部	9.6	7.36	8.06
刘大为	销售（1）部	10.18	7.96	8.6
杨伟健	销售（2）部	10.3	9.96	8.15
杜明璐	销售（1）部	10.36	8.36	9.98
詹荣华	销售（3）部	10.55	3.55	3.7
张红	销售（2）部	12.15	7.56	11.98

图 3-45

知识拓展——如何恢复排序前的数据

在执行排序命令后，数据按给定的顺序重新进行排列，而在进行排列后数据条目则无法恢复到原来的次序。因此如果只是想通过排序查看数据，而在查看后还需要恢复排序前的数据，则可以通过一个小技巧的实现。

打开实例文件，在首列前插入一个空白列，然后从第一条记录开始（注意列标识除外）为它填充从 1 开始的序号，如图 3-46 所示。这个序号等同于对原来的数据次序进行了一个标记，之后无论进行怎样的排序，最后只要再对首列执行一次“升序”排序即可恢复。

一季度销售业绩表（万元）

	姓名	部门	1月销售额	2月销售额	3月销售额
1	唐艳霞	销售（1）部	7.1	7.86	7.96
2	李诗	销售（2）部	5.56	7.15	10.06
3	刘大为	销售（1）部	10.18	7.96	8.6
4	刘志刚	销售（3）部	7.66	11.66	9.66
5	杜小乐	销售（1）部	13.1	13	12.08
6	张红	销售（2）部	12.15	7.56	11.98
7	许泽平	销售（3）部	3.65	7.06	3.36
8	李月萍	销售（1）部	8.9	12.95	9.96
9	张红军	销售（1）部	7.38	7.58	5.88
10	李成	销售（2）部	8.16	7.5	7.56
11	杜月红	销售（1）部	8.36	9.66	8.98
12	李佳	销售（1）部	9.6	7.36	8.06
13	詹荣华	销售（3）部	10.55	3.55	3.7
14	李娜	销售（3）部	8.88	5.36	12.98
15	卢红燕	销售（1）部	8.35	13.5	11.96
16	郝艳芬	销售（2）部	8.05	8.76	7.66
17	林辉	销售（2）部	5.66	13.15	12.98
18	张正阳	销售（1）部	8.68	7.68	7.85
19	杜明璐	销售（1）部	10.36	8.36	9.98
20	田丽	销售（3）部	7.65	8.05	10.85
21	杨红敏	销售（2）部	7.6	9.05	11.78
22	刘丽	销售（1）部	12.65	7.56	12.6
23	马路刚	销售（2）部	7.1	7.1	8.65

图 3-46

3.3.2 按双关键字排序

双关键字排序即满足双条件的排序操作，是指当按某一个字段排序出现相同值时再按第二个条件进行排序。例如在本例中通过设置两个条件，实现先将同一部门的数据排列到一起，然后再对相同部门中的记录按销售额从高到低排序，具体操作如下。

❶ 打开实例文件，选中表格中任意单元格，在“数据”选项卡的“排序和筛选”组中单击“排序”按钮（如图 3-47 所示），打开“排序”对话框。

❷ 单击“主要关键字”设置框右侧的下拉按钮，在下拉列表中单击“部门”（如图 3-所示），排序次序采用默认的“升序”，如图 3-48 所示。

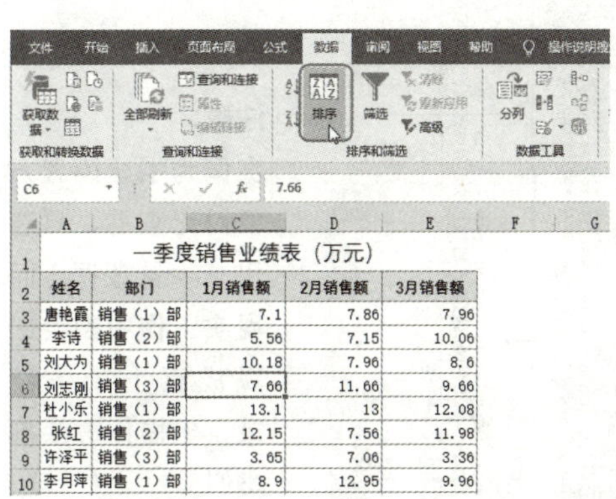

	一季度销售业绩表（万元）				
	姓名	部门	1月销售额	2月销售额	3月销售额
3	唐艳霞	销售（1）部	7.1	7.86	7.96
4	李诗	销售（2）部	5.56	7.15	10.06
5	刘大为	销售（1）部	10.18	7.96	8.6
6	刘志刚	销售（3）部	7.66	11.66	9.66
7	杜小乐	销售（1）部	13.1	13	12.08
8	张红	销售（2）部	12.15	7.56	11.98
9	许泽平	销售（3）部	3.65	7.06	3.36
10	李月萍	销售（1）部	8.9	12.95	9.96

图 3-47

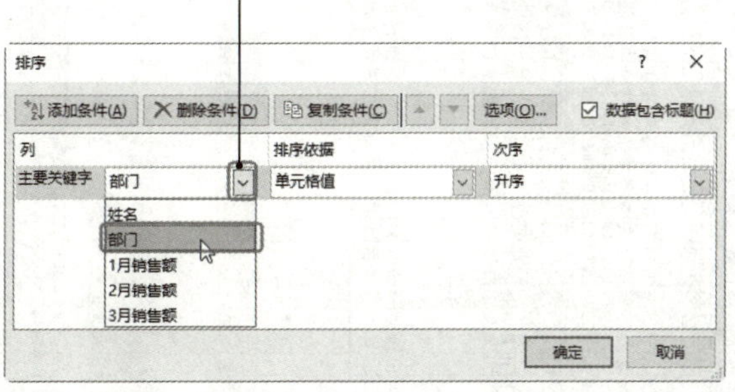

图 3-48

❸ 单击“添加条件”按钮，在“次要关键字”设置中选择“1 月销售额”关键字，在“次序”下拉列表中单击“降序”选项，如图 3-49 所示。

❹ 单击“确定”按钮返回工作表，即可看到首先按“部门”进行排序，再对相同部门中的记录按“1 月销售额”这一列的值从高到低排序，如图 3-50 所示。

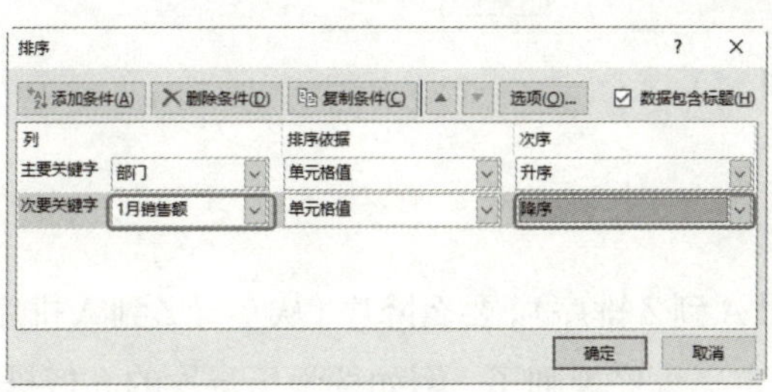

图 3-49

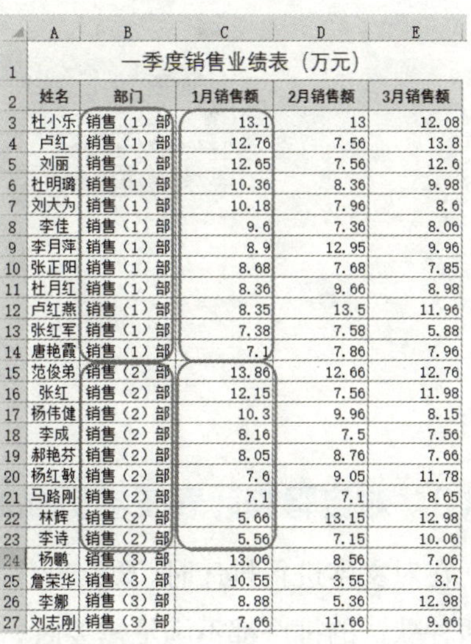

	一季度销售业绩表（万元）				
2	姓名	部门	1月销售额	2月销售额	3月销售额
3	杜小乐	销售（1）部	13.1	13	12.08
4	卢红	销售（1）部	12.76	7.56	13.8
5	刘丽	销售（1）部	12.65	7.56	12.6
6	杜明璐	销售（1）部	10.36	8.36	9.98
7	刘大为	销售（1）部	10.18	7.96	8.6
8	李佳	销售（1）部	9.6	7.36	8.06
9	李月萍	销售（1）部	8.9	12.95	9.96
10	张正阳	销售（1）部	8.68	7.68	7.85
11	杜月红	销售（1）部	8.36	9.66	8.98
12	卢红燕	销售（1）部	8.35	13.5	11.96
13	张红军	销售（1）部	7.38	7.58	5.88
14	唐艳霞	销售（1）部	7.1	7.86	7.96
15	范俊弟	销售（2）部	13.86	12.66	12.76
16	张红	销售（2）部	12.15	7.56	11.98
17	杨伟健	销售（2）部	10.3	9.96	8.15
18	李成	销售（2）部	8.16	7.5	7.56
19	郝艳芬	销售（2）部	8.05	8.76	7.66
20	杨红敏	销售（2）部	7.6	9.05	11.78
21	马路刚	销售（2）部	7.1	7.1	8.65
22	林辉	销售（2）部	5.66	13.15	12.98
23	李诗	销售（2）部	5.56	7.15	10.06
24	杨鹏	销售（3）部	13.06	8.56	7.06
25	詹荣华	销售（3）部	10.55	3.55	3.7
26	李娜	销售（3）部	8.88	5.36	12.98
27	刘志刚	销售（3）部	7.66	11.66	9.66

图 3-50

知识拓展——使用排序快速整理分类数据

使用排序功能并非只能对数字进行排序然后查看分析极值，还可以对文本进行排序实现快速分类整理数据。例如在本例中销售公司有三个，产品大类有三种，当前的数据很杂乱，如图 3-51 所示。通过排序则可以实现先让同一销售公司排在一起，再让同一销售公司中相同大类的记录排在一起，则快速实现了对数据的分类整理，即达到如图 3-52 所示的数据效果，具体操作如下。

	A	B	C	D	E
1	4月份销售统计表				
2	代码	销售公司	产品大类	数量(吨)	金额(万元)
3	0126	广州公司	生物活性类	7.38	12.76
4	0126	广州公司	生物活性类	7.60	7.5
5	0327	长春公司	高分子类产品	7.83	7.66
6	0327	长春公司	高分子类产品	7.57	12.56
7	0327	长春公司	化工类产品	7.61	7.55
8	0533	广州公司	高分子类产品	8.91	11.85
9	0632	广州公司	高分子类产品	5.00	8
10	0632	广州公司	高分子类产品	7.06	12.08
11	0777	长春公司	化工类产品	7.68	8.96
12	0777	长春公司	化工类产品	7.76	7.68
13	0777	长春公司	化工类产品	8.16	10.58
14	0777	长春公司	化工类产品	7.86	7.75
15	0777	长春公司	生物活性类	3.87	5.76
16	0777	长春公司	生物活性类	5.96	9.88
17	0777	长春公司	生物活性类	8.95	11.9
18	0777	长春公司	生物活性类	2.96	3.88
19	1160	广州公司	化工类产品	5.01	8.05
20	1160	广州公司	化工类产品	3.85	5.66
21	1160	广州公司	生物活性类	7.36	8.68
22	1254	宁波公司	高分子类产品	7.55	7.1
23	1254	宁波公司	化工类产品	5.97	9.96
24	1254	宁波公司	化工类产品	7.57	8.56
25	1254	宁波公司	化工类产品	7.63	7.56
26	1631	宁波公司	化工类产品	8.97	11.96
27	1690	宁波公司	化工类产品	7.75	7.66
28	1690	宁波公司	生物活性类	7.69	12.98

图 3-51

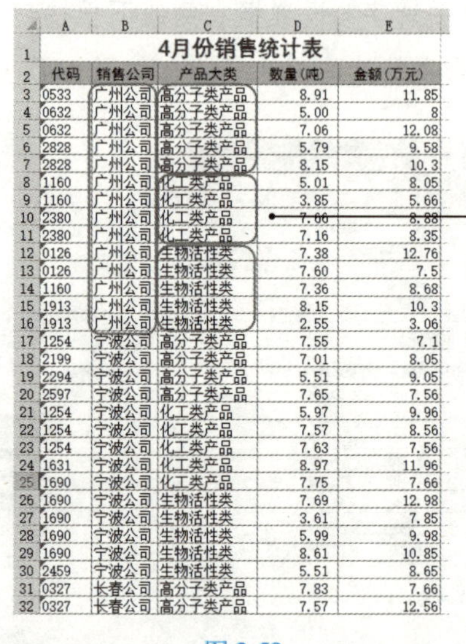

	A	B	C	D	E
1	4月份销售统计表				
2	代码	销售公司	产品大类	数量(吨)	金额(万元)
3	0533	广州公司	高分子类产品	8.91	11.85
4	0632	广州公司	高分子类产品	5.00	8
5	0632	广州公司	高分子类产品	7.06	12.08
6	2828	广州公司	高分子类产品	5.79	9.58
7	2828	广州公司	高分子类产品	8.15	10.3
8	1160	广州公司	化工类产品	5.01	8.05
9	1160	广州公司	化工类产品	3.85	5.66
10	2380	广州公司	化工类产品	7.66	8.88
11	2380	广州公司	化工类产品	7.16	8.35
12	0126	广州公司	生物活性类	7.38	12.76
13	0126	广州公司	生物活性类	7.60	7.5
14	1160	广州公司	生物活性类	7.36	8.68
15	1913	广州公司	生物活性类	8.15	10.3
16	1913	广州公司	生物活性类	2.55	3.06
17	1254	宁波公司	高分子类产品	7.55	7.1
18	2199	宁波公司	高分子类产品	7.01	8.05
19	2294	宁波公司	高分子类产品	5.51	9.05
20	2597	宁波公司	高分子类产品	7.65	7.56
21	1254	宁波公司	化工类产品	5.97	9.96
22	1254	宁波公司	化工类产品	7.57	8.56
23	1254	宁波公司	化工类产品	7.63	7.56
24	1631	宁波公司	化工类产品	8.97	11.96
25	1690	宁波公司	化工类产品	7.75	7.66
26	1690	宁波公司	生物活性类	7.69	12.98
27	1690	宁波公司	生物活性类	3.61	7.85
28	1690	宁波公司	生物活性类	5.99	9.98
29	1690	宁波公司	生物活性类	8.61	10.85
30	2459	宁波公司	生物活性类	5.51	8.65
31	0327	长春公司	高分子类产品	7.83	7.66
32	0327	长春公司	高分子类产品	7.57	12.56

图 3-52

注意：

实例为了让读者方便对比查看，只选用了少量数据。而现实工作中则会出现成百上千条记录，但操作方法都类似。

打开实例文件，在“排序”对话框中，将“主要关键字”设置为“销售公司”，“次要关键字”设置为“产品大类”，次序不必改变，默认即可，如图 3-53 所示。单击“确定”按钮可以看到数据的排序效果。

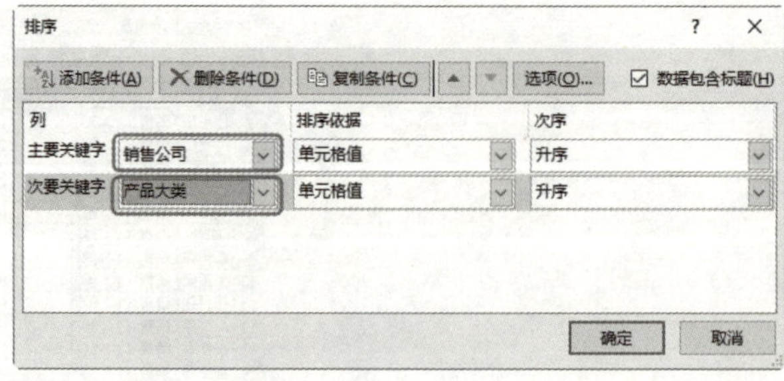

图 3-53

3.3.3 对应聘统计表按学历高低排序

在对文本进行排序时，要么升序（从字母 A 到 Z 排序），要么降序（从字母 Z 到 A 排序），当两种默认的排序都不满足需要时，就要自定义排序规则了。例如按学历层次的高低排序、按职位的高低排序、按地域从南到北排序等。下面给出一个实例讲解设定方法，在日常工作中的其他应用场景读者可自行举一反三。

在如图 3-54 所示表格中，先执行一次排序，可以看到无论是升序还是降序都无法达到让学历从高到低排序。

	A	B	C	D	E	F	G	H
1	姓名	性别	年龄	学历	招聘渠道	应聘岗位	初试时间	初试通过
2	曹学忠	男	42	硕士	猎头招聘	研究员	2020/3/8	是
3	魏娟	女	35	硕士	刊登广告	会计	2020/3/25	是
4	陈晓	男	27	高职	现场招聘	销售专员	2020/1/5	
5	许少玲	女	33	高职	招聘网站	销售专员	2020/1/5	是
6	伊一	女	34	高职	校园招聘	客服	2020/1/5	是
7	宗海	男	32	高职	校园招聘	客服	2020/2/15	
8	丁玲	女	34	大专	招聘网站	销售专员	2020/1/5	
9	杨茜茜	女	27	大专	校园招聘	客服	2020/2/15	是
10	王青	男	36	大专	内部招聘	研究员	2020/3/11	是
11	吴银花	女	42	大专	内部招聘	研究员	2020/3/12	
12	罗晓峰	男	26	本科	招聘网站	销售专员	2020/1/5	是
13	黄平华	男	21	本科	内部招聘	助理	2020/2/15	
14	桂小明	男	28	本科	内部招聘	助理	2020/2/15	是
15	方伟	男	29	本科	猎头招聘	研究员	2020/3/9	
16	周梅	女	31	本科	猎头招聘	研究员	2020/3/10	
17	郝艳艳	女	28	本科	内部招聘	研究员	2020/3/10	是
18	王芬丽	女	23	本科	校园招聘	会计	2020/3/25	是
19	刘勇	男	22	本科	校园招聘	会计	2020/3/25	
20	张丽丽	女	33	本科	刊登广告	会计	2020/3/25	

图 3-54

此时要实现将数据按“硕士 - 本科 - 大专 - 高职”的顺序排列，具体操作如下。

❶ 打开实例文件，选择表格编辑区域中的任意单元格，如图 3-55 所示，在“数据”选项卡的“排序和筛选”选项组中单击“排序”按钮，打开“排序”对话框。

❷ 在“主要关键字”下拉列表中选择“学历”，在“次序”下拉列表中选择“自定义系列”，如图 3-56 所示。

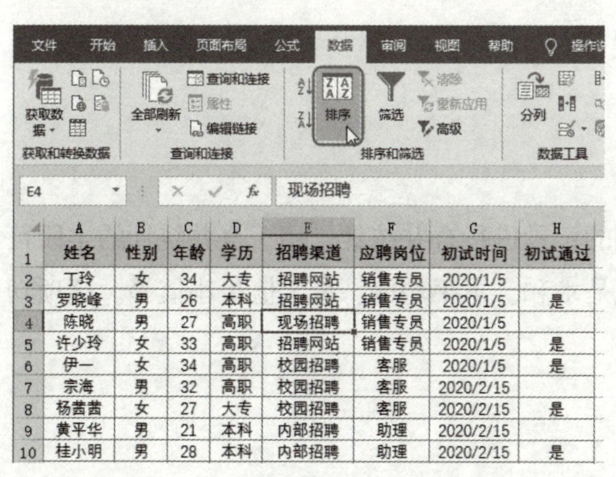

	A	B	C	D	E	F	G	H
1	姓名	性别	年龄	学历	招聘渠道	应聘岗位	初试时间	初试通过
2	丁玲	女	34	大专	招聘网站	销售专员	2020/1/5	
3	罗晓峰	男	26	本科	招聘网站	销售专员	2020/1/5	是
4	陈晓	男	27	高职	现场招聘	销售专员	2020/1/5	
5	许少玲	女	33	高职	招聘网站	销售专员	2020/1/5	是
6	伊一	女	34	高职	校园招聘	客服	2020/1/5	是
7	宗海	男	32	高职	校园招聘	客服	2020/2/15	
8	杨茜茜	女	27	大专	校园招聘	客服	2020/2/15	是
9	黄平华	男	21	本科	内部招聘	助理	2020/2/15	
10	桂小明	男	28	本科	内部招聘	助理	2020/2/15	是

图 3-55

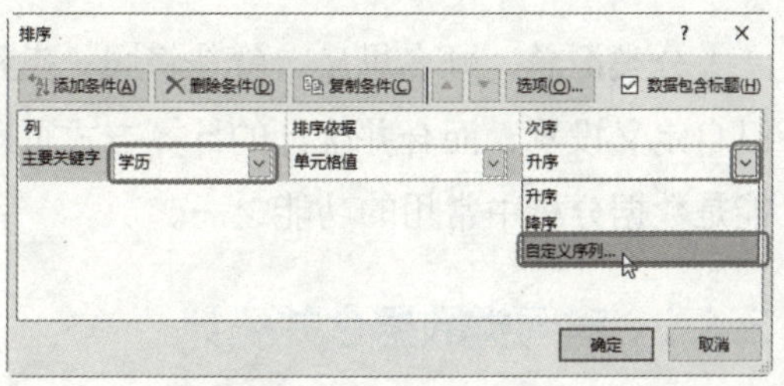

图 3-56

❸ 弹出“自定义序列”对话框，在“输入序列”列表框中输入自定义序列，注意条目间换行显示，如图 3-57 所示。

❹ 单击“添加”按钮，可以将自定义的序列添加到左侧列表中，如图 3-58 所示。

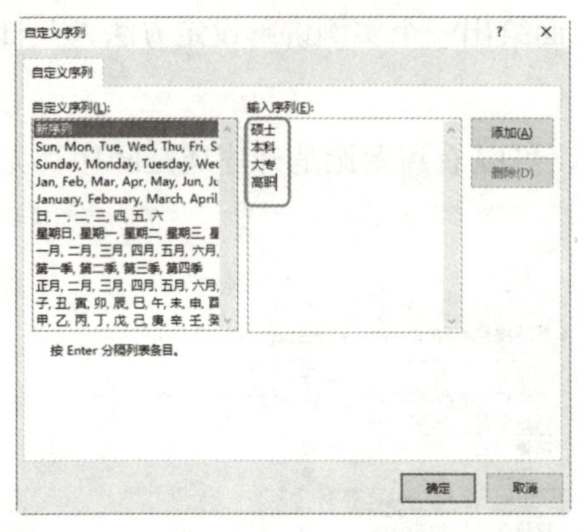

图 3-57

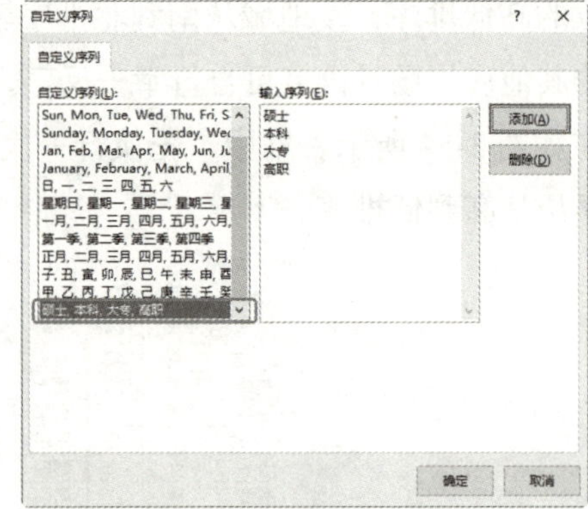

图 3-58

❺ 依次单击“确定”按钮完成排序，从排序后的效果可以看到已经按学历从高到低排序了，如图 3-59 所示。

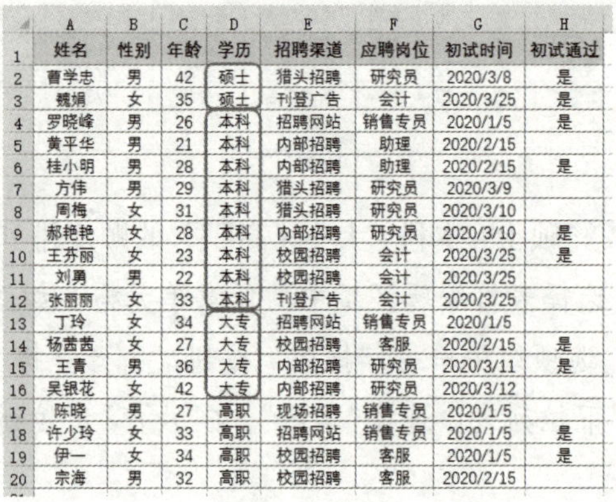

	A	B	C	D	E	F	G	H
1	姓名	性别	年龄	学历	招聘渠道	应聘岗位	初试时间	初试通过
2	曹学忠	男	42	硕士	猎头招聘	研究员	2020/3/8	是
3	魏娟	女	35	硕士	刊登广告	会计	2020/3/25	是
4	罗晓峰	男	26	本科	招聘网站	销售专员	2020/1/5	是
5	黄平华	男	21	本科	内部招聘	助理	2020/2/15	
6	桂小明	男	28	本科	内部招聘	助理	2020/2/15	是
7	方伟	男	29	本科	猎头招聘	研究员	2020/3/9	
8	周梅	女	31	本科	猎头招聘	研究员	2020/3/10	
9	郝艳艳	女	28	本科	内部招聘	研究员	2020/3/10	是
10	王芬丽	女	23	本科	校园招聘	会计	2020/3/25	是
11	刘勇	男	22	本科	校园招聘	会计	2020/3/25	
12	张丽丽	女	33	本科	刊登广告	会计	2020/3/25	
13	丁玲	女	34	大专	招聘网站	销售专员	2020/1/5	
14	杨茜茜	女	27	大专	校园招聘	客服	2020/2/15	是
15	王青	男	36	大专	内部招聘	研究员	2020/3/11	是
16	吴银花	女	42	大专	内部招聘	研究员	2020/3/12	
17	陈晓	男	27	高职	现场招聘	销售专员	2020/1/5	
18	许少玲	女	33	高职	招聘网站	销售专员	2020/1/5	是
19	伊一	女	34	高职	校园招聘	客服	2020/1/5	是
20	宗海	男	32	高职	校园招聘	客服	2020/2/15	

图 3-59

3.4 表格数据的分类汇总

分类汇总，顾名思义，就是将同一类别的记录进行合并统计，用于合并统计的字段可以自定义设置，而合并统计的计算方式可以是求和、求平均值、最大值最小值等。这项功能是数据分析中常用的功能之一。

3.4.1 对同类数据合并统计

在进行分类汇总之前，需要按目标字段进行排序，将同一类数据放置在一起，形成多个分类，然后才能对各个类别进行合并统计。例如在下面的表格中需要汇总每个部门在一季度中各个月份的出库总量，具体操作如下。

❶ 打开实例文件，选中“部门”列下任意单元格，在“数据”选项卡的“排序和筛选”组中单击“升序”按钮（如图 3-60 所示），即可将相同部门的记录排序到一起，如图 3-61 所示。

	A	B	C	D	E
1	一季度销售业绩表（万元）				
2	姓名	部门	1月销售额	2月销售额	3月销售额
3	唐艳霞	销售（1）部	7.1	7.86	7.96
4	李诗	销售（2）部	5.56	7.15	10.06
5	刘大为	销售（1）部	10.18	7.96	8.6
6	刘志刚	销售（3）部	7.66	11.66	9.66
7	杜小乐	销售（1）部	13.1	13	12.08
8	张红	销售（2）部	12.15	7.56	11.98
9	许泽平	销售（3）部	3.65	7.06	3.36
10	李月萍	销售（1）部	8.9	12.95	9.96
11	张红军	销售（1）部	7.38	7.58	5.88
12	李成	销售（2）部	8.16	7.5	7.56
13	杜月红	销售（1）部	8.36	9.66	8.98
14	李佳	销售（1）部	9.6	7.36	8.06
15	詹荣华	销售（3）部	10.55	3.55	3.7
16	李娜	销售（3）部	8.88	5.36	12.98
17	卢红燕	销售（1）部	8.35	13.5	11.96
18	郝艳芬	销售（2）部	8.05	8.76	7.66
19	林辉	销售（2）部	5.66	13.15	12.98
20	张正阳	销售（1）部	8.68	7.68	7.85

图 3-60

	A	B	C	D	E
1	一季度销售业绩表（万元）				
2	姓名	部门	1月销售额	2月销售额	3月销售额
3	唐艳霞	销售（1）部	7.1	7.86	7.96
4	刘大为	销售（1）部	10.18	7.96	8.6
5	杜小乐	销售（1）部	13.1	13	12.08
6	李月萍	销售（1）部	8.9	12.95	9.96
7	张红军	销售（1）部	7.38	7.58	5.88
8	杜月红	销售（1）部	8.36	9.66	8.98
9	李佳	销售（1）部	9.6	7.36	8.06
10	卢红燕	销售（1）部	8.35	13.5	11.96
11	张正阳	销售（1）部	8.68	7.68	7.85
12	杜明璐	销售（1）部	10.36	8.36	9.98
13	刘丽	销售（1）部	12.65	7.56	12.6
14	卢红	销售（1）部	12.76	7.56	13.8
15	李诗	销售（2）部	5.56	7.15	10.06
16	张红	销售（2）部	12.15	7.56	11.98
17	李成	销售（2）部	8.16	7.5	7.56
18	郝艳芬	销售（2）部	8.05	8.76	7.66
19	林辉	销售（2）部	5.66	13.15	12.98
20	杨红敏	销售（2）部	7.6	9.05	11.78
21	马路刚	销售（2）部	7.1	7.1	8.65
22	杨伟健	销售（2）部	10.3	9.96	8.15
23	范俊弟	销售（2）部	13.86	12.66	12.76
24	刘志刚	销售（3）部	7.66	11.66	9.66
25	许泽平	销售（3）部	3.65	7.06	3.36

图 3-61

❷ 在“数据”选项卡的“分级显示”组中单击“分类汇总”按钮（如图 3-62 所示），打开“分类汇总”对话框。

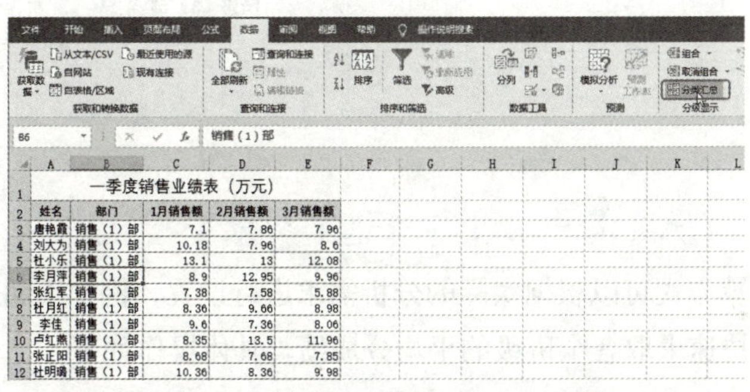

	A	B	C	D	E
1	一季度销售业绩表（万元）				
2	姓名	部门	1月销售额	2月销售额	3月销售额
3	唐艳霞	销售（1）部	7.1	7.86	7.96
4	刘大为	销售（1）部	10.18	7.96	8.6
5	杜小乐	销售（1）部	13.1	13	12.08
6	李月萍	销售（1）部	8.9	12.95	9.96
7	张红军	销售（1）部	7.38	7.58	5.88
8	杜月红	销售（1）部	8.36	9.66	8.98
9	李佳	销售（1）部	9.6	7.36	8.06
10	卢红燕	销售（1）部	8.35	13.5	11.96
11	张正阳	销售（1）部	8.68	7.68	7.85
12	杜明璐	销售（1）部	10.36	8.36	9.98

图 3-62

❸ 单击“分类字段”文本框下拉按钮，在下拉菜单中单击“部门”，如图 3-63 所示。“汇总方式”采用默认的“求和”，在“选定汇总项”中选择“1 月销售额”“2 月销售额”“3 月销售额”复选框，如图 3-64 所示。

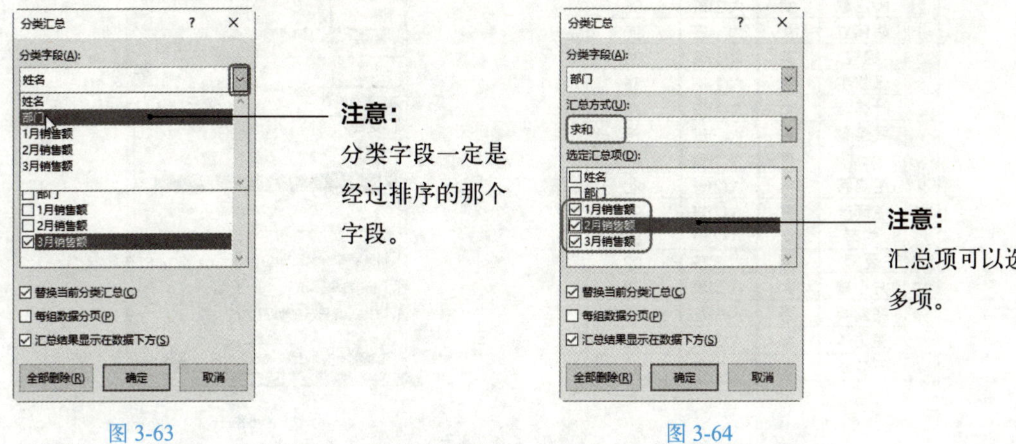

图 3-63

图 3-64

❹ 单击“确定”按钮返回工作表，即可看到表格中的数据以“部门”为字段进行了汇总统计，即每一个相同部门下出现了一个汇总项，如图 3-65 所示。

❺ 如果数据较多，为了能更清晰地查看到分类统计结果，可以单击左上角的“2”即可只显示出统计结果，如图 3-66 所示。

	A	B	C	D	E
1	一季度销售业绩表（万元）				
2	姓名	部门	1月销售额	2月销售额	3月销售额
3	唐艳霞	销售（1）部	7.1	7.86	7.96
4	刘大为	销售（1）部	10.18	7.96	8.6
5	杜小乐	销售（1）部	13.1	13	12.08
6	李月萍	销售（1）部	8.9	12.95	9.96
7	张红军	销售（1）部	7.38	7.58	5.88
8	杜月红	销售（1）部	8.36	9.66	8.98
9	李佳	销售（1）部	9.6	7.36	8.06
10	卢红燕	销售（1）部	8.35	13.5	11.96
11	张正阳	销售（1）部	8.68	7.68	7.85
12	杜明璐	销售（1）部	10.36	8.36	9.98
13	刘丽	销售（1）部	12.65	7.56	12.6
14	卢红	销售（1）部	12.76	7.56	13.8
15	销售（1）部 汇		117.42	111.03	117.71
16	李诗	销售（2）部	5.56	7.15	10.06
17	张红	销售（2）部	12.15	7.56	11.98
18	李成	销售（2）部	8.16	7.5	7.56
19	郝艳芬	销售（2）部	8.05	8.76	7.66
20	林辉	销售（2）部	5.66	13.15	12.98
21	杨红敏	销售（2）部	7.6	9.05	11.78
22	马路刚	销售（2）部	7.1	7.1	8.65
23	杨伟健	销售（2）部	10.3	9.96	8.15
24	范俊弟	销售（2）部	13.86	12.66	12.76
25	销售（2）部 汇		78.44	82.89	91.58
26	刘志刚	销售（3）部	7.66	11.66	9.66
27	许泽平	销售（3）部	3.65	7.06	3.36

图 3-65

注意：

通过分类汇总结果，可以直接查看到每个部门在各个月份的合计数据，同时也对各个月份的总计值进行了统计。

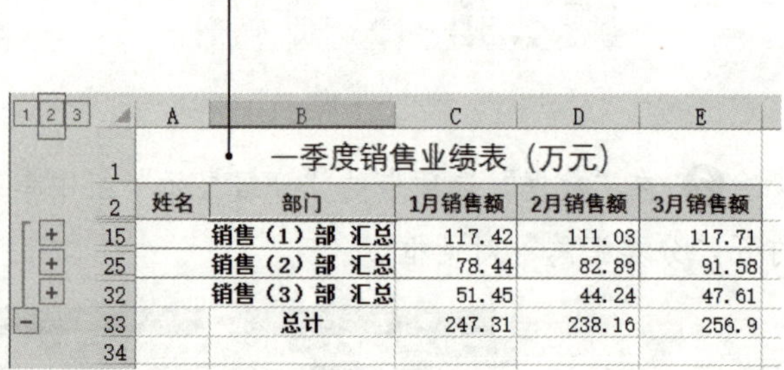

	A	B	C	D	E
1	一季度销售业绩表（万元）				
2	姓名	部门	1月销售额	2月销售额	3月销售额
15		销售（1）部 汇总	117.42	111.03	117.71
25		销售（2）部 汇总	78.44	82.89	91.58
32		销售（3）部 汇总	51.45	44.24	47.61
33		总计	247.31	238.16	256.9
34					

图 3-66

知识拓展——分类汇总统计各班级平均分

分类汇总的计算方式可以根据实际的分析需求进行设置，例如下面通过求平均值的分类汇总计算，可以快速求取各个班级的平均分成绩，具体操作如下。

❶ 打开实例文件，首先对数据表按“班级”字段进行排序，如图 3-67 所示。

❷ 设置“分类字段”为“班级”，“汇总方式”更改为“平均值”，在“选定汇总项”中选择“成绩”，如图 3-68 所示。

	A	B	C	D
1	姓名	性别	班级	成绩
2	滕汪歌	女	六(1)班	95
3	胡伟立	女	六(1)班	90
4	鲍骏	男	六(1)班	85
5	张梦宇	男	六(1)班	75
6	叶美洁	女	六(1)班	78
7	黄雅黎	男	六(2)班	76
8	林凌	男	六(2)班	87
9	王启智	男	六(2)班	80
10	王硕彦	男	六(2)班	98
11	刘雨	女	六(2)班	87
12	夏梓	男	六(3)班	82
13	方小蝶	女	六(3)班	79
14	张鹤鸣	男	六(3)班	88
15	王佑琪	女	六(3)班	88
16	于梦辰	女	六(3)班	92

图 3-67

分类汇总 ? ×
分类字段(A):
班级
汇总方式(U):
平均值
选定汇总项(D):
☐ 姓名
☐ 性别
☐ 班级
☑ 成绩
☑ 替换当前分类汇总(C)
☐ 每组数据分页(P)
☑ 汇总结果显示在数据下方(S)
全部删除(R) 确定 取消

图 3-68

❸ 单击“确定”按钮可以看到已经统计出了每个班级的平均分，如图 3-69 所示。

	A	B	C	D
1	姓名	性别	班级	成绩
2	滕汪歌	女	六(1)班	95
3	胡伟立	女	六(1)班	90
4	鲍骏	男	六(1)班	85
5	张梦宇	男	六(1)班	75
6	叶美洁	女	六(1)班	78
7			六(1)班 平均值	84.6
8	黄雅黎	男	六(2)班	76
9	林凌	男	六(2)班	87
10	王启智	男	六(2)班	80
11	王硕彦	男	六(2)班	98
12	刘雨	女	六(2)班	87
13			六(2)班 平均值	85.6
14	夏梓	男	六(3)班	82
15	方小蝶	女	六(3)班	79
16	张鹤鸣	男	六(3)班	88
17	王佑琪	女	六(3)班	88
18	于梦辰	女	六(3)班	92
19			六(3)班 平均值	85.8
20			总计平均值	85.333333

图 3-69

3.4.2 多级分类汇总对同类数据合并统计

多级分类汇总是指在进行一级分类汇总后，再对其他字段进行下一级细分，表格最终会同时显示一级分类汇总值与二级分类汇总值。例如下面首先对“销售公司”进行分类汇总，然后再对每个销售公司中按不同产品大类进行二次分类汇总，具体操作如下。

❶ 打开实例文件，在“数据”选项卡的“排序和筛选”组中单击“排序”按钮（如图 3-70 所示），打开“排序”对话框。

	A	B	C	D	E
1	4月份销售统计表				
2	代码	销售公司	产品大类	数量(吨)	金额(万元)
3	2868	长春公司	化工类产品	5.03	8.06
4	2868	长春公司	化工类产品	8.55	10.5
5	2828	广州公司	高分子类产品	5.79	9.58
6	2828	广州公司	高分子类产品	8.15	10.3
7	2758	长春公司	高分子类产品	5.63	8.86
8	2597	宁波公司	高分子类产品	7.65	7.56
9	2483	长春公司	高分子类产品	2.90	3.8
10	2483	长春公司	高分子类产品	7.38	12.76
11	2483	长春公司	高分子类产品	8.63	10.86
12	2483	长春公司	高分子类产品	2.56	3.08
13	2483	长春公司	高分子类产品	5.68	8.96
14	2483	长春公司	高分子类产品	2.85	3.7

图 3-70

❷ 分别设置“主要关键字”为“销售公司”，“次要关键字”为“产品大类”，排序的次序可以采用默认的设置，如图 3-71 所示。

❸ 单击“确定”按钮可见表格双关键字排序的结果，如图 3-72 所示。

说明：

先将同一销售公司的记录排序到一起，再将同一销售公司中相同产品大类的记录排序到一起。

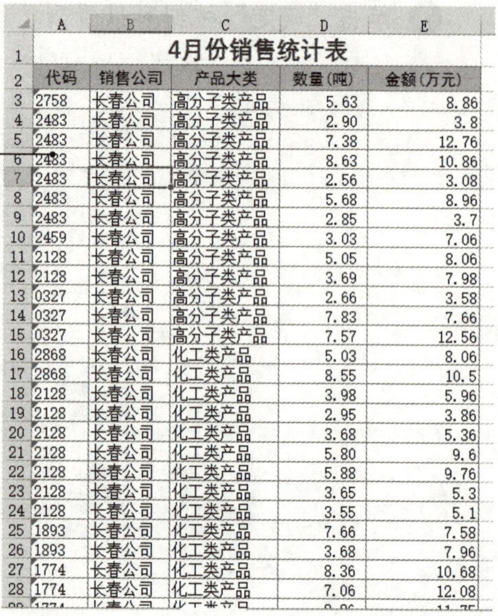

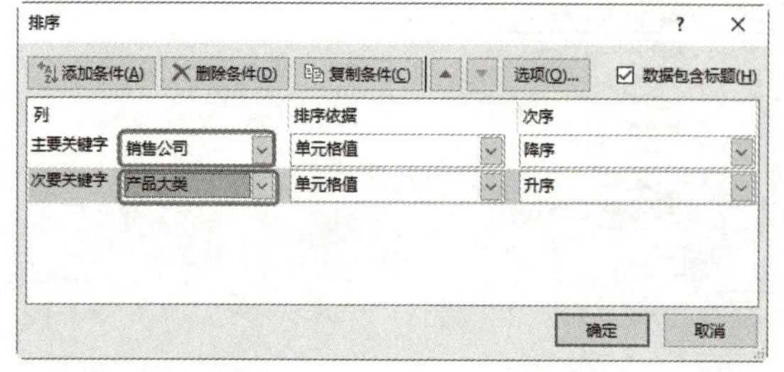

图 3-71

4月份销售统计表

代码	销售公司	产品大类	数量(吨)	金额(万元)
2758	长春公司	高分子类产品	5.63	8.86
2483	长春公司	高分子类产品	2.90	3.8
2483	长春公司	高分子类产品	7.38	12.76
2483	长春公司	高分子类产品	8.63	10.86
2483	长春公司	高分子类产品	2.56	3.08
2483	长春公司	高分子类产品	5.68	8.96
2483	长春公司	高分子类产品	2.85	3.7
2459	长春公司	高分子类产品	3.03	7.06
2128	长春公司	高分子类产品	5.05	8.06
2128	长春公司	高分子类产品	3.69	7.98
0327	长春公司	高分子类产品	2.66	3.58
0327	长春公司	高分子类产品	7.83	7.66
0327	长春公司	高分子类产品	7.57	12.56
2868	长春公司	化工类产品	5.03	8.06
2868	长春公司	化工类产品	8.55	10.5
2128	长春公司	化工类产品	3.98	5.96
2128	长春公司	化工类产品	2.95	3.86
2128	长春公司	化工类产品	3.68	5.36
2128	长春公司	化工类产品	5.80	9.6
2128	长春公司	化工类产品	5.88	9.76
2128	长春公司	化工类产品	3.65	5.3
2128	长春公司	化工类产品	3.55	5.1
1893	长春公司	化工类产品	7.66	7.58
1893	长春公司	化工类产品	3.68	7.96
1774	长春公司	化工类产品	8.36	10.68
1774	长春公司	化工类产品	7.06	12.08

图 3-72

❹ 在“数据”选项卡的“分级显示”组中单击“分类汇总”按钮，打开“分类汇总”对话框。单击“分类字段”文本框下拉按钮，在下拉菜单中单击“销售公司”，汇总方式采用默认的“求和”，“选定汇总项”中选择“数量（吨）”和“金额（万元）”复选框，如图 3-73 所示。

❺ 单击“确定”按钮可以看到一次分类汇总的结果，即统计出每个公司的销售总数量与总金额。再次打开“分类汇总”对话框，将“分类字段”更改为“产品大类”，其他选项保持不变，取消选中“替换当前分类汇总”复选框，如图 3-74 所示。

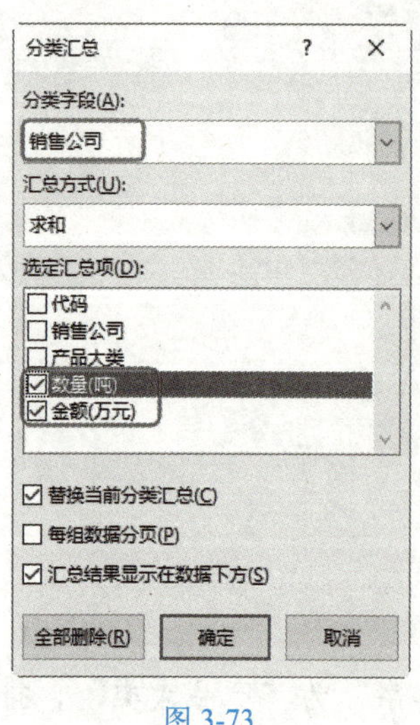

图 3-73

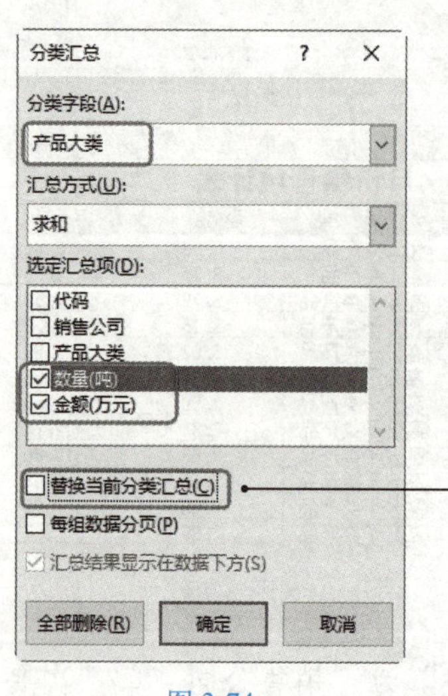

图 3-74

说明：

在工作表中创建下一个分类汇总时，系统会默认自动替换当前的分类汇总。如果需要在工作表中创建多级分类汇总，那么在创建一次分类汇总的基础上，继续建立二级分类汇总，并在“分类汇总”对话框中必须取消选中“替换当前分类汇总”复选框。

❻ 单击“确定”按钮可以看到二次分类汇总的结果，因为当前数据量较大，由于屏

幕显示限制，单击左上角的显示级别3来查看统计的结果，如图 3-75 所示。从当前的统计结果看到是分两个级别来统计的，如图 3-76 所示。

注意：
这里的数字由分类汇总的级别而定，级别越多则此处数字越多。

1	4月份销售统计表				
2	代码	销售公司	产品大类	数量(吨)	金额(万元)
16			高分子类产品 汇总	65.46	98.92
37			化工类产品 汇总	123.36	164.87
58			生物活性类 汇总	108.83	161.18
59		长春公司 汇总		297.65	424.97
73			高分子类产品 汇总	73.39	89.14
94			化工类产品 汇总	121.35	179.18
103			生物活性类 汇总	52.86	82.84
104		宁波公司 汇总		247.60	351.16
125			高分子类产品 汇总	119.36	171.5
146			化工类产品 汇总	113.96	159.81
167			生物活性类 汇总	123.51	174.3
168		广州公司 汇总		356.83	505.61
169		总计		902.08	1281.74

图 3-75

> **专家提示**
>
> 当不需要对数据进行分类汇总分析时，可以取消分类汇总的设置。不管工作表中设置了一种还是多种分类汇总，都可以一次性取消。打开“分类汇总”对话框，单击“全部删除”按钮，返回工作表即可取消。

知识拓展——复制使用分类汇总的结果

默认情况下，在对分类汇总的结果数据进行复制粘贴时，会自动将明细数据全部粘贴过来，如果只想把汇总结果复制下来当做统计报表使用，可以按照如下方法进行。

❶ 打开实例文件，选中有统计数据的单元格区域，如图 3-76 所示。

1	4月份销售统计表				
2	代码	销售公司	产品大类	数量(吨)	金额(万元)
16			高分子类产品 汇总	65.46	98.92
37			化工类产品 汇总	123.36	164.87
58			生物活性类 汇总	108.83	161.18
59		长春公司 汇总		297.65	424.97
73			高分子类产品 汇总	73.39	89.14
94			化工类产品 汇总	121.35	179.18
103			生物活性类 汇总	52.86	82.84
104		宁波公司 汇总		247.60	351.16
125			高分子类产品 汇总	119.36	171.5
146			化工类产品 汇总	113.96	159.81
167			生物活性类 汇总	123.51	174.3
168		广州公司 汇总		356.83	505.61
169		总计		902.08	1281.74
170					

图 3-76

❷ 按下“F5”键打开“定位”对话框，然后单击“定位条件”按钮弹出“定位条件”对话框，再执行“可见单元格”命令，如图 3-77 所示。

❸ 单击“确定”按钮即可将区域中所有可见的单元格选中，再按“Ctrl+C”组合键执行复制命令，如图 3-78 所示。

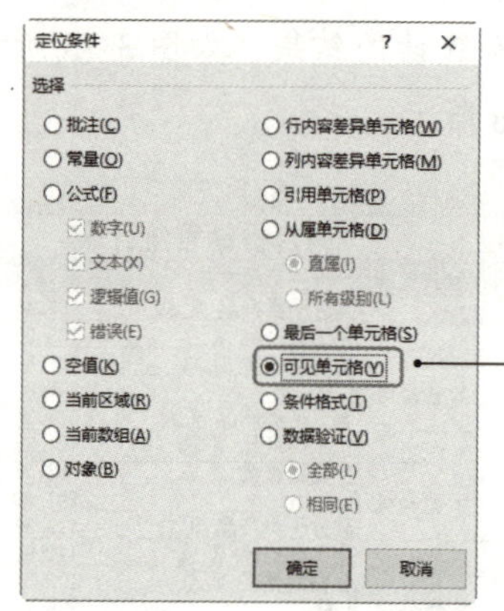

注意：

通过分级显示只显示分类汇总的结果，实际有很多数据被隐藏了，所以通过选择“可见单元格”表示只选中当前看到的单元格，其他隐藏单元格不选择。

图 3-77

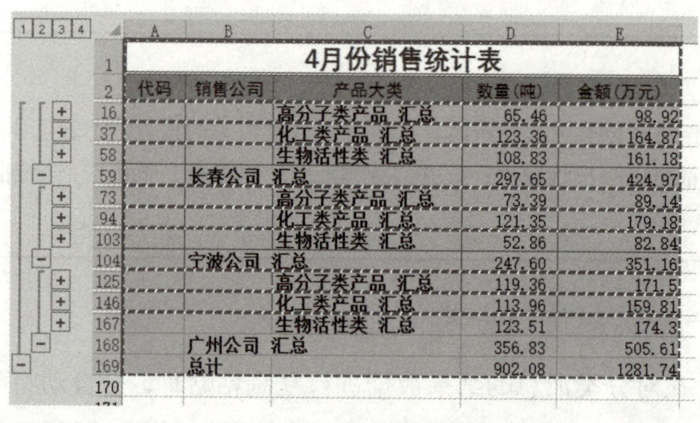

	A	B	C	D	E
1	4月份销售统计表				
2	代码	销售公司	产品大类	数量(吨)	金额(万元)
16			高分子类产品 汇总	65.46	98.92
37			化工类产品 汇总	123.36	164.87
58			生物活性类 汇总	108.83	161.18
59		长春公司 汇总		297.65	424.97
73			高分子类产品 汇总	73.39	89.14
94			化工类产品 汇总	121.35	179.18
103			生物活性类 汇总	52.86	82.84
104		宁波公司 汇总		247.60	351.16
125			高分子类产品 汇总	119.36	171.5
146			化工类产品 汇总	113.96	159.81
167			生物活性类 汇总	123.51	174.3
168		广州公司 汇总		356.83	505.61
169		总计		902.08	1281.74
170					

图 3-78

❹ 打开新工作表后，按下“Ctrl+V”组合键执行粘贴命令，即可实现只将分类汇总的结果粘贴到新表格中，如图 3-79 所示。将得到数据的重新格式设置后就可以形成一个统计分析报表了。

	A	B	C	D	E
1	4月份销售统计表				
2	代码	销售公司	产品大类	数量(吨)	金额(万元)
3			高分子类产品 汇总	65.46	98.92
4			化工类产品 汇总	123.36	164.87
5			生物活性类 汇总	108.83	161.18
6		长春公司 汇总		297.65	424.97
7			高分子类产品 汇总	73.39	89.14
8			化工类产品 汇总	121.35	179.18
9			生物活性类 汇总	52.86	82.84
10		宁波公司 汇总		247.60	351.16
11			高分子类产品 汇总	119.36	171.5
12			化工类产品 汇总	113.96	159.81
13			生物活性类 汇总	123.51	174.3
14		广州公司 汇总		356.83	505.61
15		总计		902.08	1281.74
16					

图 3-79

第4章 工作数据的计算

数据计算是指根据现有数据，通过计算、提取、查找、分析得到想要的结果。通过数据计算可以得到相关的结论，所以数据计算也称为数据统计分析的过程。在使用 Excel 辅助日常工作时，数据计算是必不可少的。而 Excel 中的函数在数据计算、统计、查找等方面上有明显的优势。

4.1 多表合并计算

在进行数据统计时，经常出现单月数据统计到一张表格中的情况，在月末或是季末时往往需要进行汇总统计，这时候就可以使用 Excel 中的“合并计算”功能。利用此功能可以把多张格式相同的表格中的数据进行求和、求平均值、计数等运算，并将最终的结果显示在单独的表格中。

4.1.1 合并计算两个月的销量

例如图 4-1 为“一月销量”表格，图 4-2 为“二月销量”表格，现在需要对它们的数据进行合并计算，注意它们属于相同结构的表格，具体操作如下。

	A	B	C
1	产品编号	销售数量	
2	AN001	220	
3	AN002	0	
4	AN003	380	
5	AN004	400	
6	AN005	0	
7	BY001	236	
8	BY002	500	
9	BY003	688	
10	BY004	380	
11	JC001	680	
12	JC002	480	
13	JC003	230	
14	JC004	700	
15	JC005	280	
16	JS001	480	
17	JS002	480	
18	JS003	310	
19	JS004	188	
20	JS005	188	
21	JS006	300	

一月销量 二月销量

图 4-1

	A	B	C
1	产品编号	销售数量	
2	AN001	0	
3	AN002	680	
4	AN003	0	
5	AN004	120	
6	AN005	25	
7	BY001	85	
8	BY002	300	
9	BY003	150	
10	BY004	188	
11	JC001	280	
12	JC002	250	
13	JC003	30	
14	JC004	0	
15	JC005	58	
16	JS001	0	
17	JS002	380	
18	JS003	180	
19	JS004	488	
20	JS005	230	
21	JS006	380	

一月销量 二月销量

图 4-2

注意：

表格的结构，产品编号的顺序是完全一致的。

❶ 打开实例文件，首先新建一张工作表作为合并计算后输出结果使用，然后在工作表中输入行列标识及产品编号，并将工作表命名为“合计”。

❷ 选中“合计”工作表中的 B2 单元格，在“数据”选项卡的“数据工具”组中单击“合

并计算”按钮（如图 4-3 所示），打开“合并计算”对话框。

图 4-3

❸ 在“合并计算”对话框中设置“函数”为“求和”，单击“引用位置”右侧的拾取器（如图 4-4 所示），在“一月销售”工作表中选择“销售数量”区域，如图 4-5 所示。

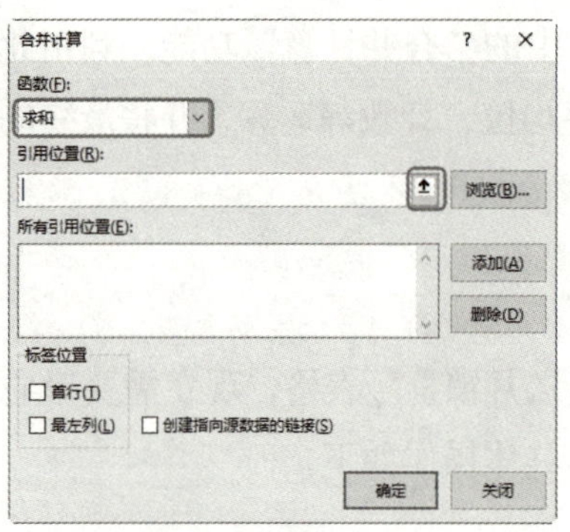

图 4-4

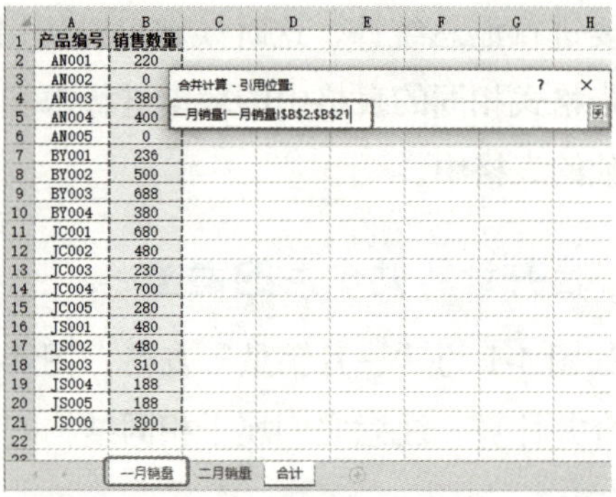

产品编号	销售数量
AN001	220
AN002	0
AN003	380
AN004	400
AN005	0
BY001	236
BY002	500
BY003	688
BY004	380
JC001	680
JC002	480
JC003	230
JC004	700
JC005	280
JS001	480
JS002	480
JS003	310
JS004	188
JS005	188
JS006	300

图 4-5

❹ 选中后再单击拾取器按钮返回“合并计算”对话框，单击“添加”按钮即可将引用位置添加至列表中，如图 4-6 所示。

❺ 再用同样的方法引用“二月销售”工作表中的销售数量区域，如图 4-7 所示。

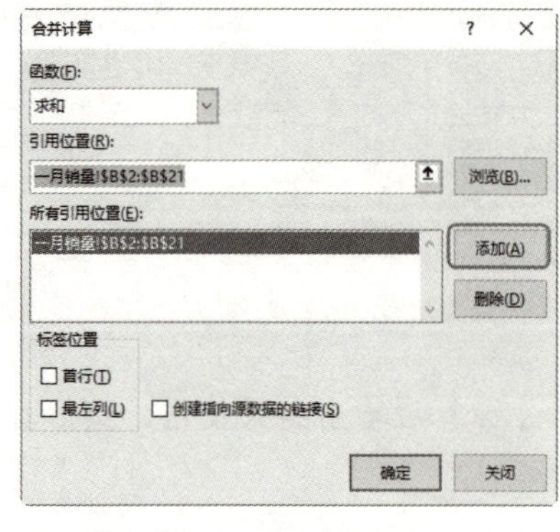

图 4-6

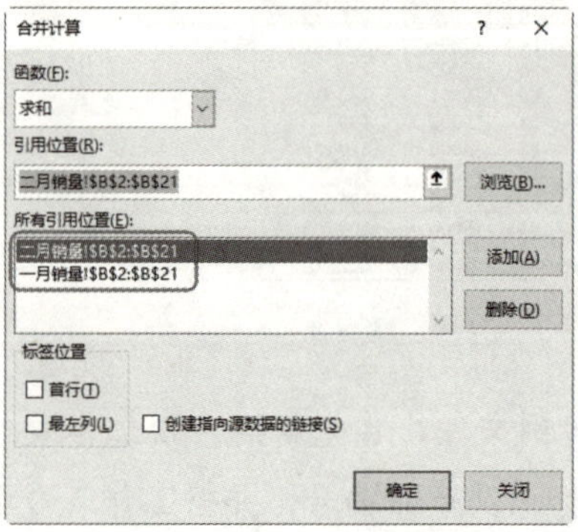

图 4-7

说明：

如果还有更多的表格数据需要合并计算，则按相同的方法依次添加。

❻ 单击“确定”按钮，数据被合并计算到 B2:B21 单元格区域中，如图 4-8 所示。

在上面的例子中，每个待合并的表格数据的位置是完全相同的，即实现的是“表 1:A1+ 表 2:A1+ 表 3:A1+……”的效果。

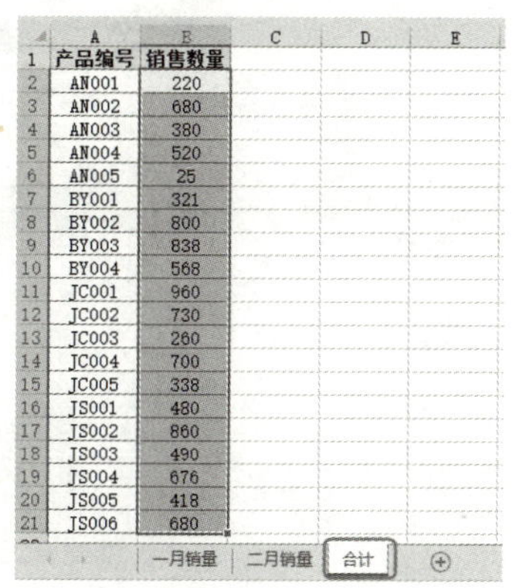

产品编号	销售数量
AN001	220
AN002	680
AN003	380
AN004	520
AN005	25
BY001	321
BY002	800
BY003	838
BY004	568
JC001	960
JC002	730
JC003	260
JC004	700
JC005	338
JS001	480
JS002	860
JS003	490
JS004	676
JS005	418
JS006	680

图 4-8

4.1.2 合并计算两个月的销量（表格结构不同）

如果每个待合并表格的数据位置不完全相同，那么这时就需要 Excel 做出判断，无论标签在哪个位置，找到后就将它们合并计算。另外，任意表格中出现的不重复数据，也要作为最终合并计算的列表显示出来。

还是使用上面表格进行举例。在进行数据统计时，如果某产品本月的销售数量为 0 就不做统计，那么这就造成了两个表格中 A 列产品编号不是一一对应的，即“一月销量”表格中有的编号，“二月销量”表格中可能并没有，反之亦然。例如图 4-9 为“一月销量”表格，图 4-10 为“二月销量”，现在需要对它们的数据进行合并计算，具体操作如下。

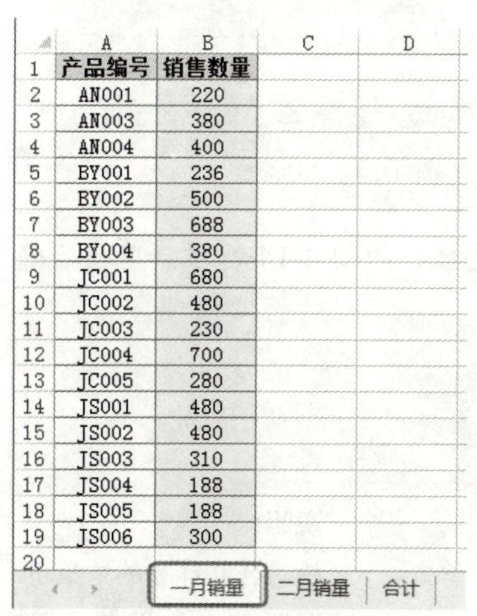

产品编号	销售数量
AN001	220
AN003	380
AN004	400
BY001	236
BY002	500
BY003	688
BY004	380
JC001	680
JC002	480
JC003	230
JC004	700
JC005	280
JS001	480
JS002	480
JS003	310
JS004	188
JS005	188
JS006	300

图 4-9

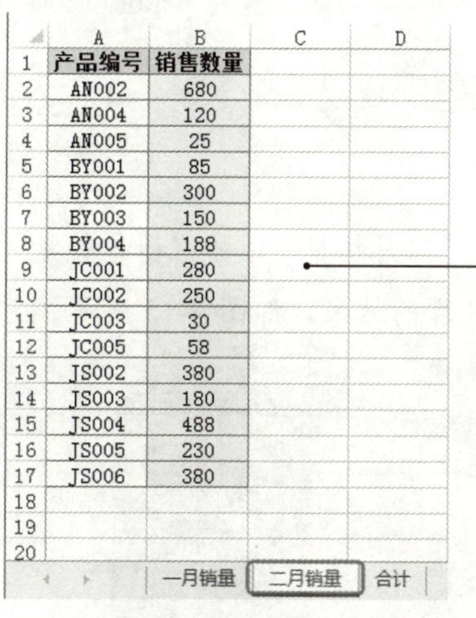

产品编号	销售数量
AN002	680
AN004	120
AN005	25
BY001	85
BY002	300
BY003	150
BY004	188
JC001	280
JC002	250
JC003	30
JC005	58
JS002	380
JS003	180
JS004	488
JS005	230
JS006	380

图 4-10

说明：

注意“一月销量”与“二月销量”中“产品编号”列不完全相同。“一月销量”中的产品编号在“二月销量”中可能有，也可能没有。

❶ 打开实例文件，建立显示合并计算后结果的工作表，将其命名为“合计”工作表。注意不要再输入 A 列的产品编号，只需要输入列标识即可。选中 A2 单元格，在“数据”选项卡“数据工具”组中，单击“合并计算”按钮（如图 4-11 所示）打开“合并计算”对话框。

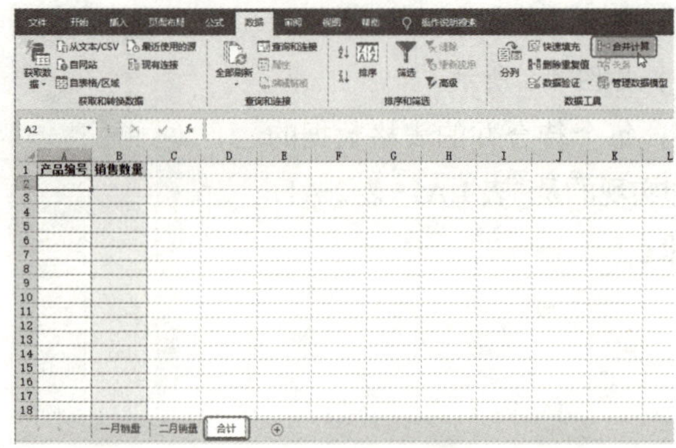

图 4-11

❷ 在“函数”中选中“求和”，勾选“最左列”复选框，如图 4-12 所示。

❸ 单击“引用位置”右侧的拾取器按钮，在“一月销售”工作表中选择“销售数量”区域（注意选择要包含 A 列在内），如图 4-13 所示，返回对话框后单击“添加”按钮。

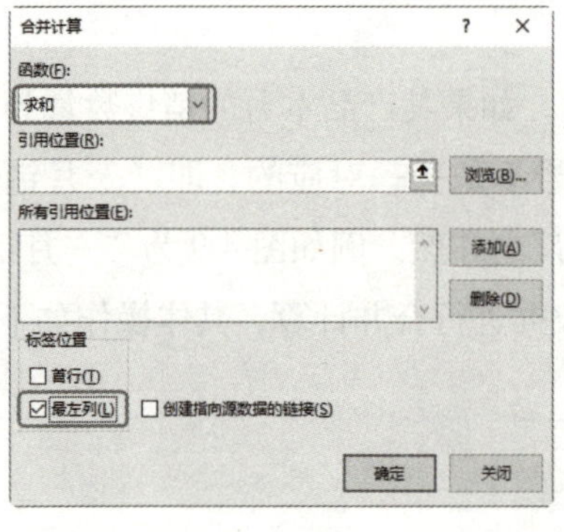

图 4-12

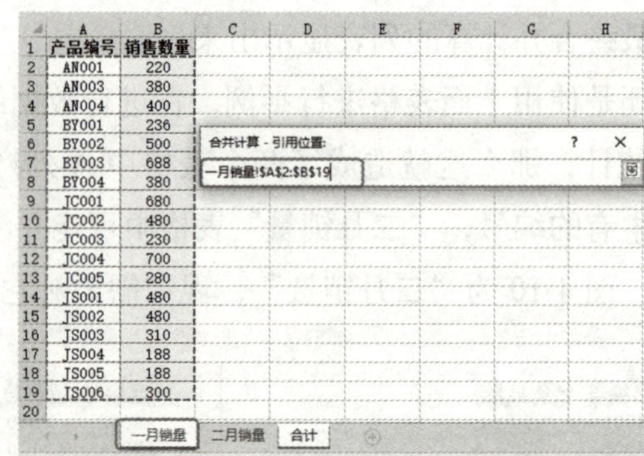

图 4-13

❹ 按相同的方法添加“二月销量”中的“销售数量”区域，如图 4-14 所示。单击“确定”按钮，即可得到合并计算的结果，如图 4-15 所示。

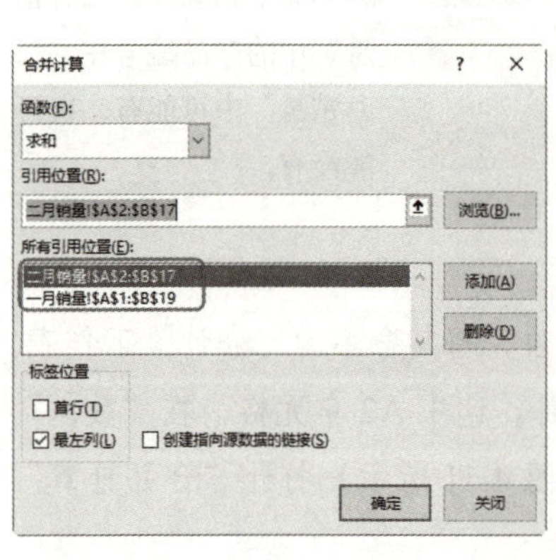

图 4-14

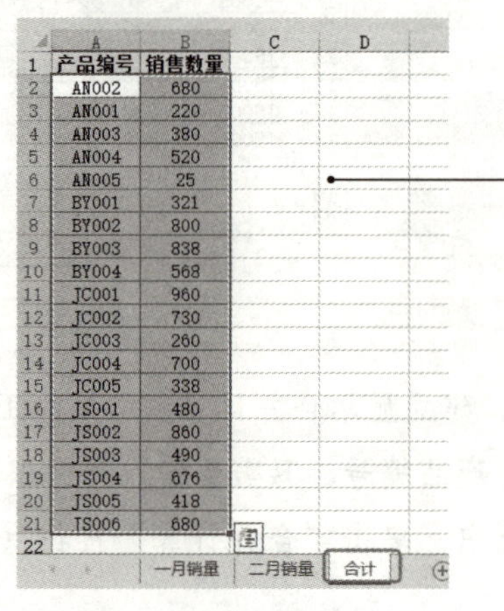

图 4-15

说明：

核对合并计算的结果可以看到，如果某个编号在两个工作表中都存在，则对它们相加，如果某个编号存在于任意一个工作表中，则也进行合并计算。

> **专家提示**
>
> 当需要合并的表格中数据结构、顺序完全一致时，在统计表中可以输入列标识与行标识，在进行合并计算时不需要选择“首行”和“最左列”。当数据条目不完全相同或顺序不完全一致时，一定要选中“首行”和“最左列”。在建立统计表时可以什么也不输入，然后在“合并计算”对话框中添加完成数据列表后，记得一定要选中“首行”和“最左列”。

知识拓展——巧用合并计算统计成绩平均分

本例统计了每位学生三次模拟考试的分数，并且显示在三张不同的工作表中（如图 4-16、图 4-17 和图 4-18 所示）。下面统计学生在三次模拟考试中的平均分，具体操作如下。

	A	B	C
1	姓名	分数	
2	张泽宇	668	
3	姜旭旭	685	
4	庄美尔	584	
5	陈小芳	480	
6	李德印	587	
7	张奎	590	
8	吕梁	491	
9	刘小龙	593	
10	陈曦	469	
11			

一模 | 二模 | 三模

图 4-16

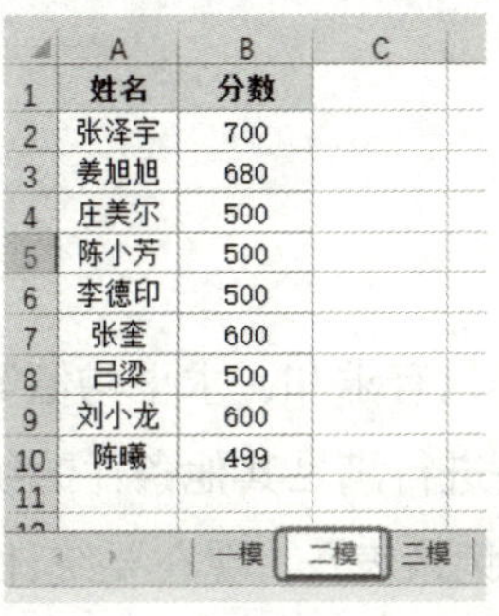

	A	B	C
1	姓名	分数	
2	张泽宇	700	
3	姜旭旭	680	
4	庄美尔	500	
5	陈小芳	500	
6	李德印	500	
7	张奎	600	
8	吕梁	500	
9	刘小龙	600	
10	陈曦	499	
11			

一模 | 二模 | 三模

图 4-17

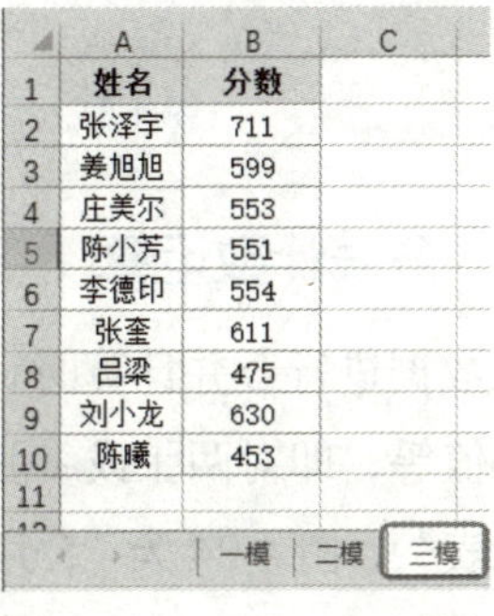

	A	B	C
1	姓名	分数	
2	张泽宇	711	
3	姜旭旭	599	
4	庄美尔	553	
5	陈小芳	551	
6	李德印	554	
7	张奎	611	
8	吕梁	475	
9	刘小龙	630	
10	陈曦	453	
11			

一模 | 二模 | 三模

图 4-18

❶ 打开实例文件，由于三张表格中的学生姓名和顺序是完全一致的，可以先在汇总表中建立学生姓名列，选中 B2 单元格（如图 4-19 所示），打开“合并计算”对话框。设置“函数”为“平均值”，如图 4-20 所示。

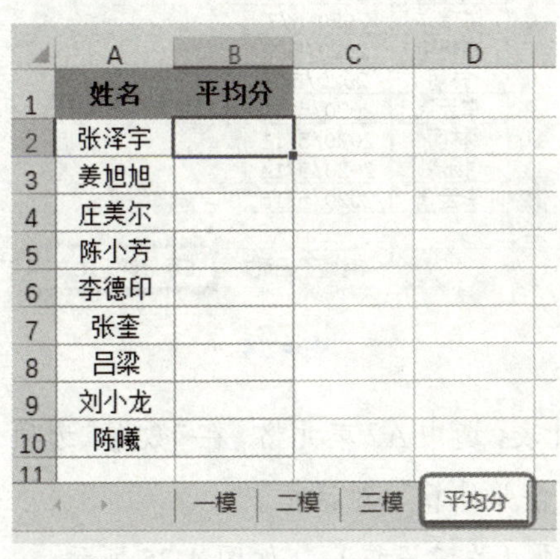

	A	B	C	D
1	姓名	平均分		
2	张泽宇			
3	姜旭旭			
4	庄美尔			
5	陈小芳			
6	李德印			
7	张奎			
8	吕梁			
9	刘小龙			
10	陈曦			
11				

一模 | 二模 | 三模 | 平均分

图 4-19

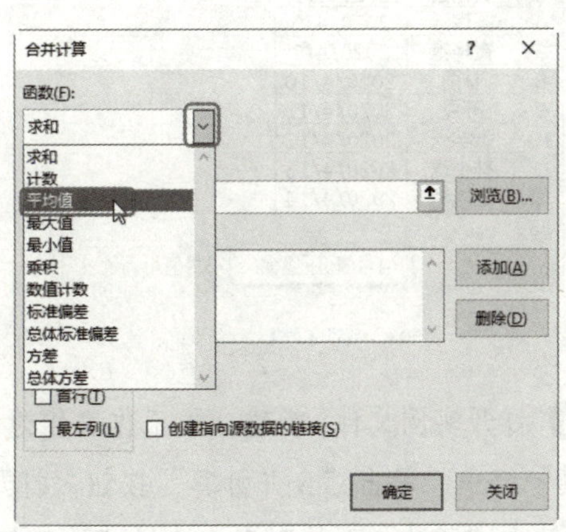

图 4-20

❷ 分别拾取“一模”工作表中的 B2:B10、“二模”工作表中的 B2:B10、“三模”工作表中的 B2:B10，将这些数据的区域都添加到“合并计算”对话框的“所有引用位置”的列表中，如图 4-21 所示。

❸ 单击“确定”按钮完成设置，返回“平均分”工作表后，即可计算出每一位学生三次模考试的平均分，如图 4-22 所示。

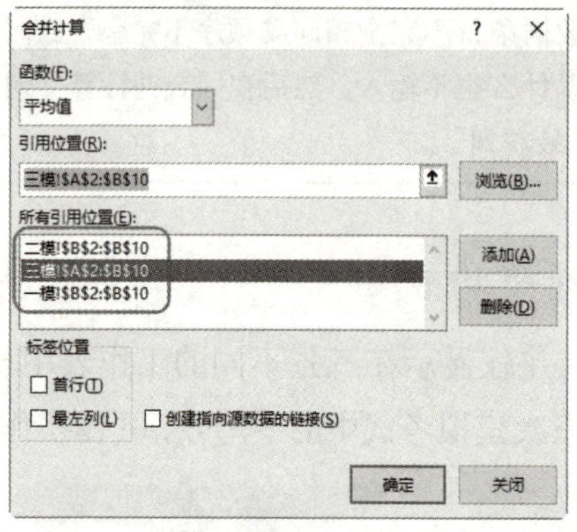

图 4-21

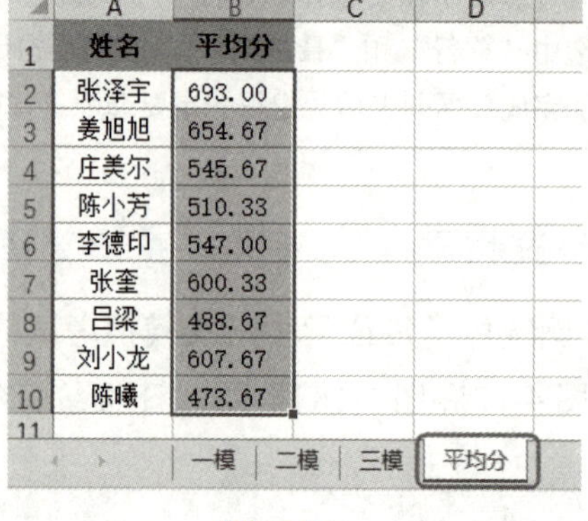

	A	B	C	D
1	姓名	平均分		
2	张泽宇	693.00		
3	姜旭旭	654.67		
4	庄美尔	545.67		
5	陈小芳	510.33		
6	李德印	547.00		
7	张奎	600.33		
8	吕梁	488.67		
9	刘小龙	607.67		
10	陈曦	473.67		
11				

一模 | 二模 | 三模 | 平均分

图 4-22

4.1.3 多表计数运算

在数据进行合并计算时，并非只有求和、求平均值等运算，除此之外还有计数、最大值最小值等，即对两张或多张表格进行满足其他条件的统计运算。例如图 4-23 为“4 月值班记录表”，图 4-24 为“5 月值班记录表”，现在要统计出两个月内每个员工的值班次数，具体操作如下。

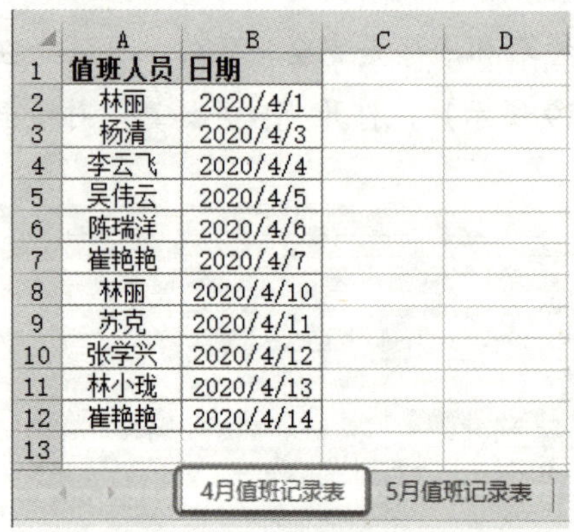

	A	B	C	D
1	值班人员	日期		
2	林丽	2020/4/1		
3	杨清	2020/4/3		
4	李云飞	2020/4/4		
5	吴伟云	2020/4/5		
6	陈瑞洋	2020/4/6		
7	崔艳艳	2020/4/7		
8	林丽	2020/4/10		
9	苏克	2020/4/11		
10	张学兴	2020/4/12		
11	林小珑	2020/4/13		
12	崔艳艳	2020/4/14		
13				

4月值班记录表 | 5月值班记录表

图 4-23

	A	B	C	D
1	值班人员	日期		
2	苏克	2020/5/1		
3	杨清	2020/5/2		
4	李云飞	2020/5/3		
5	吴伟云	2020/5/4		
6	陈瑞洋	2020/5/7		
7	崔艳艳	2020/5/8		
8	林丽	2020/5/9		
9	李云飞	2020/5/10		
10	林丽	2020/5/11		
11	杨清	2020/5/14		
12	李云飞	2020/5/15		
13				

4月值班记录表 | 5月值班记录表

图 4-24

❶ 打开实例文件，新建一张工作表作为统计表，选中 A2 单元格，在“数据”选项卡“数据工具”组中，单击“合并计算”按钮，打开“合并计算”对话框。

❷ 在“函数”下拉列表中选择“计数”选项（关键设置），如图 4-25 所示。

❸ 单击“引用位置”文本框右侧的拾取器按钮，到两个工作表中选中参与运算的数据区域，然后单击“添加”按钮将其添加到“所有引用位置”列表中，并选中“最左列”复选框，如图 4-26 所示。

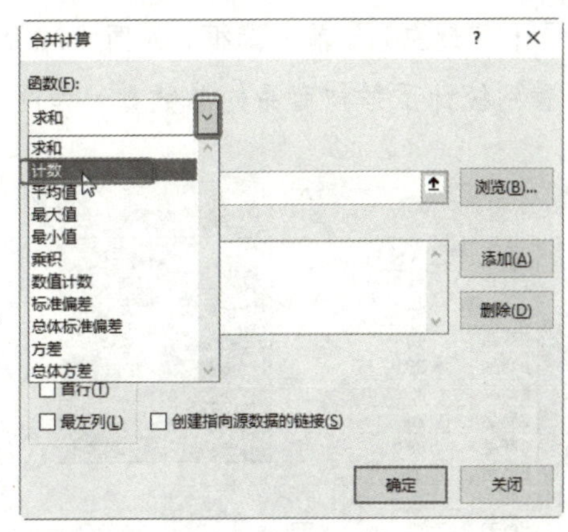

图 4-25

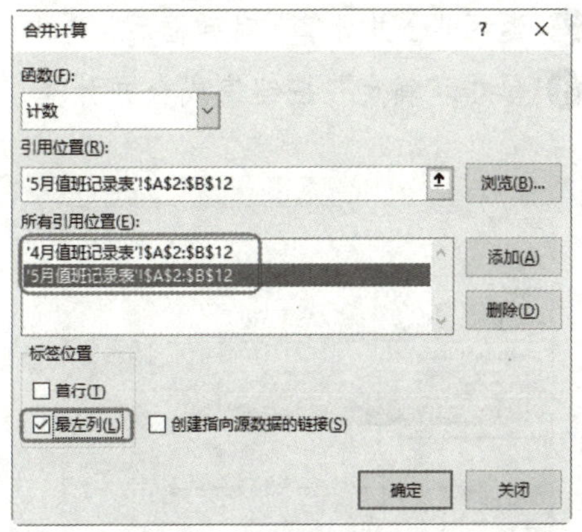

图 4-26

❹ 单击“确定”按钮，得到的统计结果如图 4-27 所示。

❺ 此时 B 列得到的统计结果默认为日期格式，下面选中单元格区域，在“开始”选项卡的“数字”组重新设置数据的格式为“常规”即可得到正确的结果，如图 4-28 所示。

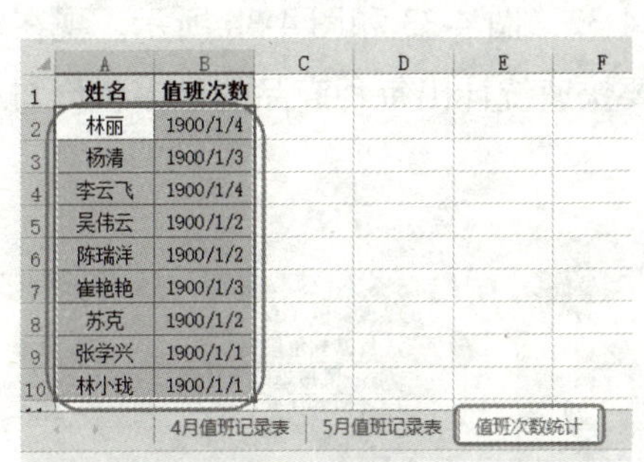

图 4-27

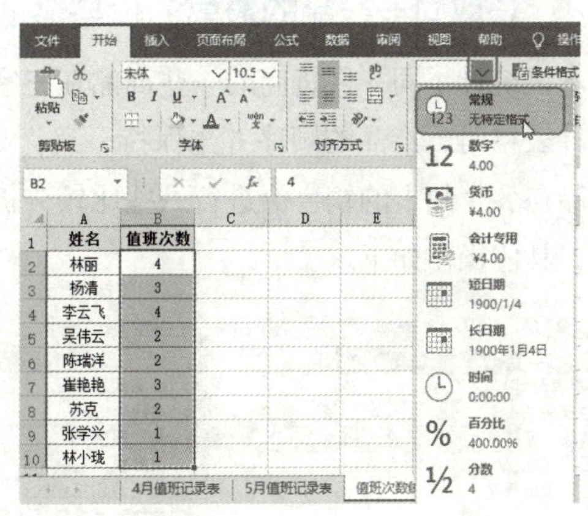

图 4-28

知识拓展——巧用合并计算统计数量

本例统计了商品当日的销售量，但是并没有统一将相同的商品进行销量汇总。下面使用“合并计算”功能变相进行“分类汇总”，即将所有相同商品的销量进行统计求和计算，具体操作如下。

❶ 打开实例文件，首先选中 D1 单元格，并打开“合并计算”对话框后。设置引用位置为当前工作表的 A1:B15 单元格区域，如图 4-29 所示。

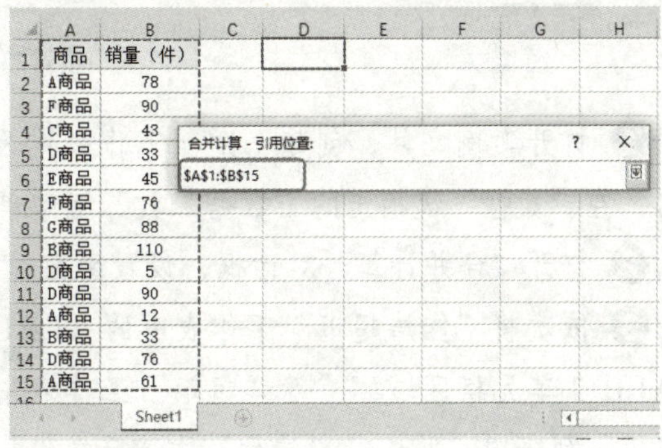

图 4-29

❷ 返回“合并计算”对话框后，选中“首行”和“最左列”前复选框，如图 4-30 所示。

❸ 单击“确定”按钮完成合并计算，即可看到统计了每种商品的总数量，如图 4-31 所示。

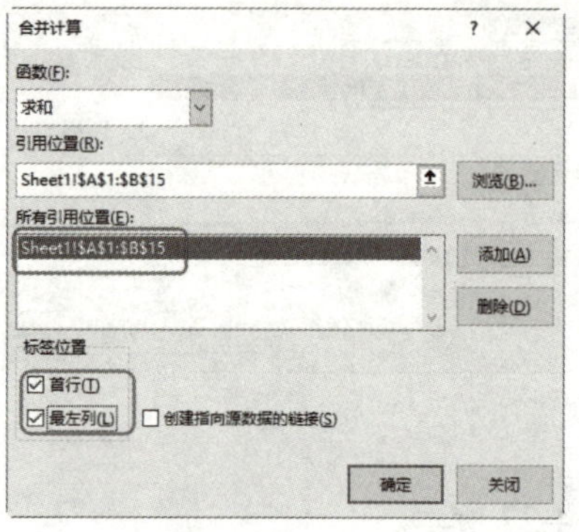

图 4-30

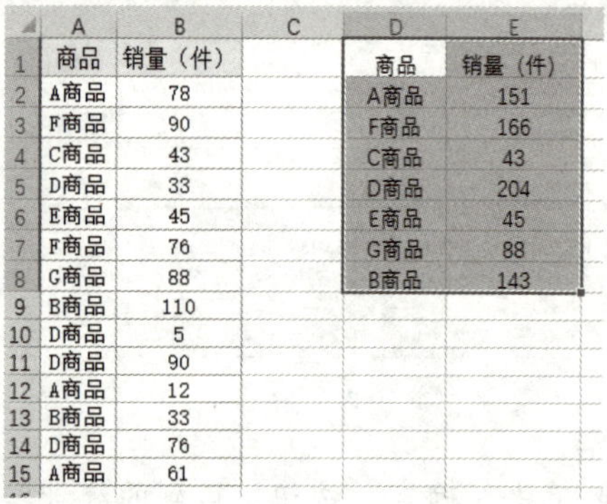

	A	B	C	D	E
1	商品	销量（件）		商品	销量（件）
2	A商品	78		A商品	151
3	F商品	90		F商品	166
4	C商品	43		C商品	43
5	D商品	33		D商品	204
6	E商品	45		E商品	45
7	F商品	76		G商品	88
8	G商品	88		B商品	143
9	B商品	110			
10	D商品	5			
11	D商品	90			
12	A商品	12			
13	B商品	33			
14	D商品	76			
15	A商品	61			

图 4-31

4.1.4 获取同一产品的最高销价与最低售价

本例统计了同一供货商的一些商品在三家超市的销售单价（抽取部分），统计人员在做统计表格时，产品的顺序并未保持一致，如图 4-32、图 4-33 和图 4-34 所示。现在对这些商品在各个超市的销售价进行一些比较分析，要快速统计出每种商品的最高售价与最低售价，具体操作如下。

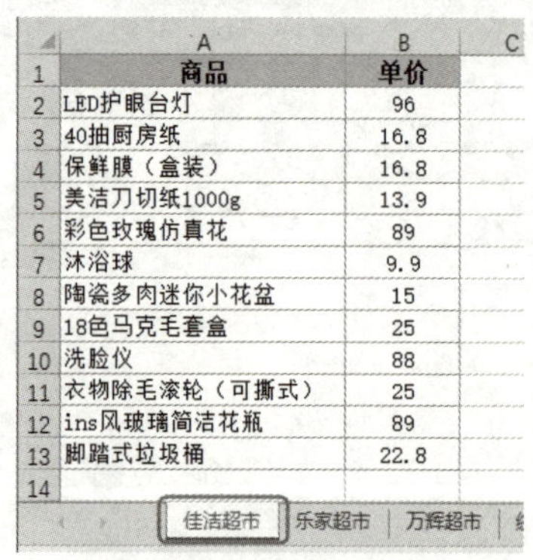

	A	B
1	商品	单价
2	LED护眼台灯	96
3	40抽厨房纸	16.8
4	保鲜膜（盒装）	16.8
5	美洁刀切纸1000g	13.9
6	彩色玫瑰仿真花	89
7	沐浴球	9.9
8	陶瓷多肉迷你小花盆	15
9	18色马克毛套盒	25
10	洗脸仪	88
11	衣物除毛滚轮（可撕式）	25
12	ins风玻璃简洁花瓶	89
13	脚踏式垃圾桶	22.8
14		

图 4-32

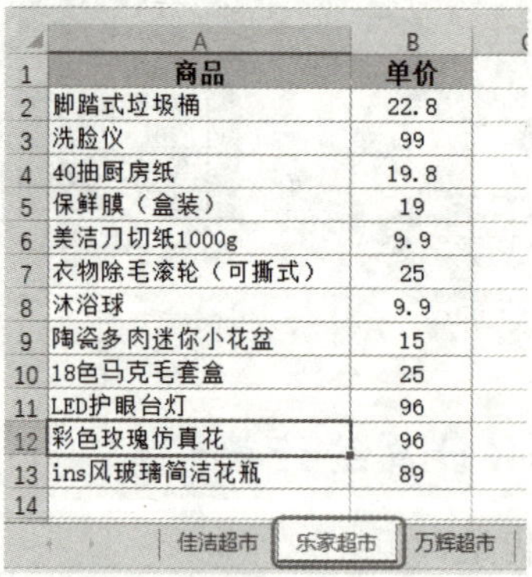

	A	B
1	商品	单价
2	脚踏式垃圾桶	22.8
3	洗脸仪	99
4	40抽厨房纸	19.8
5	保鲜膜（盒装）	19
6	美洁刀切纸1000g	9.9
7	衣物除毛滚轮（可撕式）	25
8	沐浴球	9.9
9	陶瓷多肉迷你小花盆	15
10	18色马克毛套盒	25
11	LED护眼台灯	96
12	彩色玫瑰仿真花	96
13	ins风玻璃简洁花瓶	89
14		

图 4-33

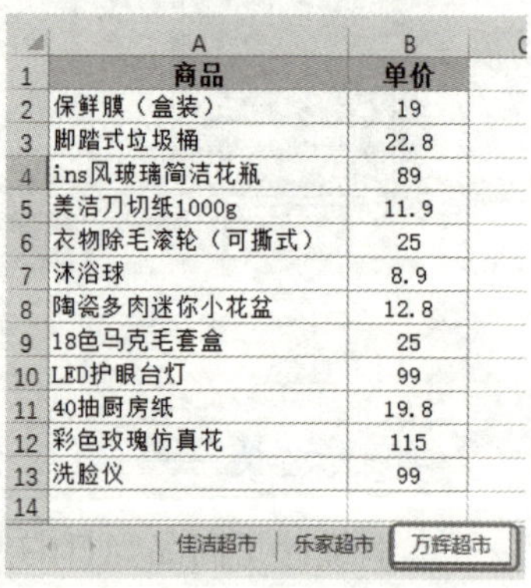

	A	B
1	商品	单价
2	保鲜膜（盒装）	19
3	脚踏式垃圾桶	22.8
4	ins风玻璃简洁花瓶	89
5	美洁刀切纸1000g	11.9
6	衣物除毛滚轮（可撕式）	25
7	沐浴球	8.9
8	陶瓷多肉迷你小花盆	12.8
9	18色马克毛套盒	25
10	LED护眼台灯	99
11	40抽厨房纸	19.8
12	彩色玫瑰仿真花	115
13	洗脸仪	99
14		

图 4-34

❶ 打开实例文件，创建一个新工作表作为统计表，不要输入如何信息。选中 A1 单元格，在“数据”选项卡的“数据工具”组中单击“合并计算”按钮，如图 4-35 所示。

❷ 打开“合并计算”对话框，设置函数为“最大值”，如图 4-36 所示。

❸ 依次将“佳洁超市”工作表中的 A1:B13 单元格区域++、“乐家超市”工作表中的 A1:B13 单元格区域、“万辉超市”工作表中的 A1:B13 单元格区域都添加到“所有引用位置”列表中，并选中“首行”和“最左列”前的复选框，如图 4-37 所示。

❹ 单击“确定”按钮，得出的统计结果是各种商品的最高售价，如图 4-38 所示。

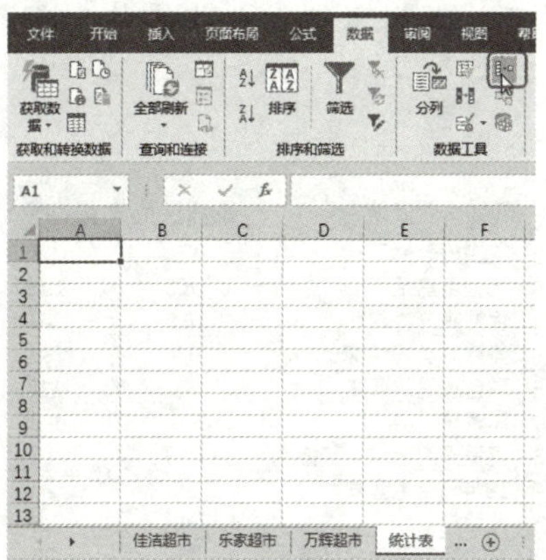

图 4-35

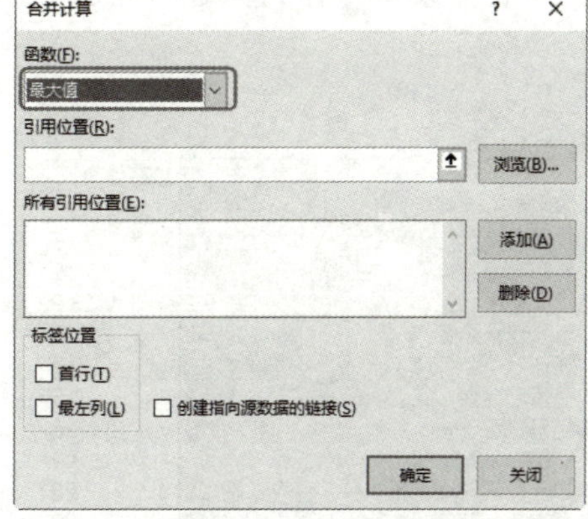

图 4-36

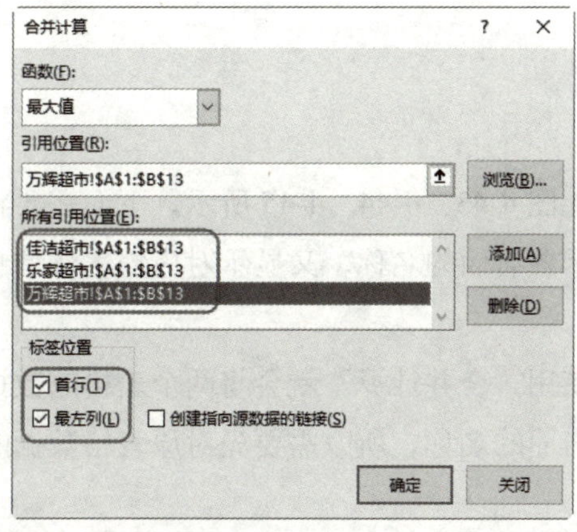
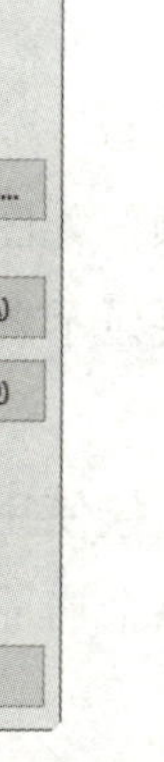

图 4-37

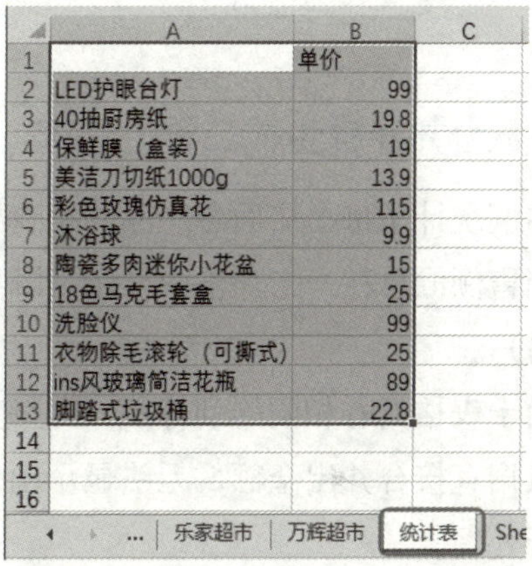

	A	B
1		单价
2	LED护眼台灯	99
3	40抽厨房纸	19.8
4	保鲜膜（盒装）	19
5	美洁刀切纸1000g	13.9
6	彩色玫瑰仿真花	115
7	沐浴球	9.9
8	陶瓷多肉迷你小花盆	15
9	18色马克毛套盒	25
10	洗脸仪	99
11	衣物除毛滚轮（可撕式）	25
12	ins风玻璃简洁花瓶	89
13	脚踏式垃圾桶	22.8
14		
15		
16		

… 乐家超市 万辉超市 统计表 She

图 4-38

❺ 在 B 列前插入一个新列（此列用于存放即将通过合并计算得到的最低售价），如图 4-39 所示。

❻ 选中 A1 单元格，再次打开“合并计算”对话框，将函数更改为“最小值”，其他参数保持不变，如图 4-40 所示。

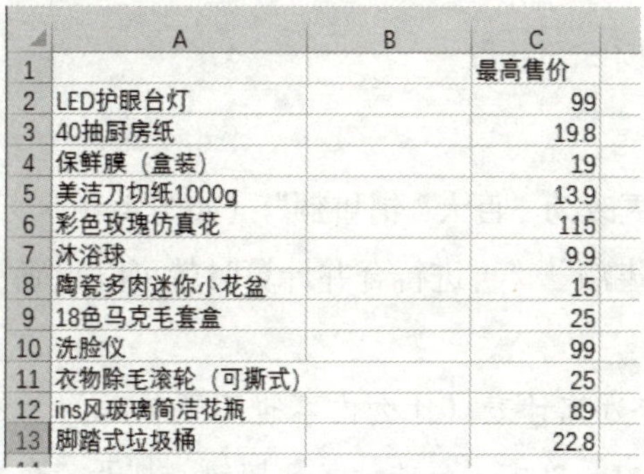

	A	B	C
1			最高售价
2	LED护眼台灯		99
3	40抽厨房纸		19.8
4	保鲜膜（盒装）		19
5	美洁刀切纸1000g		13.9
6	彩色玫瑰仿真花		115
7	沐浴球		9.9
8	陶瓷多肉迷你小花盆		15
9	18色马克毛套盒		25
10	洗脸仪		99
11	衣物除毛滚轮（可撕式）		25
12	ins风玻璃简洁花瓶		89
13	脚踏式垃圾桶		22.8

图 4-39

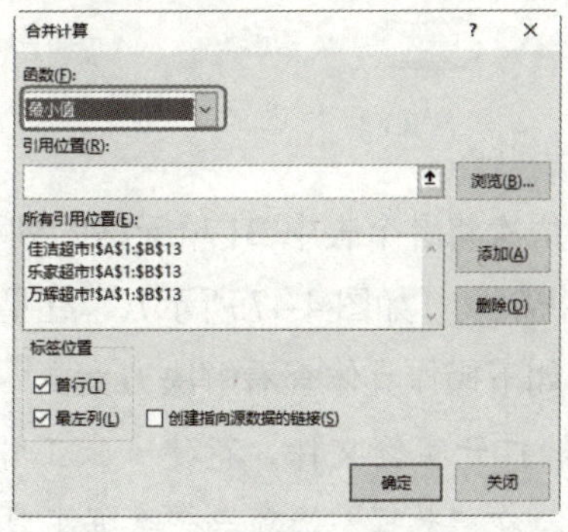

图 4-40

❼ 单击“确定”按钮，得出的统计结果是各种商品的最低售价，如图 4-41 所示。

❽ 为表格添加列标识并进行格式设置，则可以得到预期的分析表格，如图 4-42 所示。

	A	B	C
1		单价	最高售价
2	LED护眼台灯	96	99
3	40抽厨房纸	16.8	19.8
4	保鲜膜（盒装）	16.8	19
5	美洁刀切纸1000g	9.9	13.9
6	彩色玫瑰仿真花	89	115
7	沐浴球	8.9	9.9
8	陶瓷多肉迷你小花盆	12.8	15
9	18色马克毛套盒	25	25
10	洗脸仪	88	99
11	衣物除毛滚轮（可撕式）	25	25
12	ins风玻璃简洁花瓶	89	89
13	脚踏式垃圾桶	22.8	22.8
14			

图 4-41

	A	B	C
1	商品	最低售价	最高售价
2	LED护眼台灯	96	99
3	40抽厨房纸	16.8	19.8
4	保鲜膜（盒装）	16.8	19
5	美洁刀切纸1000g	9.9	13.9
6	彩色玫瑰仿真花	89	115
7	沐浴球	8.9	9.9
8	陶瓷多肉迷你小花盆	12.8	15
9	18色马克毛套盒	25	25
10	洗脸仪	88	99
11	衣物除毛滚轮（可撕式）	25	25
12	ins风玻璃简洁花瓶	89	89
13	脚踏式垃圾桶	22.8	22.8

图 4-42

4.1.5 合并计算生成二维汇总表

本例统计了每个店面各产品的销售额，如图 4-43、4-44、4-45 所示。下面需要将各店面的销售额汇总在一张表格中显示（既要显示各店面的名称，又显示对应销售额信息的二维表格）。

由于表格具有相同的列标识，如果直接使用“合并计算”就会将两个表格的数据按最左侧数据直接合并出金额，无法显示出每个店面的名称，所以需要先对原表格数据的列标识进行处理。

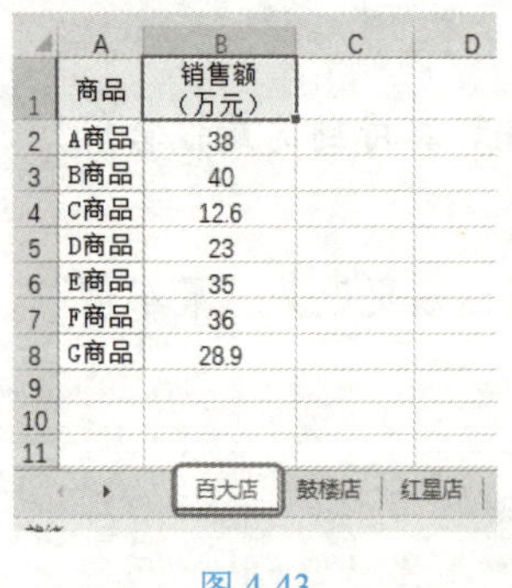

	A	B	C	D
1	商品	销售额（万元）		
2	A商品	38		
3	B商品	40		
4	C商品	12.6		
5	D商品	23		
6	E商品	35		
7	F商品	36		
8	G商品	28.9		
9				
10				
11				

百大店 鼓楼店 红星店

图 4-43

	A	B	C	D
1	商品	销售额（万元）		
2	B商品	11		
3	A商品	78		
4	D商品	12.8		
5	E商品	51.3		
6	F商品	19.4		
7				
8				
9				
10				
11				

百大店 鼓楼店 红星店

图 4-44

	A	B	C	D
1	商品	销售额（万元）		
2	B商品	27		
3	F商品	35.9		
4	G商品	35		
5	C商品	50		
6	D商品	40.5		
7	E商品	12.8		
8				
9				
10				
11				

百大店 鼓楼店 红星店

图 4-45

可依次将各个表中 B1 单元格的列标识更改为“百大 - 销售额”（如图 4-46 所示）“鼓楼 - 销售额”（如图 4-47 所示）“红星 - 销售额”，再进行合并计算时就可以正确实现了，可通过如下操作具体查看解决方案。

❶ 打开实例文件，新建一张工作表作为统计表（什么内容也不要输入）。选中 A1 单元格，在“数据”选项卡“数据工具”组中，单击“合并计算”按钮，打开“合并计算”

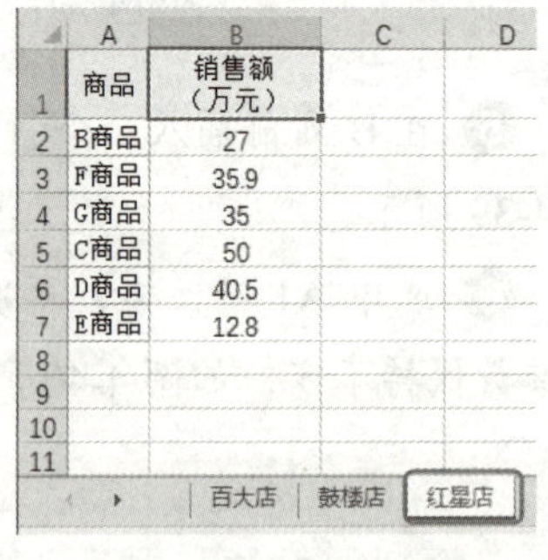

对话框。单击“引用位置”文本框右侧的拾取器按钮，设置第一个引用位置为“百大店”工作表的 A1:B8 单元格区域，如图 4-48 所示。

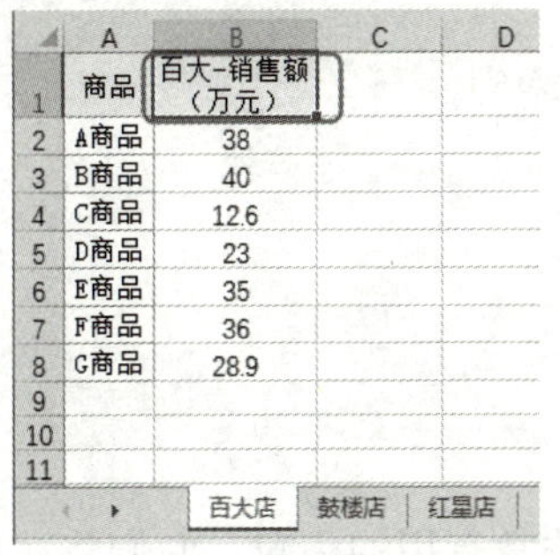

商品	百大-销售额（万元）
A商品	38
B商品	40
C商品	12.6
D商品	23
E商品	35
F商品	36
G商品	28.9

图 4-46

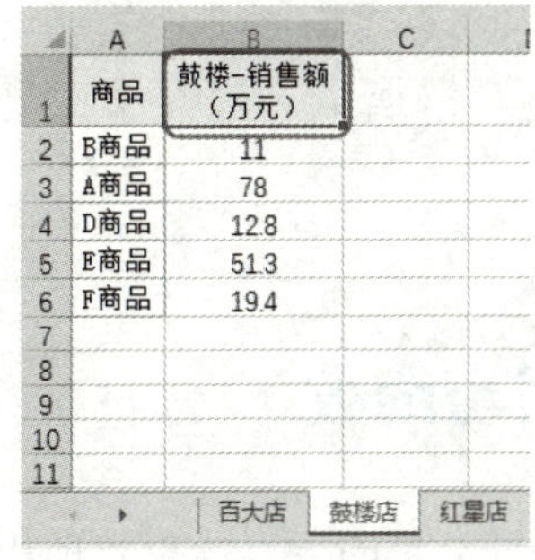

商品	鼓楼-销售额（万元）
B商品	11
A商品	78
D商品	12.8
E商品	51.3
F商品	19.4

图 4-47

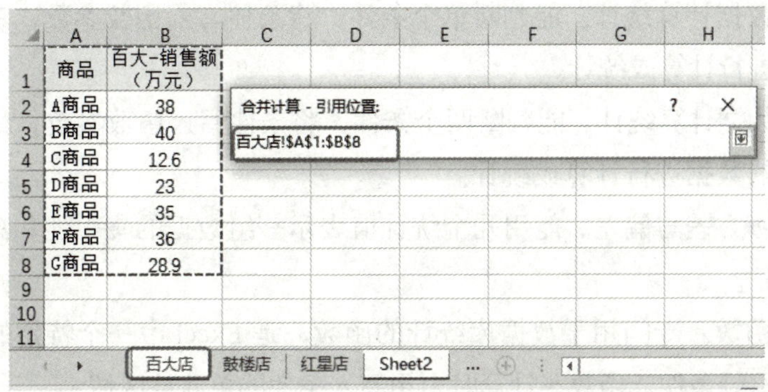

商品	百大-销售额（万元）
A商品	38
B商品	40
C商品	12.6
D商品	23
E商品	35
F商品	36
G商品	28.9

图 4-48

❷ 单击拾取器按钮回到“合并计算”对话框中，单击“添加”按钮，如图 4-49 所示。按相同的方法依次添加“鼓楼店”和“红星店”的单元格区域，返回“合并计算”对话框后，选中“首行”和“最左列”前面的复选框，如图 4-50 所示。

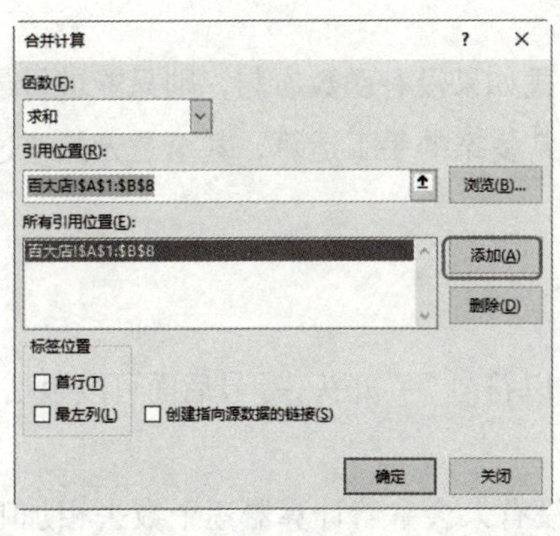

图 4-49

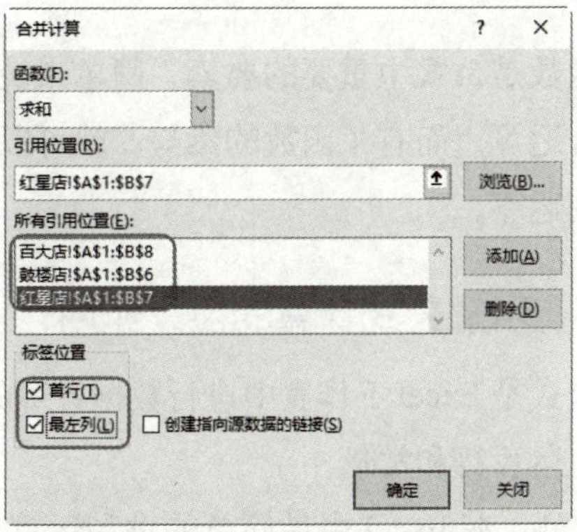

图 4-50

❸ 单击“确定”按钮完成合并计算，在“统计表”中可以看到各产品在各店铺的销售额，即在合并计算的同时还快速生成了一张二维统计报表，如图 4-51 所示。

	A	B	C	D
1		百大-销售额（万元）	鼓楼-销售额（万元）	红星-销售额（万元）
2	A商品	38	78	
3	B商品	40	11	27
4	C商品	12.6		50
5	D商品	23	12.8	40.5
6	E商品	35	51.3	12.8
7	F商品	36	19.4	35.9
8	G商品	28.9		35

图 4-51

4.2 大数据与函数

针对数据统计分析而言，这里整理出几类非常有用的函数，它们将在后面的章节中使用范例着重讲解。

- 单条件数据计算统计。能判断单个条件，将条件写入函数参数，最终对满足条件的数据进行计算或统计。
- 双条件数据计算统计。能判断两个条件，将条件写入函数参数，最终对同时满足两条件的数据进行计算或统计。
- 方差、协方差与偏差。能用几个统计值表示一组数据的集中性和离散程度（波动性大小）。
- 数据库函数。专门用于数据库统计的函数，是 Excel 中一个特定的函数分类。先按要求写好条件，函数在计算时引用写入条件的单元格区域。
- 查找函数。用于在庞大数据库中按条件进行查找。查找要求、位置可以利用参数设定，并且可以活用函数进行更为复杂条件的查找。

4.3 公式、函数运算必备基础

函数是公式中重要的要素，简单来说一个公式如果没有函数参与，则只能进行最简易的混合运算。而有了函数的参与，就可以解决非常复杂的手工运算，甚至是无法通过手工完成的运算。

4.3.1 了解公式计算的巨大作用

公式是Excel工作表中进行数据计算的等式，以符号“=”开头，等号后面可以包括函数、引用、运算符和常量。

例 1：在 Excel 中最简单的求和运算，想必没有人会拿着计算器逐个数去相加吧！只要使用求和函数就可以快速得到合计值，如图 4-52 所示。

例 2：来看一个稍复杂的例子。如图 4-53 所示，想要计算出客服部离职人员的总人数，注意客服部有“客服一部”“客服二部”“客服三部”，而统计结果是要求将所有客服部的离职人数进行合并统计，这样的统计要求使用公式计算也是可以实现的，它需要应用 SUMIF 函数。

选中 B13 单元格，在公式编辑栏输入公式“=SUMIF(B2:B11,"= 客服 *",C2:C11)”，按 Enter 键后，即可计算客服部总离职人数。

B9 =SUM(B2:B8)

	A	B	C	D
1	费用类别	1月预算	2月预算	3月预算
2	差旅费	¥ 4,000.00	¥ 2,000.00	¥ 3,000.00
3	餐饮费	¥ 2,000.00	¥ 2,000.00	¥ 1,000.00
4	通讯费	¥ 2,000.00	¥ 4,000.00	¥ 4,000.00
5	交通费	¥ 1,000.00	¥ 1,000.00	¥ 4,000.00
6	办公用品采购费	¥ 5,000.00	¥ 2,000.00	¥ 1,000.00
7	业务拓展费	¥ 4,000.00	¥ 10,000.00	¥ 7,000.00
8	招聘培训费	¥ 1,000.00	¥ 5,000.00	¥ 2,000.00
9	总预算费用	¥19,000	¥26,000	¥22,000

图 4-52

B13 =SUMIF(B2:B11,"=客服*",C2:C11)

	A	B	C
1	月份	部门	离职人数
2	1月	客服一部	1
3	1月	人事部	2
4	1月	财务部	3
5	2月	行政部	1
6	2月	客服二部	4
7	2月	客服一部	2
8	3月	人事部	1
9	3月	行政部	1
10	3月	客服三部	1
11	3月	客服三部	2
12			
13	客服部离职总人数	10	

图 4-53

例 3：在成绩表中可按班级统计平均分，并且当数据有任何变动时，统计结果也可以自动修正，如图 4-54 所示。

H2 =AVERAGEIF($D$2:$D$25,G2,$E$2:$E$25)

	A	B	C	D	E	F	G	H
1	序号	姓名	性别	班级	竞赛分数		班级	平均分
2	001	邹凯	男	高一（1）	98		高一（1）	92.125
3	002	杨佳	女	高一（3）	85		高一（2）	89.875
4	003	刘勋	男	高一（3）	87		高一（3）	89.5
5	004	王婷	女	高一（2）	92			
6	005	王伟	女	高一（3）	90			
7	006	张智志	男	高一（2）	87			
8	007	宋云	女	高一（3）	98			
9	008	李欣	女	高一（1）	95			
10	009	周钦心	女	高一（2）	99			
11	011	李勤	女	高一（2）	94			
12	012	姜强	男	高一（1）	88			
13	013	华新清	女	高一（3）	87			
14	014	邹志志	女	高一（2）	87			
15	016	吴伟	男	高一（1）	98			
16	017	杨清	男	高一（3）	99			
17	018	李欣	男	高一（1）	87			
18	019	金鑫	女	高一（3）	84			
19	020	张玮	男	高一（2）	89			

图 4-54

4.3.2 复制公式完成批量计算

复制公式是为了完成其他情况类似的批量计算。在 Excel 中进行数据计算很多时候都不是为了完成某一处的工作，而是要进行批量运算。因此可以通过填充的方式快速复制公式，以完成批量数据的计算，具体操作如下。

❶ 打开实例文件，在 E2 单元格中应用了公式判断员工考核是否合格，如图 4-55 所示。

❷ 选中 E2 单元格，将鼠标移动到单元格右下角，当鼠标变为黑色十字时，拖动填充柄向下复制公式到 E15 单元格，如图 4-56 所示。

❸ 释放鼠标后，可以看到 E3:E15 单元格区域复制了 E2 单元格的公式，即瞬间对其他所有员工的考核成绩进行了判断，这就是公式计算的好处所在，如图 4-57 所示。

E2 =IF(AND(C2>80,D2>80),"合格","不合格")

	A	B	C	D	E	F	G
1	编号	姓名	促销方案	营销策略	是否合格		
2	PX01	王磊	89	89	合格		
3	PX02	郝凌云	98	90			
4	PX03	陈南	69	72			
5	PX04	周晓丽	87	78			
6	PX05	杨文华	85	86			
7	PX06	钱丽	85	76			
8	PX07	陶莉莉	95	86			
9	PX08	方伟	68	87			

图 4-55

	A	B	C	D	E
1	编号	姓名	促销方案	营销策略	是否合格
2	PX01	王磊	89	89	合格
3	PX02	郝凌云	98	90	
4	PX03	陈南	69	72	
5	PX04	周晓丽	87	78	
6	PX05	杨文华	85	86	
7	PX06	钱丽	85	76	
8	PX07	陶莉莉	95	86	
9	PX08	方伟	68	87	
10	PX09	周梅	93	92	
11	PX10	郝艳艳	82	78	
12	PX11	王青	85	89	
13	PX12	吴银花	89	89	
14	PX13	王芬丽	82	90	
15	PX14	刘勇	85	85	

图 4-56

	A	B	C	D	E	F
1	编号	姓名	促销方案	营销策略	是否合格	
2	PX01	王磊	89	89	合格	
3	PX02	郝凌云	98	90	合格	
4	PX03	陈南	69	72	不合格	
5	PX04	周晓丽	87	78	不合格	
6	PX05	杨文华	85	86	合格	
7	PX06	钱丽	85	76	不合格	
8	PX07	陶莉莉	95	86	合格	
9	PX08	方伟	68	87	不合格	
10	PX09	周梅	93	92	合格	
11	PX10	郝艳艳	82	78	不合格	
12	PX11	王青	85	89	合格	
13	PX12	吴银花	89	89	合格	
14	PX13	王芬丽	82	90	合格	
15	PX14	刘勇	85	85	合格	

图 4-57

知识拓展——在大范围内填充公式

当要输入公式的单元格区域非常大时，采用拖动填充柄的方式也不会方便。因此可以先在第一个单元格中输入公式，然后准确定位包含公式在内的单元格区域，最后利用快捷键快速填充公式。这种方法在讲解数据填充时也使用过，公式填充也同样适用。

打开实例文件，在当前 E2 单元格建立了公式（如图 4-58 所示），选中包含 E2 在内的单元格区域，按 Ctrl+D 组合键，即可将选中的单元格区域快速填充公式，如图 4-59 所示。

E2 =IF(AND(C2>80,D2>80),"合格","不合格")

	A	B	C	D	E	F	G
1	编号	姓名	促销方案	营销策略	是否合格		
2	PX01	王磊	89	89	合格		
3	PX02	郝凌云	98	90			
4	PX03	陈南	69	72			
5	PX04	周晓丽	87	78			
6	PX05	杨文华	85	86			
7	PX06	钱丽	85	76			
8	PX07	陶莉莉	95	86			
9	PX08	方伟	68	87			
10	PX09	周梅	93	92			
11	PX10	郝艳艳	82	78			
12	PX11	王青	85	89			
13	PX12	吴银花	89	89			
14	PX13	王芬丽	82	90			
15	PX14	刘勇	85	85			
16	PX15	金鑫	73	82			
17	PX16	张玮	88	87			
18	PX17	华涵涵	89	80			
19	PX18	聂新余	70	73			
20	PX19	陈媛媛	91	90			
21	PX20	高雨	69	92			
22	PX21	邹勋	88	70			
23	PX22	钟薇	94	89			

图 4-58

	A	B	C	D	E
1	编号	姓名	促销方案	营销策略	是否合格
2	PX01	王磊	89	89	合格
3	PX02	郝凌云	98	90	合格
4	PX03	陈南	69	72	不合格
5	PX04	周晓丽	87	78	不合格
6	PX05	杨文华	85	86	合格
7	PX06	钱丽	85	76	不合格
8	PX07	陶莉莉	95	86	合格
9	PX08	方伟	68	87	不合格
10	PX09	周梅	93	92	合格
11	PX10	郝艳艳	82	78	不合格
12	PX11	王青	85	89	合格
13	PX12	吴银花	89	89	合格
14	PX13	王芬丽	82	90	合格
15	PX14	刘勇	85	85	合格
16	PX15	金鑫	73	82	不合格
17	PX16	张玮	88	87	合格
18	PX17	华涵涵	89	80	不合格
19	PX18	聂新余	70	73	不合格
20	PX19	陈媛媛	91	90	合格
21	PX20	高雨	69	92	不合格
22	PX21	邹勋	88	70	不合格
23	PX22	钟薇	94	89	合格

图 4-59

4.4 公式计算中对单元格的引用

公式计算少不了对数据源的引用，只有引用了单元格区域进行计算才能体现出公式计算的灵活性，否则只使用常量进行计算的公式等同于使用计算器。在引用数据源计算时，可以采用相对引用方式，也可以采用绝对引用方式，甚至可以引用其他工作表或工作簿中的数据。

4.4.1 引用相对数据源计算

在编辑公式时，选中某个单元格或单元格区域参与运算，其默认的引用方式是“相对引用”数据源，其显示为 A1、A3:C3 的形式。采用相对方式引用的数据源，如果将公式复制到其他位置上时，公式中的单元格地址也会随之改变。

在本例中统计了超市各产品的进货价格和销售价格，并且用公式计算出每种产品的利润率，即利润率 =（销售价格 - 进货价格）/ 进货价格，具体操作如下。

❶ 打开实例文件，在单元格 D2 中输入公式：=(C2-B2)/B2，然后按 Enter 键得到利润率，如图 4-60 所示。

❷ 选中 D2 单元格，向下填充公式到 D7 单元格，一次性得到其他商品的利润率，如图 4-61 所示。

D2 =(C2-B2)/B2

	A	B	C	D
1	商品名称	进货价格	销售价格	利润率
2	苏打饼干	6.2	8.6	0.39
3	夹心威化	5.4	7.7	
4	葱油博饼	3.1	4.1	
5	巧克力威化	10.7	13.4	
6	原味薯片	8.6	10.3	
7	蒸蛋糕	2.1	3.8	

图 4-60

	A	B	C	D
1	商品名称	进货价格	销售价格	利润率
2	苏打饼干	6.2	8.6	0.39
3	夹心威化	5.4	7.7	0.43
4	葱油博饼	3.1	4.1	0.32
5	巧克力威化	10.7	13.4	0.25
6	原味薯片	8.6	10.3	0.20
7	蒸蛋糕	2.1	3.8	0.81

图 4-61

❸ 选中 D3 单元格，在编辑栏显示该单元格的公式为：=(C3-B3)/B3，如图 4-62 所示。

❹ 选中 D4 单元格，在编辑栏显示该单元格的公式为：=(C4-B4)/B4，如图 4-63 所示。

D3 =(C3-B3)/B3

	A	B	C	D	E
1	商品名称	进货价格	销售价格	利润率	
2	苏打饼干	6.2	8.6	0.39	
3	夹心威化	5.4	7.7	0.43	
4	葱油博饼	3.1	4.1	0.32	
5	巧克力威化	10.7	13.4	0.25	
6	原味薯片	8.6	10.3	0.20	
7	蒸蛋糕	2.1	3.8	0.81	

图 4-62

D4 =(C4-B4)/B4

	A	B	C	D
1	商品名称	进货价格	销售价格	利润率
2	苏打饼干	6.2	8.6	0.39
3	夹心威化	5.4	7.7	0.43
4	葱油博饼	3.1	4.1	0.32
5	巧克力威化	10.7	13.4	0.25
6	原味薯片	8.6	10.3	0.20
7	蒸蛋糕	2.1	3.8	0.81

图 4-63

专家提示

通过对比D2、D3、D4单元格中的公式可以发现，当复制D2单元格的公式到D3单元格时，采用相对引用的数据源也自动变成了B3、C3，自动发生了相应的变化。这正是计算其他产品利润率时所需要的正确公式（复制公式是批量建立公式求值中一个最常见的办法，有效避免了逐一输入公式的繁琐操作），所以在这种情况下，用户需要使用相对引用的数据源。

4.4.2 引用绝对数据源计算

“绝对引用”数据源是指把公式复制或者填充到新位置上时，公式中对单元格的引用保持不变。如果要对数据源采用绝对引用方式，那么需要使用符号“$”来标注，其显示形式为：$A$1、$A$2:$B$2。

下面的例子统计了公司各销售员每个月的销售业绩，需要统计每名销售员的销售额占总销售额的比例，具体操作如下。

❶ 打开实例文件，选中C2单元格，在编辑栏中输入公式为：=B2/SUM(B2:B6)，然后按Enter键，得出的第一销售员的销售额占总销售额的比例，如图4-64所示。此时公式的计算结果是正确的。

❷ 当向下填充公式到C3单元格时，得到的就是错误的结果了（因为用于计算总和的数值区域发生了变化，已经不是整个数据区域），如图4-65所示。

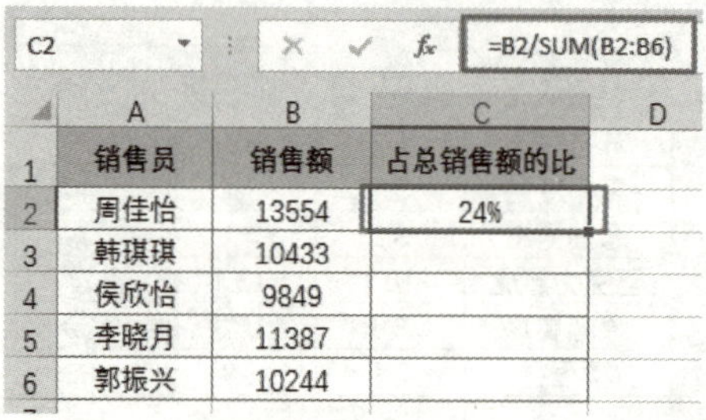

C2 =B2/SUM(B2:B6)

	A	B	C	D
1	销售员	销售额	占总销售额的比	
2	周佳怡	13554	24%	
3	韩琪琪	10433		
4	侯欣怡	9849		
5	李晓月	11387		
6	郭振兴	10244		

图4-64

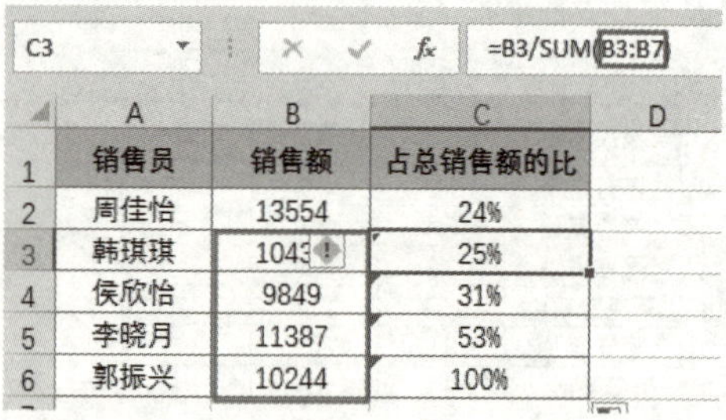

C3 =B3/SUM(B3:B7)

	A	B	C	D
1	销售员	销售额	占总销售额的比	
2	周佳怡	13554	24%	
3	韩琪琪	1043	25%	
4	侯欣怡	9849	31%	
5	李晓月	11387	53%	
6	郭振兴	10244	100%	

图4-65

❸ 继续向下复制公式，可以看到返回的值都是错的，因为除数在不断地发生变化，如图4-66所示。

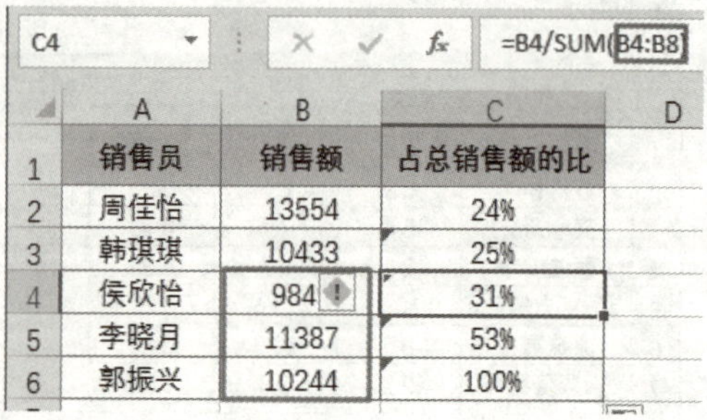

❹ 因为在这种情况下用于求总和的除数是不能发生变化的，所以必须对其绝对引用。因此将公式更改为：“=B2/SUM($B$2:$B$6)”，然后向下复制公式，即可得到正确的结果，如图4-67所示。

❺ 定位任意单元格，可以看到只有相对引用的单元格发生了变化，绝对引用的单元格不发生任何变化，如图4-68所示。

C4 =B4/SUM(B4:B8)

	A	B	C	D
1	销售员	销售额	占总销售额的比	
2	周佳怡	13554	24%	
3	韩琪琪	10433	25%	
4	侯欣怡	984	31%	
5	李晓月	11387	53%	
6	郭振兴	10244	100%	

图4-66

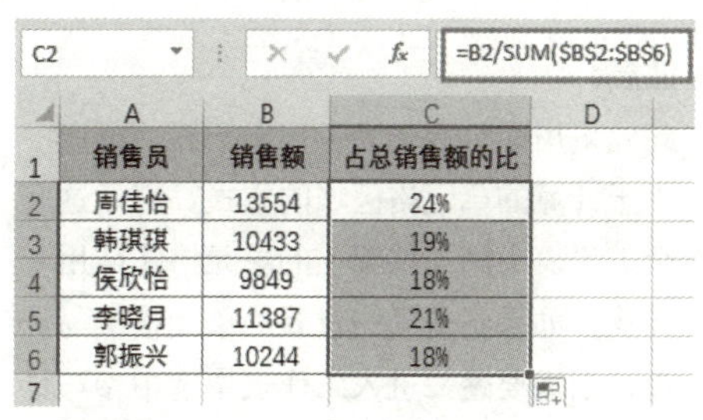

C2 =B2/SUM($B$2:$B$6)

	A	B	C	D
1	销售员	销售额	占总销售额的比	
2	周佳怡	13554	24%	
3	韩琪琪	10433	19%	
4	侯欣怡	9849	18%	
5	李晓月	11387	21%	
6	郭振兴	10244	18%	
7				

图 4-67

C5 =B5/SUM($B$2:$B$6)

	A	B	C	D
1	销售员	销售额	占总销售额的比	
2	周佳怡	13554	24%	
3	韩琪琪	10433	19%	
4	侯欣怡	9849	18%	
5	李晓月	11387	21%	
6	郭振兴	10244	18%	

图 4-68

专家提示

在公式中完全引用绝对数据源时，得到的计算结果是一样的，因此一般很少使用。多数情况下会使用混合引用的方式，即需要变动的部分使用相对引用，不能变动的部分使用绝对引用。

知识拓展——快速改变单元格区域的引用类型

在 Excel 中可以通过【F4】快捷键迅速地在相对引用、绝对引用、行 / 列的绝对 / 相对引用之间切换，下面以“B2:B6”为例介绍使用【F4】切换单元格引用类型的方法。

❶ 打开实例文件，选中 B2:B6 单元格区域，按 F4 键一次，变为绝对引用“$B$2:$B$6”；

❷ 再次按 F4 键，变为行相对引用、列绝对引用“B$2:B$6”；

❸ 再次按 F4 键，变为列相对引用、行绝对引用“$B2:$B6”

❹ 再次按 F4 键，即可恢复单元格数据的初始引用状态。

4.4.3 引用其他工作表数据源计算

在进行公式运算时，很多时候还需要使用其他工作表的数据源参与计算。在引用其他工作表的数据时，需要添加的格式为：“= 函数‘工作表名’！数据源地址”。

例如当前数据表中按月份将每个销售员的业绩统计于不同的表格中，那么在季度末进行销售金额核算时则需要建立一张统计表，具体操作如下。

❶ 打开实例文件，建立一张季度销售额统计表，选中 C3 单元格，输入“=SUM(”，如图 4-69 所示，此时公式没有完全输入。

IF =SUM(SUM(number1, [number2], ...)

	A	B	C	D
1	三季度销售额统计表			
2	序号	销售员	销售金额	提成
3	1	章华	=SUM(	
4	2	张蕾		
5	3	李晓丽		
6	4	王尔龙		
7	5	郝凌云		
8	6	陈南		
9	7	周晓丽		
10	8	杨文华		

8月销售业绩 | 9月销售业绩 | 第3季度总销售业绩

图 4-69

❷ 单击“7 月销售业绩”工作表标签，接着按住“Shift”键，利用鼠标在工作表标签中选中参加计算的工作表，即“8 月份销售业绩”和“9 月份销售业绩”工作表的标签，如图 4-70 所示。

C3 =SUM('7月销售业绩:9月销售业绩'!C3

SUM(number1, [number2], ...)

员工销售业绩			
序号	销售员	销售金额	提成
1	章华	15205	1824.6
2	张蕾	12305	1476.6
3	李晓丽	13560	1627.2
4	王尔龙	24100	2892
5	郝凌云	68510	8221.2
6	陈南	35200	4224
7	周晓丽	19850	2382
8	杨文华	22360	2683.2

7月销售业绩 | 8月销售业绩 | 9月销售业绩 | 第3季度总销售业绩

注意：

此处采用同时选中多工作表标签，再选中用于计算的单元格区域的方式，表示这几个工作表中同一位置上的单元格区域用于计算。如果不是同一位置的单元格参与计算，则需要逐一进入工作表中选中参与计算的单元格。

图 4-70

❸ 补齐公式的右括号“)”，按Enter键后，即可返回到“第3季度总销售业绩”工作表中，计算出“章华”的季度销售总金额，如图4-71所示。

❹ 将鼠标移动到C3单元格右下角，向下拖动鼠标复制公式，即可引用其他工作表中的数据源计算出其他员工的季度销售总金额，如图4-72所示。

C3 =SUM('7月销售业绩:9月销售业绩'!C3)

三季度销售额统计表			
序号	销售员	销售金额	提成
1	章华	115525	
2	张蕾		
3	李晓丽		
4	王尔龙		
5	郝凌云		
6	陈南		
7	周晓丽		
8	杨文华		

7月销售业绩 | 8月销售业绩 | 9月销售业绩 | 第3季度总销售业绩

图 4-71

三季度销售额统计表			
序号	销售员	销售金额	提成
1	章华	115525	
2	张蕾	91675	
3	李晓丽	89662	
4	王尔龙	49850	
5	郝凌云	129060	
6	陈南	82730	
7	周晓丽	90870	
8	杨文华	78661	

7月销售业绩 | 8月销售业绩 | 9月销售业绩 | 第3季度总销售业绩

图 4-72

知识拓展——将公式结果转换为数值

在完成公式计算后，公式所在单元格会显示计算结果，但是其本质还是公式。如果将公式结果移至其他位置使用或是源数据被删除等都会影响公式的显示结果，如图4-73所示。因为数据源表格中删除了部分数据导致统计表中的计算结果也出错，所以当计算完毕并且不需要更新运算时，可以将计算结果转换为数值使用，具体操作如下。

❶ 打开实例文件，选中包含公式的单元格，按Ctrl+C组合键执行复制操作，再按Ctrl+V组合键执行粘贴，这时选中区域的右下角会出现“粘贴选项”按钮。

❷ 单击此按钮，在打开的下拉列表中单击“值”按钮（如图4-74所示），即可实现将原本包含公式的单元格数据转换为数值，选中该区域任意单元格，可以看到在编辑栏显示为数值而不是公式，如图4-75所示。

三季度销售额统计表			
序号	销售员	销售金额	提成
1	章华	#REF!	#REF!
2	张蕾	#REF!	#REF!
3	李晓丽	#REF!	#REF!
4	王尔龙	#REF!	#REF!
5	郝凌云	#REF!	#REF!
6	陈南	#REF!	#REF!
7	周晓丽	#REF!	#REF!
8	杨文华	#REF!	#REF!

图 4-73

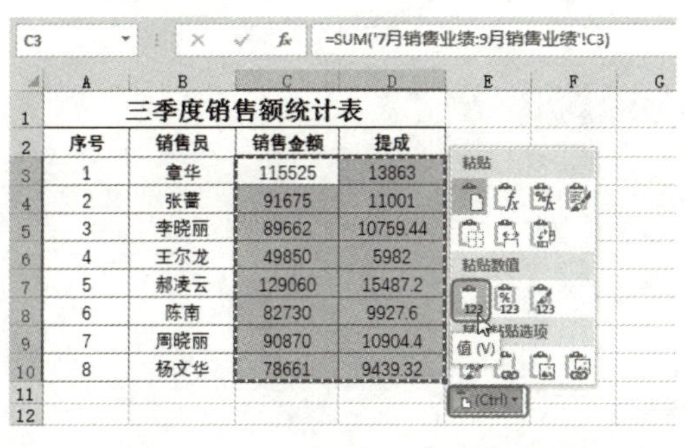

C3 =SUM('7月销售业绩:9月销售业绩'!C3)

三季度销售额统计表			
序号	销售员	销售金额	提成
1	章华	115525	13863
2	张蕾	91675	11001
3	李晓丽	89662	10759.44
4	王尔龙	49850	5982
5	郝凌云	129060	15487.2
6	陈南	82730	9927.6
7	周晓丽	90870	10904.4
8	杨文华	78661	9439.32

图 4-74

C3 115525

三季度销售额统计表			
序号	销售员	销售金额	提成
1	章华	115525	13863
2	张蕾	91675	11001
3	李晓丽	89662	10759.44
4	王尔龙	49850	5982
5	郝凌云	129060	15487.2
6	陈南	82730	9927.6
7	周晓丽	90870	10904.4
8	杨文华	78661	9439.32

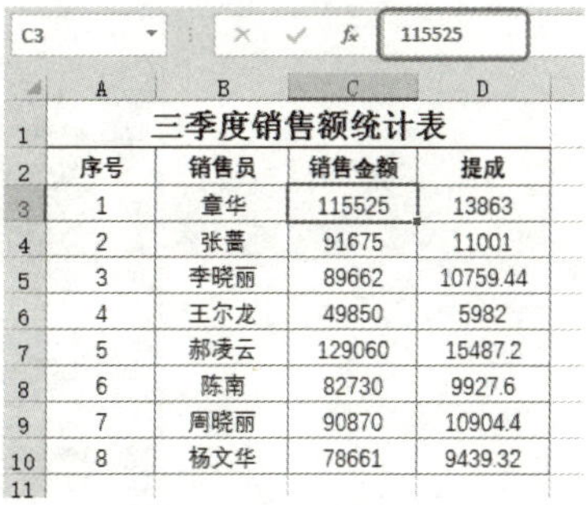

图 4-75

4.5 函数应用的范例

本节将列举一些函数应用的范例，并在第 5 章和第 6 章继续讲解一些重要函数的用法。

4.5.1 “自动求和”按钮

“自动求和”按钮是 Excel 为了方便用户使用，将几个最常用的函数设计在一个功能按钮下面，其中包含求和、求平均值、求最大值、求最小值和计数几个函数。下面举例介绍求和函数，具体操作如下。

❶ 打开实例文件，选中 C16 单元格，在“公式”选项卡的“函数库”组中单击“自动求和”按钮，在下拉列表中单击“求和”命令，如图 4-76 所示。

❷ 此时可以看到函数的参数会根据当前数据情况自动确定，并在编辑栏中显示公式，如图 4-77 所示。

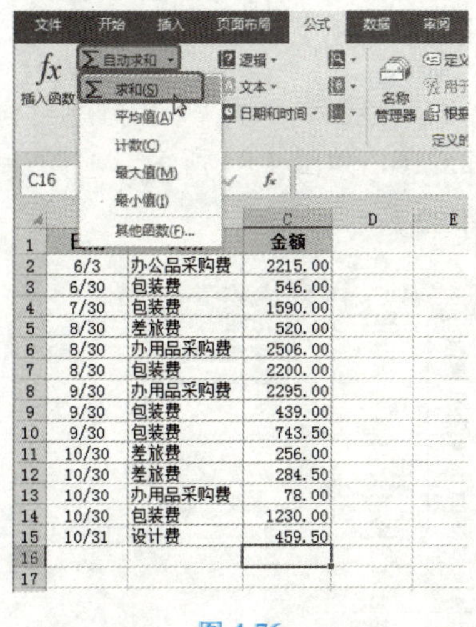

日期	类别	金额
6/3	办公品采购费	2215.00
6/30	包装费	546.00
7/30	包装费	1590.00
8/30	差旅费	520.00
8/30	办用品采购费	2506.00
8/30	包装费	2200.00
9/30	办用品采购费	2295.00
9/30	包装费	439.00
9/30	包装费	743.50
10/30	差旅费	256.00
10/30	差旅费	284.50
10/30	办用品采购费	78.00
10/30	包装费	1230.00
10/31	设计费	459.50

图 4-76

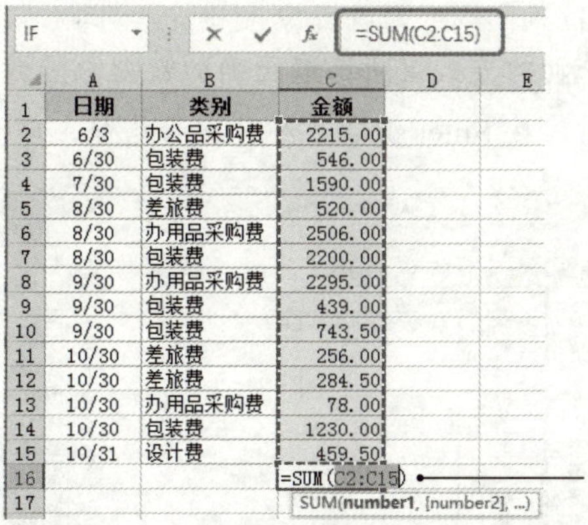

IF =SUM(C2:C15)

日期	类别	金额
6/3	办公品采购费	2215.00
6/30	包装费	546.00
7/30	包装费	1590.00
8/30	差旅费	520.00
8/30	办用品采购费	2506.00
8/30	包装费	2200.00
9/30	办用品采购费	2295.00
9/30	包装费	439.00
9/30	包装费	743.50
10/30	差旅费	256.00
10/30	差旅费	284.50
10/30	办用品采购费	78.00
10/30	包装费	1230.00
10/31	设计费	459.50
		=SUM(C2:C15)

SUM(number1, [number2], ...)

说明：

这个区域是 Excel 根据当前数据源自动确认的，如果不是想要的求和区域，直接用鼠标重新拖动选取即可。

图 4-77

❸ 按 Enter 键即可计算出金额的合计值，如图 4-78 所示。

C16 =SUM(C2:C15)

	A	B	C
1	日期	类别	金额
2	6/3	办公品采购费	2215.00
3	6/30	包装费	546.00
4	7/30	包装费	1590.00
5	8/30	差旅费	520.00
6	8/30	办用品采购费	2506.00
7	8/30	包装费	2200.00
8	9/30	办用品采购费	2295.00
9	9/30	包装费	439.00
10	9/30	包装费	743.50
11	10/30	差旅费	256.00
12	10/30	差旅费	284.50
13	10/30	办用品采购费	78.00
14	10/30	包装费	1230.00
15	10/31	设计费	459.50
16			15362.50

图 4-78

知识拓展——快速求取考试平均分

快速求取平均分与求和一样，可以利用“自动求和”功能按钮实现，具体操作如下。

❶ 打开实例文件，选中E2单元格，在“公式”选项卡的“函数库”组中单击“自动求和”按钮，在下拉列表中单击“平均值”命令（如图 4-79 所示），这时看到默认的数据源区域是不对的，如图 4-80 所示。

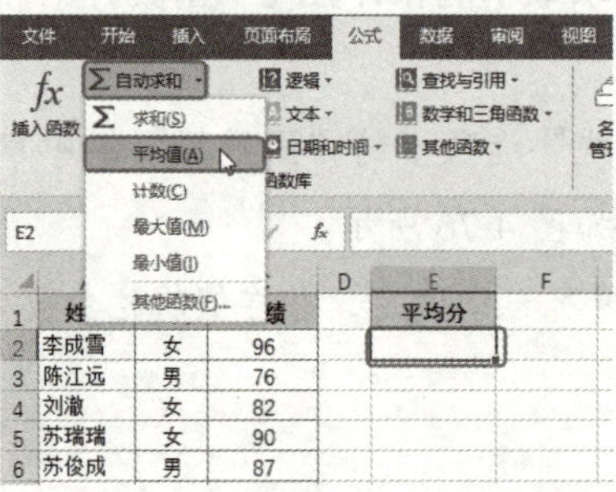

图 4-79

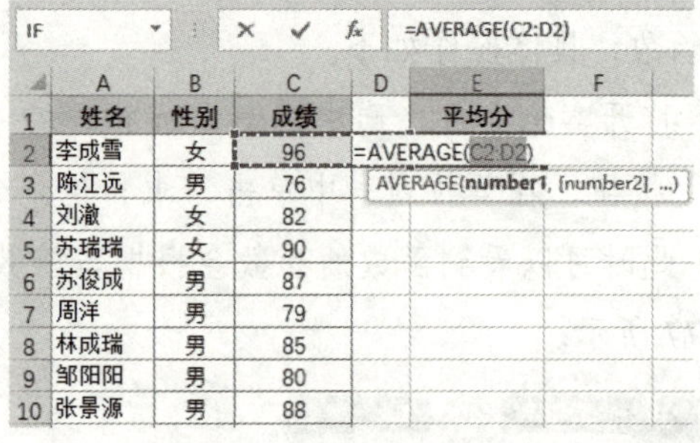

IF =AVERAGE(C2:D2)

	A	B	C	D	E
1	姓名	性别	成绩		平均分
2	李成雪	女	96	=AVERAGE(C2:D2)	
3	陈江远	男	76		
4	刘澈	女	82		
5	苏瑞瑞	女	90		
6	苏俊成	男	87		
7	周洋	男	79		
8	林成瑞	男	85		
9	邹阳阳	男	80		
10	张景源	男	88		

图 4-80

❷ 使用鼠标拖动的方式重新选取正确的数据源区域 C2:C16，如图 4-81 所示。

❸ 选取完成后，按 Enter 键即可统计出平均分，如图 4-82 所示。

C2 =AVERAGE(C2:C16)

	A	B	C	D	E
1	姓名	性别	成绩		平均分
2	李成雪	女	96	=AVERAGE(C2:C16)	
3	陈江远	男	76		
4	刘澈	女	82		
5	苏瑞瑞	女	90		
6	苏俊成	男	87		
7	周洋	男	79		
8	林成瑞	男	85		
9	邹阳阳	男	80		
10	张景源	男	88		
11	杨冰冰	女	75		
12	肖诗雨	女	98		
13	田心贝	女	88		
14	何心怡	女	78		
15	徐梓瑞	男	89		
16	胡晓阳	男	95		

图 4-81

	A	B	C	D	E
1	姓名	性别	成绩		平均分
2	李成雪	女	96		85.7333333
3	陈江远	男	76		
4	刘澈	女	82		
5	苏瑞瑞	女	90		
6	苏俊成	男	87		
7	周洋	男	79		
8	林成瑞	男	85		
9	邹阳阳	男	80		
10	张景源	男	88		
11	杨冰冰	女	75		
12	肖诗雨	女	98		
13	田心贝	女	88		
14	何心怡	女	78		
15	徐梓瑞	男	89		
16	胡晓阳	男	95		

图 4-82

4.5.2 判断库存是否紧张

IF 函数是使用非常广泛的逻辑函数，它可以明确地判断单元格内容满足什么条件，然后返回对应的值，并且 IF 函数还可以多层嵌套，从而实现一次性满足多个条件的判断。

例如下面对某店铺商品的库存进行的数据统计，现在要判断所有产品的库存紧张与否，以此决定是否需要采购产品，具体要求是：当库存小于 100 千克时，判断为紧张，如图 4-83 所示，具体操作如下。

	A	B	C	D
1	序号	类别	产名名称	库存（千克）
2	1	干货	焦糖瓜子	456.25
3	2	干货	盐水花生	342.15
4	3	干货	开心果	98.74
5	4	干货	原味核桃	214.34
6	5	干货	奶香杏仁	101.5
7	6	水果	苹果	157.31
8	7	水果	芒果	189.47
9	8	水果	提子	78.23
10	9	水果	香蕉	100.11
11	10	水果	猕猴桃	49.34

图 4-83

❶ 打开实例文件，选中 E2 单元格，在公式编辑栏中输入以下公式：

=IF(D2<100," 紧张 "," 不紧张 ")

❷ 按 Enter 键，即可判断出第一个产品的库存是否紧张，如图 4-84 所示。

❸ 选中 E2 单元格，向下填充公式至 E11 单元格，即可进行批量判断，如图 4-85 所示。

E2 =IF(D2<100,"紧张","不紧张")

	A	B	C	D	E
1	序号	类别	产名名称	库存（千克）	是否紧张
2	1	干货	焦糖瓜子	456.25	不紧张
3	2	干货	盐水花生	342.15	
4	3	干货	开心果	98.74	
5	4	干货	原味核桃	214.34	
6	5	干货	奶香杏仁	101.5	
7	6	水果	苹果	157.31	
8	7	水果	芒果	189.47	
9	8	水果	提子	78.23	
10	9	水果	香蕉	100.11	
11	10	水果	猕猴桃	49.34	

图 4-84

	A	B	C	D	E
1	序号	类别	产名名称	库存（千克）	是否紧张
2	1	干货	焦糖瓜子	456.25	不紧张
3	2	干货	盐水花生	342.15	不紧张
4	3	干货	开心果	98.74	紧张
5	4	干货	原味核桃	214.34	不紧张
6	5	干货	奶香杏仁	101.5	不紧张
7	6	水果	苹果	157.31	不紧张
8	7	水果	芒果	189.47	不紧张
9	8	水果	提子	78.23	紧张
10	9	水果	香蕉	100.11	不紧张
11	10	水果	猕猴桃	49.34	紧张

图 4-85

4.5.3 根据业绩区间计算员工销售的提成金额

当前销售业绩统计表如图 4-86 所示，现在要根据销售业绩来计算出提成金额。根据公司规定，不同的业绩区间可以有不同的提成率，具体规则是：当销售金额小于 5 000 元时，提成率为 8%；当销售金额大于 5 000 小于 10 000 时提成率为 10%；当销售金额大于 10 000 时，提成率为 20%，具体操作如下。

❶ 打开实例文件，选中 E2 单元格，在公式编辑栏中输入公式：

=IF(D2>10000,D2*20%,IF(D2>5000,D2*10%,D2*8%))

❷ 按 Enter 键即可计算出员工“林成瑞”的提成金额，如图 4-87 所示。

	A	B	C	D
1	工号	姓名	所属部门	业绩
2	NL_001	林成瑞	销售2部	12688
3	NL_002	金璐忠	销售2部	2478
4	NL_003	何佳怡	销售1部	7348
5	NL_004	李菲菲	销售3部	10781
6	NL_005	华玉凤	销售3部	5358
7	NL_006	张军	销售1部	1122
8	NL_007	廖凯	销售1部	990
9	NL_008	刘琦	销售3部	1743
10	NL_009	张怡聆	销售1部	3489
11	NL_010	杨飞	销售2部	38616

图 4-86

E2 =IF(D2>10000,D2*20%,IF(D2>5000,D2*10%,D2*8%))

	A	B	C	D	E	F	G
1	工号	姓名	所属部门	业绩	提成金额		
2	NL_001	林成瑞	销售2部	12688	2537.6		
3	NL_002	金璐忠	销售2部	2478			
4	NL_003	何佳怡	销售1部	7348			
5	NL_004	李菲菲	销售3部	10781			
6	NL_005	华玉凤	销售3部	5358			
7	NL_006	张军	销售1部	1122			
8	NL_007	廖凯	销售1部	990			
9	NL_008	刘琦	销售3部	1743			
10	NL_009	张怡聆	销售1部	3489			
11	NL_010	杨飞	销售2部	38616			

图 4-87

❸ 选中 E2 单元格，向下填充公式到 E11 单元格，即可批量计算出所有员工的提成金额，如图 4-88 所示。

	A	B	C	D	E
1	工号	姓名	所属部门	业绩	提成金额
2	NL_001	林成瑞	销售2部	12688	2537.6
3	NL_002	金璐忠	销售2部	2478	198.24
4	NL_003	何佳怡	销售1部	7348	734.8
5	NL_004	李菲菲	销售3部	10781	2156.2
6	NL_005	华玉凤	销售3部	5358	535.8
7	NL_006	张军	销售1部	1122	89.76
8	NL_007	廖凯	销售1部	990	79.2
9	NL_008	刘琦	销售3部	1743	139.44
10	NL_009	张怡聆	销售1部	3489	279.12
11	NL_010	杨飞	销售2部	38616	7723.2

图 4-88

专家提示

这是一个 IF 函数嵌套的例子，首先判断 D2 中的值是否大于 10 000，如果是则返回“D2*20%”，如果不是则进入“IF(D2>5000,D2*10%,D2*8%)”这一部分判断，即判断 D2 中的值是否大于 5 000，如果是则返回“D2*10%”，如果不是则返回“D2*8%”。

4.5.4 根据两项成绩判断考核是否合格

公司针对营销部员工进行了年终考核，并对考核成绩做出了统计，如图 4-89 所示。现在需要通过公式判断每位员工的考核成绩是否合格，具体要求是：两项考核的成绩同时大于 80 分以上才被认定为合格，具体操作如下。

❶ 打开实例文件，选中 E2 单元格，在公式编辑栏中输入公式：

=IF(AND(C2>80,D2>80)," 合格 "," 不合格 ")

❷ 按 Enter 键即可判断第一位员工的考核是否合格，然后向下填充公式即可实现批量考核，如图 4-90 所示。

编号	姓名	促销方案	营销策略
PX01	王磊	89	89
PX02	郝凌云	98	90
PX03	陈南	69	72
PX04	周晓丽	87	78
PX05	杨文华	85	86
PX06	钱丽	85	76
PX07	陶莉莉	95	86
PX08	方伟	68	87
PX09	周梅	93	92
PX10	郝艳艳	82	78
PX11	王青	85	89
PX12	吴银花	89	89
PX13	王芬丽	82	90
PX14	刘勇	85	85

图 4-89

E2 =IF(AND(C2>80,D2>80),"合格","不合格")

编号	姓名	促销方案	营销策略	是否合格
PX01	王磊	89	89	合格
PX02	郝凌云	98	90	合格
PX03	陈南	69	72	不合格
PX04	周晓丽	87	78	不合格
PX05	杨文华	85	86	合格
PX06	钱丽	85	76	不合格
PX07	陶莉莉	95	86	合格
PX08	方伟	68	87	不合格
PX09	周梅	93	92	合格
PX10	郝艳艳	82	78	不合格
PX11	王青	85	89	合格
PX12	吴银花	89	89	合格
PX13	王芬丽	82	90	合格
PX14	刘勇	85	85	合格

图 4-90

专家提示

公式在 IF 函数内还使用了 AND 函数，后者是与函数，即 AND 函数内的表达式都为真时最终结果才返回 TRUE。因此可以判断两个条件是否同时满足，如果同时满足返回 TRUE，IF 函数就会返回“合格”文字，否则返回“不合格”。

4.5.6 日期差值计算 DATEDIF

日期与时间本身就是一个数值，是数值就可以执行计算，比如两个日期相减。常用计算日期的方法是 DATEDIF 函数，它用于计算两个日期之间的年数、月数和天数（具体由参数决定）。

DATEDIF 函数语法如下：

DATEDIF(date1,date2,code)

- date1 表示起始日期。
- date2 表示结束日期。
- code 表示指定要返回两个日期哪种左值的参数代码，具体参数如下。
  - "y" 返回两个日期值间隔的整年数。
  - "m" 返回两个日期值间隔的整月数。
  - "d" 返回两个日期值间隔的天数。
  - "md" 返回两个日期值间隔的天数（忽略日期中的年和月）。
  - "ym" 返回两个日期值间隔的月数（忽略日期中的年和日）。
  - "yd" 返回两个日期值间隔的天数（忽略日期中的年）。

一般在员工档案表中会记录入职日期，根据入职日期可以使用 DATEDIF 函数计算员工的工龄，具体操作如下。

❶ 打开实例文件，选中 D2 单元格，在编辑栏中输入公式：

=DATEDIF(C2,TODAY(),"y")

❷ 按 Enter 键，即可根据 C2 单元格中的入职日期计算出其工龄，如图 4-91 所示。

❸ 将 D2 单元格的公式向下复制，可以实现批量获取各员工的工龄，如图 4-92 所示。

D2 =DATEDIF(C2,TODAY(),"y")

	A	B	C	D	E
1	工号	姓名	入职日期	工龄	
2	SJ001	姜旭旭	2015/11/17	4	
3	SJ002	庄美尔	2017/3/27		
4	SJ003	陈小芳	2012/6/5		
5	SJ004	李德印	2016/12/5		
6	SJ005	张奎	2014/4/14		
7	SJ006	吕梁	2013/2/9		
8	SJ007	刘小龙	2011/4/28		
9	SJ008	陈曦	2014/6/21		
10	SJ009	林瑞	2015/6/10		

图 4-91

	A	B	C	D
1	工号	姓名	入职日期	工龄
2	SJ001	姜旭旭	2015/11/17	4
3	SJ002	庄美尔	2017/3/27	2
4	SJ003	陈小芳	2012/6/5	7
5	SJ004	李德印	2016/12/5	3
6	SJ005	张奎	2014/4/14	5
7	SJ006	吕梁	2013/2/9	7
8	SJ007	刘小龙	2011/4/28	8
9	SJ008	陈曦	2014/6/21	5
10	SJ009	林瑞	2015/6/10	4

图 4-92

知识拓展——计算固定资产已使用月份

表格中显示固定资产的新增日期，要求计算出每项固定资产已经使用过的月数，具体操作如下。

❶ 打开实例文件，选中 D2 单元格，在编辑栏中输入公式：

=DATEDIF(C2,TODAY(),"m")

❷ 按 Enter 键，即可根据 C2 单元格中新增日期计算出对应固定资产已使用过的月数，如图 4-93 所示。

❸ 将 D2 单元格的公式向下复制，可以实现批量计算各固定资产的已使用月数，如图 4-94 所示。

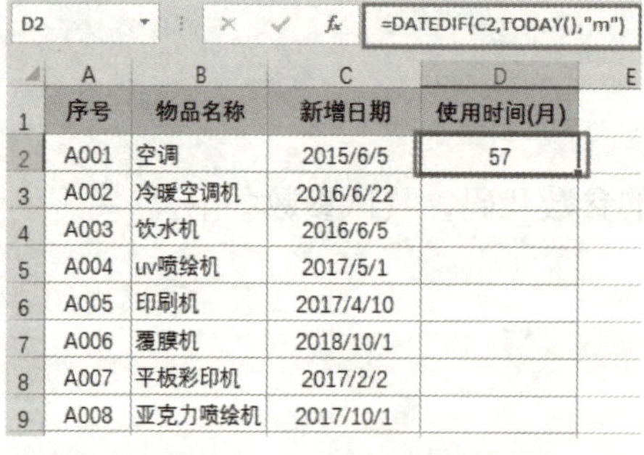

D2 =DATEDIF(C2,TODAY(),"m")

	A	B	C	D	E
1	序号	物品名称	新增日期	使用时间(月)	
2	A001	空调	2015/6/5	57	
3	A002	冷暖空调机	2016/6/22		
4	A003	饮水机	2016/6/5		
5	A004	uv喷绘机	2017/5/1		
6	A005	印刷机	2017/4/10		
7	A006	覆膜机	2018/10/1		
8	A007	平板彩印机	2017/2/2		
9	A008	亚克力喷绘机	2017/10/1		

图 4-93

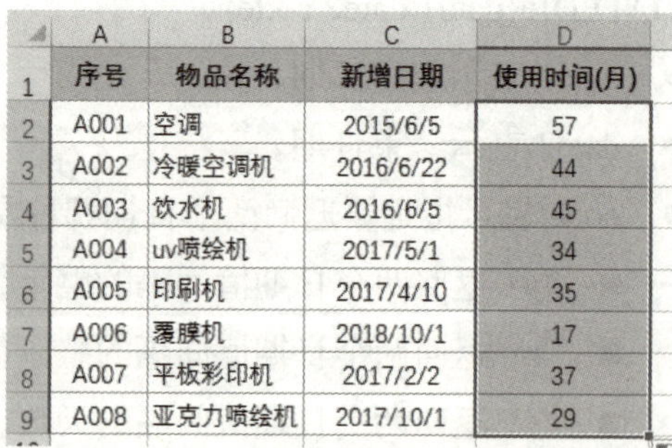

	A	B	C	D
1	序号	物品名称	新增日期	使用时间(月)
2	A001	空调	2015/6/5	57
3	A002	冷暖空调机	2016/6/22	44
4	A003	饮水机	2016/6/5	45
5	A004	uv喷绘机	2017/5/1	34
6	A005	印刷机	2017/4/10	35
7	A006	覆膜机	2018/10/1	17
8	A007	平板彩印机	2017/2/2	37
9	A008	亚克力喷绘机	2017/10/1	29

图 4-94

第 5 章

按条件求和、求平均数、计数

在日常工作中，对数据按条件求和、求平均数、计数统计都是常见的计算操作，而且计算并不局限于单条件， Excel 中有非常实用的多条件计算函数，可以在满足多个条件时对数据进行统计或计算。对于一些复杂的数组公式才能解决的计算，只需要设置几个约束条件就可以解决了。

5.1 按条件求和计算

按条件求和是指先进行条件判断，再对满足条件的记录进行求和操作，这种求和方式在日常工作中非常常见。

5.1.1 快速统计本月不同费用类别的支出金额

SUMIF 函数按照指定条件对若干单元格、区域或引用进行求和计算，其语法如下：

SUMIF(range,criteria,sum_range)

- range 表示用于条件判断的单元格区域。
- criteria 表示是由数字、逻辑表达式组成的判定条件。
- sum_range 表示为需要求和的单元格、区域或引用。

例如在费用支出记录表中，需要统计出每个费用类别的总金额，具体操作如下。

❶ 打开实例文件，在表格的空白处建立求解标识，即各种费用类别和对应合计金额，如图 5-1 所示。

4月份费用支出记录表

序号	费用类别	产生部门	支出金额	摘要	负责人
001	通讯费	行政部	¥ 200.00	联系客户	王安
002	招聘培训费	人事部	¥ 650.00	培训教材	韩燮枝
004	餐饮费	人事部	¥ 863.00		王辉
005	差旅费	企划部	¥ 1,500.00		方玲
006	差旅费	企划部	¥ 587.00	吴梅梅出差北京	吴梅梅
007	差旅费	人事部	¥ 450.00		沈涛
008	差旅费	销售部	¥ 258.00		张华
010	通讯费	行政部	¥ 2,675.00	固定电话费	吴岑岑
012	餐饮费	销售部	¥ 650.00		王辉
013	通讯费	行政部	¥ 22.00	EMS	张华
015	交通费	销售部	¥ 500.00		李佳静
016	差旅费	销售部	¥ 732.00	钱小丽出差上海	钱小丽
019	餐饮费	销售部	¥ 650.00	与天翱科技客户	张华
020	办公用品	行政部	¥ 500.00		王安
023	差旅费	生产部	¥ 285.00		苏阅
025	办公用品	行政部	¥ 338.00		李建琴
026	餐饮费	销售部	¥ 690.00		钱小丽
028	通讯费	行政部	¥ 2,180.00	固定电话费	吴岑岑
030	办公用品	行政部	¥ 338.00		李建琴
031	餐饮费	销售部	¥ 880.00		张华
032	差旅费	生产部	¥ 680.00		钱小丽
037	通讯费	企划部	¥ 15.00	快递	张华
038	差旅费	销售部	¥ 2,500.00		苏阅
039	招聘培训费	人事部	¥ 500.00		韩燮枝
041	餐饮费	人事部	¥ 870.00		钱小丽
042	交通费	销售部	¥ 330.00		金晶

费用类别	合计金额
通讯费	
招聘培训费	
餐饮费	
差旅费	
交通费	
办公用品	

说明：
这样建立是因为各个费用类别需要在公式中引用到，建立后就可以利用单元格引用的方式设置函数的参数，当公式向下复制时，可以自动计算出其他费用类别的合计金额。

图 5-1

❷ 选中 I3 单元格，在编辑栏中输入公式：

=SUMIF($B$3:$B$28,H3,$D$3:$D$28)

❸ 按“Enter”键，即可统计出“通讯费”的总支出金额，如图 5-2 所示。

I3　=SUMIF($B$3:$B$28,H3,$D$3:$D$28)

4月份费用支出记录表

序号	费用类别	产生部门	支出金额	摘要	负责人
001	通讯费	行政部	¥ 200.00	联系客户	王安
002	招聘培训费	人事部	¥ 650.00	培训教材	韩爱枝
004	餐饮费	人事部	¥ 863.00		王辉
005	差旅费	企划部	¥ 1,500.00		方玲
006	差旅费	企划部	¥ 587.00	吴梅梅出差北京	吴梅梅
007	差旅费	人事部	¥ 450.00		沈涛
008	差旅费	销售部	¥ 258.00		张华
010	通讯费	行政部	¥ 2,675.00	固定电话费	吴岑岑
012	餐饮费	销售部	¥ 650.00		王辉
013	通讯费	行政部	¥ 22.00	EMS	张华
015	交通费	销售部	¥ 500.00		李佳静
016	差旅费	销售部	¥ 732.00	钱小丽出差上海	钱小丽
019	餐饮费	销售部	¥ 650.00	与天棚科技客户	张华
020	办公用品	行政部	¥ 500.00		王安

费用类别	合计金额
通讯费	5092
招聘培训费	
餐饮费	
差旅费	
交通费	
办公用品	

图 5-2

公式解析

在进行公式复制时，$B$3:$B$28 和 $D$3:$D$28 这两个单元格区域始终是不能改变的，所以必须使用绝对引用方式。$B$3:$B$28 是用于条件判断的区域，H3 单元格是条件，$D$3:$D$28 是用于求和的区域，即将 $B$3:$B$28 单元格区域中满足 H3 单元格条件的数据，所对应在 $D$3:$D$28 单元格区域上的值进行求和。

❹ 选中 I3 单元格，光标定位到右下角，向下填充公式到 I8 单元格中，分别得到其他费用类别的合计金额，如图 5-3 所示。

I4　=SUMIF($B$3:$B$28,H4,$D$3:$D$28)

4月份费用支出记录表

序号	费用类别	产生部门	支出金额	摘要	负责人
001	通讯费	行政部	¥ 200.00	联系客户	王安
002	招聘培训费	人事部	¥ 650.00	培训教材	韩爱枝
004	餐饮费	人事部	¥ 863.00		王辉
005	差旅费	企划部	¥ 1,500.00		方玲
006	差旅费	企划部	¥ 587.00	吴梅梅出差北京	吴梅梅
007	差旅费	人事部	¥ 450.00		沈涛
008	差旅费	销售部	¥ 258.00		张华
010	通讯费	行政部	¥ 2,675.00	固定电话费	吴岑岑
012	餐饮费	销售部	¥ 650.00		王辉
013	通讯费	行政部	¥ 22.00	EMS	张华
015	交通费	销售部	¥ 500.00		李佳静
016	差旅费	销售部	¥ 732.00	钱小丽出差上海	钱小丽
019	餐饮费	销售部	¥ 650.00	与天棚科技客户	张华
020	办公用品	行政部	¥ 500.00		王安
023	差旅费	生产部	¥ 285.00		苏阅
025	办公用品	行政部	¥ 338.00		李建琴
026	餐饮费	销售部	¥ 690.00		钱小丽
028	通讯费	行政部	¥ 2,180.00	固定电话费	吴岑岑
030	办公用品	行政部	¥ 338.00		李建琴
031	餐饮费	销售部	¥ 880.00		张华
032	差旅费	生产部	¥ 680.00		钱小丽
037	通讯费	企划部	¥ 15.00	快递	张华
038	差旅费	销售部	¥ 2,500.00		苏阅
039	招聘培训费	人事部	¥ 500.00		韩爱枝
041	餐饮费	人事部	¥ 870.00		钱小丽
042	交通费	销售部	¥ 330.00		金晶

费用类别	合计金额
通讯费	5092
招聘培训费	1150
餐饮费	4603
差旅费	6992
交通费	830
办公用品	1176

说明：

这是 I4 单元格的公式，可以看到只有第 2 个参数发生变化，即判断条件发生变化，其他参数不变。

图 5-3

5.1.2 快速统计某一类产品的总销售金额

在 SUMIF 函数中还可以使用通配符，包括问号“?”和星号“*”。问号匹配任意单个字符，星号匹配任意一串字符。

例如对不同类别商品的销售金额进行了统计，现在需要根据条件对“手工曲奇”这类商品进行销售额统计。可以使用 SUMIF 函数结合“*”通配符来设置公式，它可以代替 0 个或多个字符，具体操作如下。

❶ 打开实例文件，选中 E2 单元格，在公式编辑栏中输入公式：

=SUMIF(A2:A27," 手工曲奇 *",C2:C27)

❷ 按 Enter 键即可统计出所有手工曲奇类商品的总销售金额，如图 5-4 所示。

E2 =SUMIF(A2:A27,"手工曲奇*",C2:C27)

	A	B	C	D	E
1	商品名称	销售数量	销售金额		手工曲奇的总金额
2	手工曲奇（迷你）	175	2100		7790
3	手工曲奇（草莓）	146	1971		
4	南国椰子糕	110	1865		
5	福建荔枝干	46	1150		
6	台湾芋头酥	75	1012.5		
7	手工曲奇（红枣）	68	918		
8	甘栗仁	65	877.5		
9	河南道口烧鸡	25	875		
10	上海龙须酥	67	857.6		
11	马蹄酥（花生）	66	844.8		
12	手工曲奇（香草）	150	2045		
13	铁盒（伏苓糕）	15	537		
14	伏苓糕（椒盐）	54	529.2		
15	礼盒（伏苓糕）海苔	29	521.5		
16	榛果薄饼（208*2礼盒）	20	512		
17	醇香薄烧	49	490		
18	手工曲奇（巧克力）	35	472.5		
19	榛果薄饼	43	430		
20	马蹄酥（椒盐）	30	384		
21	浙江乌龙茶饼干	19	376.2		
22	杏仁薄烧	32	320		
23	手工曲奇（原味）	21	283.5		
24	伏苓糕（桂花）	20	180		
25	马蹄酥（海苔）	13	166.4		
26	伏苓糕（绿豆沙）	11	99		
27	伏苓糕（香芋）	10	90		

注意：

这里使用问号或星号来作为通配符，如果要查找实际的问号或星号，该怎么办呢？只要在该字符前输入波形符“~”即可。

图 5-4

公式解析

判断 A2:A27 单元格区域中的值是否以“手工曲奇”开头，如果是则为满足条件的记录，然后将满足条件的记录所对应在 C2:C27 单元格区域中的值取出并进行求和运算。

5.1.3 统计某个时段的总出库量

如图 5-5 所示一张出库记录表，从当前表格的数据可以看到日期没有按顺序排列，而使用 SUMIF 函数则可以对日期设置条件，从而统计出 4 月 10 日之前的总出库量，如图 5-6 所示，具体操作如下。

❶ 打开实例文件，选中 E2 单元格，在编辑栏中输入公式：

=SUMIF(B2:B27,"<=2020/4/10",C2:C27)

❷ 按 Enter 键即可对日期进行判断，从而判断出“2020/4/10”及之前的日期，并对其出库数量做出统计。

	A	B	C
1	商品代码	日期	出货数量
2	0001	2020/4/8	21
3	0001	2020/4/8	20
4	0107	2020/4/19	15
5	0107	2020/4/18	150
6	0533	2020/4/22	44
7	0533	2020/4/2	110
8	0551	2020/4/8	66
9	0551	2020/4/7	67
10	0551	2020/4/6	25
11	0551	2020/4/5	65
12	0551	2020/4/4	68
13	0632	2020/4/4	75
14	0632	2020/4/3	46
15	1059	2020/4/15	30
16	1059	2020/4/14	43
17	1059	2020/4/13	35
18	1059	2020/4/12	49
19	1059	2020/4/11	20
20	1059	2020/4/10	29
21	1157	2020/4/17	32
22	1157	2020/4/16	19
23	1157	2020/4/9	54

图 5-5

E2 =SUMIF(B2:B27,"<=2020/4/10",C2:C27)

	A	B	C	D	E
1	商品代码	日期	出货数量		4月10日之前的出货量
2	0001	2020/4/8	21		967
3	0001	2020/4/8	20		
4	0107	2020/4/19	15		
5	0107	2020/4/18	150		
6	0533	2020/4/22	44		
7	0533	2020/4/2	110		
8	0551	2020/4/8	66		
9	0551	2020/4/7	67		
10	0551	2020/4/6	25		
11	0551	2020/4/5	65		
12	0551	2020/4/4	68		
13	0632	2020/4/4	75		
14	0632	2020/4/3	46		
15	1059	2020/4/15	30		
16	1059	2020/4/14	43		
17	1059	2020/4/13	35		
18	1059	2020/4/12	49		
19	1059	2020/4/11	20		
20	1059	2020/4/10	29		
21	1157	2020/4/17	32		
22	1157	2020/4/16	19		
23	1157	2020/4/9	54		
24	2828	2020/4/21	58		
25	2828	2020/4/20	13		
26	2828	2020/4/2	146		
27	2828	2020/4/1	175		

图 5-6

5.1.4 统计指定月份指定费用类别的合计金额

SUMIFS 函数是对某一区域内满足多重条件的单元格求和，其语法如下。

SUMIFS(sum_range,criteria_range1,criteria1,criteria_range2, criteria2…)

- sum_range：表示“要求和”的一个或多个单元格，其中包括数字或包含数字的名称、数组或引用。如果是空值和文本值则会被忽略。仅当 sum_range 中的每一单元格满足为其指定的所有关联条件时，才对这些单元格进行求和。sum_range 中包含 TRUE 的单元格计算为“1”，包含“FALSE”的单元格计算为“0”（零）。与 SUMIF 函数中的区域和条件参数不同，SUMIFS 中每个 criteria_range 的大小和形状必须与 sum_range 相同。
- criteria_range1, criteria_range2,…：表示是计算关联条件的 1 ~ 127 个区域。
- criteria1, criteria2,…：表示是数字、表达式、单元格引用或文本形式的 1 ~ 127 个条件，用于定义要对哪些单元格求和。例如：条件可以表示为 32、"32"、">32"、"apples" 或 B4。
- 在条件中使用通配符，即问号“?”和星号“*”。问号匹配任一单个字符，星号匹配任一字符序列。如果要查找实际的问号或星号，请在字符前键入波形符“~”。

例如在下面费用支出记录表中，想统计出 1 月份差旅费的合计金额，这里需要进行两项条件的判断：一是判断日期为 4 月份，二是判断类别为差旅费。这里就需要使用 SMMIFS 函数来进行统计，具体操作如下。

❶ 打开实例文件，选中 F2 单元格，在公式编辑栏中输入公式：

=SUMIFS(D2:D24,B2:B24,"<2020-5-1",C2:C24," 差旅费 ")

❷ 按 Enter 键统计出 4 月份差旅费的总计金额，如图 5-7 所示。

F2　=SUMIFS(D2:D24,B2:B24,"<2020-5-1",C2:C24,"差旅费")

序号	日期	类别	金额		4月份差旅费
001	4/11	通讯费	￥ 200.00		1432
002	4/15	办公用品	￥ 650.00		
003	4/16	福利	￥ 5,400.00		
004	4/17	餐饮费	￥ 863.00		
005	4/17	餐饮费	￥ 1,500.00		
006	4/24	差旅费	￥ 587.00		
007	4/24	福利	￥ 450.00		
008	4/25	办公用品	￥ 1,500.00		
009	4/25	通讯费	￥ 200.00		
010	4/26	差旅费	￥ 587.00		
011	4/29	差旅费	￥ 258.00		
012	5/2	通讯费	￥ 22.00		
013	5/12	福利	￥ 2,680.00		
014	5/13	会务费	￥ 2,675.00		
015	5/15	交通费	￥ 500.00		
016	5/16	差旅费	￥ 732.00		
017	5/15	交通费	￥ 165.00		
018	5/22	会务费	￥ 2,800.00		
019	5/23	餐饮费	￥ 3,000.00		
020	5/24	餐饮费	￥ 650.00		
021	5/24	交通费	￥ 165.00		
022	5/25	交通费	￥ 800.00		
023	5/25	差旅费	￥ 568.50		

图 5-7

公式解析

在 B2:B24 单元格区域中判断是否符合“<2020-5-1”这个条件，在 C2:C24 单元格区域中判断是否符合“差旅费”这个条件。如果同时满足这两个条件，则被认定为符合条件的记录。然后将符合条件的记录所对应在 D2:D24 单元格区域上的值取出并进行求和运算。

5.1.5 建立按店面分类别统计的二维统计表

如果按店面统计不同品牌护肤品的销售总额，即形成店面分类别统计的二维统计表，则可以将公式中的变量都改成对单元格的引用方式，同时能够便于公式向右或向下复制完成批量统计。此时公式对单元格的引用方式格外重要，具体操作如下。

❶ 打开实例文件，在表格的空白处建立求解标识，即不同店面下各种品牌护肤品的销售金额，如图 5-8 所示。

❷ 选中 H3 单元格，在公式编辑栏中输入公式：

=SUMIFS($E$2:$E$14,$B$2:$B$14,$G3,$C$2:$C$14,H$2)

❸ 按 Enter 键统计出在“步行街店”中“阿古丽”品牌护肤品的总销售额，如图 5-9 所示。

销售日期	店面	品牌	产品类别	销售额
2020/4/4	步行街店	阿古丽	防晒	8870
2020/4/4	时尚街区店	丽芙莎	保湿	7900
2020/4/4	新都汇店	HPF	保湿	9100
2020/4/5	时尚街区店	丽芙莎	防晒	12540
2020/4/11	时尚街区店	HPF	防晒	9600
2020/4/11	步行街店	丽芙莎	修复	8900
2020/4/12	时尚街区店	阿古丽	修复	12000
2020/4/18	新都汇店	阿古丽	紧致	11020
2020/4/18	五彩城店	丽芙莎	紧致	9500
2020/4/19	五彩城店	HPF	保湿	11200
2020/4/25	步行街店	HPF	紧致	8670
2020/4/26	五彩城店	阿古丽	保湿	13600
2020/4/26	新都汇店	丽芙莎	修复	12000

统计报表

	阿古丽	丽芙莎	HPF
步行街店			
时尚街区店			
新都汇店			
五彩城店			

图 5-8

H3　=SUMIFS($E$2:$E$14,$B$2:$B$14,$G3,$C$2:$C$14,H$2)

销售日期	店面	品牌	产品类别	销售额
2020/4/4	步行街店	阿古丽	防晒	8870
2020/4/4	时尚街区店	丽芙莎	保湿	7900
2020/4/4	新都汇店	HPF	保湿	9100
2020/4/5	时尚街区店	丽芙莎	防晒	12540
2020/4/11	时尚街区店	HPF	防晒	9600
2020/4/11	步行街店	丽芙莎	修复	8900
2020/4/12	时尚街区店	阿古丽	修复	12000
2020/4/18	新都汇店	阿古丽	紧致	11020
2020/4/18	五彩城店	丽芙莎	紧致	9500
2020/4/19	五彩城店	HPF	保湿	11200
2020/4/25	步行街店	HPF	紧致	8670
2020/4/26	五彩城店	阿古丽	保湿	13600
2020/4/26	新都汇店	丽芙莎	修复	12000

统计报表

	阿古丽	丽芙莎	HPF
步行街店	8870		
时尚街区店			
新都汇店			
五彩城店			

图 5-9

❹ 选中 H3 单元格，向右填充公式到 J3 单元格，一次性得到在“步行街店”中各种品牌护肤品的总销售额，如图 5-10 所示。

❺ 选中 H3:J3 单元格区域，向下填充公式到 J6 单元格，一次性得到各个店铺中每个品牌护肤品的总销售额，如图 5-11 所示。

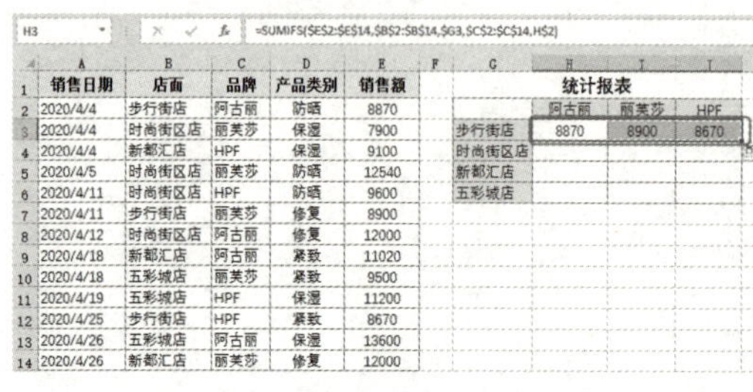

H3 =SUMIFS($E$2:$E$14,$B$2:$B$14,$G3,$C$2:$C$14,H$2)

	A	B	C	D	E	F	G	H	I	J
1	销售日期	店面	品牌	产品类别	销售额		统计报表			
2	2020/4/4	步行街店	阿古丽	防晒	8870			阿古丽	丽芙莎	HPF
3	2020/4/4	时尚街区店	丽芙莎	保湿	7900		步行街店	8870	8900	8670
4	2020/4/4	新都汇店	HPF	保湿	9100		时尚街区店			
5	2020/4/5	时尚街区店	丽芙莎	防晒	12540		新都汇店			
6	2020/4/11	时尚街区店	HPF	防晒	9600		五彩城店			
7	2020/4/11	步行街店	丽芙莎	修复	8900					
8	2020/4/12	时尚街区店	阿古丽	修复	12000					
9	2020/4/18	新都汇店	阿古丽	紧致	11020					
10	2020/4/18	五彩城店	丽芙莎	紧致	9500					
11	2020/4/19	五彩城店	HPF	保湿	11200					
12	2020/4/25	步行街店	HPF	紧致	8670					
13	2020/4/26	五彩城店	阿古丽	保湿	13600					
14	2020/4/26	新都汇店	丽芙莎	修复	12000					

图 5-10

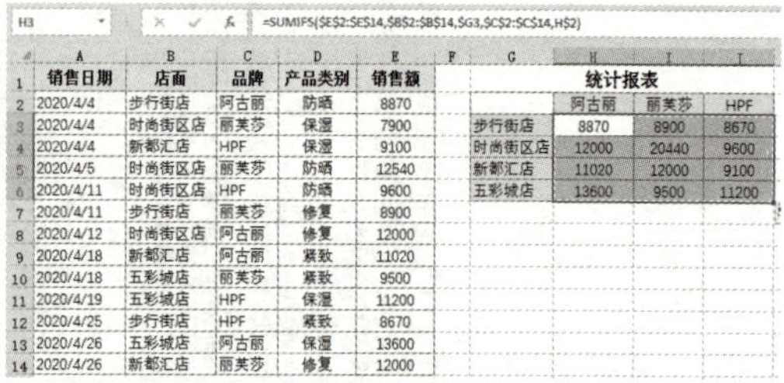

H3 =SUMIFS($E$2:$E$14,$B$2:$B$14,$G3,$C$2:$C$14,H$2)

	A	B	C	D	E	F	G	H	I	J
1	销售日期	店面	品牌	产品类别	销售额		统计报表			
2	2020/4/4	步行街店	阿古丽	防晒	8870			阿古丽	丽芙莎	HPF
3	2020/4/4	时尚街区店	丽芙莎	保湿	7900		步行街店	8870	8900	8670
4	2020/4/4	新都汇店	HPF	保湿	9100		时尚街区店	12000	20440	9600
5	2020/4/5	时尚街区店	丽芙莎	防晒	12540		新都汇店	11020	12000	9100
6	2020/4/11	时尚街区店	HPF	防晒	9600		五彩城店	13600	9500	11200
7	2020/4/11	步行街店	丽芙莎	修复	8900					
8	2020/4/12	时尚街区店	阿古丽	修复	12000					
9	2020/4/18	新都汇店	阿古丽	紧致	11020					
10	2020/4/18	五彩城店	丽芙莎	紧致	9500					
11	2020/4/19	五彩城店	HPF	保湿	11200					
12	2020/4/25	步行街店	HPF	紧致	8670					
13	2020/4/26	五彩城店	阿古丽	保湿	13600					
14	2020/4/26	新都汇店	丽芙莎	修复	12000					

图 5-11

在建立了 H3 单元格的公式后，公式既要向右复制，又要向下复制，因此对单元格的引用方式格外要注意，下面来分解下这个公式。

首先用于求值的区域（$E$2:$E$14）与用于条件判断的区域（$B$2:$B$14 和 $C$2:$C$14）都是不作任何改变的，所以全部使用绝对引用。需要变动的是对不同店面的引用和对不同品牌的引用。当公式向右复制时，需要改变对不同品牌的引用，所以使用“H$2”这种引用方式；查看 I3 单元格的公式，可以看到“H$2”变为了“I$2”，如图 5-12 所示。

I3 =SUMIFS($E$2:$E$14,$B$2:$B$14,$G3,$C$2:$C$14,I$2)

	A	B	C	D	E	F	G	H	I	J
1	销售日期	店面	品牌	产品类别	销售额		统计报表			
2	2020/4/4	步行街店	阿古丽	防晒	8870			阿古丽	丽芙莎	HPF
3	2020/4/4	时尚街区店	丽芙莎	保湿	7900		步行街店	8870	8900	8670
4	2020/4/4	新都汇店	HPF	保湿	9100		时尚街区店	12000	20440	9600
5	2020/4/5	时尚街区店	丽芙莎	防晒	12540		新都汇店	11020	12000	9100
6	2020/4/11	时尚街区店	HPF	防晒	9600		五彩城店	13600	9500	11200
7	2020/4/11	步行街店	丽芙莎	修复	8900					
8	2020/4/12	时尚街区店	阿古丽	修复	12000					
9	2020/4/18	新都汇店	阿古丽	紧致	11020					
10	2020/4/18	五彩城店	丽芙莎	紧致	9500					
11	2020/4/19	五彩城店	HPF	保湿	11200					
12	2020/4/25	步行街店	HPF	紧致	8670					
13	2020/4/26	五彩城店	阿古丽	保湿	13600					
14	2020/4/26	新都汇店	丽芙莎	修复	12000					

图 5-12

当公式向下复制时，需要改变对不同店面的引用，所以使用“$G3”这种引用方式。所以查看 I3 单元格的公式，可以看到“$G3”变为了“$G5”，如图 5-13 所示。

H5 =SUMIFS($E$2:$E$14,$B$2:$B$14,$G5,$C$2:$C$14,H$2)

	A	B	C	D	E	F	G	H	I	J
1	销售日期	店面	品牌	产品类别	销售额		统计报表			
2	2020/4/4	步行街店	阿古丽	防晒	8870			阿古丽	丽芙莎	HPF
3	2020/4/4	时尚街区店	丽芙莎	保湿	7900		步行街店	8870	8900	8670
4	2020/4/4	新都汇店	HPF	保湿	9100		时尚街区店	12000	20440	9600
5	2020/4/5	时尚街区店	丽芙莎	防晒	12540		新都汇店	11020	12000	9100
6	2020/4/11	时尚街区店	HPF	防晒	9600		五彩城店	13600	9500	11200
7	2020/4/11	步行街店	丽芙莎	修复	8900					
8	2020/4/12	时尚街区店	阿古丽	修复	12000					
9	2020/4/18	新都汇店	阿古丽	紧致	11020					
10	2020/4/18	五彩城店	丽芙莎	紧致	9500					
11	2020/4/19	五彩城店	HPF	保湿	11200					
12	2020/4/25	步行街店	HPF	紧致	8670					
13	2020/4/26	五彩城店	阿古丽	保湿	13600					
14	2020/4/26	新都汇店	丽芙莎	修复	12000					

图 5-13

知识拓展——多条件对某一类数据求总和

表格统计了公司各部门员工的性别、职位和基本工资信息。现在需要统计出所有车间男性员工的基本工资之和。这里有一车间与二车间，因此需要使用通配符来设置条件，具体操作如下。

❶ 打开实例文件，选中 G2 单元格，在编辑栏中输入公式：

=SUMIFS(E2:E14,A2:A14,"? 车间 ", C2:C14," 男 ")

❷ 按 Enter 键即可计算出所有车间男性员工的基本工资之和，如图 5-14 所示。

G2 =SUMIFS(E2:E14,A2:A14,"?车间",C2:C14,"男")

	A	B	C	D	E	F	G
1	所属部门	姓名	性别	职位	基本工资		车间男员工工资和
2	一车间	李为洋	男	高级技工	3800		19300
3	二车间	杨依娜	男	技术员	4500		
4	财务部	朱子进	男	会计	3500		
5	一车间	曹正	男	初级技工	2600		
6	人事部	郭丽	女	人事专员	3200		
7	一车间	王雪峰	男	中级技工	3200		
8	财务部	吴东梅	女	出纳	3000		
9	一车间	张以军	男	初级技工	2600		
10	二车间	孙倩	女	中级技工	3200		
11	后勤部	简志能	男	主管	3500		
12	二车间	李军	男	初级技工	2600		
13	后勤部	顾源	女	文员	3000		
14	二车间	林萍	女	初级技工	2600		

图 5-14

5.2 按条件求平均值

按条件求平均值是指先进行条件判断，再对满足条件的记录进行求平均值计算。

5.2.1 统计指定级别技工的平均工资

AVERAGEIF 函数返回某个区域内满足给定条件的所有单元格的平均值（算术平均值），其语法如下。

AVERAGEIF(range,criteria,average_range)

- range：表示要计算平均值的一个或多个单元格，其中包括数字或包含数字的名称、数组或引用。
- criteria：表示数字、表达式、单元格引用或文本形式的条件，用于定义要对哪些单元格计算平均值。例如：条件可以表示为 32、"32"、">32"、"apples" 或 B4。
- average_range：表示要计算平均值的实际单元格集。如果忽略，则使用 range。

下面对职工的基本工资进行统计，计算出“高级技工”的平均基本工资，具体操作如下。

❶ 打开实例文件，选中 G2 单元格，在编辑栏中输入公式：

= AVERAGEIF(D2:D13," 高级技工 ",E2:E13)

❷ 按 Enter 键即可依据统计出“高级技工”这个职级的平均基本工资，如图 5-15 所示。

G2 =AVERAGEIF(D2:D13,"高级技工",E2:E13)

	A	B	C	D	E	F	G
1	姓名	性别	所属部门	职级	基本工资		高级技工的平均工资
2	李为洋	男	一车间	高级技工	6800		6375
3	杨依娜	女	二车间	初级技工	4500		
4	朱子进	男	一车间	中级技工	5500		
5	曹正	男	一车间	初级技工	4600		
6	郭丽	女	二车间	高级技工	7200		
7	王雪峰	男	一车间	中级技工	5200		
8	吴东梅	女	一车间	高级技工	6000		
9	张以军	男	一车间	初级技工	4600		
10	孙倩	女	二车间	中级技工	5200		
11	简志能	男	二车间	中级技工	5300		
12	李军	男	二车间	初级技工	4400		
13	顾源	女	二车间	高级技工	5500		

图 5-15

公式解析

判断 D2:D13 单元格区域中的值是否是“高级技工”，如果是则为满足条件的记录，然后将所有满足条件的记录所对应在 E2:E13 单元格区域中的值取出，并进行求平均值计算。

5.2.2 按班级统计平均分

实例为某次竞赛的成绩统计表，其中包含有 3 个班级，现在需要分别统计出各个班级的平均分。对于想通过一个公式完成多项求解的情况，需要将判断条件以单元格引用的方式写入到公式中，所以在求解前需要在空白区域中建立引用标识，例如图 5-16 所示的方框部分，具体操作如下。

❶ 打开实例文件，选中 G2 单元格，在编辑栏中输入公式：

=AVERAGEIF($C$2:$C$16,F2,$D$2:$D$16)

❷ 按 Enter 键即可依据 F2 单元格指定的班级统计出平均分，如图 5-17 所示。

	A	B	C	D	E	F	G
1	姓名	性别	班级	成绩		班级	平均分
2	李成雪	女	七(1)班	96		七(1)班	
3	陈江远	男	七(2)班	76		七(2)班	
4	刘澈	女	七(3)班	82		七(3)班	
5	苏瑞瑞	女	七(1)班	90			
6	苏俊成	男	七(2)班	87			
7	周洋	男	七(3)班	79			
8	林成瑞	男	七(1)班	85			
9	邹阳阳	男	七(2)班	80			
10	张景源	男	七(3)班	88			
11	杨冰冰	女	七(1)班	75			
12	肖诗雨	女	七(2)班	98			
13	田心贝	女	七(3)班	88			
14	何心怡	女	七(1)班	78			
15	徐梓瑞	男	七(2)班	89			
16	胡晓阳	男	七(3)班	95			

图 5-16

G2 =AVERAGEIF($C$2:$C$16,F2,$D$2:$D$16)

	A	B	C	D	E	F	G
1	姓名	性别	班级	成绩		班级	平均分
2	李成雪	女	七(1)班	96		七(1)班	84.8
3	陈江远	男	七(2)班	76		七(2)班	
4	刘澈	女	七(3)班	82		七(3)班	
5	苏瑞瑞	女	七(1)班	90			
6	苏俊成	男	七(2)班	87			
7	周洋	男	七(3)班	79			
8	林成瑞	男	七(1)班	85			
9	邹阳阳	男	七(2)班	80			
10	张景源	男	七(3)班	88			
11	杨冰冰	女	七(1)班	75			
12	肖诗雨	女	七(2)班	98			
13	田心贝	女	七(3)班	88			
14	何心怡	女	七(1)班	78			
15	徐梓瑞	男	七(2)班	89			
16	胡晓阳	男	七(3)班	95			

图 5-17

❸ 将 G2 单元格的公式向下填充，可一次得到其他每个班级的平均分，如图 5-18 所示为 G3 单元格的公式。

G3 =AVERAGEIF($C$2:$C$16,F3,$D$2:$D$16)

	A	B	C	D	E	F	G
1	姓名	性别	班级	成绩		班级	平均分
2	李成雪	女	七(1)班	96		七(1)班	84.8
3	陈江远	男	七(2)班	76		七(2)班	86
4	刘澈	女	七(3)班	82		七(3)班	86.4
5	苏瑞瑞	女	七(1)班	90			
6	苏俊成	男	七(2)班	87			
7	周洋	男	七(3)班	79			
8	林成瑞	男	七(1)班	85			
9	邹阳阳	男	七(2)班	80			
10	张景源	男	七(3)班	88			
11	杨冰冰	女	七(1)班	75			
12	肖诗雨	女	七(2)班	98			
13	田心贝	女	七(3)班	88			

图 5-18

专家提示

AVERAGEIF 函数的用法同 SUMIF 函数一样，都是 3 个参数，可以引用整列，计算结果都能忽略空值和文本，条件中也能使用通配符。当计算含有某些相同字符区域的平均值时，可以利用通配符。

5.2.3 统计指定职级指定性别职工的平均工资

AVERAGEIFS 函数返回满足多重条件的所有单元格的平均值（算术平均值），其语法如下。

AVERAGEIFS(average_range,criteria_range1,criteria1,criteria_range2,criteria2…)

- average_range：表示要计算平均值的一个或多个单元格，其中包括数字或包含数字的名称、数组或引用。
- criteria_range1, criteria_range2,…：表示用于进行条件判断的区域。
- criteria1,criteria2,…：表示判断条件，即指定有哪些单元格参与求平均值的计算。

例如在本例中，要判断的条件不止一个，而要同时满足两个条件，即同时指定性别与职级，两个条件同时满足时才进行求平均值。这里就需要使用 AVERAGEIFS 函数来设置公式。下面举个实例才说明，具体操作如下。

❶ 打开实例文件，选中 G2 单元格，在编辑栏中输入公式：

= AVERAGEIFS(E2:E13,B2:B13," 男 ",D2:D13," 高级技工 ")

❷ 按 Enter 键统计出性别“男”且职称为“高级技工”的平均基本工资，如图 5-19 所示。

G2 = AVERAGEIFS(E2:E13,B2:B13,"男",D2:D13,"高级技工")

	A	B	C	D	E	F	G	H
1	姓名	性别	所属部门	职级	基本工资		高级技工(男)的平均工资	高级技工(女)的平均工资
2	李为洋	男	一车间	高级技工	6800		7275	
3	杨依娜	女	二车间	高级技工	6500			
4	朱子进	男	一车间	中级技工	5500			
5	曹正	男	一车间	中级技工	4600			
6	郭丽	女	二车间	高级技工	7200			
7	王雪峰	男	一车间	高级技工	7200			
8	吴东梅	女	一车间	高级技工	6000			
9	张以军	男	一车间	高级技工	7600			
10	孙倩	女	二车间	中级技工	5200			
11	简志能	男	二车间	中级技工	5300			
12	李军	男	二车间	中级技工	4400			
13	顾源	男	二车间	高级技工	7500			

图 5-19

❸ 选中 H2 单元格，在编辑栏中输入公式：

=AVERAGEIFS(E2:E13,B2:B13," 女 ",D2:D13," 高级技工 ")

❹ 按 Enter 键即可统计出性别为“女”且职级为“高级技工”的平均工资，如图 5-20 所示。

H2 =AVERAGEIFS(E2:E13,B2:B13,"女",D2:D13,"高级技工")

	A	B	C	D	E	F	G	H
1	姓名	性别	所属部门	职级	基本工资		高级技工(男)的平均工资	高级技工(女)的平均工资
2	李为洋	男	一车间	高级技工	6800		7275	6566.666667
3	杨依娜	女	二车间	高级技工	6500			
4	朱子进	男	一车间	中级技工	5500			
5	曹正	男	一车间	中级技工	4600			
6	郭丽	女	二车间	高级技工	7200			
7	王雪峰	男	一车间	高级技工	7200			
8	吴东梅	女	一车间	高级技工	6000			
9	张以军	男	一车间	高级技工	7600			
10	孙倩	女	二车间	中级技工	5200			
11	简志能	男	二车间	中级技工	5300			
12	李军	男	二车间	中级技工	4400			
13	顾源	男	二车间	高级技工	7500			

图 5-20

公式解析

AVERAGEIFS 函数用于求值的区域为 E2:E13，第一个条件判断的区域为 B2:B13，即判断性别；第二个条件判断的区域为 D2:D13，即判断职级。当两个条件同时满足时，将对应在 E2:E13 单元格区域上的值取出，并进行求平均值运算。

5.3 按条件计数统计

按条件计数也是一个常用的统计函数，用于对满足条件的条目数进行统计。单条件计数使用 COUNTIF 函数，多条件计数使用 COUNTIFS 函数。

5.3.1 统计“本科”学历人数

COUNTIF 函数统计区域中满足给定条件的单元格的个数，其函数语法如下。

COUNTIF(range,criteria)

- range：表示需要计算其中满足条件的单元格数目的单元格区域。
- criteria：表示确定哪些单元格将被计算在内的条件，其形式可以为数字、表达式或文本。

例如表格中统计的是企业的某次入职名单，其中包含学历的信息，现在想统计出 “本科”学历的人数，具体操作如下。

❶ 打开实例文件，选中 F2 单元格，在编辑栏中输入公式：

=COUNTIF(C2:C16," 本科 ")

❷ 按 Enter 键，即可统计出本科学历的记录条数，如图 5-21 所示。

F2 =COUNTIF(C2:C16,"本科")

	A	B	C	D	E	F
1	姓名	性别	学历	入职成绩		本科学历人数
2	李成雪	女	本科	96		10
3	陈江远	男	大专	76		
4	刘澈	女	本科	82		
5	苏瑞瑞	女	本科	90		
6	苏俊成	男	本科	87		
7	周洋	男	大专	79		
8	林成瑞	男	本科	85		
9	邹阳阳	男	本科	80		
10	张景源	男	硕士	97		
11	杨冰冰	女	本科	75		
12	肖诗雨	女	本科	98		
13	田心贝	女	大专	88		
14	何心怡	女	本科	78		
15	徐梓瑞	男	本科	89		
16	胡晓阳	男	硕士	95		

注意：

注意文本参数在公式中要使用半角格式的双引号。如果公式出现无法统计时，也可以从这些方面去找寻出错原因。

图 5-21

5.3.2 统计各个费用类别的支出条数

例如统计了费用支出的记录，需要统计出每一种费用类别的支出次数，具体操作如下。

❶ 打开实例文件，在表格的空白处建立查找标识为各个费用类别名称，选中 G2 单元格，在编辑栏中输入公式：

=COUNTIF($C$2:$C$24,F2)

❷ 按 Enter 键，即可统计出 C2:C24 单元格区域中费用类别为“通信费”的记录条数，如图 5-22 所示。

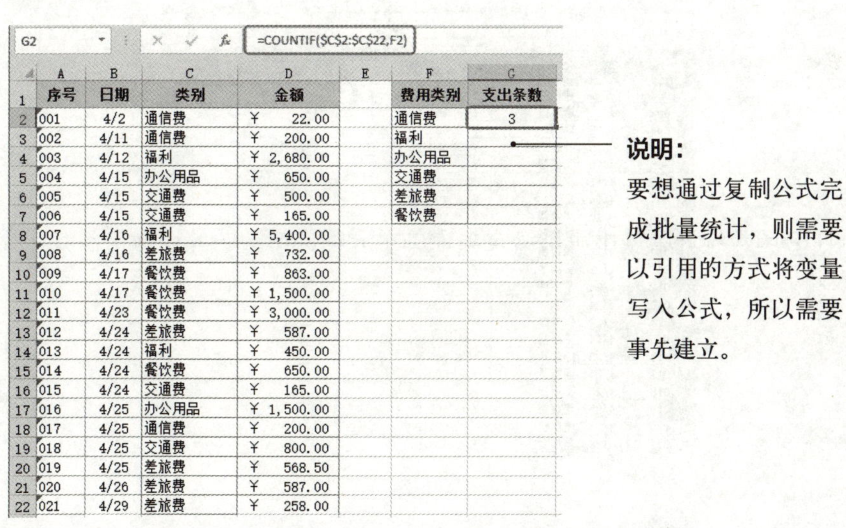

G2 =COUNTIF($C$2:$C$22,F2)

	A	B	C	D	E	F	G
1	序号	日期	类别	金额		费用类别	支出条数
2	001	4/2	通信费	¥ 22.00		通信费	3
3	002	4/11	通信费	¥ 200.00		福利	
4	003	4/12	福利	¥ 2,680.00		办公用品	
5	004	4/15	办公用品	¥ 650.00		交通费	
6	005	4/15	交通费	¥ 500.00		差旅费	
7	006	4/15	交通费	¥ 165.00		餐饮费	
8	007	4/16	福利	¥ 5,400.00			
9	008	4/16	差旅费	¥ 732.00			
10	009	4/17	餐饮费	¥ 863.00			
11	010	4/17	餐饮费	¥ 1,500.00			
12	011	4/23	餐饮费	¥ 3,000.00			
13	012	4/24	差旅费	¥ 587.00			
14	013	4/24	福利	¥ 450.00			
15	014	4/24	餐饮费	¥ 650.00			
16	015	4/24	交通费	¥ 165.00			
17	016	4/25	办公用品	¥ 1,500.00			
18	017	4/25	通信费	¥ 200.00			
19	018	4/25	交通费	¥ 800.00			
20	019	4/25	差旅费	¥ 568.50			
21	020	4/26	差旅费	¥ 587.00			
22	021	4/29	差旅费	¥ 258.00			

说明：

要想通过复制公式完成批量统计，则需要以引用的方式将变量写入公式，所以需要事先建立。

图 5-22

❸ 选中 G2 单元格，向下填充公式到 G7 单元格中，分别得到其他各个费用类别的支出记录条数，如图 5-23 所示显示的是 G3 单元格的公式。

G3 =COUNTIF($C$2:$C$22,F3)

序号	日期	类别	金额	费用类别	支出条数
001	4/2	通信费	￥ 22.00	通信费	3
002	4/11	通信费	￥ 200.00	福利	3
003	4/12	福利	￥ 2,680.00	办公用品	2
004	4/15	办公用品	￥ 650.00	交通费	4
005	4/15	交通费	￥ 500.00	差旅费	5
006	4/15	交通费	￥ 165.00	餐饮费	4
007	4/16	福利	￥ 5,400.00		
008	4/16	差旅费	￥ 732.00		
009	4/17	餐饮费	￥ 863.00		
010	4/17	餐饮费	￥ 1,500.00		
011	4/23	餐饮费	￥ 3,000.00		
012	4/24	差旅费	￥ 587.00		
013	4/24	福利	￥ 450.00		
014	4/24	餐饮费	￥ 650.00		
015	4/24	交通费	￥ 165.00		
016	4/25	办公用品	￥ 1,500.00		
017	4/25	通信费	￥ 200.00		
018	4/25	交通费	￥ 800.00		
019	4/25	差旅费	￥ 568.50		
020	4/26	差旅费	￥ 587.00		
021	4/29	差旅费	￥ 258.00		

图 5-23

知识拓展——统计大于指定金额的记录条数

COUNTIF 函数的第二个参数可以使用表达式来判断，例如在上面例子的数据表中，想统计出单次支出费用金额超过 2 000 元的记录条数，具体操作如下。

❶ 打开实例文件，选中 G2 单元格，在编辑栏中输入公式：

=COUNTIF(D2:D22,">=2000")

❷ 按 Enter 键，即可统计出在 D2:D22 单元格区域中数据大于等于 2 000 元的记录条数，如图 5-24 所示。

F2 =COUNTIF(D2:D22,">=2000")

序号	日期	类别	金额	金额大于2000元的记录条数
001	4/2	通讯费	￥ 22.00	3
002	4/11	通讯费	￥ 200.00	
003	4/12	福利	￥ 2,680.00	
004	4/15	办公用品	￥ 650.00	
005	4/15	交通费	￥ 500.00	
006	4/15	交通费	￥ 165.00	
007	4/16	福利	￥ 5,400.00	
008	4/16	差旅费	￥ 732.00	
009	4/17	餐饮费	￥ 863.00	
010	4/17	餐饮费	￥ 1,500.00	
011	4/23	餐饮费	￥ 3,000.00	
012	4/24	差旅费	￥ 587.00	
013	4/24	福利	￥ 450.00	
014	4/24	餐饮费	￥ 650.00	
015	4/24	交通费	￥ 165.00	
016	4/25	办公用品	￥ 1,500.00	
017	4/25	通讯费	￥ 200.00	
018	4/25	交通费	￥ 800.00	
019	4/25	差旅费	￥ 568.50	
020	4/26	差旅费	￥ 587.00	
021	4/29	差旅费	￥ 258.00	

图 5-24

5.3.3 统计指定部门工龄大于 5 年的人数

COUNTIFS 函数计算某个区域中满足多重条件的单元格数目，其语法如下。

COUNTIFS(range1, criteria1,range2, criteria2⋯)

- range1, range2,…：表示计算关联条件的 1 ~ 127 个区域。每个区域中的单元格必须是数字或包含数字的名称、数组或引用。如果是空值和文本则会被忽略。
- criteria1, criteria2,…：表示数字、表达式、单元格引用或文本形式的 1 ~ 127 个条件，用于定义要对哪些单元格进行计算。例如：条件可以表示为 32、"32"、">32"、"apples" 或 B4。

例如表格中统计了职工的部门、入职时间、工龄等信息，现在要统计出“生产部”工龄大于 5 年的人数，具体操作如下。

❶ 打开实例文件，选中 F2 单元格，在编辑栏中输入公式：

=COUNTIFS(B2:B25," 生产部 ",D2:D25,">5")

❷ 按 Enter 键，即可统计出“生产部”中工龄大于 5 的人数，如图 5-25 所示。

F2 =COUNTIFS(B2:B25,"生产部",D2:D25,">5")

	A	B	C	D	E	F
1	姓名	部门	入职时间	工龄		生产部工龄大于5年的人数
2	王婷	行政部	2015/2/14	7		10
3	王伟	销售部	2014/7/1	8		
4	张智志	财务部	2014/7/1	8		
5	宋云	销售部	2011/7/1	11		
6	李欣	生产部	2012/4/5	10		
7	周钦心	生产部	2016/4/14	6		
8	杨旭伟	运输部	2018/6/14	4		
9	李勤勤	运输部	2014/1/28	8		
10	姜强	生产部	2014/2/2	8		
11	华新清	生产部	2014/2/19	8		
12	邹志志	生产部	2016/4/7	6		
13	韩志	销售部	2014/2/20	8		
14	吴伟	销售部	2015/2/25	7		
15	杨清	生产部	2013/2/25	9		
16	李欣	销售部	2011/8/26	11		
17	金鑫	生产部	2015/10/4	7		
18	张玮	销售部	2013/10/6	9		
19	华涵涵	生产部	2013/2/9	9		
20	聂新余	生产部	2013/2/14	9		
21	陈媛媛	行政部	2012/4/12	10		
22	高雨	生产部	2017/5/25	5		
23	邹勋	生产部	2013/6/9	9		
24	钟薇	运输部	2013/6/12	9		
25	李欣欣	运输部	2017/6/16	5		

图 5-25

公式解析

在 B2:B25 单元格区域中判断值是否为“生产部”，在 D2:D25 单元格区域中判断是否满足“>5”这个条件，最后统计出同时满足这两个条件的条目数。

5.3.4 统计销售额大于 50 000 的优秀员工人数

本例统计了公司员工的本月的销售额，其中销售员的级别分为初级和高级，现在想统计出销售额大于 50 000 且级别为“初级”的人数，具体操作如下。

❶ 打开实例文件，选中 E2 单元格，在编辑栏中输入公式：

=COUNTIFS(B2:B15," 初级 ",C2:C15,">50000")

❷ 按 Enter 键，即可统计出销售额大于 50 000 的初级销售员的人数，如图 5-26 所示。

E2 =COUNTIFS(B2:B15,"初级",C2:C15,">50000")

	A	B	C	D	E	F
1	姓名	级别	销售额		业绩大于50000的初级销售员人数	
2	杨旭伟	初级	19750		3	
3	李勤勤	高级	150227			
4	姜强	初级	69854			
5	华新清	初级	29534			
6	邹志志	高级	40873			
7	韩志	高级	100683			
8	吴伟	高级	119108			
9	杨清	高级	99980			
10	李欣	初级	20125			
11	金鑫	初级	109225			
12	张玮	高级	88200			
13	华涵涵	初级	72050			
14	聂新余	初级	40150			
15	陈媛媛	初级	17175			

图 5-26

专家提示

在 COUNTIFS 函数中，参数的写入顺序是第一个条件判断区域和第一个判断条件，接着是第二个条件判断区域和第二个判断条件。要注意公式中文本及表达式的写法。

5.4 兼具求和与计数的 SUMPRODUCT 函数

SUMPRODUCT 函数是指在给定的几组数组中，将数组间对应的元素相乘，并返回乘积之和，其函数语法如下。

SUMPRODUCT(array1,[array2][array3],...)

- array1：必须。其相应元素需要进行相乘并求和的第一个数组参数。
- array2,array3,...：可选。2 到 255 个数组参数，其相应元素需要进行相乘并求和。

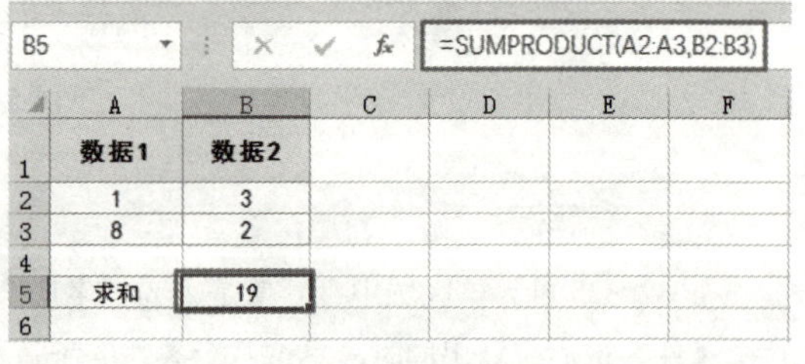

B5 =SUMPRODUCT(A2:A3,B2:B3)

	A	B	C	D	E	F
1	数据1	数据2				
2	1	3				
3	8	2				
4						
5	求和	19				
6						

图 5-27

SUMPRODUCT 函数的基本用法非常简易，如图 5-27 所示，可以理解 SUMPRODUCT 函数实际是进行了“1*3+8*2”的计算结果。

但实际上 SUMPRODUCT 函数的作用非常强大，它可以代替 SUMIF 和 SUMIFS 函数进行条件求和，也可以代替 COUNTIF 和 COUNTIFS 函数进行计数运算。当需要判断一个条件或双条件时，用 SUMPRODUCT 函数进行求和、计算与使用 SUMIF、SUMIFS、COUNTIF、COUNTIFS 没有什么差别。

当 SUMPRODUCT 函数用于按条件求和或计算时，它可以按照下面的格式去写公式，后面将用几个范例去讲解具体用法。

=SUMPRODUCT（（❶条件 1 表达式）*（（❷条件 2 表达式）*（❸条件 3 表达式）*（❹条件 4 表达式）……）

5.4.1 计算商品的折后金额

本例表格中显示各类产品的单价、数量，以及折扣信息，要求一次性计算出商品的折后总金额是多少，具体操作如下。

❶ 打开实例文件，选中 F2 单元格，在编辑栏中输入公式：

=SUMPRODUCT(B2:B8,C2:C8,D2:D8)

❷ 按 Enter 键，即可计算出所有商品的折后总金额，如图 5-28 所示。

F2 =SUMPRODUCT(B2:B8,C2:C8,D2:D8)

	A	B	C	D	E	F
1	产品	单价	数量	折扣		总金额
2	CBP01	12.3	190	0.2		10348.91
3	CBP02	11.5	220	0.8		
4	CBP03	19.8	250	0.15		
5	CBP04	22.09	270	0.3		
6	CBP05	17.4	190	0.7		
7	CBP06	16.34	130	0.6		
8	CBP07	23.16	150	0.5		

图 5-28

公式解析

这个公式的意义就是先将每一种产品的单价 * 数量 * 折扣进行计算，然后再将所有相乘的结果进行求和运算。

5.4.2 满足多条件时的求和计算

使用 SUMPRODUCT 函数进行满足多条件的求和计算是一件轻而易举的事情，通过公式可以看到 SUMPRODUCT 函数替代 SUMIFS 函数的用法，具体操作如下。

❶ 打开实例文件，选中 G3 单元格，在编辑栏中输入公式：

=SUMPRODUCT((B2:B14=" 步行街店 ")*(C2:C14=" 阿古丽 ")*(E2:E14))

❷ 按 Enter 键计算出“步行街店”中“阿古丽”这个品牌的总销售额，如图 5-29 所示。

G3 =SUMPRODUCT((B2:B14="步行街店")*(C2:C14="阿古丽")*(E2:E14))

	A	B	C	D	E	F	G	H
1	销售日期	店面	品牌	产品类别	销售额			
2	2020/4/4	步行街店	阿古丽	防晒	8870		步行街店-阿古丽	
3	2020/4/4	时尚街区店	丽芙莎	保湿	7900		8870	
4	2020/4/4	新都汇店	HPF	保湿	9100			
5	2020/4/5	时尚街区店	丽芙莎	防晒	12540			
6	2020/4/11	时尚街区店	HPF	防晒	9600			
7	2020/4/11	步行街店	丽芙莎	修复	8900			
8	2020/4/12	时尚街区店	阿古丽	修复	12000			
9	2020/4/18	新都汇店	阿古丽	紧致	11020			
10	2020/4/18	五彩城店	丽芙莎	紧致	9500			
11	2020/4/19	五彩城店	HPF	保湿	11200			
12	2020/4/25	步行街店	HPF	紧致	8670			
13	2020/4/26	五彩城店	阿古丽	保湿	13600			
14	2020/4/26	新都汇店	丽芙莎	修复	12000			

图 5-29

公式解析

如果公式使用 SUMFS 函数来写，其公式如下：

=SUMIFS($E$2:$E$14,$B$2:$B$14," 步行街店 ",$C$2:$C$14," 阿古丽 ")

5.4.3 满足多条件时的计数运算

本例显示了每个班级中学生的分数，现在需要统计出每班分数大于 550 分的人数，具体操作如下。

❶ 打开实例文件，选中 F2 单元格，在编辑栏中输入公式：

=SUMPRODUCT((A$2:A$15=E2)*(C$2:C$15>550))

❷ 按 Enter 键统计出“初一 1 班”中大于 550 分的人数，如图 5-30 所示。

❸ 选中 F2 单元格，向下填充公式到 F4 单元格，返回其他班级大于 550 分的人数，如图 5-31 所示显示的是 F3 单元格的公式。

F2 =SUMPRODUCT((A$2:A$15=E2)*(C$2:C$15>550))

	A	B	C	D	E	F
1	班级	姓名	分数		班级	分数高于550分的人数
2	初一2班	张佳佳	594		初一1班	4
3	初一1班	韩琪琪	610		初一2班	
4	初一3班	周志芳	556		初一3班	
5	初一1班	陈子仪	574			
6	初一3班	夏甜甜	498			
7	初一2班	杨新民	532			
8	初一1班	孙思琪	556			
9	初一3班	王淑芬	550			
10	初一1班	苏俊成	568			
11	初一2班	周洋	457			
12	初一3班	林成瑞	521			
13	初一2班	邹阳阳	559			
14	初一3班	张景源	557			
15	初一1班	杨冰冰	540			

图 5-30

F3 =SUMPRODUCT((A$2:A$15=E3)*(C$2:C$15>550))

	A	B	C	D	E	F
1	班级	姓名	分数		班级	分数高于550分的人数
2	初一2班	张佳佳	594		初一1班	4
3	初一1班	韩琪琪	610		初一2班	2
4	初一3班	周志芳	556		初一3班	2
5	初一1班	陈子仪	574			
6	初一3班	夏甜甜	498			
7	初一2班	杨新民	532			
8	初一1班	孙思琪	556			
9	初一3班	王淑芬	550			
10	初一1班	苏俊成	568			
11	初一2班	周洋	457			
12	初一3班	林成瑞	521			
13	初一2班	邹阳阳	559			
14	初一3班	张景源	557			
15	初一1班	杨冰冰	540			

图 5-31

公式解析

SUMPRODUCT 函数的第一个判断条件放在第一个括号内，第二个判断条件放在第二个括号内，中间使用“*”相连接。

如果公式使用 SUMFS 函数来写，其公式如下：

=COUNTIFS(A2:A15,E2,C2:C15,">550")

5.4.4 按月份统计支出金额

前面使用过 SUMIFS 函数对指定月份和费用类别的支出金额进行汇总统计。细心的读者可能还记得，为了求出 4 月份的金额，使用了“<2020-5-1”这样一个转换条件。这里如果使用 SUMPRODUCT 函数，则可以直接在条件判断时嵌套一个求取月份的 MONTH 函数，具体操作如下。

❶ 打开实例文件，选中 F2 单元格，输入公式：

=SUMPRODUCT((MONTH(B2:B24)=4)*(C2:C24=" 差旅费 ")*(D2:D24))

❷ 按 Enter 键统计出 4 月份的差旅费合计金额，如图 5-32 所示。

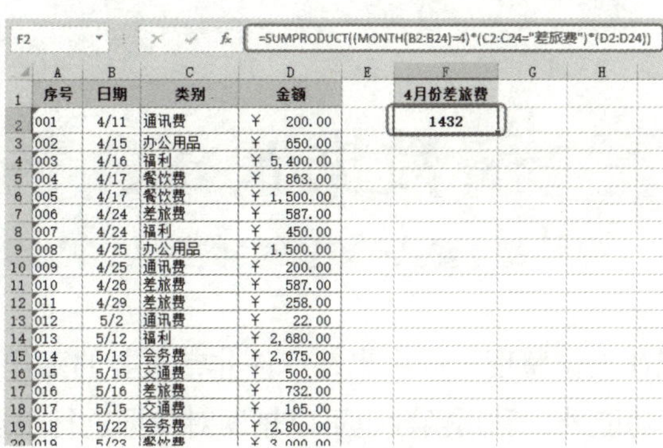

F2 =SUMPRODUCT((MONTH(B2:B24)=4)*(C2:C24="差旅费")*(D2:D24))

	A	B	C	D	E	F
1	序号	日期	类别	金额		4月份差旅费
2	001	4/11	通讯费	¥ 200.00		1432
3	002	4/15	办公用品	¥ 650.00		
4	003	4/16	福利	¥ 5,400.00		
5	004	4/17	餐饮费	¥ 863.00		
6	005	4/17	餐饮费	¥ 1,500.00		
7	006	4/24	差旅费	¥ 587.00		
8	007	4/24	福利	¥ 450.00		
9	008	4/25	办公用品	¥ 1,500.00		
10	009	4/25	通讯费	¥ 200.00		
11	010	4/26	差旅费	¥ 587.00		
12	011	4/29	差旅费	¥ 258.00		
13	012	5/2	通讯费	¥ 22.00		
14	013	5/12	福利	¥ 2,680.00		
15	014	5/13	会务费	¥ 2,675.00		
16	015	5/15	交通费	¥ 500.00		
17	016	5/16	差旅费	¥ 732.00		
18	017	5/15	交通费	¥ 165.00		
19	018	5/22	会务费	¥ 2,800.00		
20	019	5/23	餐饮费	¥ 3,000.00		

图 5-32

专家解析

MONTH 函数将 B2:B24 单元格区域中每个日期的月份数提取出来，这种嵌套只有 SUMPRODUCT 函数可以操作，而 SUMIFS 函数则无法做到这样书写参数。

通过上面的例子可以看到，SUMPRODUCT 函数可以替代 SUMIFS 与 COUNTIFS 函数使用，而且 SUMPRODUCT 还有着 SUMIFS 无可替代的作用。首先在 Excel 的老版本中是没有 SUMIFS 这个函数的，因此要想实现双条件判断，则必须使用 SUMPRODUCT 函数。其次，SUMIFS 函数求和时只能对单元格区域进行求和或计数，即对应的参数只能设置为单元格区域，不能设置为返回结果、非单元格的公式，但是 SUMPRODUCT 函数没有这个限制，也就是说它对条件的判断更加灵活。

5.4.5 统计非工作日消费金额

本例按日期显示了销售金额（包括周六、日），现要计算出周六、日的总销售金额，可以使用 SUMPRODUCT 函数来设计公式，具体操作如下。

❶ 打开实例文件，选中 E2 中，在编辑栏中输入公式：

=SUMPRODUCT((MOD(B2:B18,7)<2)*C2:C18)

❷ 按 Enter 键，即可统计出周六和周日两天的销售金额，如图 5-33 所示。

E2 =SUMPRODUCT((MOD(B2:B18,7)<2)*C2:C18)

	A	B	C	D	E
1	产品编号	日期	金额		周末销售金额
2	1157	2020/4/8	19000		144150
3	2828	2020/4/8	22000		
4	2828	2020/4/19	25000		
5	2828	2020/4/18	27000		
6	0533	2020/4/22	19000		
7	0533	2020/4/2	13000		
8	0551	2020/4/8	15000		
9	0551	2020/4/7	16390		
10	0551	2020/4/6	27600		
11	0551	2020/4/5	16900		
12	0551	2020/4/4	26800		
13	0632	2020/4/4	30650		
14	0632	2020/4/3	16500		
15	1059	2020/4/15	25000		
16	1059	2020/4/14	39800		
17	1059	2020/4/13	16300		
18	1059	2020/4/12	17800		

图 5-33

公式解析

MOD 函数是求两个数值相除后的余数。此公式首先依次提取 B2:B18 单元格区域中的日期，然后求取与 7 相除的余数，接着判断余数是否小于 2（周六、日的余数分别为 0 和 1），如果是返回 TRUE，否则返回 FALSE。返回 TRUE 的则为满足条件的记录，最后提取对应在 C 列上的值，并进行求和计算。

Excel 第6章

数据查找、替换、匹配

查找、替换、区配在数据整理过程中也是一件非常重要的工作，除了 Excel 提供的数据分列、删除重复值等功能外，利用函数也可以辅助对数据进行上述处理。

6.1 文本数据的查找并提取

提取文本时常用的函数有 MID 函数，它用于从给定的文本字符串中提取字符，并且提取的起始位置与提取的数目都可以用参数来指定。为了让提取能够更加智能地判断，通常会配合 LEN 函数和 FIND 函数一起使用。

6.1.1 查找字符的位置并返回数据

FIND 函数用于在第二个文本串中定位第一个文本串，并返回第一个文本串中起始位置的值，该值从第二个文本串的第一个字符算起，其函数语法如下。

FIND(find_text, within_text, [start_num])

- find_text：必需参数，代表要查找的文本。
- within_text：必需参数，代表包含要查找文本所在的文本段。
- start_num：可选参数，指定要从其开始搜索的字符。within_text 中的首字符是编号为 1 的字符。如果省略 start_num，则假设其值为 1。

FIND 函数用于查找指定字符在字符串中的位置。因为它返回的只是一个位置值（如图 6-1 所示，使用 FIND 函数返回了 D2 单元格中字符串含“-”符号所在的位置），所以单独使用不具备太大意义。

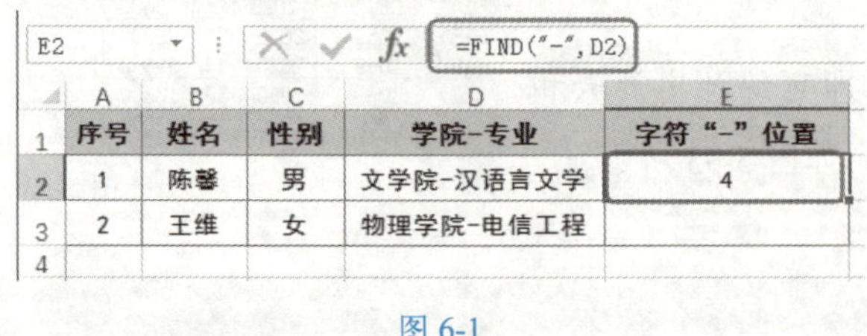

E2 =FIND("-",D2)

	A	B	C	D	E
1	序号	姓名	性别	学院-专业	字符“-”位置
2	1	陈馨	男	文学院-汉语言文学	4
3	2	王维	女	物理学院-电信工程	
4					

图 6-1

FIND 函数通常需要配合其他函数使用，例如配合 LEFT、MID 函数，先按条件找位置，然后进行提取。例如下面的表格在进行学生统计信息时将学院和专业信息统计到了一起，并且中间都使用“-”符号隔开，此时想提取学院名称，如图 6-2 所示，具体操作如下。

❶ 打开实例文件，选中 E2 单元格，在编辑栏中输入公式：

=LEFT(D2,FIND("-",D2)-1)

❷ 按 Enter 键即从 D2 单元格中提取学院名称，如图 6-3 所示。

序号	姓名	性别	学院-专业
1	陈馨	男	文学院-汉语言文学
2	王维	女	物理学院-电信工程
3	吴潇	女	文学院-编辑出版学
4	吴丽萍	男	计算机学院-广告传媒设计
5	蔡晓	女	化学学院-材料化学
6	周蓓倍	女	文学院-汉语文文学
7	章胜文	男	计算机学院-广告传媒设计
8	郝俊	男	物理学院-材料物理
9	王荣	男	化学学院-材料化学
10	郝强	女	物理学院-材料物理
11	葛丽	男	文学院-汉语文文学
12	胡雅丽	女	物理学院-电信工程
13	宋倩倩	女	文学院-编辑出版学

图 6-2

❸ 选中 E2 单元格，向下填充公式至 E14 单元格，即可得到如图 6-4 所示的提取结果。

E2 =LEFT(D2,FIND("-",D2)-1)

序号	姓名	性别	学院-专业	学院名称
1	陈馨	男	文学院-汉语言文学	文学院
2	王维	女	物理学院-电信工程	
3	吴潇	女	文学院-编辑出版学	
4	吴丽萍	男	计算机学院-广告传媒设计	
5	蔡晓	女	化学学院-材料化学	
6	周蓓倍	女	文学院-汉语文文学	
7	章胜文	男	计算机学院-广告传媒设计	

图 6-3

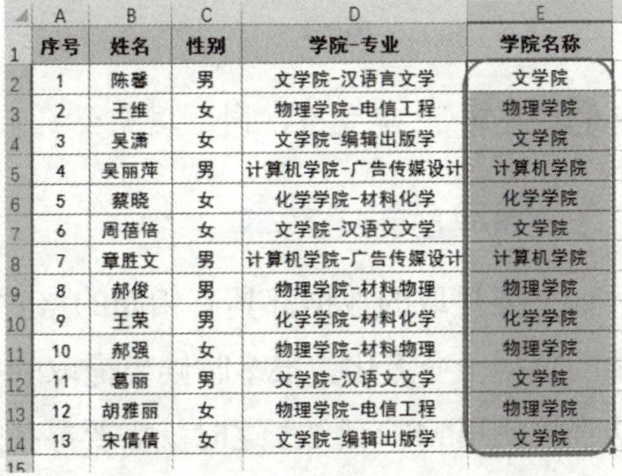

序号	姓名	性别	学院-专业	学院名称
1	陈馨	男	文学院-汉语言文学	文学院
2	王维	女	物理学院-电信工程	物理学院
3	吴潇	女	文学院-编辑出版学	文学院
4	吴丽萍	男	计算机学院-广告传媒设计	计算机学院
5	蔡晓	女	化学学院-材料化学	化学学院
6	周蓓倍	女	文学院-汉语文文学	文学院
7	章胜文	男	计算机学院-广告传媒设计	计算机学院
8	郝俊	男	物理学院-材料物理	物理学院
9	王荣	男	化学学院-材料化学	化学学院
10	郝强	女	物理学院-材料物理	物理学院
11	葛丽	男	文学院-汉语文文学	文学院
12	胡雅丽	女	物理学院-电信工程	物理学院
13	宋倩倩	女	文学院-编辑出版学	文学院

图 6-4

公式解析

本例公式中使用了 LEFT 函数用于提取数据，将“FIND("-",D2)”函数的返回值作为 LEFT 函数的第二个参数，即找到符号“-”的位置后，再减 1 处理，即确定用 LEFT 函数从左提取几个字符。这就是 FIND 函数配合其他函数使用的例子，关于 LEFT 函数将在后续章节中详细介绍。

6.1.2 从规格数据中提取部分数据

MID 函数返回文本字符串中从指定位置开始的特定数目的字符，该数目由用户指定。其函数语法如下。

MID(text, start_num, num_chars)

- text：必需参数，包含要提取字符的文本字符串。
- start_num：必需参数，文本中要提取的第一个字符的位置。如果提取文本中第一个字符，则 start_num 为 1，以此类推。

- Num_chars：必需参数，指定希望 MID 函数从文本中返回字符的个数。

例如某刀具店铺在记录销售信息时，通常用产品的规格作为名称，其书写是有规律的，包含产品的材料、长度和宽度，如图 6-5 所示。现在要从 B 列的规格数据中将产品的宽度单独提取出来，即得到 C 列的数据，具体操作如下。

❶ 打开实例文件，选中 C2 单元格，在编辑栏中输入公式：

=MID(B2,11,3)

❷ 按 Enter 键，即可提取出序号 1 产品的刀刃宽度，如图 6-6 所示。

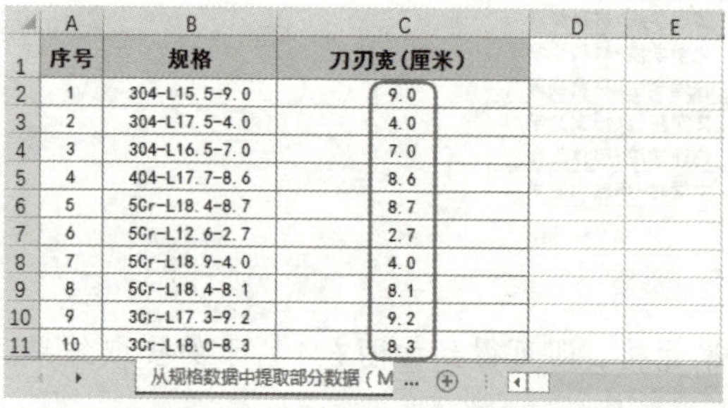

序号	规格	刀刃宽（厘米）
1	304-L15.5-9.0	9.0
2	304-L17.5-4.0	4.0
3	304-L16.5-7.0	7.0
4	404-L17.7-8.6	8.6
5	5Cr-L18.4-8.7	8.7
6	5Cr-L12.6-2.7	2.7
7	5Cr-L18.9-4.0	4.0
8	5Cr-L18.4-8.1	8.1
9	3Cr-L17.3-9.2	9.2
10	3Cr-L18.0-8.3	8.3

从规格数据中提取部分数据（M ...

图 6-5

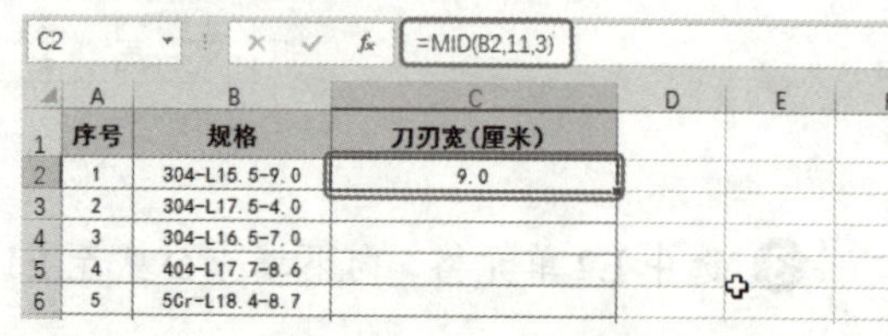
C2 =MID(B2,11,3)

序号	规格	刀刃宽（厘米）
1	304-L15.5-9.0	9.0
2	304-L17.5-4.0	
3	304-L16.5-7.0	
4	404-L17.7-8.6	
5	5Cr-L18.4-8.7	

图 6-6

❸ 选中 C2 单元格，向下填充公式至 C11 单元格即可进行数据的批量提取。

6.1.3 提取括号内文本

如果要提取的数据都具有相同的格式，那么使用 MID 函数则非常容易。但是日常工作中的数据千变万化，很多时候要提取的字符串在原字符串中的起始位置都不固定，所以无法直接使用 MID 函数。这时就需要寻找规律，使用 FIND 函数判断提取字符的起始位置。

在如图 6-7 所示的数据表中，要提取公司名称中括号内的文本（括号位置不固定），所以利用 FIND 函数先找符号“（”的位置，然后将位置作为 MID 函数的第二个参数。

❶ 打开实例文件，选中 C2 单元格，在编辑栏中输入公式：

=MID(A2,FIND("（",A2)+1,2)

❷ 按 Enter 键，可提取 A2 单元格中“（”括号内的字符，如图 6-8 所示。

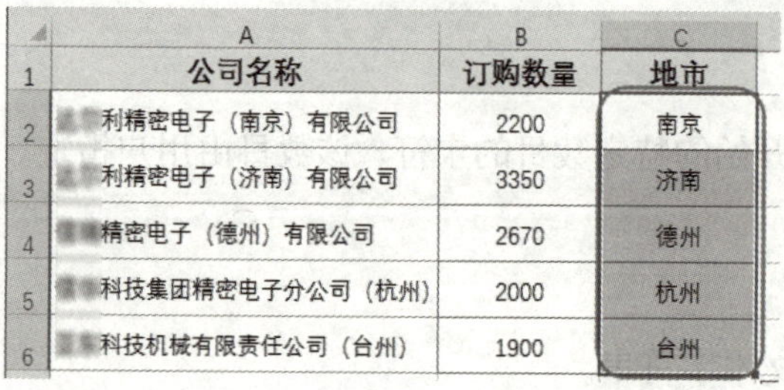

公司名称	订购数量	地市
利精密电子（南京）有限公司	2200	南京
利精密电子（济南）有限公司	3350	济南
精密电子（德州）有限公司	2670	德州
科技集团精密电子分公司（杭州）	2000	杭州
科技机械有限责任公司（台州）	1900	台州

图 6-7

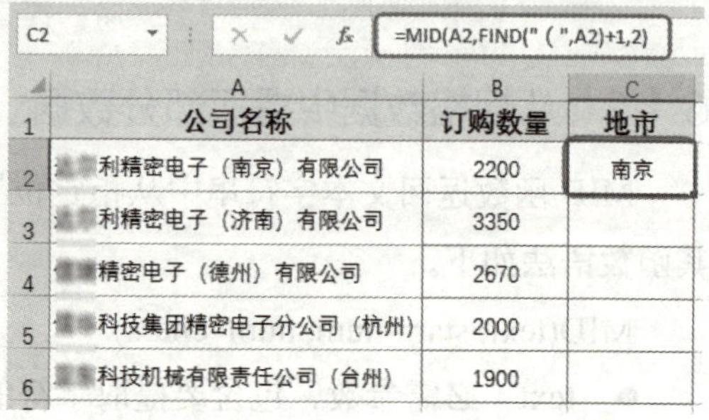
C2 =MID(A2,FIND("（",A2)+1,2)

公司名称	订购数量	地市
利精密电子（南京）有限公司	2200	南京
利精密电子（济南）有限公司	3350	
精密电子（德州）有限公司	2670	
科技集团精密电子分公司（杭州）	2000	
科技机械有限责任公司（台州）	1900	

图 6-8

❸ 选中 C2 单元格，向下填充公式至 C6 单元格即可进行数据的批量提取。

公式解析

先分析一下为何要使用 FIND 函数的返回值作为 MID 的参数。由于“(”符号前的字符数是不相等的，没有办法直接确定 MID 函数第一个参数（提取起始的位置）所以使用 FIND 函数来确定“(”的位置，进而确定了 MID 提取的起始位置。

6.2 以旧换新的 SUBSTITUTE

SUBSTITUTE 函数用于在文本字符串中用 new_text 替代 old_text，其函数语法如下。

SUBSTITUTE(text,old_text,new_text,instance_num)

- text：表示需要替换其中字符的文本，或对含有文本所在单元格的引用。
- old_text：表示需要替换的旧文本。
- new_text：用于替换 old_text 的文本。
- instance_num：可选。用来指定要以 new_text 替换第几次出现的 old_text。如果指定了 instance_num，则只有满足要求的 old_text 被替换；否则会将 Text 中出现的每一处 old_text 都更改为 new_text。

有时需要对某个文本字符串中的部分内容进行替换，除了使用 Excel 的“替换”功能外，还可以使用文本替换函数 SUBSTITUTE。

SUBSTITUTE 函数用于使用指定的新文本替换原来的旧文本。如果已经知道替换前后的文本内容，但不知道具体的替换位置，那么可以使用 SUBSTITUTE 函数。

6.2.1 去除文本中多余的空格

如图 6-9 所示的应聘人员信息表中，“住址”一栏中有大量的空格，现在要删除它们，使文本显示更加紧凑，具体操作如下。

❶ 打开实例文件，选中 G2 单元格，在编辑栏中输入公式：

=SUBSTITUTE(F2," ","")

❷ 按 Enter 键即可删除 F2 单元格中的空格，如图 6-10 所示。

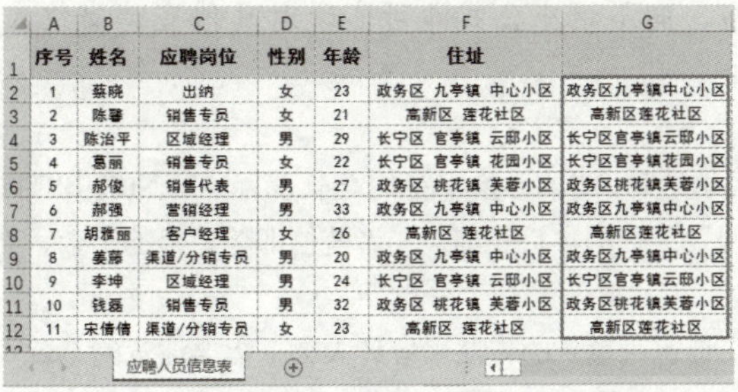

	A	B	C	D	E	F	G
1	序号	姓名	应聘岗位	性别	年龄	住址	
2	1	蔡晓	出纳	女	23	政务区 九亭镇 中心小区	政务区九亭镇中心小区
3	2	陈馨	销售专员	女	21	高新区 莲花社区	高新区莲花社区
4	3	陈治平	区域经理	男	29	长宁区 官亭镇 云邸小区	长宁区官亭镇云邸小区
5	4	葛丽	销售专员	女	22	长宁区 官亭镇 花园小区	长宁区官亭镇花园小区
6	5	郝俊	销售代表	男	27	政务区 桃花镇 芙蓉小区	政务区桃花镇芙蓉小区
7	6	郝强	营销经理	男	33	政务区 九亭镇 中心小区	政务区九亭镇中心小区
8	7	胡雅丽	客户经理	女	26	高新区 莲花社区	高新区莲花社区
9	8	姜藤	渠道/分销专员	男	20	政务区 九亭镇 中心小区	政务区九亭镇中心小区
10	9	李坤	区域经理	男	24	长宁区 官亭镇 云邸小区	长宁区官亭镇云邸小区
11	10	钱磊	销售专员	男	32	政务区 桃花镇 芙蓉小区	政务区桃花镇芙蓉小区
12	11	宋倩倩	渠道/分销专员	女	23	高新区 莲花社区	高新区莲花社区

应聘人员信息表

图 6-9

G2 =SUBSTITUTE(F2," ","")

	A	B	C	D	E	F	G
1	序号	姓名	应聘岗位	性别	年龄	住址	
2	1	蔡晓	出纳	女	23	政务区 九亭镇 中心小区	政务区九亭镇中心小区
3	2	陈馨	销售专员	女	21	高新区 莲花社区	
4	3	陈治平	区域经理	男	29	长宁区 官亭镇 云邸小区	
5	4	葛丽	销售专员	女	22	长宁区 官亭镇 花园小区	
6	5	郝俊	销售代表	男	27	政务区 桃花镇 芙蓉小区	

注意：

注意参数的第一个双引号中有一个空格，第二个双引号中没有空格。

图 6-10

❸ 选中 G2 单元格，向下填充公式即可进行对单元格空格的批量删除。

公式解析

在这个公式中，目标单元格是 F2，第二个参数为旧文本，即空格，第三个参数为新文本，即空字符。公式用空字符替换空格，达到删除空格的目的。

6.2.2 统计岗位应聘人数

如图 6-11 所示表格中，记录了各个岗位应聘人员的姓名。这种数据记录方式显然是不利于数据统计的，所以使用 SUBSTITUTE 函数配合 LEN 函数与 MID 函数可以统计出每个岗位的应聘人数，具体操作如下。

❶ 打开实例文件，选中 C2 单元格，在编辑栏中输入公式：

=LEN(B2)-LEN(SUBSTITUTE(B2,"，",""))+1

❷ 按 Enter 键即可计算出“销售专员”的应聘人数，如图 6-12 所示。

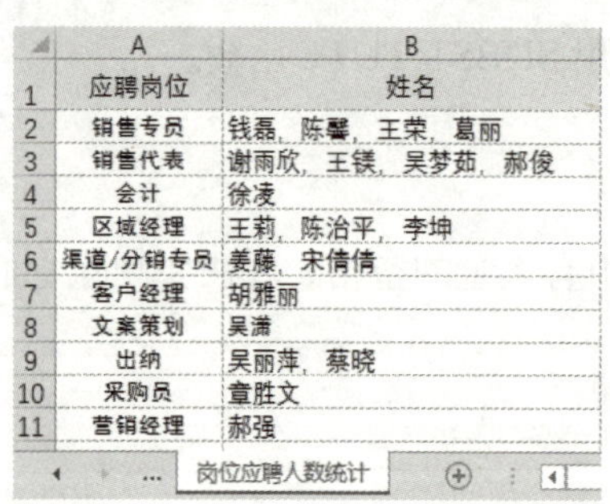

	A	B
1	应聘岗位	姓名
2	销售专员	钱磊，陈馨，王荣，葛丽
3	销售代表	谢雨欣，王镁，吴梦茹，郝俊
4	会计	徐凌
5	区域经理	王莉，陈治平，李坤
6	渠道/分销专员	姜藤，宋倩倩
7	客户经理	胡雅丽
8	文案策划	吴潇
9	出纳	吴丽萍，蔡晓
10	采购员	章胜文
11	营销经理	郝强

岗位应聘人数统计

图 6-11

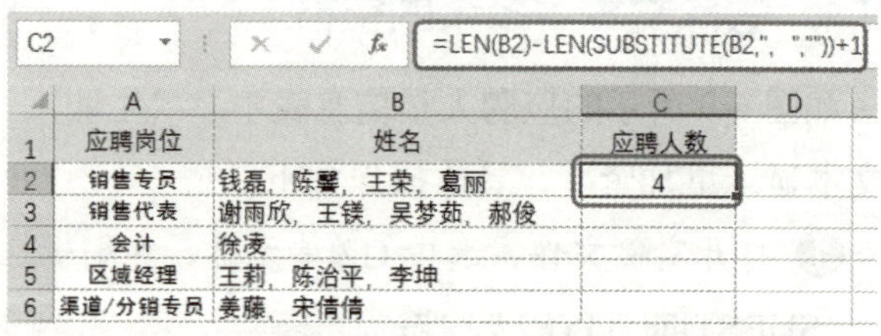

C2 =LEN(B2)-LEN(SUBSTITUTE(B2,"，",""))+1

	A	B	C	D
1	应聘岗位	姓名	应聘人数	
2	销售专员	钱磊，陈馨，王荣，葛丽	4	
3	销售代表	谢雨欣，王镁，吴梦茹，郝俊		
4	会计	徐凌		
5	区域经理	王莉，陈治平，李坤		
6	渠道/分销专员	姜藤，宋倩倩		

图 6-12

❸ 选中 C2 单元格，向下填充公式即可实现对其他应聘岗位人数的统计。

公式解析

“LEN(B2)”函数用于统计 B2 单元格字符的总长度，“LEN(SUBSTITUTE(B2,"，",""))”这一部分用于统计取消“逗号”之后的字符长度。二者差值即为逗号的个数，而最终逗号的个数加 1 即为应聘岗位的人数。

本例巧妙地运用了统计逗号数量的方法来统计人数，需要注意的是公式参数中的逗号和单元格文本的逗号应是一个状态下输入的，要区分中英文。

6.3 LOOKUP 查找

LOOKUP 函数可从单行、单列区域或者从一个数组返回值，它具有两种语法形式：向量形式和数组形式。

向量表示只含一行或一列的区域。而向量形式表示在单行或单列区域中查找值，然后返回第二个单行或单列区域中相同位置的值，语法 1（向量型）如下。

LOOKUP(lookup_value, lookup_vector, [result_vector])

- lookup_value：表示 LOOKUP 在第一个向量中搜索的值，它可以是数字、文本、逻辑值、名称或对值的引用。
- lookup_vector：表示只包含一行或一列的区域，它的值可以是文本、数字或逻辑值。
- result_vector：可选。只包含一行或一列的区域，它必须与 lookup_vector 参数大小相同。

数组形式在数组的第一行或第一列中查找指定的值，并返回数组最后一行或最后一列内同一位置的值，语法 2（数组型）如下。

LOOKUP(lookup_value, array)

- lookup_value：表示 LOOKUP 在数组中搜索的值。它可以是数字、文本、逻辑值、名称或对值的引用。
- array：表示包含要与 lookup_value 进行比较的文本、数字或逻辑值的单元格区域。

6.3.1 查找指定员工的基本工资

如图 6-13 所示的员工工资表，记录了员工的所属部门和基本工资，现在要求快速查找指定员工的基本工资，具体操作如下。

	A	B	C	D	E	F
1	姓名	所属部门	基本工资		姓名	基本工资
2	刘志飞	销售部	800			
3	何许诺	财务部	2500			
4	崔娜	企划部	1800			
5	林成瑞	企划部	2500			
6	童磊	网络安全部	2000			
7	徐志林	销售部	800			
8	何忆婷	网络安全部	3000			
9	高攀	行政部	1500			
10	陈佳佳	销售部	2200			
11	陈怡	财务部	1500			
12	周蓓	销售部	800			
13	夏慧	企划部	1800			
14	韩文信	销售部	800			
15						

图 6-13

❶ 打开实例文件，单击 A 列中的任意单元格，在“数据”选项卡“排序和筛选”选项组中单击“升序”按钮（如图 6-14 所示），让表格中的数据按照姓名升序排列。

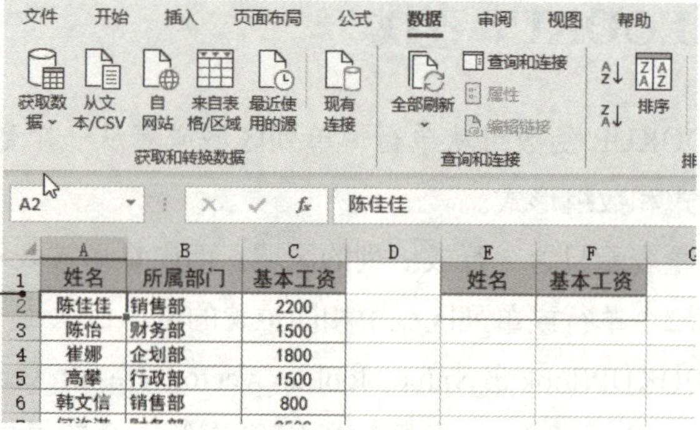

注意：

利用 LOOKUP 函数查询时，一定要对数据表进行排序，其规则是：按第一列的数据升序排列。

A2 ｜ 陈佳佳

	A	B	C	D	E	F
1	姓名	所属部门	基本工资		姓名	基本工资
2	陈佳佳	销售部	2200			
3	陈怡	财务部	1500			
4	崔娜	企划部	1800			
5	高攀	行政部	1500			
6	韩文信	销售部	800			

图 6-14

❷ 在 E2 单元格中输入“周蓓”，然后选中 F2 单元格，在编辑栏中输入公式：

=LOOKUP(E2, A2:A14,C2:C14)

❸ 按 Enter 键即查询到“周蓓”的基本工资，如图 6-15 所示。

❹ 在 E2 单元格中输入其他员工的姓名，如“高攀”，按 Enter 键即得到“高攀”的基本工资，如图 6-16 所示。

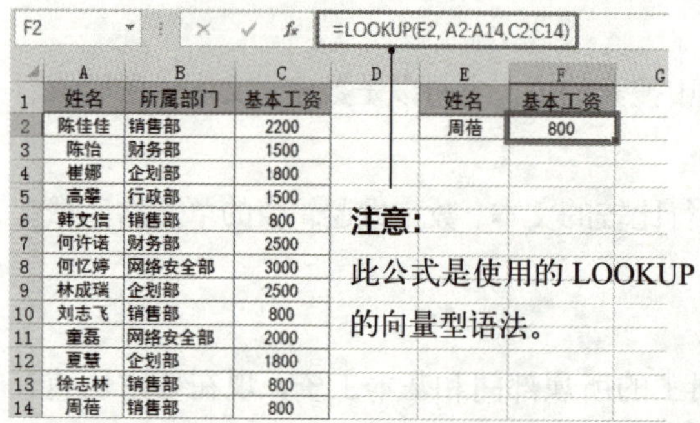

F2 ｜ =LOOKUP(E2, A2:A14,C2:C14)

	A	B	C	D	E	F
1	姓名	所属部门	基本工资		姓名	基本工资
2	陈佳佳	销售部	2200		周蓓	800
3	陈怡	财务部	1500			
4	崔娜	企划部	1800			
5	高攀	行政部	1500			
6	韩文信	销售部	800			
7	何许诺	财务部	2500			
8	何忆婷	网络安全部	3000			
9	林成瑞	企划部	2500			
10	刘志飞	销售部	800			
11	童磊	网络安全部	2000			
12	夏慧	企划部	1800			
13	徐志林	销售部	800			
14	周蓓	销售部	800			

注意：

此公式是使用的 LOOKUP 的向量型语法。

图 6-15

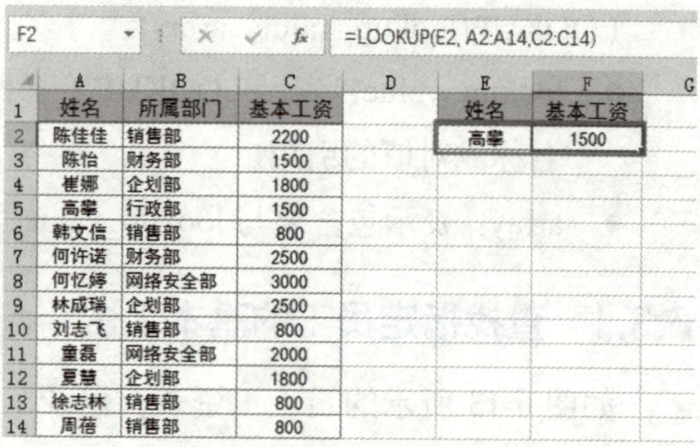

F2 ｜ =LOOKUP(E2, A2:A14,C2:C14)

	A	B	C	D	E	F
1	姓名	所属部门	基本工资		姓名	基本工资
2	陈佳佳	销售部	2200		高攀	1500
3	陈怡	财务部	1500			
4	崔娜	企划部	1800			
5	高攀	行政部	1500			
6	韩文信	销售部	800			
7	何许诺	财务部	2500			
8	何忆婷	网络安全部	3000			
9	林成瑞	企划部	2500			
10	刘志飞	销售部	800			
11	童磊	网络安全部	2000			
12	夏慧	企划部	1800			
13	徐志林	销售部	800			
14	周蓓	销售部	800			

图 6-16

6.3.2 LOOKUP 代替 IF 函数的多层嵌套

如图 6-17 所示的表格统计了公司员工的考核成绩，满分 150 分。需要设置公式一次性对成绩做出评定，评定标准建立在 E1:G6 单元格区域中。

	A	B	C	D	E	F	G
1	姓名	成绩	等次		评定标准		
2	王志远	146			分数段	分段最低分	等次
3	张佳琪	123			0≤分数＜90	0	不及格
4	周新蓓	117			90≤分数＜120	90	及格
5	夏子玉	120			120≤分数＜140	120	良好
6	侯欣怡	135			140≤分数	140	优秀
7	陈水蓓	109					
8	周明轩	98					
9	齐明珠	89					
10	裴小波	127					
11	张清芳	82					
12	韩启发	123					
13	韩庆宇	139					

图 6-17

实例中的评定标准可以使用 IF 函数来实现，将公式设置为如下这种形式即可：

=IF(AND(B2>=0,B2<90),”不及格”,IF(B2<120,”及格 ",IF(B2<140," 良好 "," 优秀 ")))

但是在实际工作中，可能有更多层的判断条件，如果使用 IF 函数不断嵌套，那么公式既烦琐又容易出错，所以下面使用 LOOKUP 函数实现评定标准，具体操作如下。

❶ 打开实例文件，选中 C2 单元格，在编辑栏中输入以下公式：

= LOOKUP(B2,$F$3:$G$6)

❷ 按 Enter 键，即可返回该员工成绩等次，如图 6-18 所示。

❸ 选中 C2 单元格，向下填充公式至 C13 单元格，即可得到如图 6-19 所示的评定结果。

C2 =LOOKUP(B2,$F$3:$G$6)

	A	B	C	D	E	F	G
1	姓名	成绩	等次		评定标准		
2	王志远	146	优秀		分数段	分段最低分	等次
3	张佳琪	123			0≤分数<90	0	不及格
4	周新蓓	117			90≤分数<120	90	及格
5	夏子玉	120			120≤分数<140	120	良好
6	侯欣怡	135			140≤分数	140	优秀
7	陈水蓓	109					
8	周明轩	98					
9	齐明珠	89					
10	裴小波	127					
11	张清芳	82					
12	韩启发	123					
13	韩庆宇	139					

图 6-18

	A	B	C	D	E	F	G
1	姓名	成绩	等次		评定标准		
2	王志远	146	优秀		分数段	分段最低分	等次
3	张佳琪	123	良好		0≤分数<90	0	不及格
4	周新蓓	117	及格		90≤分数<120	90	及格
5	夏子玉	120	良好		120≤分数<140	120	良好
6	侯欣怡	135	良好		140≤分数	140	优秀
7	陈水蓓	109	及格				
8	周明轩	98	及格				
9	齐明珠	89	不及格				
10	裴小波	127	良好				
11	张清芳	82	不及格				
12	韩启发	123	良好				
13	韩庆宇	139	良好				

图 6-19

公式解析

通过比较可以发现，使用 IF 函数与 LOOKUP 函数返回的结果都是一样的。虽然使用 IF 函数写公式难度不大，但是公式中的嵌套层数较多，对解读和维护公式带来了很大的困难，所以首选还是 LOOKUP 函数更合适。

如果觉得建立辅助列标识影响表格的外观，可以将其删除，用常量数组替代它，公式为：

=LOOKUP(B2,{0," 不及格 ";90," 及格 ";120," 良好 ";140," 优秀 "})

6.4 跨表查找匹配

VLOOKUP 函数在表格或数值数组的首行查找指定的数值，并由此返回表格或数组当前行中指定列处的值，其函数语法如下。

VLOOKUP(lookup_value, table_array, col_index_num, [range_lookup])

- lookup_value：表示要在表格或区域的第一列中搜索的值。lookup_value 参数可以是值或引用。
- table_array ：表示包含数据的单元格区域。可以使用对区域或区域名称的引用。
- col_index_num：表示 table_array 参数中必须返回的匹配值的列号。
- range_lookup ： 可选。一个逻辑值，指定希望 VLOOKUP 查找精确匹配值还是近似匹配值。

在 Excel 中解决查询匹配问题的方法很多，其中使用 VLOOKUP 函数就是最常用的方法之一。VLOOKUP 函数的工作过程就像查字典一样，首先确定要查找的音节，然后在音节索引首列找到该音节，接着确定音节所在页码，最后在正文对应页码中找到对应的汉字。VLOOKUP 函数也经历了类似的几个步骤完成工作。

6.4.1 建立考核成绩信息查询表

例如在如图 6-20 所示的员工培训成绩统计表中，参与培训的员工很多，为方便快捷地查看任意员工的成绩，可以建立一个查询表，只要输入员工的姓名就可以查询到该员工的各项成绩，具体操作如下。

员工培训成绩统计表

基本资料				课程得分							统计分析			
编号	部门	姓名	性别	营销策略	沟通与团队	顾客心理	市场开拓	商务礼仪	商务英语	专业技能	总成绩	平均成绩	合格情况	名次
RY2-2	销售部	陈佳佳	女	79	75	74	90	80	84	85	567	81	二次培训	18
RY2-3	财务部	陈怡	女	82	83	81	82	81	85	84	578	82.57	合格	13
RY1-3	财务部	崔娜	男	77	87	87	88	83	77	81	580	82.86	二次培训	11
RY2-1	设计部	高攀	男	88	90	88	88	86	85	80	605	86.43	合格	3
RY2-7	销售部	葛丽	女	87	85	80	83	80	84	81	580	82.86	二次培训	11
RY2-6	设计部	韩文信	男	82	83	81	82	85	85	83	581	83	合格	10
RY3-1	设计部	韩燕	女	81	82	82	81	81	82	82	571	81.57	合格	17
RY3-4	销售部	郝艳艳	女	82	83	89	82	81	85	83	585	83.57	合格	8
RY1-2	财务部	何许诺	男	90	87	76	87	76	98	88	602	86	合格	4
RY1-7	销售部	何忆婷	女	82	83	81	82	81	85	83	577	82.43	合格	14
RY3-6	销售部	李君浩	男	92	78	91	74	85	78	89	587	83.86	二次培训	7
RY1-4	销售部	林成瑞	女	90	87	76	87	76	98	88	602	86	合格	4
RY3-2	销售部	刘江波	男	82	83	83	72	91	81	81	573	81.86	二次培训	16
RY1-1	销售部	刘志飞	男	87	88	87	91	87	90	79	609	87	合格	2
RY3-7	销售部	苏诚	男	82	83	88	82	88	85	83	591	84.43	合格	6
RY3-5	财务部	陶莉莉	女	82	83	81	82	81	85	83	577	82.43	合格	14
RY1-5	销售部	童磊	男	92	90	91	78	85	88	88	612	87.43	合格	1
RY3-3	销售部	王磊	男	84	76	80	97	84	74	88	583	83.29	二次培训	9

图 6-20

❶ 打开实例文件，复制表格的列标识，并粘贴到空白位置，也可以在一张新工作表中建立查询表。这里为了方便显示和学习，本例在当前工作表中建立查询表，如图 6-21 所示。

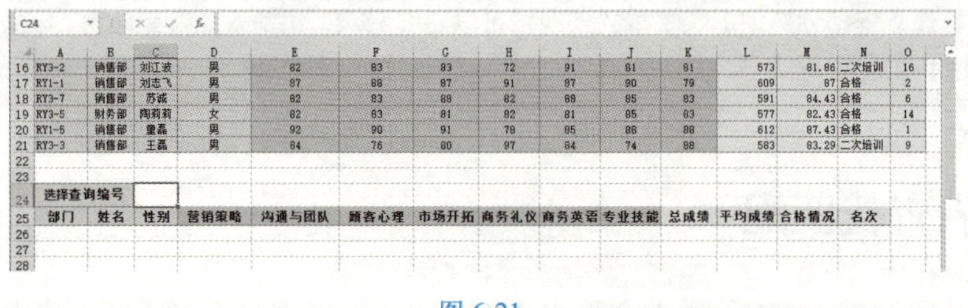

RY3-2	销售部	刘江波	男	82	83	83	72	91	81	81	573	81.86	二次培训	16
RY1-1	销售部	刘志飞	男	87	88	87	91	87	90	79	609	87	合格	2
RY3-7	销售部	苏诚	男	82	83	88	82	88	85	83	591	84.43	合格	6
RY3-5	财务部	陶莉莉	女	82	83	81	82	81	85	83	577	82.43	合格	14
RY1-5	销售部	童磊	男	92	90	91	78	85	88	88	612	87.43	合格	1
RY3-3	销售部	王磊	男	84	76	80	97	84	74	88	583	83.29	二次培训	9
选择查询编号														
部门	姓名	性别	营销策略	沟通与团队	顾客心理	市场开拓	商务礼仪	商务英语	专业技能	总成绩	平均成绩	合格情况	名次	

图 6-21

❷ 选中 C24 单元格，在“数据”选项卡的“数据工具”组中单击“数据验证”命令按钮，打开“数据验证”对话框，选择“允许”条件为“序列”，如图 6-22 所示。

❸ 单击“来源”右侧的拾取器按钮，回到工作表中选择源表的“编号”列作为序列的来源，如图 6-23 所示。

❹ 选择后，单击拾取器回到“数据验证”对话框中，如图 6-24 所示。单击“确定”按钮完成设置，这时单击 C24 单元格右侧的下拉按钮，可以在此列表中任意选择想要查询的员工的编号，如图 6-25 所示。

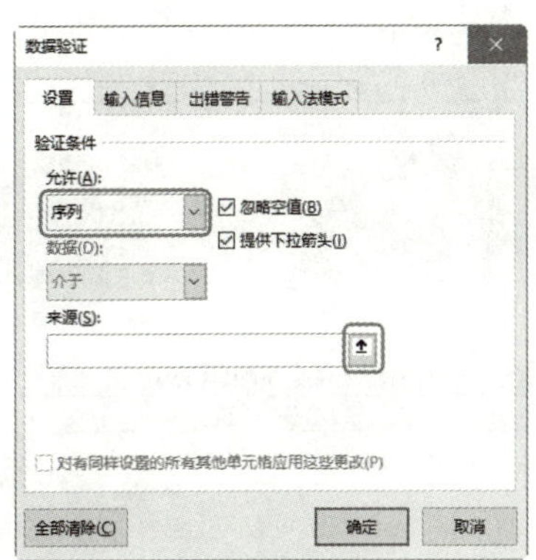

图 6-22

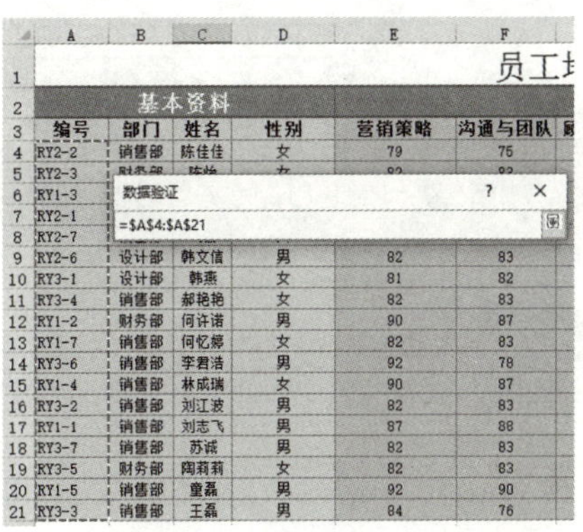

图 6-23

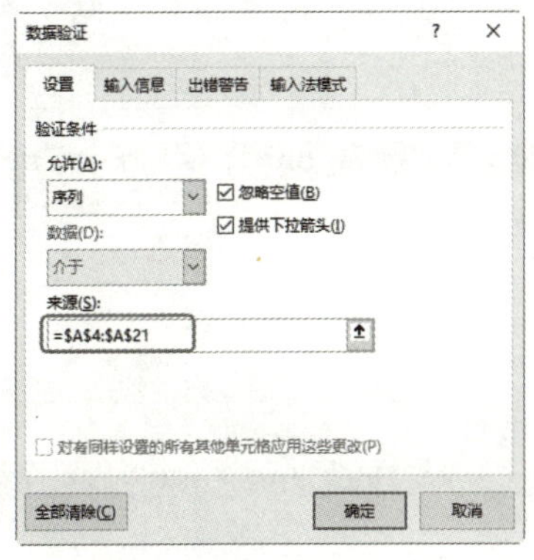

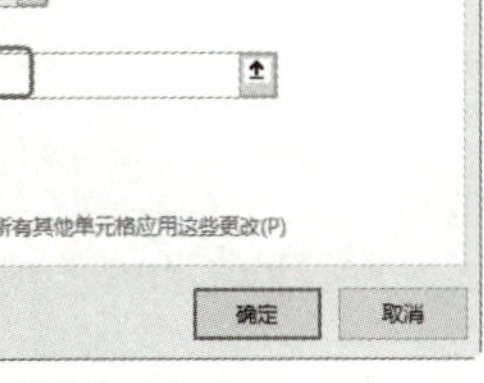

图 6-24

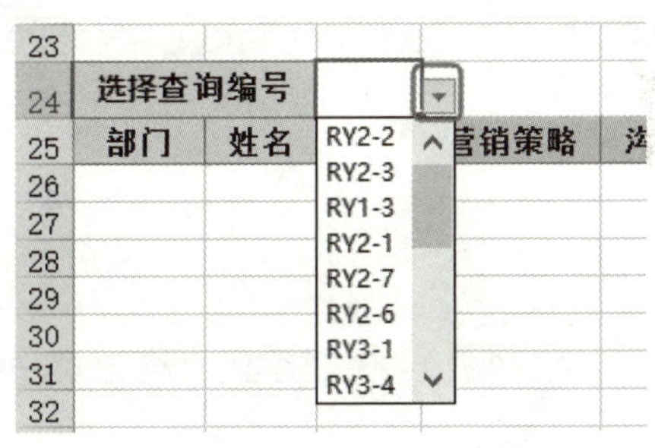

图 6-25

❺ 选中 A26 单元格，在编辑栏中输入公式

= VLOOKUP($C$24,$A$3:$O$21,COLUMN(B1),FALSE)

❻ 按 Enter 键，即可返回 C24 单元格中编辑的员工对应的部门，如图 6-26 所示。

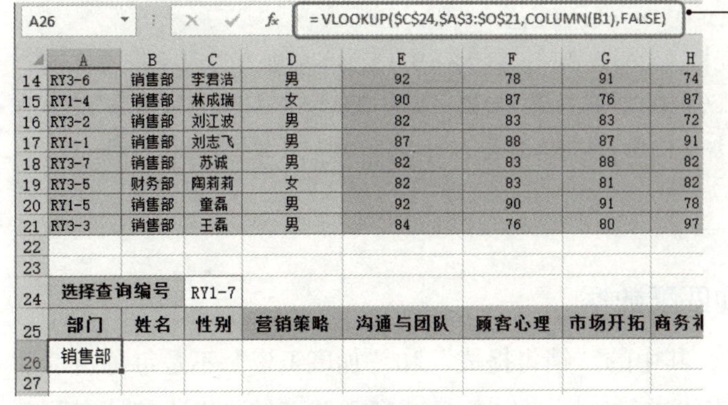

图 6-26

注意：

建立的公式是要向右复制的，所以必须注意对数据源的引用方式。这里查找的对象及用于查找的区域都是不变的，所以都使用了绝对引用方式。而唯一变化的就是要对返回哪一列上的值加以指定，此处使用了“COLUMN(B1)”，此用法将在后续公式解析中做出讲解。

❼ 选中 A26 单元格，向右填充公式至 N26 单元格，依次返回 C24 单元格中编号的员工的姓名、性别、成绩等各项数据，如图 6-27 所示。

A26 =VLOOKUP($C$24,$A$3:$O$21,COLUMN(B1),FALSE)

	A	B	C	D	E	F	G	H	I	J	K	L	M	N	O
14	RY3-6	销售部	李君浩	男	92	78	91	74	85	78	89	587	83.86	二次培训	7
15	RY1-4	销售部	林成瑞	女	90	87	76	87	76	98	88	602	86	合格	4
16	RY3-2	销售部	刘江波	男	82	83	83	72	91	81	81	573	81.86	二次培训	16
17	RY1-1	销售部	刘志飞	男	87	88	87	91	87	90	79	609	87	合格	2
18	RY3-7	销售部	苏诚	男	82	83	88	82	88	85	83	591	84.43	合格	6
19	RY3-5	财务部	陶莉莉	女	82	83	81	82	81	85	83	577	82.43	合格	14
20	RY1-5	销售部	童磊	男	92	90	91	78	85	88	88	612	87.43	合格	1
21	RY3-3	销售部	王磊	男	84	76	80	97	84	74	88	583	83.29	二次培训	9
22															
23															
24	选择查询编号		RY1-7												
25	部门	姓名	性别	营销策略	沟通与团队	顾客心理	市场开拓	商务礼仪	商务英语	专业技能	总成绩	平均成绩	合格情况	名次	
26	销售部	何忆婷	女	82	83	81	82	81	85	83	577	82.43	合格	14	
27															
28															

图 6-27

❽ 要查看其他员工的成绩时，只需要在 C24 单元格中重新选择员工的编号即可迅速查看，如图 6-28 和图 6-29 所示。

23														
24	选择查询编号		RY3-2											
25	部门	姓名	性别	营销策略	沟通与团队	顾客心理	市场开拓	商务礼仪	商务英语	专业技能	总成绩	平均成绩	合格情况	名次
26	销售部	刘江波	男	82	83	83	72	91	81	81	573	81.86	二次培训	16
27														
28														

图 6-28

23														
24	选择查询编号		RY1-5											
25	部门	姓名	性别	营销策略	沟通与团队	顾客心理	市场开拓	商务礼仪	商务英语	专业技能	总成绩	平均成绩	合格情况	名次
26	销售部	童磊	男	92	90	91	78	85	88	88	612	87.43	合格	1
27														
28														

图 6-29

公式解析

这是 VLOOKUP 函数套用 COLUMN 函数最典型的例子。如果仅要返回单个值，那么手动输入要返回值的那一列的列号即可，公式中也不必使用绝对引用。因为要通过复制公式得到批量结果，所以才要使用此种设计。下面讲解 COLUMN 函数的用法。

COLUMN 函数表示返回指定单元格引用的列号。COLUMN(B1) 返回的值则为“2”，即“销售部”位于 $A$3:$O$21 这个区域的第 2 列，随着公式向右复制，会依次变为 COLUMN(C1)（返回值是“3”）、COLUMN(D1) （返回值是“4”），这正得到了批量复制公式而又不必逐一更改此参数的目的。

6.4.2 VLOOKUP 多表联动匹配数据

如图 6-30 所示的员工工资表，其中的“销售提成”和“加班工资”不是每位员工都具有，所以一般都会建立单独的表格进行核算，如图 6-31 所示为“销售提成统计表”，如图 6-32 所示为“加班费统计表”。在月末进行工资核算时，需要将这些数据都匹配到工资表中来，具体操作如下。

❶ 打开实例文件，选中 E2 单元格，在编辑栏中输入部分公式（如图 6-33 所示）：

=VLOOKUP(A2,

	A	B	C	D	E	F	G	H
1	姓名	所属部门	基本工资	工龄工资	销售提成	加班工资	满勤奖金	应发合计
2	刘志飞	销售部	800	400			0	
3	何许诺	财务部	2500	400			500	
4	崔娜	企划部	1800	200			0	
5	林成瑞	企划部	2500	800			0	
6	童磊	网络安全部	2000	400			0	
7	徐志林	销售部	800	400			500	
8	何忆婷	网络安全部	3000	500			0	
9	高攀	行政部	1500	300			0	
10	陈佳佳	销售部	2200	0			500	
11	陈怡	财务部	1500	0			0	
12	周蓓	销售部	800	300			0	
13	夏慧	企划部	1800	900			0	
14	韩文信	销售部	800	900			0	
15	葛丽	行政部	1500	100			0	
16	张小河	网络安全部	2000	1000			0	
17	韩燕	销售部	800	900			0	
18	刘江波	行政部	1500	500			0	
19	王磊	行政部	1500	400			0	
20	郝艳艳	销售部	800	400			500	
21	陶莉莉	网络安全部	2000	700			0	
22	李君浩	销售部	800	800			0	
23	苏诚	销售部	2300	600			0	

图 6-30

	A	B	C	D
1	4月份销售提成统计			
2	姓名	所属部门	销售金额	提成
3	刘志飞	销售部	75800	6064
4	徐志林	销售部	105260	8420.8
5	周蓓	销售部	45000	2250
6	韩文信	销售部	96000	7680
7	韩燕	销售部	55000	4400
8	郝艳艳	销售部	25000	1250
9	李君浩	销售部	32000	1600
10	苏诚	销售部	198000	15840

销售提成统计表 | 加班费统计表 | 工资表

图 6-31

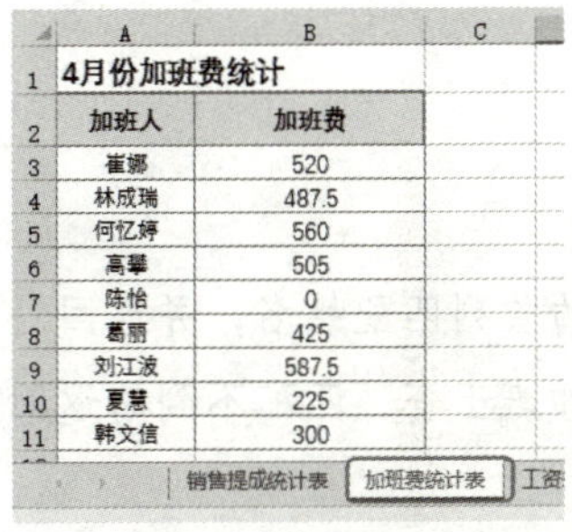

	A	B
1	4月份加班费统计	
2	加班人	加班费
3	崔娜	520
4	林成瑞	487.5
5	何忆婷	560
6	高攀	505
7	陈怡	0
8	葛丽	425
9	刘江波	587.5
10	夏慧	225
11	韩文信	300

销售提成统计表 | 加班费统计表 | 工资

图 6-32

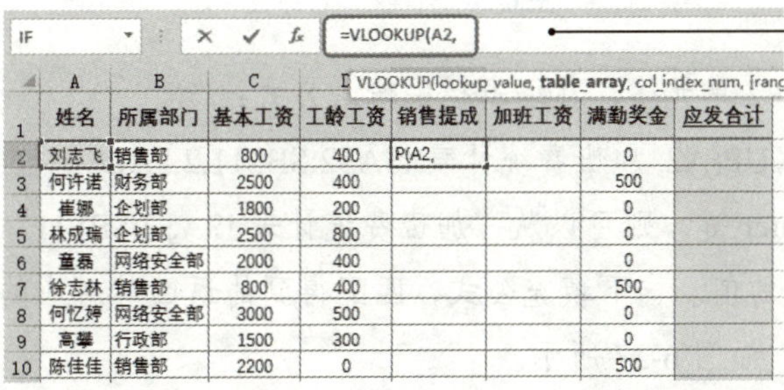

IF | =VLOOKUP(A2,

VLOOKUP(lookup_value, table_array, col_index_num, [rang

	A	B	C	D	E	F	G	H
1	姓名	所属部门	基本工资	工龄工资	销售提成	加班工资	满勤奖金	应发合计
2	刘志飞	销售部	800	400	P(A2,		0	
3	何许诺	财务部	2500	400			500	
4	崔娜	企划部	1800	200			0	
5	林成瑞	企划部	2500	800			0	
6	童磊	网络安全部	2000	400			0	
7	徐志林	销售部	800	400			500	
8	何忆婷	网络安全部	3000	500			0	
9	高攀	行政部	1500	300			0	
10	陈佳佳	销售部	2200	0			500	

注意：

表示以A2为匹配对象。

图 6-33

❷ 切换到“销售提成统计表”工作表，选中数据区域A2:D10。即表示在这个区域的首列中查找匹配信息，如图6-34所示。

❸ 公式后面的参数要指定在匹配区域中返回那一列上的值，即返回A2:D10区域中的第4列上的值，最后的参数是FALSE精准匹配，如图6-35所示。

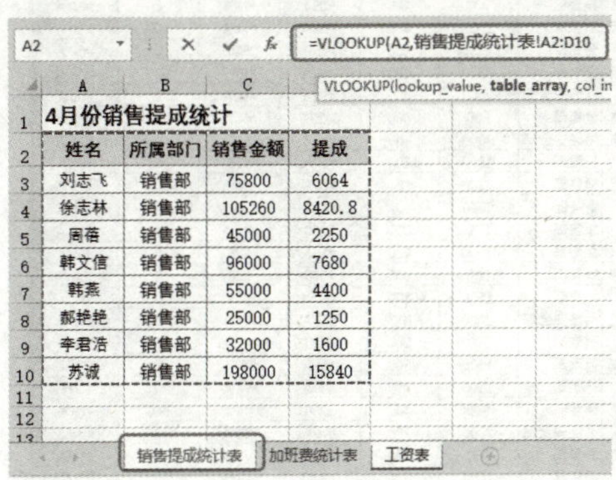

A2 | =VLOOKUP(A2,销售提成统计表!A2:D10

VLOOKUP(lookup_value, table_array, col_in

	A	B	C	D
1	4月份销售提成统计			
2	姓名	所属部门	销售金额	提成
3	刘志飞	销售部	75800	6064
4	徐志林	销售部	105260	8420.8
5	周蓓	销售部	45000	2250
6	韩文信	销售部	96000	7680
7	韩燕	销售部	55000	4400
8	郝艳艳	销售部	25000	1250
9	李君浩	销售部	32000	1600
10	苏诚	销售部	198000	15840

销售提成统计表 | 加班费统计表 | 工资表

图 6-34

E2 | =VLOOKUP(A2,销售提成统计表!A2:D10,4,FALSE)

	A	B	C	D	E	F	G	H
1	姓名	所属部门	基本工资	工龄工资	销售提成	加班工资	满勤奖金	应发合计
2	刘志飞	销售部	800	400	6064		0	
3	何许诺	财务部	2500	400			500	
4	崔娜	企划部	1800	200			0	
5	林成瑞	企划部	2500	800			0	
6	童磊	网络安全部	2000	400			0	
7	徐志林	销售部	800	400			500	
8	何忆婷	网络安全部	3000	500			0	
9	高攀	行政部	1500	300			0	
10	陈佳佳	销售部	2200	0			500	
11	陈怡	财务部	1500	0			0	
12	周蓓	销售部	800	300			0	
13	夏慧	企划部	1800	900			0	
14	韩文信	销售部	800	900			0	

销售提成统计表 | 加班费统计表 | 工资表

图 6-35

❹ 选中 E2 单元格，向下填充公式，但是并未得到其他员工的销售提成金额，而是返回错误值“#N/A”。这是因为如果公式要向下复制完成批量计算，那么需要将之前选中的查找区域的引用更改为绝对引用方式，如图 6-36 所示。

E2 =VLOOKUP(A2,销售提成统计表!$A$2:$D$10,4,FALSE)

	A	B	C	D	E	F	G	H
1	姓名	所属部门	基本工资	工龄工资	销售提成	加班工资	满勤奖金	应发合计
2	刘志飞	销售部	800	400	6064		0	
3	何许诺	财务部	2500	400	#N/A		500	
4	崔娜	企划部	1800	200	#N/A		0	
5	林成瑞	企划部	2500	800	#N/A		0	
6	童磊	网络安全部	2000	400	#N/A		0	
7	徐志林	销售部	800	400	8420.8		500	
8	何忆婷	网络安全部	3000	500	#N/A		0	
9	高攀	行政部	1500	300	#N/A		0	
10	陈佳佳	销售部	2200	0	#N/A		500	
11	陈怡	财务部	1500	0	#N/A		0	
12	周蓓	销售部	800	300	2250		0	
13	夏慧	企划部	1800	900	#N/A		0	
14	韩文信	销售部	800	900	7680		0	
15	葛丽	行政部	1500	100	#N/A		0	
16	张小河	网络安全部	2000	1000	#N/A		0	
17	韩燕	销售部	800	900	4400		0	
18	刘江波	行政部	1500	500	#N/A		0	
19	王磊	行政部	1500	400	#N/A		0	
20	郝艳艳	销售部	800	400	1250		500	
21	陶莉莉	网络安全部	2000	700	#N/A		0	
22	李君浩	销售部	800	800	1600		0	
23	苏诚	销售部	2300	600	15840		0	

注意：

此时对匹配区域的引用变为绝对引用方式。另外，如果仍显示“#N/A”错误值，是因为无法匹配到信息。

图 6-36

❺ 选中 F2 单元格，在编辑栏中输入公式：

= VLOOKUP(A2, 加班费统计表 !$A$2:$B$11,2,FALSE)

❻ 按 Enter 键，则可以从“加班费统计表 !$A$2:$B$11”的首列匹配姓名，并返回对应在第 2 列上的值。向下填充公式，匹配得到的返回其对应的加班工资，匹配不到的返回错误值 #N/A，如图 6-37 所示。

通过前面几步的查找匹配操作可以看出，能匹配到的返回正确的值，而匹配不到的则返回错误值“#N/A”。但是任由错误值的存在，那么会给后面的求和计算带来错误，如图 6-38 所示，即利用 SUM 函数进行最终工资的核算时也出现了错误值“#N/A”，所以还需要在 VLOOKUP 函数的外层嵌套一个函数来解决此问题。

F2 =VLOOKUP(A2,加班费统计表!$A$2:$B$11,2,FALSE)

	A	B	C	D	E	F	G	H
1	姓名	所属部门	基本工资	工龄工资	销售提成	加班工资	满勤奖金	应发合计
2	刘志飞	销售部	800	400	6064	#N/A	0	
3	何许诺	财务部	2500	400	#N/A	#N/A	500	
4	崔娜	企划部	1800	200	#N/A	520	0	
5	林成瑞	企划部	2500	800	#N/A	487.5	0	
6	童磊	网络安全部	2000	400	#N/A	#N/A	0	
7	徐志林	销售部	800	400	8420.8	#N/A	500	
8	何忆婷	网络安全部	3000	500	#N/A	560	0	
9	高攀	行政部	1500	300	#N/A	505	0	
10	陈佳佳	销售部	2200	0	#N/A	#N/A	500	
11	陈怡	财务部	1500	0	#N/A	0	0	
12	周蓓	销售部	800	300	2250	#N/A	0	
13	夏慧	企划部	1800	900	#N/A	225	0	
14	韩文信	销售部	800	900	7680	300	0	
15	葛丽	行政部	1500	100	#N/A	425	0	
16	张小河	网络安全部	2000	1000	#N/A	#N/A	0	
17	韩燕	销售部	800	900	4400	#N/A	0	
18	刘江波	行政部	1500	500	#N/A	587.5	0	
19	王磊	行政部	1500	400	#N/A	#N/A	0	
20	郝艳艳	销售部	800	400	1250	#N/A	500	
21	陶莉莉	网络安全部	2000	700	#N/A	#N/A	0	
22	李君浩	销售部	800	800	1600	#N/A	0	
23	苏诚	销售部	2300	600	15840	#N/A	0	

图 6-37

	A	B	C	D	E	F	G	H
1	姓名	所属部门	基本工资	工龄工资	销售提成	加班工资	满勤奖金	应发合计
2	刘志飞	销售部	800	400	6064	#N/A	0	#N/A
3	何许诺	财务部	2500	400	#N/A	#N/A	500	#N/A
4	崔娜	企划部	1800	200	#N/A	520	0	#N/A
5	林成瑞	企划部	2500	800	#N/A	487.5	0	#N/A
6	童磊	网络安全部	2000	400	#N/A	#N/A	0	#N/A
7	徐志林	销售部	800	400	8420.8	#N/A	500	#N/A
8	何忆婷	网络安全部	3000	500	#N/A	560	0	#N/A
9	高攀	行政部	1500	300	#N/A	505	0	#N/A
10	陈佳佳	销售部	2200	0	#N/A	#N/A	500	#N/A
11	陈怡	财务部	1500	0	#N/A	0	0	#N/A
12	周蓓	销售部	800	300	2250	#N/A	0	#N/A
13	夏慧	企划部	1800	900	#N/A	225	0	#N/A
14	韩文信	销售部	800	900	7680	300	0	9680.00
15	葛丽	行政部	1500	100	#N/A	425	0	#N/A
16	张小河	网络安全部	2000	1000	#N/A	#N/A	0	#N/A
17	韩燕	销售部	800	900	4400	#N/A	0	#N/A
18	刘江波	行政部	1500	500	#N/A	587.5	0	#N/A
19	王磊	行政部	1500	400	#N/A	#N/A	0	#N/A
20	郝艳艳	销售部	800	400	1250	#N/A	500	#N/A
21	陶莉莉	网络安全部	2000	700	#N/A	#N/A	0	#N/A
22	李君浩	销售部	800	800	1600	#N/A	0	#N/A
23	苏诚	销售部	2300	600	15840	#N/A	0	#N/A

图 6-38

❼ 将 E2 单元格的公式更改为：

=IFERROR(VLOOKUP(A2, 销售提成统计表 !$A$2:$D$10,4,FALSE),"")

❽ 按 Enter 键，然后向下填充公式，可以看到所有匹配不的不再显示“#N/A”，而显示为空值，如图 6-39 所示。

❾ 按相同的方法将 F2 单元格的公式更改为：

=IFERROR(VLOOKUP(A2, 加班费统计表 !$A$2:$B$11,2,FALSE),"")

❿ 按 Enter 键，然后向下填充公式。随着 F 列公式的更改，可看到“应发合计”列的计算数据也能正确显示出来了，如图 6-40 所示。

E2 =IFERROR(VLOOKUP(A2,销售提成统计表!$A$2:$D$10,4,FALSE),"")

	A	B	C	D	E	F	G	H
1	姓名	所属部门	基本工资	工龄工资	销售提成	加班工资	满勤奖金	应发合计
2	刘志飞	销售部	800	400	6064	#N/A	0	#N/A
3	何许诺	财务部	2500	400		#N/A	500	#N/A
4	崔娜	企划部	1800	200		520	0	2520.00
5	林成瑞	企划部	2500	800		487.5	0	3787.50
6	童磊	网络安全部	2000	400		#N/A	0	#N/A
7	徐志林	销售部	800	400	8420.8	#N/A	500	#N/A
8	何忆婷	网络安全部	3000	500		560	0	4060.00
9	高攀	行政部	1500	300		505	0	2305.00
10	陈佳佳	销售部	2200	0		#N/A	500	#N/A
11	陈怡	财务部	1500	0		0	0	1500.00
12	周蓓	销售部	800	300	2250	#N/A	0	#N/A
13	夏慧	企划部	1800	900		225	0	2925.00
14	韩文信	销售部	800	900	7680	300	0	9680.00
15	葛丽	行政部	1500	100		425	0	2025.00
16	张小河	网络安全部	2000	1000		#N/A	0	#N/A
17	韩燕	销售部	800	900	4400	#N/A	0	#N/A
18	刘江波	行政部	1500	500		587.5	0	2587.50
19	王磊	行政部	1500	400		#N/A	0	#N/A
20	郝艳艳	销售部	800	400	1250	#N/A	500	#N/A
21	陶莉莉	网络安全部	2000	700		#N/A	0	#N/A
22	李君浩	销售部	800	800	1600	#N/A	0	#N/A
23	苏诚	销售部	2300	600	15840	#N/A	0	#N/A

图 6-39

F2 =IFERROR(VLOOKUP(A2,加班费统计表!$A$2:$B$11,2,FALSE),"")

	A	B	C	D	E	F	G	H
1	姓名	所属部门	基本工资	工龄工资	销售提成	加班工资	满勤奖金	应发合计
2	刘志飞	销售部	800	400	6064		0	7264.00
3	何许诺	财务部	2500	400			500	3400.00
4	崔娜	企划部	1800	200		520	0	2520.00
5	林成瑞	企划部	2500	800		487.5	0	3787.50
6	童磊	网络安全部	2000	400			0	2400.00
7	徐志林	销售部	800	400	8420.8		500	10120.80
8	何忆婷	网络安全部	3000	500		560	0	4060.00
9	高攀	行政部	1500	300		505	0	2305.00
10	陈佳佳	销售部	2200	0			500	2700.00
11	陈怡	财务部	1500	0		0	0	1500.00
12	周蓓	销售部	800	300	2250		0	3350.00
13	夏慧	企划部	1800	900		225	0	2925.00
14	韩文信	销售部	800	900	7680	300	0	9680.00
15	葛丽	行政部	1500	100		425	0	2025.00
16	张小河	网络安全部	2000	1000			0	3000.00
17	韩燕	销售部	800	900	4400		0	6100.00
18	刘江波	行政部	1500	500		587.5	0	2587.50
19	王磊	行政部	1500	400			0	1900.00
20	郝艳艳	销售部	800	400	1250		500	2950.00
21	陶莉莉	网络安全部	2000	700			0	2700.00
22	李君浩	销售部	800	800	1600		0	3200.00
23	苏诚	销售部	2300	600	15840		0	18740.00

图 6-40

公式解析

IFERROR 函数是一个信息函数，它用于判断指定数据是否为任何错误值。所以在本例中把它嵌套在 VLOOKUP 函数的外层，表示当 VLOOKUP 函数因为匹配不到而返回错误值时，IFERROR 函数就将它输出为空值。

6.5 INDEX+MATCH 组合查找

INDEX 函数返回表格或区域中的值或值的引用，返回哪个位置的值由参数来指定，其函数语法包括数组型和引用型。

INDEX 函数语法 1（数组型）如下。

INDEX(array, row_num, [column_num])

- array：表示单元格区域或数组常量。
- row_num：表示选择数组中的某行，函数从该行返回数值。
- column_num：可选。选择数组中的某列，函数从该列返回数值。

INDEX 函数语法 2（引用型）如下。

INDEX(reference, row_num, [column_num], [area_num])

- reference： 表示对一个或多个单元格区域的引用。

- row_num：表示引用中某行的行号，函数从该行返回一个引用。
- column_num：可选。引用中某列的列标，函数从该列返回一个引用。
- area_num：可选。选择引用中的一个区域，以从中返回 row_num 和 column_num 的交叉区域。选中或输入的第一个区域序号为 1，第二个为 2，以此类推。如果省略 area_num，则函数 INDEX 使用区域 1。

MATCH 函数用于返回在指定方式下与指定数值匹配的数组中元素的相应位置，函数语法如下。

MATCH(lookup_value,lookup_array,match_type)

- lookup_value：需要在数据表中查找的数值。
- lookup_value：可能包含所要查找数值的连续单元格区域。
- match_type：可为数字 -1、0 或 1，指明如何在 lookup_array 中查找 lookup_value。当 match_type 为 1 或省略时，函数查找小于或等于 lookup_ value 的最大数值，lookup_array 必须按升序排列；如果 match_type 为 0，函数查找等于 lookup_value 的第一个数值，lookup_array 可以按任何顺序排列；如果 match_type 为 -1，函数查找大于或等于 lookup_value 的最小值，lookup_array 必须按降序排列。

INDEX+MATCH 函数是一组经典的查找组合。MATCH 函数可以返回指定内容所在的位置，而 INDEX 又可以根据指定位置查询到该位置所对应的数据。MATCH 函数返回的是一个位置值，单独使用不具备太大意义，因此人们常使用 MATCH 函数查询位置，再把它嵌套作为 INDEX 的参数，从而实现查找满足条件的数据。

在 VLOOKUP 函数的例子中，使用 INDEX+MATCH 函数也可以轻松实现查询匹配。例如图 6-41 所示的匹配查询，可以使用 VLOOKUP 函数实现。而使用 INDEX+MATCH 函数也可以轻松实现匹配查询，如图 6-42 所示。

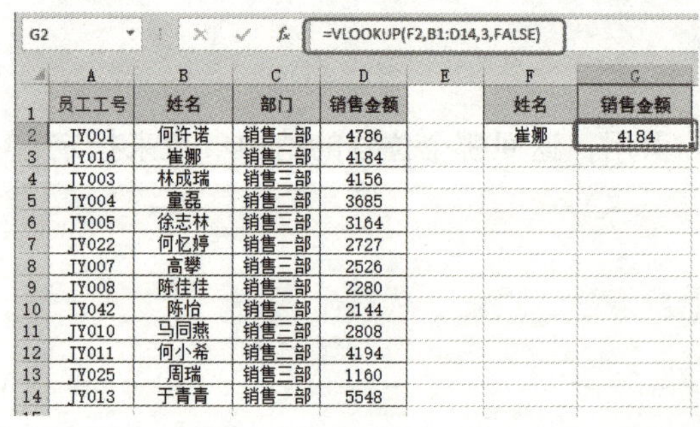

G2 =VLOOKUP(F2,B1:D14,3,FALSE)

	A	B	C	D	E	F	G
1	员工工号	姓名	部门	销售金额		姓名	销售金额
2	JY001	何许诺	销售一部	4786		崔娜	4184
3	JY016	崔娜	销售二部	4184			
4	JY003	林成瑞	销售三部	4156			
5	JY004	童磊	销售二部	3685			
6	JY005	徐志林	销售三部	3164			
7	JY022	何忆婷	销售一部	2727			
8	JY007	高攀	销售三部	2526			
9	JY008	陈佳佳	销售二部	2280			
10	JY042	陈怡	销售一部	2144			
11	JY010	马同燕	销售三部	2808			
12	JY011	何小希	销售二部	4194			
13	JY025	周瑞	销售三部	1160			
14	JY013	于青青	销售一部	5548			

图 6-41

G2 =INDEX($A$1:$D$14,MATCH(F2,B1:B14,0),4)

	A	B	C	D	E	F	G
1	员工工号	姓名	部门	销售金额		姓名	销售金额
2	JY001	何许诺	销售一部	4786		崔娜	4184
3	JY016	崔娜	销售二部	4184			
4	JY003	林成瑞	销售三部	4156			
5	JY004	童磊	销售二部	3685			
6	JY005	徐志林	销售三部	3164			
7	JY022	何忆婷	销售一部	2727			
8	JY007	高攀	销售三部	2526			
9	JY008	陈佳佳	销售二部	2280			
10	JY042	陈怡	销售一部	2144			
11	JY010	马同燕	销售三部	2808			
12	JY011	何小希	销售二部	4194			
13	JY025	周瑞	销售三部	1160			
14	JY013	于青青	销售一部	5548			

图 6-42

6.5.1 INDEX+MATCH 应对多条件查找

如果进行单条件查找，VLOOKUP 函数与 INDEX+MATCH 组合都可以达到相同的目的，但要进行双条件查找，INDEX+MATCH 组合则更加具备优势。

如图 6-43 所示的销售记录表中，记录了每个系列第一季度的销售金额，现在要求查看指定系列、指定月份的销售金额，具体操作如下。

❶ 打开实例文件，选中 C9 单元格，在编辑栏中输入公式：

=INDEX(B2:D5,MATCH(A9,A2:A5,0),MATCH(B9,B1:D1,0))

❷ 按 Enter 键即得到返回满足条件的销售金额，如图 6-44 所示。

	A	B	C	D	E
1	系列	1月	2月	3月	
2	绿茶补水	34950	20781	10090	
3	水嫩倍现	12688	15358	20740	
4	草本精粹	38616	23122	11130	
5	气韵焕白	19348	28290	30230	
6					
7					

图 6-43

C9 =INDEX(B2:D5,MATCH(A9,A2:A5,0),MATCH(B9,B1:D1,0))

	A	B	C	D
1	系列	1月	2月	3月
2	绿茶补水	34950	20781	10090
3	水嫩倍现	12688	15358	20740
4	草本精粹	38616	23122	11130
5	气韵焕白	19348	28290	30230
6				
7				
8	系列	月份	销售金额	
9	水嫩倍现	2月	15358	
10				

图 6-44

6.5.2 INDEX+MATCH 应用逆向查找

下面表格中统计了每位销售员的销售金额，现在想查询总金额最高的销售员，可以使用“INDEX +MATCH”函数来建立公式，具体操作如下。

❶ 打开实例文件，选中 C11 单元格，在编辑栏中输入公式：

=INDEX(A2:A9,MATCH(MAX(D2:D9),D2:D9,0))

❷ 按“Enter”键返回的是最高总金额对应的销售员，如图 6-45 所示。

C11 =INDEX(A2:A9,MATCH(MAX(D2:D9),D2:D9,0))

	A	B	C	D
1	销售员	1月	2月	总金额(万)
2	程丽莉	54.4	82.34	136.74
3	姜玲玲	73.6	50.4	124
4	李正飞	163.5	77.3	240.8
5	刘洁	45.32	56.21	101.53
6	卢云志	98.09	43.65	141.74
7	欧群	84.6	38.65	123.25
8	苏娜	112.8	102.45	215.25
9	杨明霞	132.76	23.1	155.86
10				
11	总金额最高的销售员		李正飞	

图 6-45

公式解析

首先使用 MAX 函数返回 D2:D9 单元格区域中的最大值，接着用 MATCH 函数查找最大值位于 D2:D9 单元格区域中的位置，即返回的是一个位置值。最后再使用 INDEX 函数返回在 A2:A9 单元格区域中所对应“位置值”的销售员姓名。

前面学习的 LOOKUP 函数与 VLOOKUP 函数一般都是从首列进行查找，如果想实现反向查找则比较麻烦，而使用 INDEX+MATCH 组合则可以非常方便地实现逆向查找。

Excel

第 7 章

图表提升数据可视化效果

7.1 大数据与图表

再有价值的数据不经分析就只是一“堆”数据而已，通过分析才能得到有价值的结论，让数据变得更加实用，而可视化效果则可以让结果变得更加直观。图表是“数据可视化”常用的手段，可以形象地表示正文所述的结果。

一张制作完善的图表至少具有如下几个方面的作用。

● 迅速传达信息。

这是应用图表的首要目的，能一目了然地反映数据的特点和内在规律，在较小的空间里能承载较多有用的结论，为决策提供辅助。

● 直接专注重点。

让数据结论可视化，瞬间将重点传入脑海，摒弃非重点信息，提升工作效率。

● 塑造可信度。

真实数据传达给人的是专业性与信任感。而图表是服务于数据的，将数据转换化为图表会增强数据传达的可视化效果。

● 使信息的表达鲜明生动。

图表让枯燥的数据更加生动，无论是撰写报告还是商务演示，制作精良的商务图表能在传达信息的同时丰富版面效果。

如图 7-1 所示，既是分析报表，又运用了多个图形。通过下面的图表，相信每个人都能直观地感受到图表的可视化效果有多强大，它远比纯数据给人脑海留下的印象深刻得多，同时它也比纯数据更易阅读，是决策者、企业客户所乐于接受的表达方式。

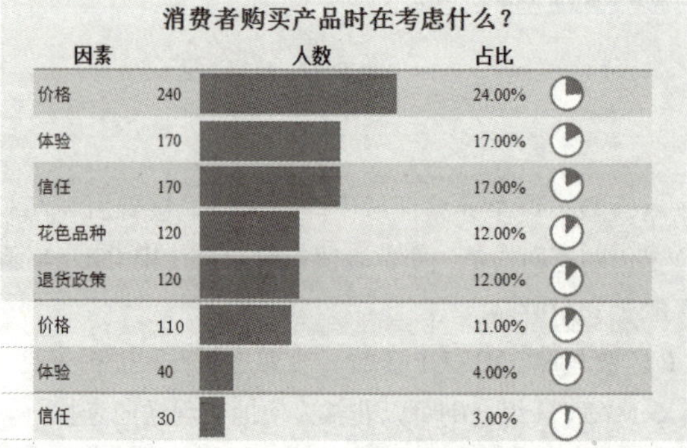

消费者购买产品时在考虑什么？

因素	人数	占比
价格	240	24.00%
体验	170	17.00%
信任	170	17.00%
花色品种	120	12.00%
退货政策	120	12.00%
价格	110	11.00%
体验	40	4.00%
信任	30	3.00%

图 7-1

7.2 用数据分析的办法获取作图数据

图表本身不具备数据分析能力，它只能对数据起到一个直观反映的作用。如果想得到适宜的分析图表，所以需要根据实际目的去收集、整理，乃至分析数据。这是作为一个数据分析人员必备的基本素质。

比如下面是某一个旅游特产营销店铺的例子，现在需要为本月的销售情况写一份营销报告，要求报告的分析重点体现在 3 个方面：

- 分析哪 10 种单品最畅销；
- 分析哪个价格区间商品最畅销；
- 各系列商品本月销售额占比。

目前手头上所拥有的只有一张销售数据明细表，如图 7-2 所示。

	A	B	C	D	E	F	G	H	I	J	K
1	日期	单号	产品编号	系列	产品名称	规格（克）	数量	销售单价	销售额	折扣	交易金额
2	5/1	0800001	AQ12003	大麻花	大麻花（奶香）	250	6	12.8	76.8	1	76.8
3	5/1	0800001	AQ12001	大麻花	大麻花（蛋黄）	180	5	9.9	49.5	1	49.5
4	5/1	0800001	AE14008	其他旅游	合肥公和狮子头	250	2	15.9	31.8	1	31.8
5	5/1	0800001	AQ12003	大麻花	大麻花（奶香）	250	5	12.8	64	1	64
6	5/1	0800002	AH15001	灌肠	灌肠（大灌肠）	200	2	22.8	45.6	1	45.6
7	5/1	0800002	AL16002	北京果脯	北京果脯（红李）	180	2	18.5	37	1	37
8	5/1	0800003	AP11006	驴打滚	驴打滚（混装礼盒）	800	25	49.8	1245	0.9	1120.5
9	5/1	0800003	AL16001	北京果脯	北京果脯（黄桃）	180	45	18.5	832.5	0.9	749.25
10	5/1	0800004	AQ12001	大麻花	大麻花（蛋黄）	180	4	9.9	39.6	0.95	37.62
11	5/1	0800004	AH15001	灌肠	灌肠（大灌肠）	200	4	22.8	91.2	0.95	86.64
12	5/1	0800004	AL16002	北京果脯	北京果脯（红李）	180	5	18.5	92.5	0.95	87.875
13	5/1	0800004	AE14001	其他旅游	南国椰子糕	200	10	21.5	215	0.95	204.25
14	5/1	0800004	AH15003	灌肠	灌肠（烟熏）	200	10	22.8	228	0.95	216.6
15	5/2	0800005	AS13002	伏苓饼	伏苓饼（桂花）	500	5	21.8	109	0.95	103.55
16	5/2	0800005	AP11006	驴打滚	驴打滚（混装礼盒）	800	10	49.8	498	0.95	473.1
17	5/2	0800005	AP11003	驴打滚	驴打滚（椰丝）	200	6	11.5	69	0.95	65.55
18	5/2	0800005	AP11001	驴打滚	驴打滚（杏仁）	200	7	11.5	80.5	0.95	76.475
19	5/2	0800005	AS13001	伏苓饼	伏苓饼（花生）	500	5	21.8	109	0.95	103.55
20	5/2	0800005	AE14004	其他旅游	上海龙须酥	200	1	12.8	12.8	0.95	12.16
21	5/2	0800006	AL16003	北京果脯	北京果脯（猕猴桃）	180	50	18.5	925	0.95	878.75
22	5/2	0800007	AE14004	其他旅游	上海龙须酥	200	2	12.8	25.6	1	25.6
23	5/2	0800007	AL16001	北京果脯	北京果脯（黄桃）	180	10	18.5	185	1	185
24	5/2	0800007	AS13002	伏苓饼	伏苓饼（桂花）	500	2	21.8	43.6	1	43.6
25	5/2	0800007	AS13004	伏苓饼	伏苓饼（绿豆沙）	268	2	9.8	19.6	1	19.6
26	5/2	0800007	AS13003	伏苓饼	伏苓饼（香芋）	400	2	21.8	43.6	1	43.6
27	5/2	0800008	AL16006	北京果脯	北京果脯（青苹）	300	15	18.5	277.5	1	277.5
28	5/2	0800008	AS13003	伏苓饼	伏苓饼（香芋）	400	1	21.8	21.8	1	21.8
29	5/2	0800009	AE14007	其他旅游	河南道口烧鸡	400	1	35	35	0.95	33.25
30	5/2	0800009	AS13003	伏苓饼	伏苓饼（香芋）	400	20	21.8	436	0.95	414.2
31	5/2	0800009	AL16002	北京果脯	北京果脯（红李）	180	10	18.5	185	0.95	175.75
32	5/2	0800009	AH15002	灌肠	灌肠（小灌肠）	200	2	22.8	45.6	0.95	43.32
33	5/2	0800009	AS13005	伏苓饼	伏苓饼（海苔）	268	10	9.8	98	0.95	93.1
34	5/2	0800010	AH15001	灌肠	灌肠（大灌肠）	200	5	22.8	114	1	114
35	5/3	0800011	AL16006	北京果脯	北京果脯（青苹）	300	5	18.5	92.5	1	92.5
36	5/3	0800011	AS13005	伏苓饼	伏苓饼（海苔）	268	10	9.8	98	1	98
37	5/3	0800011	AH15001	灌肠	灌肠（大灌肠）	200	12	22.8	273.6	1	273.6

说明：
为方便数据显示，当前表格只显示出部分数据。

图 7-2

上面的 3 项分析要求都能以这张销售数据明细表为基础，利用数据分析工具或函数计算得到相应的统计结果。在得到统计分析结果后，以它们为数据源来创建图表就不难了。

7.2.1 各系列商品本月销售额占比

如果要统计每种商品在本月销售额中的占比，首先要统计出各自商品销售额的合计值，然后再建立饼图达到目的。对于合计值，可以使用 SUMIF 函数来计算，具体操作如下。

❶ 打开实例文件，在数据表的右侧空白位置建立系列名标识，选中 N2 单元格，在编辑栏中输入公式：

=SUMIF($D$2:$D$234,M2,$I$2:$I$234)

❷ 按 Enter 键即可得到“伏苓饼”的总销售额，如图 7-3 所示。

❸ 选中 N2 单元格，向下填充公式至 N7 单元格，一次性得到其他商品的总销售额，如图 7-4 所示。

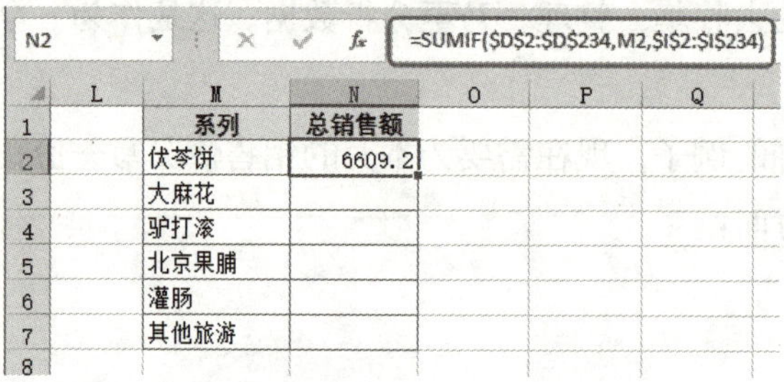

N2 =SUMIF($D$2:$D$234,M2,$I$2:$I$234)

	L	M	N	O	P	Q
1		系列	总销售额			
2		伏苓饼	6609.2			
3		大麻花				
4		驴打滚				
5		北京果脯				
6		灌肠				
7		其他旅游				
8						

图 7-3

	L	M	N	O
1		系列	总销售额	
2		伏苓饼	6609.2	
3		大麻花	6527.6	
4		驴打滚	5317.7	
5		北京果脯	6158	
6		灌肠	3420	
7		其他旅游	3314.9	
8				

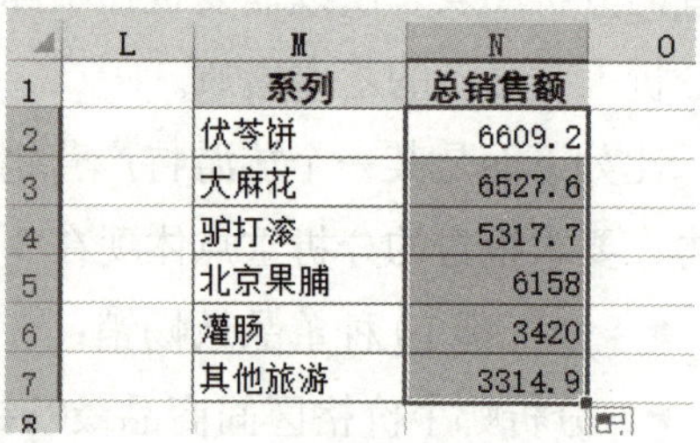

图 7-4

❹ 选中总销售额列下任意单元格，在“数据”选项卡“排序和筛选”组中单击“降序”按钮，即可实现降序排序，如图 7-5 所示。

❺ 利用此统计数据创建饼图，可以达到需要的分析目的，如图 7-6 所示。

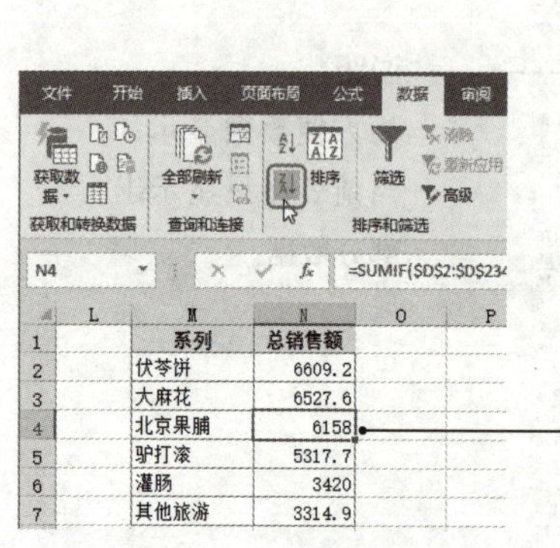

注意：排序前注意定位单元格，因为只对选中单元格所在列进行排序。

图 7-5

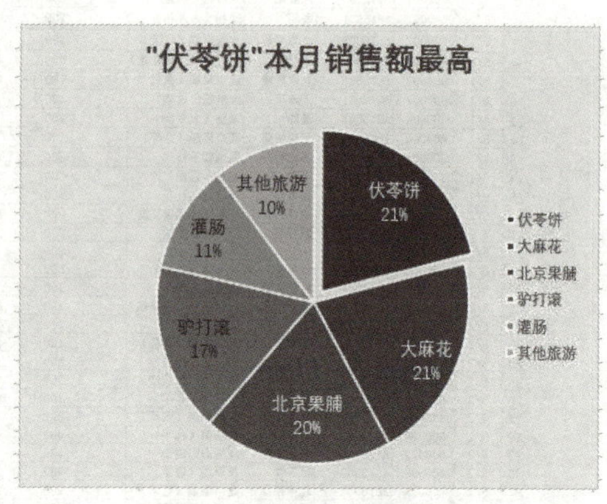

图 7-6

7.2.2 分析哪个价格区间商品最畅销

想要分析哪个价格区间的商品最畅销，需要对各个区间的销售量进行统计，区间内销售数量最多的商品为最畅销。首先对价格区间划分为若干段，如图 7-7 所示（划分标准根据实际情况而定），然后使用 DSUM 函数以设定的价格区间为条件，分别统计出对应的数量，具体操作如下。

N	O	P	Q	R	S
第一段	第二段		第三段		第四段
销售单价	销售单价	销售单价	销售单价	销售单价	销售单价
<=10	<=20	>10	<=30	>20	>30

图 7-7

❶ 打开实例文件，首先建立好行列标识，行标识为几个价格区间，选中 N7 单元格，在编辑栏中输入公式：

=DSUM（A1:K234," 数量 ",N2:N3）

❷ 按 Enter 键，则统计出小于 10 元的销售数量，如图 7-8 所示。

N7　=DSUM(A1:K234,"数量",N2:N3)

	M	N	O	P	Q	R	S
1		第一段	第二段		第三段		第四段
2		销售单价	销售单价	销售单价	销售单价	销售单价	销售单价
3		<=10	<=20	>10	<=30	>20	>30
4							
5							
6	价格区间	小于10元	10-20元	20-30元	30元以上		
7	数量	160					
8							

图 7-8

专家提示

DSUM 函数是一个数据库函数，用于返回列表或数据库中满足指定条件的记录字段（列）中的数字之和。

DSUM 函数语法：DSUM(database, field, criteria)

- database：表示构成列表或数据库的单元格区域。数据库是包含一组相关数据的列表，其中包含相关信息的行为记录，而包含数据的列为字段。列表的第一行包含每一列的标签。
- field：表示指定函数所使用的列。输入两端带双引号的列标签，如 " 使用年数 " 或 " 产量 "；或是代表列在列表中的位置的数字（不带引号）：1 表示第一列，2 表示第二列，以此类推。
- criteria：表示为包含指定条件的单元格区域。可以为参数 criteria 指定任意区域，只要此区域包含至少一个列标签，并且列标签下方包含至少一个指定列条件的单元格。

在设定条件时一定要带上与源数据相同的列标识，这样函数才能正确判断。通过上面几个公式可以看到，这些公式只是条件发生了变化，其他部分都是相同的。

❸ 选中 O7 单元格，在公式编辑栏中输入公式：

=DSUM（A1:K234," 数量 ",O2:P3）

❹ 按 Enter 键，则统计出 10-20 元的销售数量，如图 7-9 所示。

❺ 选中 P7 单元格，在公式编辑栏中输入公式：

=DSUM（A1:K234," 数量 ",Q2:R3）

❻ 按 Enter 键，则统计出 20-30 元的销售数量，如图 7-10 所示。

O7　=DSUM(A1:K234,"数量",O2:P3)

	M	N	O	P	Q	R	S
1		第一段	第二段		第三段		第四段
2		销售单价	销售单价	销售单价	销售单价	销售单价	销售单价
3		<=10	<=20	>10	<=30	>20	>30
4							
5							
6	价格区间	小于10元	10-20元	20-30元	30元以上		
7	数量	160	669				
8							

图 7-9

P7　=DSUM(A1:K234,"数量",Q2:R3)

	M	N	O	P	Q	R	S
1		第一段	第二段		第三段		第四段
2		销售单价	销售单价	销售单价	销售单价	销售单价	销售单价
3		<=10	<=20	>10	<=30	>20	>30
4							
5							
6	价格区间	小于10元	10-20元	20-30元	30元以上		
7	数量	160	669	408			
8							

图 7-10

❼ 选中 Q7 单元格，在公式编辑栏中输入公式：

=DSUM（A1:K234," 数量 ",S2:S3）

❽ 按 Enter 键，则统计出大于 30 元的销售数量，如图 7-11 所示。

Q7 | =DSUM(A1:K234,"数量",S2:S3)

	M	N	O	P	Q	R	S
1		第一段	第二段		第三段		第四段
2		销售单价	销售单价	销售单价	销售单价	销售单价	销售单价
3		<=10	<=20	>10	<=30	>20	>30
4							
5							
6	价格区间	小于10元	10-20元	20-30元	30元以上		
7	数量	160	669	408	223		
8							

图 7-11

❾ 以 M6:Q7 单元格的数据建立图表，即达到了分析目的，如图 7-12 所示。

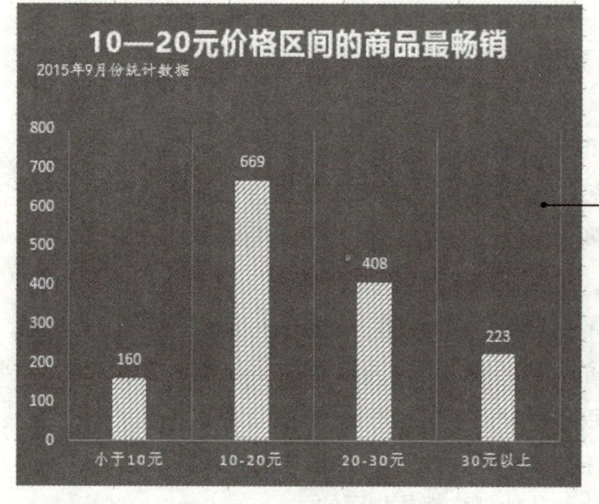

说明：

这些都是经过外观美化后的图表效果，在后面的章节中将会介绍如何通过编辑来美化图表，提升图表的视觉效果。

图 7-12

7.2.3 分析哪 10 种单品最畅销

要分析哪些单品最畅销，通常首先想到的是排序，但是由于销售明细表中一样的商品可能销售了多次，因此需要先把各个商品的销售数量统计出来，然后再进行排序，结果就一目了然了。实现对各商品销售数量的统计，可以使用数据透视表来实现。数据透视表是 Excel 中非常强大的一个数据统计工具，后面的章节中会着重进行讲解。具体操作如下。

❶ 打开实例文件，使用数据明细表创建数据透视表，然后设置“产品名称”为行标签，“数量”为数值标签，即可得到初步统计结果，如图 7-13 所示。

❷ 光标定位到“求和项”下任意单元格中，在“数据”选项卡的“排序和筛选”组中单击“降序”按钮，即可实现降序排序，如图 7-14 所示。

❸ 排序结果前 10 名的数据就是需要的目标数据。将需要的数据复制下来，如图 7-15 所示。

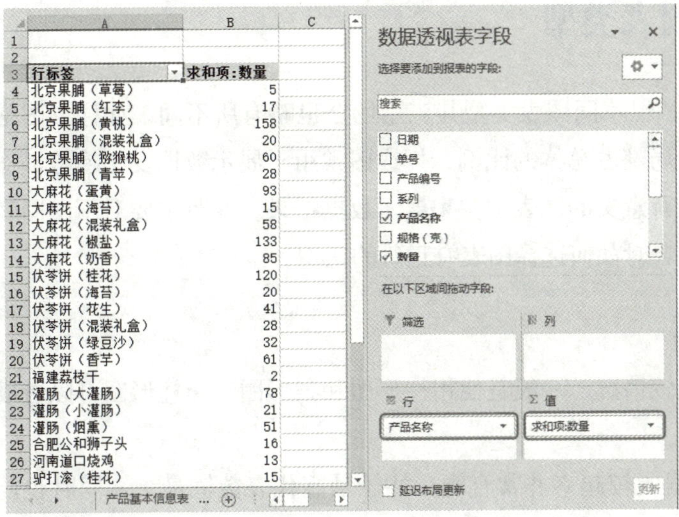

图 7-13

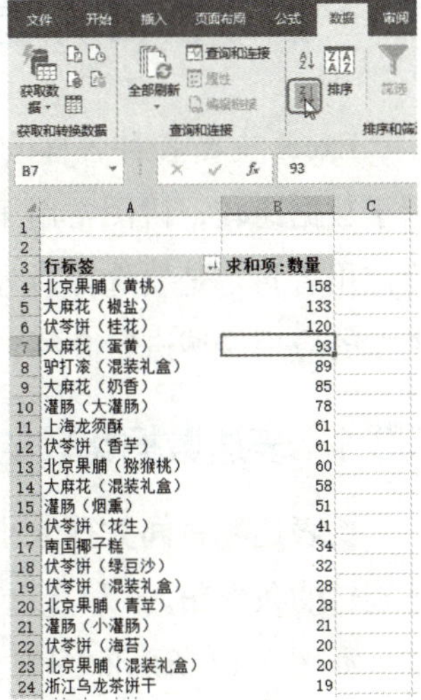

图 7-14

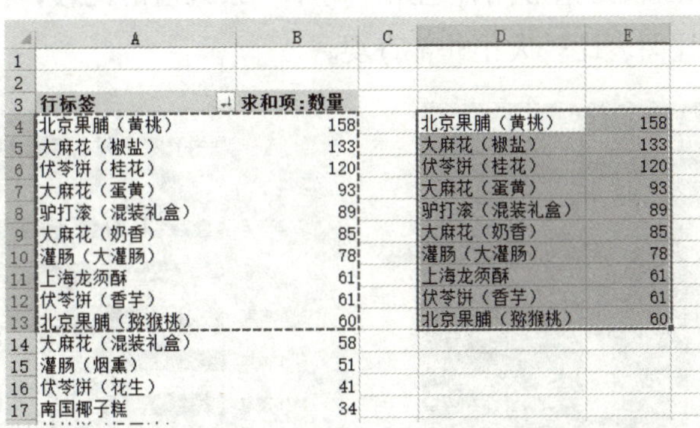

图 7-15

❹ 使用目标数据创建图表，如图 7-16 所示。

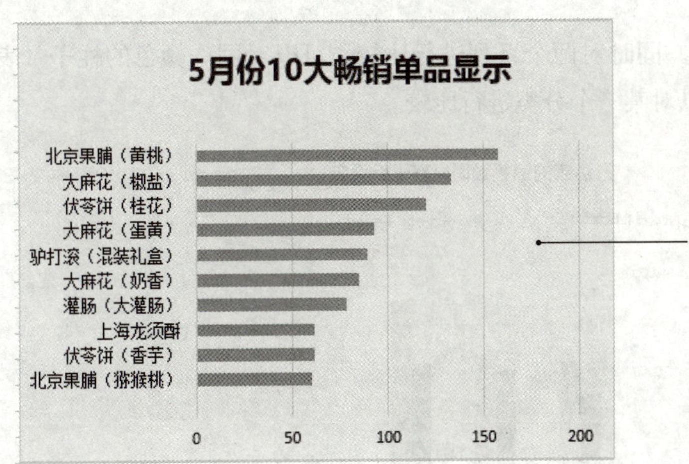

图 7-16

说明：

在创建条形图时，一般建议对数据源进行排序，这样让图表比较效果一目了然。

7.3 按分析目的选择图表类型

Excel 支持各种各样的图表，但不同图表类型其应用场合也略有所不同，如柱形图常用于数据比较，饼图常用于展示局部占总体的比例，折线图常用于展示数据变化趋势，作为使用者肯定是要选择对分析最有意义的图表类型来展示数据结果。本节主要对不同图表类型的应用领域进行介绍，让读者对如何选择图表有正确的认识。

7.3.1 表达数据比较的图表

要表达项目间数据大小的比较情况，一般是使用柱形图和条形图，而柱形图可以看成是旋转的条形图。

如图 7-17 所示的图表，数据比较起来非常直观，柱子最高代表数值最大；同时也能直观地看到各柱子间的数值差距情况。

如图 7-18 所示的图表为条形图，它用于对单个系列值的比较，在创建图表前可以对数据进行排序，从而让图表比较大小非常直观。

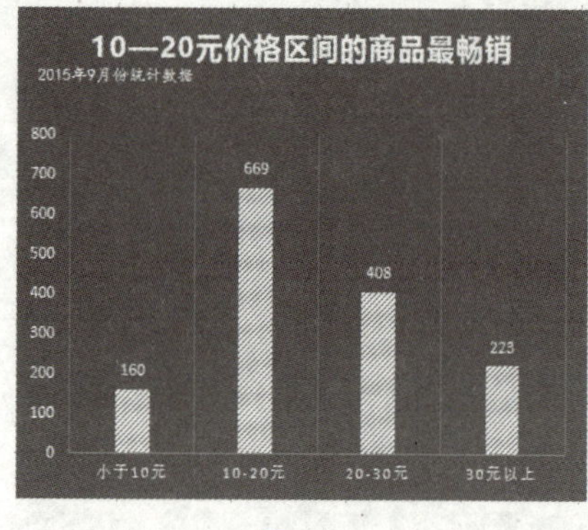

图 7-17

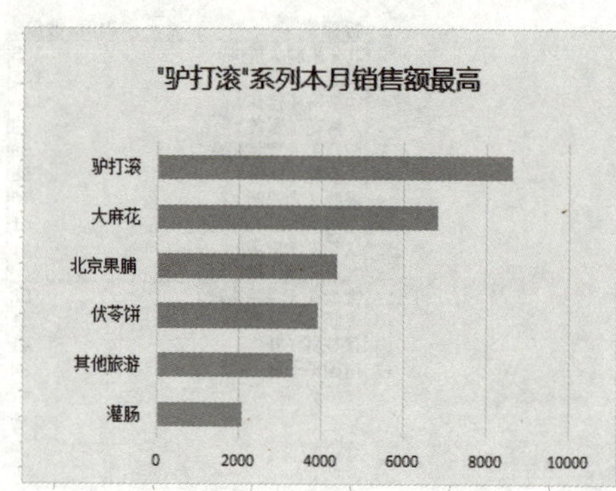

图 7- 18

如图 7-19 所示的图表，同时对两个系列进行比较，可以对同一颜色的柱子（表示同一系列）进行对比，也可以对某一个分类进行比较。

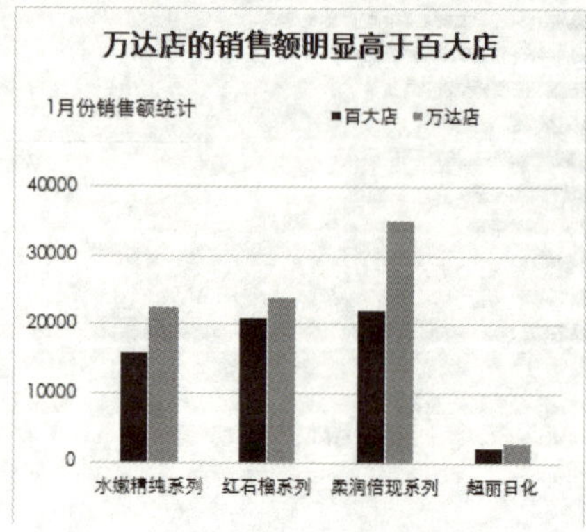

图 7-19

7.3.2 表达成分关系的图表

如果想反映出几个项目的对比情况，最典型方法的就是使用饼图。饼图用扇面的形式表达出局部占总体的比例关系。为了让所表达的信息更加醒目与直观，可以将重点表达的部分进行强调设计。

如图 7-20 所示的图表对最大的扇面使用了分离式的强调。如图 7-21 所示的图表对最小的扇面使用了色调的强调。

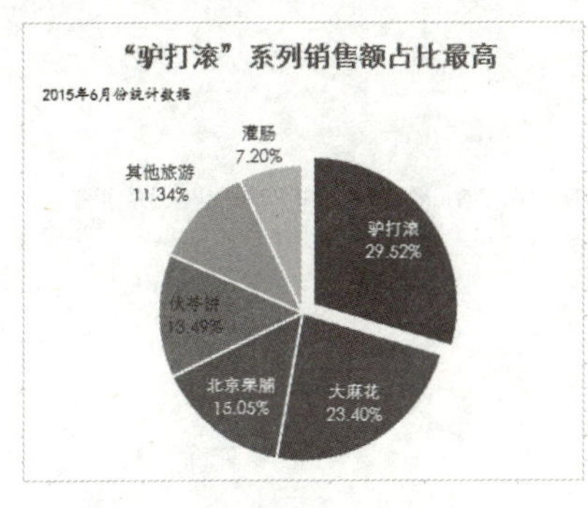

图 7-20

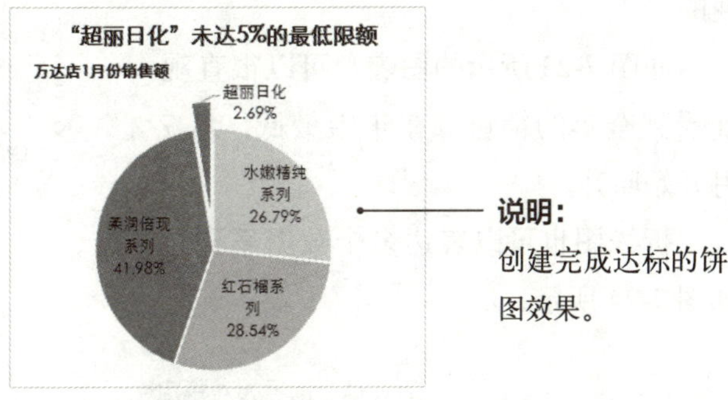

图 7-21

饼图只能用来表达单一数据局部与整体的关系，如果想利用一张图表表达多组数据局部与整体的关系，可以选择使用百分比柱形图与百分比条形图表来表达。一方面可以单看，另一方面也便于同类数据比较。

如图 7-22 所示的图表，可以同时显示两个月份中各个系列销售额的占比情况，也可以实现同系列商品在两个月中的相互比较。

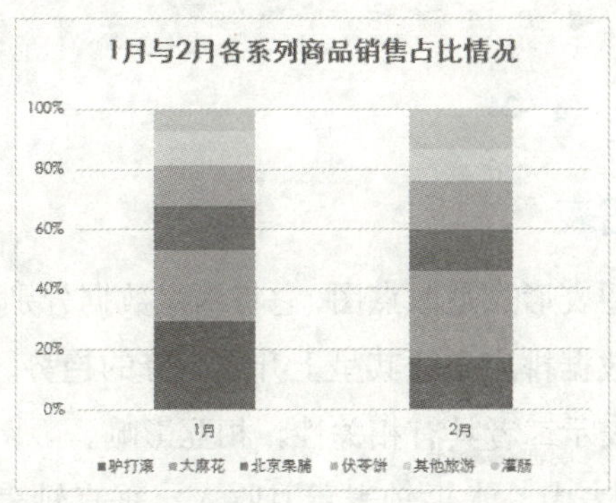

图 7-22

专家提示

用饼图时不宜多于6种成分。如果超过了6种，应该选择6种最重要的，并将未选中的部分列为"其他"范畴。因为人的眼睛习惯于顺时针方向进行观察，所以应该将最重要的部分紧靠12点钟的位置，并且使用强烈的颜色对比以显示突出（如在黑色背景下使用黄色），或者在黑色图中使用最强烈的阴影效果，还可以将此部分与其他部分分离。

7.3.3　表达时间序列的图表

在数据分析中经常需要展示事物在一定时期内的发展趋势。表达趋势关系最常用的是折线图，它可以很直观地展示出在这一期间的变化趋势，是增长的、减少的、上下波动的或是基本保持不变的。

如图 7-23 所示的图表，可以很直观地看到全年的销售额在年中最低，从 7 月开始回升。

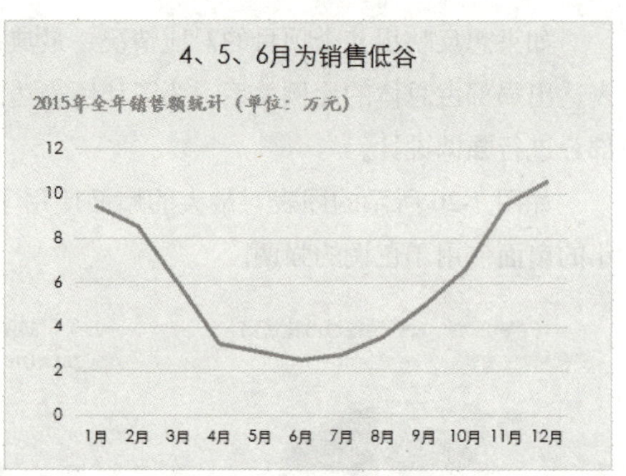

图 7-23

折线图也可以表达多个数据系列，如图 7-24 所示。

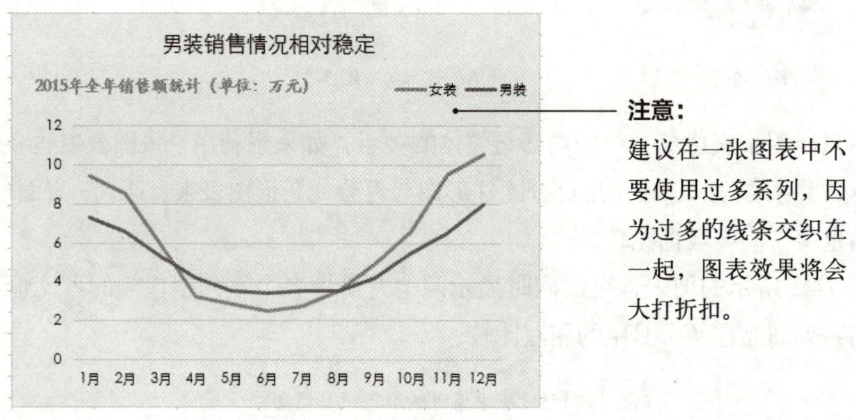

图 7-24

注意：

建议在一张图表中不要使用过多系列，因为过多的线条交织在一起，图表效果将会大打折扣。

7.3.4　表达相关性的图表

表达相关性最典型的图表形式是散点图，它将两组数据分别作为横坐标值与纵坐标值。在创建时最好对其中一组数据排序，让其呈上升或下降的趋势。如果另一组数据也呈现了上升或下降的趋势，那么表示二者具有相关性，相互影响。

在如图 7-25 所示的图表中，水平轴表示月收入，垂直轴表示月网购消费额，从图表中可以看到：并非收入越高网购消费额越高，月收入和月网购消费额并没有决定性关系。

表达相关性还有一种图表类型就是气泡图，它用于表达三者之间的关系，如图 7-26 所示的表格为三组数据，创建的图表如图 7-27 所示，图表中气泡大小代表的是工资多少，工资多气泡大，工资少气泡小，水平轴代表工作年限，垂直轴代表业绩。从图表中可以看到工资的多少与工龄的长短无关，只与业绩的高低相关。

说明：
两个线条代表两个不同的测评项。

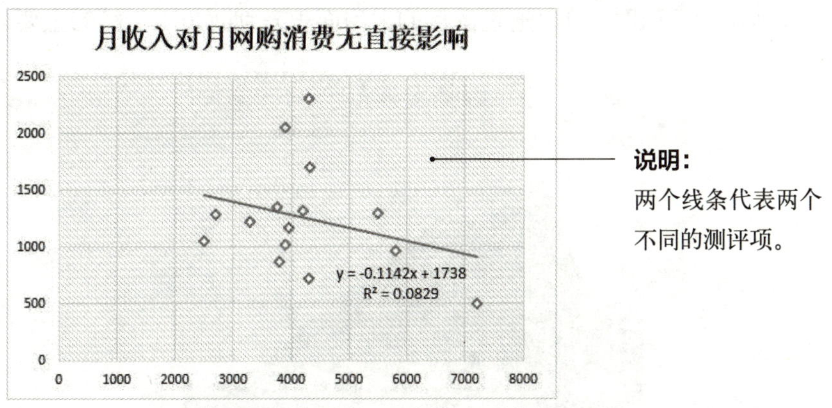

图 7-25

工作年限	业绩	工资
4	365000	43800
2	346000	41520
1	750000	90000
2	536700	64404
2	400000	48000
3	453900	54468
5	320000	38400

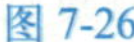

图 7-26

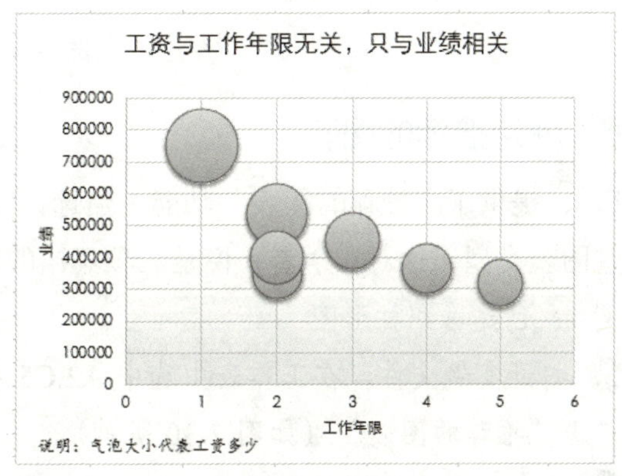

图 7-27

7.3.5 表达频率分布的图表

在进行频率分布分析时，过于少量的数据一般无太大意义，通常需要在一系列数据中去找寻规律。反映频率分布数据关系的图表通常为面积图或折线图。

如图 7-28 所示的面积图，以一年中各月在职员工人数为数据源，创建面积图显示出员工离职和入职情况，通过面积图的波动情况，可以看出一年内员工人数变化，可以看出二月是离职的高峰，而九月则是入职的高峰。

说明：
通过占用面积的大小进行判断。

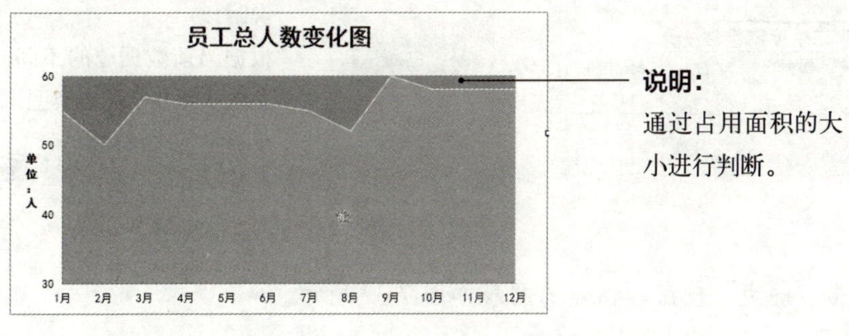

图 7-28

如图 7-29 所示的面积图，可以通过图例的占用面积来判断员工工龄的主要分布区间。

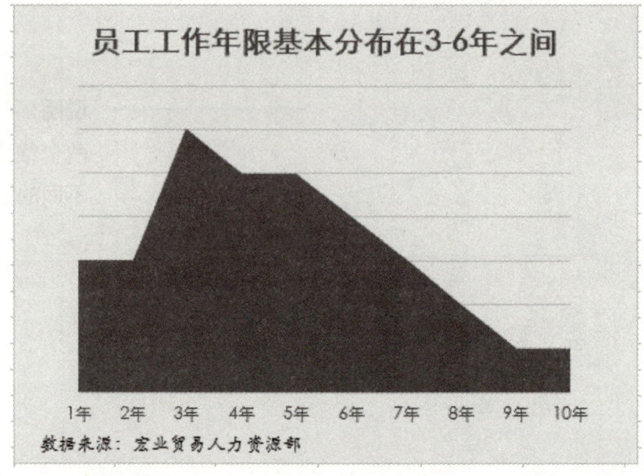

图 7-29

7.3.6 使用推荐的图表

Excel 提供了“推荐的图表”功能，当选择数据源时，Excel 会根据所选数据源推荐使用一些图表类型，这对初学者来说是一项不错的功能。具体操作如下。

例 1：创建堆积柱形图

❶ 打开实例文件，在工作表中选中 A2:C5 单元格区域，在“插入”选项卡的“图表”组中单击“推荐的图表”（如图 7-30 所示），打开“插入图表”对话框。

❷ 左侧列表中显示的都是推荐的图表，例如当前需要对各个月份的总销售收入做比较，可以选择“堆积柱形图”，如图 7-31 所示。

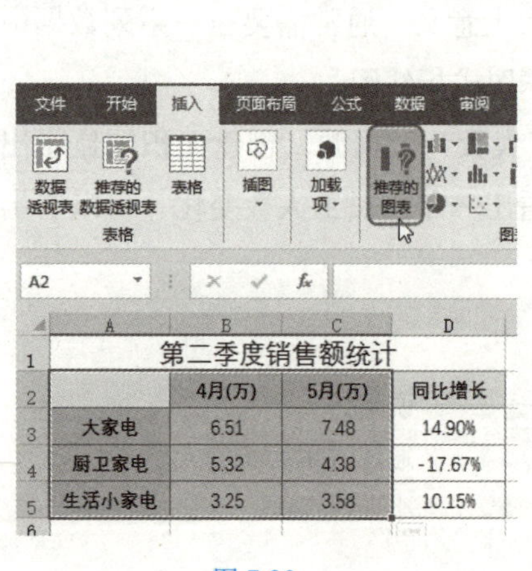

图 7-30

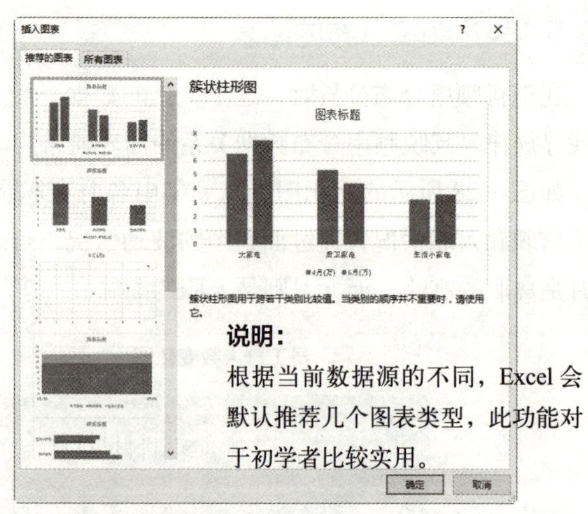

图 7-31

❸ 单击“确定”按钮，创建的图表如图 7-32 所示。

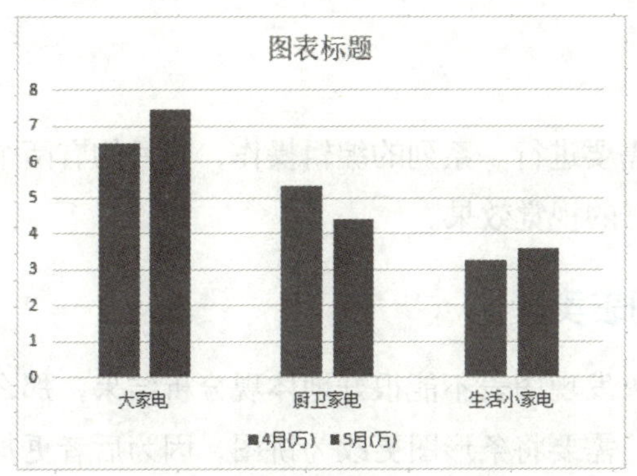

图 7-32

例 2：创建混合图表

❶ 在工作表中选中 A2:D5 单元格区域，在“插入”选项卡的“图表”组中单击“推荐的图表”（如图 7-33 所示），打开“插入图表”对话框。

❷ 此时可以看到推荐了混合型的图表，如图 7-34 所示。

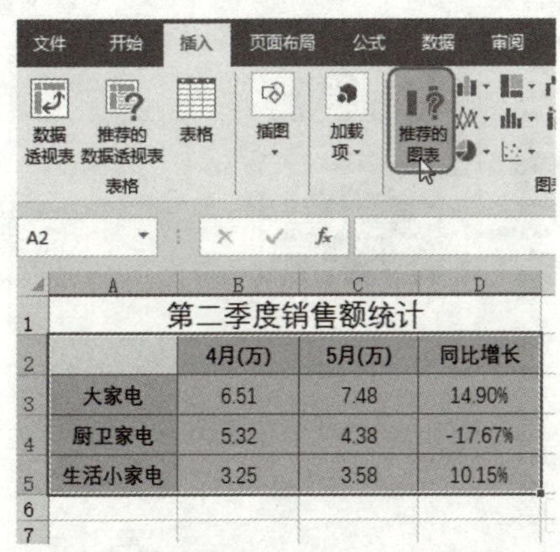

图 7-33

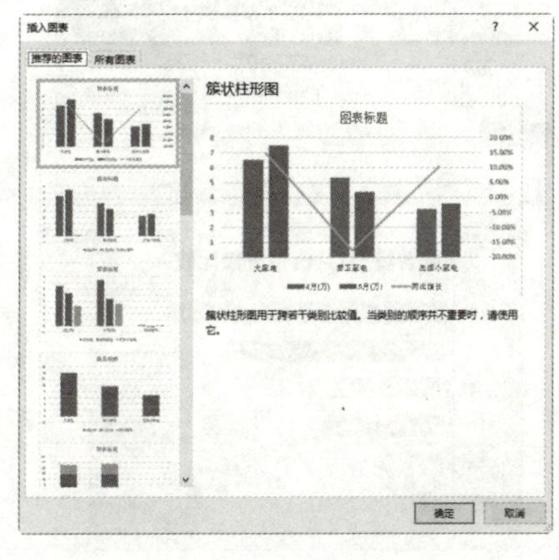

图 7-34

❸ 单击“确定”按钮，创建的图表如图 7-35 所示，可以看到百分比值的数据直接绘制到了次坐标轴上，这正是需要的图表效果。

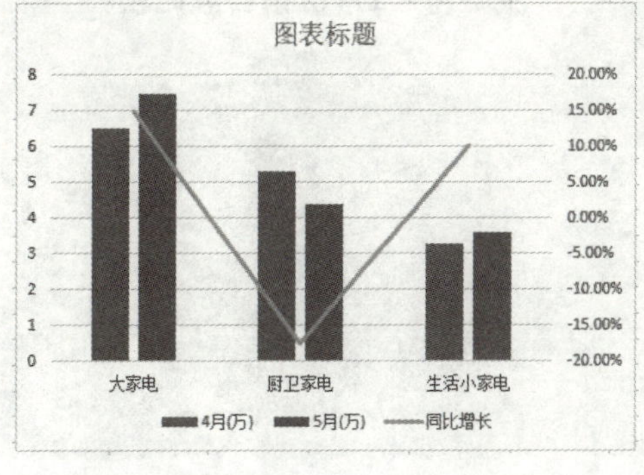

图 7-35

7.4 图表的编辑

创建图表后，一般需要进行一系列的编辑操作，其目的有两个方面：一是让图表更能表达主题；二是取得更好的视觉效果。

7.4.1 更改创建的图表类型

在建立图表后，如果发现图表不能很好地体现分析结果，那么可以更改创建的图表类型。例如下面的例子中，需要将条形图更改为饼图，因为后者更加侧重于对不同分类所占份额的展示，具体操作如下。

❶ 打开实例文件，选中图表，在“图表工具 - 设计”选项卡的“类型”组中单击“更改图表类型”命令（如图 7-36 所示），打开“更改图表类型”对话框。

❷ 在左侧“所有图表”列表中选择“饼图”，在右侧区域中选择具体饼图的子类型，如图 7-37 所示。

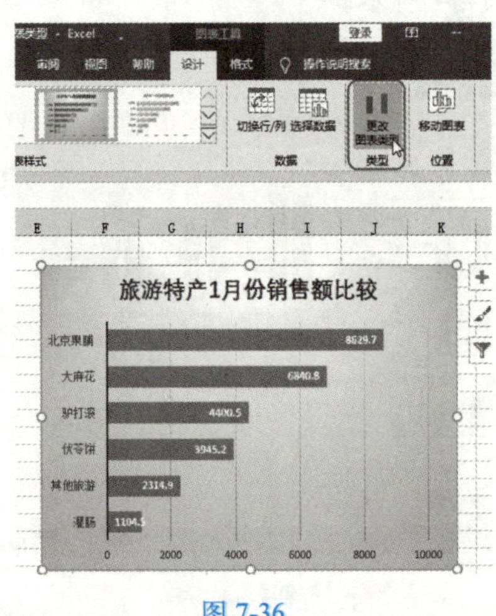

图 7-36

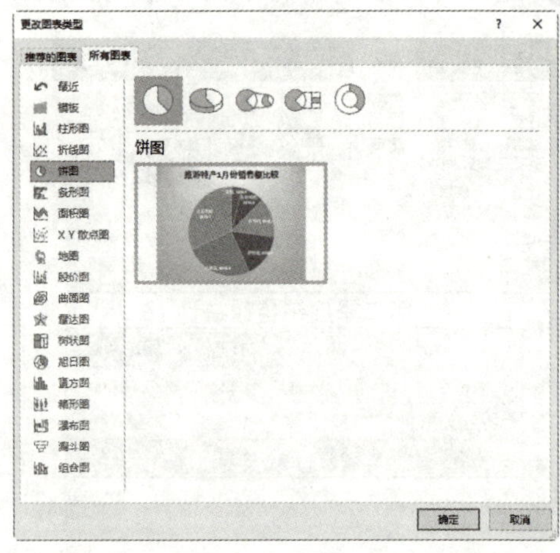

图 7-37

❸ 单击“确定”按钮返回到工作表，可看到图表改为饼图后的效果，如图 7-38 所示。

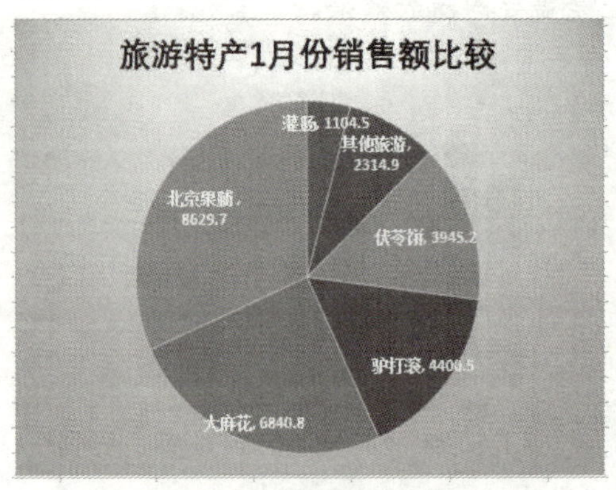

图 7-38

知识拓展——查看图表不同的分析重点

不同的图表类型，其分析侧重点会有所不一样。下面把建立好的簇状柱形图更改为堆积柱形图，稍后再来分析它们表达重点的不同在哪里，具体操作如下。

❶ 打开实例文件，如图 7-41 所示为原图表，在“图表工具 - 设计”选项卡的“类型”组中单击“更改图表类型”命令，打开“更改图表类型”对话框。

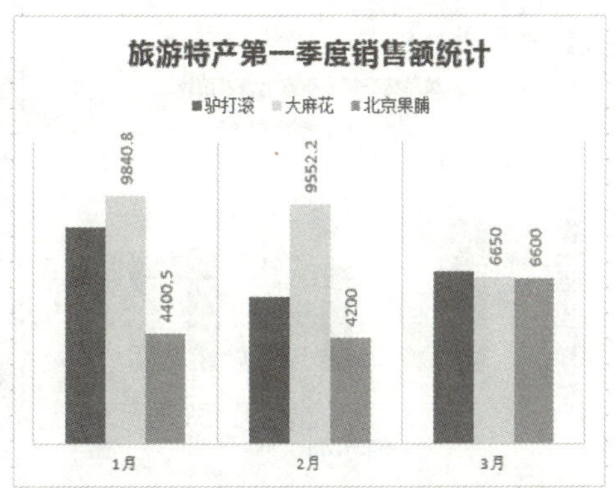

图 7-41

❷ 重新选择图表“堆积柱形图”图表类型，如图 7-42 所示。

❸ 单击“确定”按钮，图表效果如图 7-43 所示。

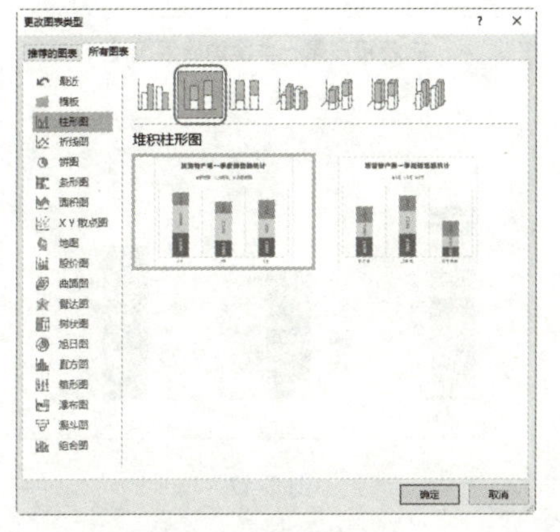

图 7-42

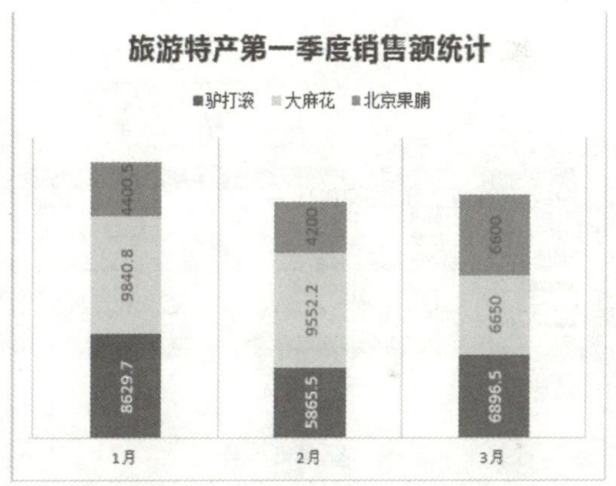

图 7-43

对图表进行分析可以看到，簇状柱形图侧重于对同一月份中几种不同产品销售额的直观比较，而堆积柱形图更加侧重于对整月总销售额的大小比较。

7.4.2 更改图表的数据源

在建立图表后，如果需要重新更改图表的数据源，则不需要重新建立图表，可以在当前图表中更改。因为在原图表上更改图表的数据比新建图表更省力，它会沿用原格式，并且更改图表数据源可以立即查看到不同的分析结果。下面以如图 7-44 所示的图表为例，更改图表数据源的方法及查看不同的分析结果。

❶ 选中图表绘图区，单击鼠标右键，在弹出的菜单中单击“选择数据”命令，打开“选择数据源”对话框。

❷ 在对话框的“图表数据区域”中显示的是当前图表绘图区域引用的数据源，如图 7-45 所示。

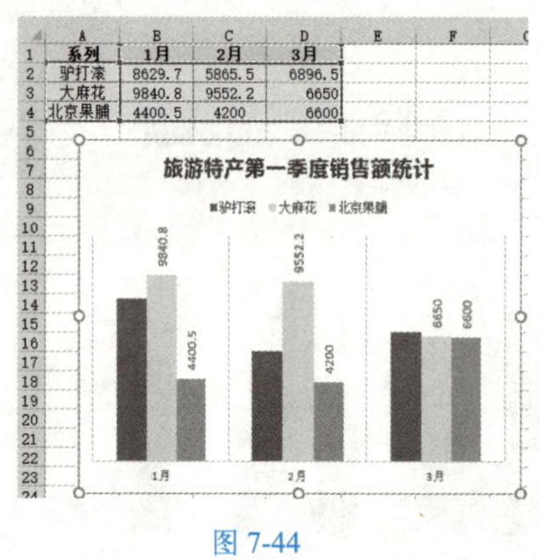

图 7-44

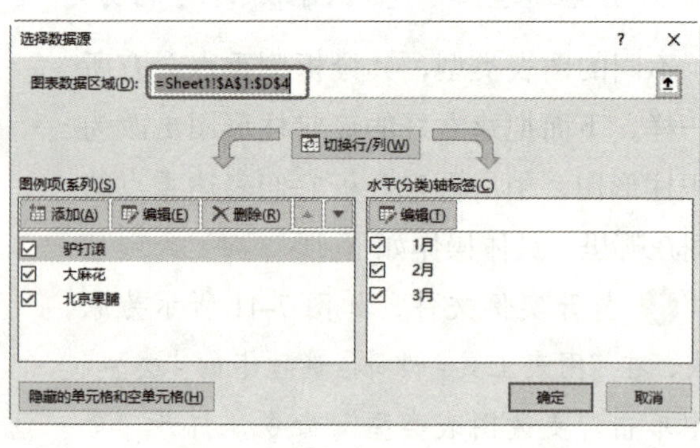

图 7-45

❸ 单击右侧的拾取器按钮，回到工作表中重新选择图表的数据源区域：A1:D3，如图 7-46 所示。单击“确定”按钮，即可看到图表根据选择数据源发生改变，如图 7-47 所示（当前图表只比较两种产品）。

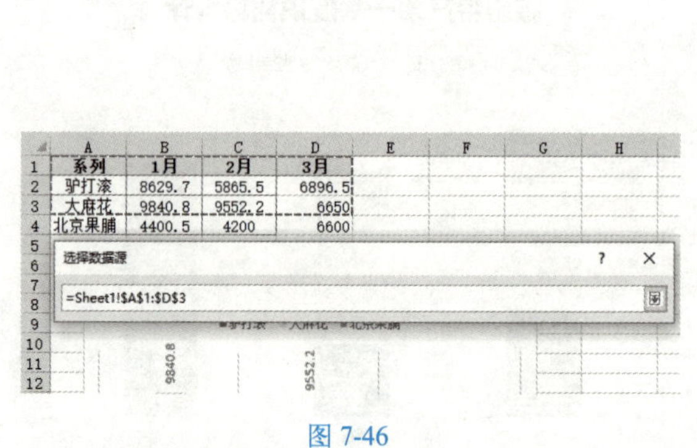

图 7-46

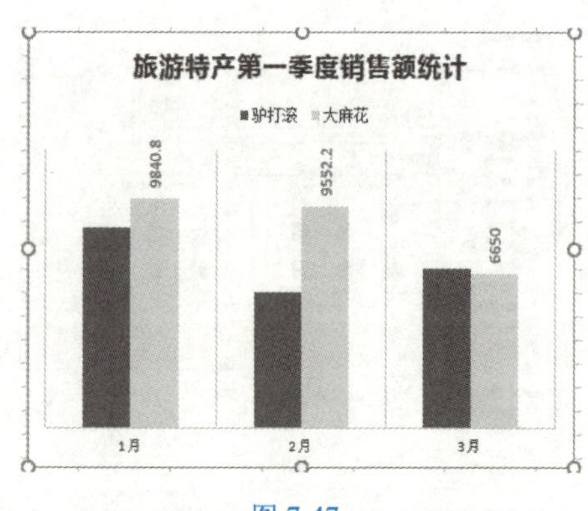

图 7-47

❹ 重新选择图表的数据源区域：A1:B4，如图 7-48 所示，图表只对 1 月份三种产品进行比较，如图 7-49 所示。

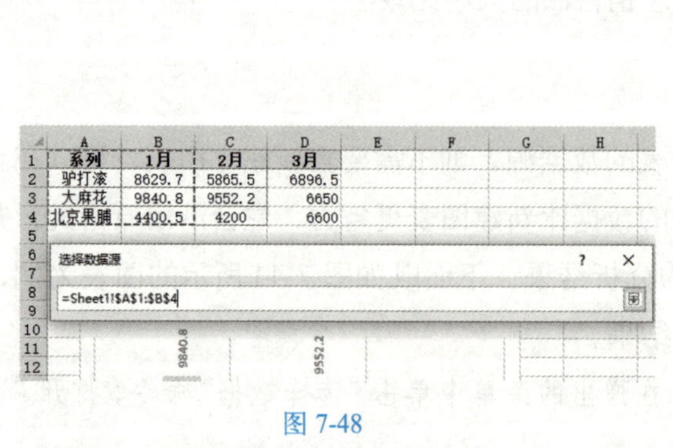

图 7-48

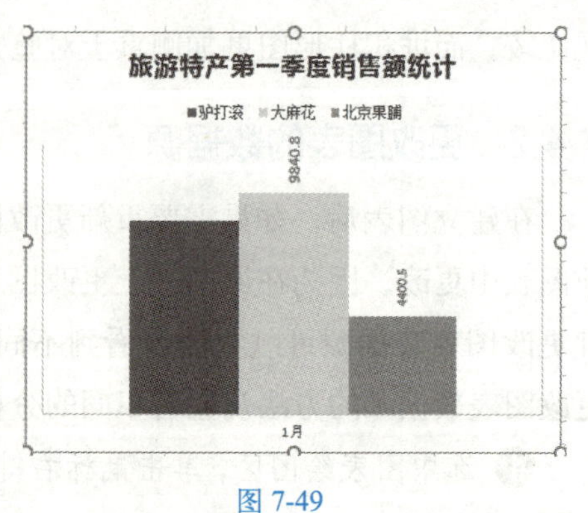

图 7-49

❺ 重新选择图表的数据源区域：A1:B4 和 D1:D4，如图 7-50 所示，图表对 1 月份和 3 月份的销售额进行比较，如图 7-51 所示。

说明：

如果要选择的数据源是不连续的，那么配合 Ctrl 键进行选择。

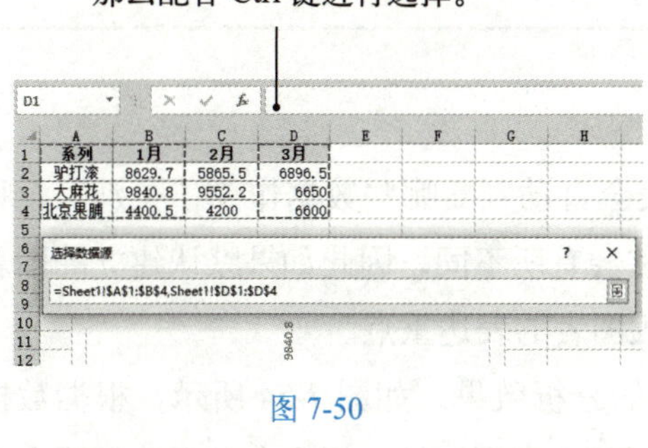

图 7-50

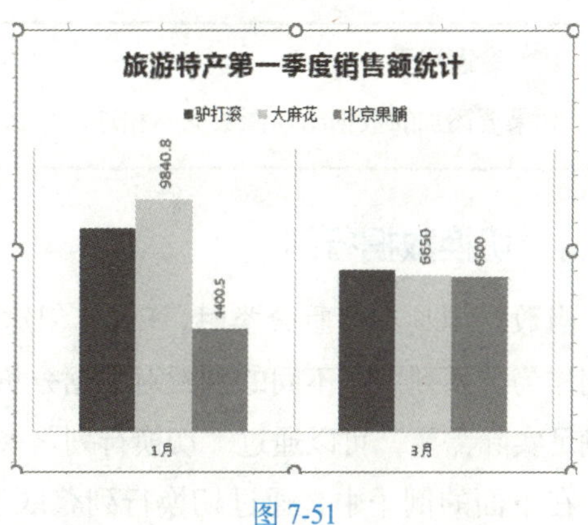

图 7-51

> **专家提示**
>
> 在建立相同类型的图表时，如果建立了 1 月份的图表，还需要再建立 2 月份和 3 月份的，那么可以先复制图表，然后只要重新修改数据源即可，这样省去了编辑图表的过程。

7.4.3 添加数据系列

在创建图表后，如果有新数据追加，那么可以快速向原图表中添加新系列，具体如下。

❶ 打开实例文件，如图 7-52 所示，选中图表可以看到数据源（女装数据）高亮显示。

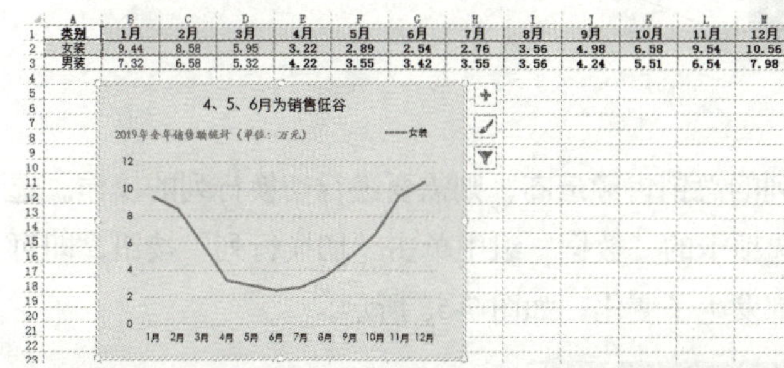

说明：

还有一种添加办法：选中图表后，将光标移动到数据源蓝色边框的右下角，按住鼠标左键不放向下拖动，选中要添加的数据行即可。

图 7-52

❷ 选择要添加的数据行（男装销售数据），按“Ctrl+C”组合键进行复制。在图表边框上单击选中图表区，然后按“Ctrl+V”组合键进行粘贴即可添加数据，如图 7-53 所示。

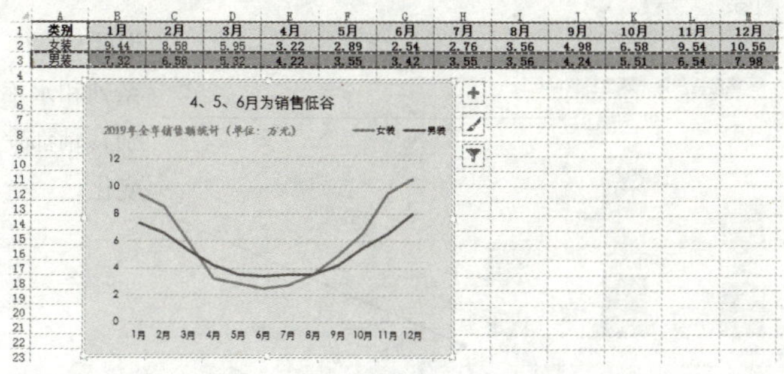

图 7-53

专家提示

如果要添加的数据源与源数据不相连，那么最快捷的办法就是利用复制、粘贴。

7.4.4 切换数据行列

当数据源具有多重分类时，Excel 创建图表会自动判断哪些数据作为“类别”，哪些数据作为“系列”。不同的判断对数据分析重点会有所不同，因此如果默认建立的图表不能满足实际需要，可以通过“切换行列”来更改图表的表达重点。

在下面的例子中，通过切换行列获取不同的分析效果。如图 7-54 所示，根据数据源建立的图表将“系列”作为系列，将月份作为水平（类别）轴，侧重点在于比较哪个月份中的总销售额最高。

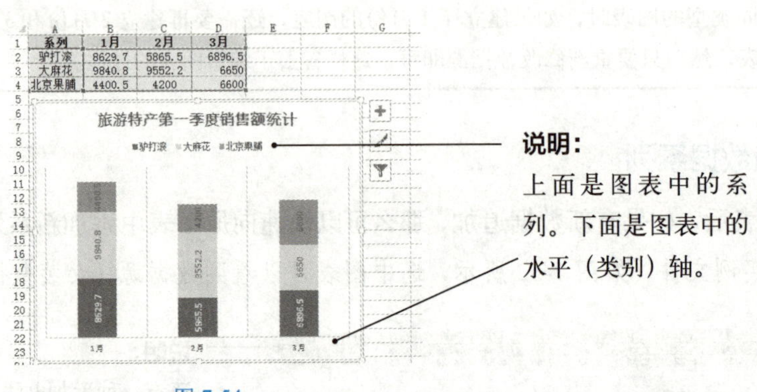

图 7-54

如果想比较在第一季度中哪个系列的总销售额最高，则需要进行切换行列的操作。选中图表，然后在“图表工具 - 设计”选项卡的“数据”组中单击“切换行列”按钮，即可看到图表中的系列、水平（类别）轴都发生了变化，如图 7-55 所示。

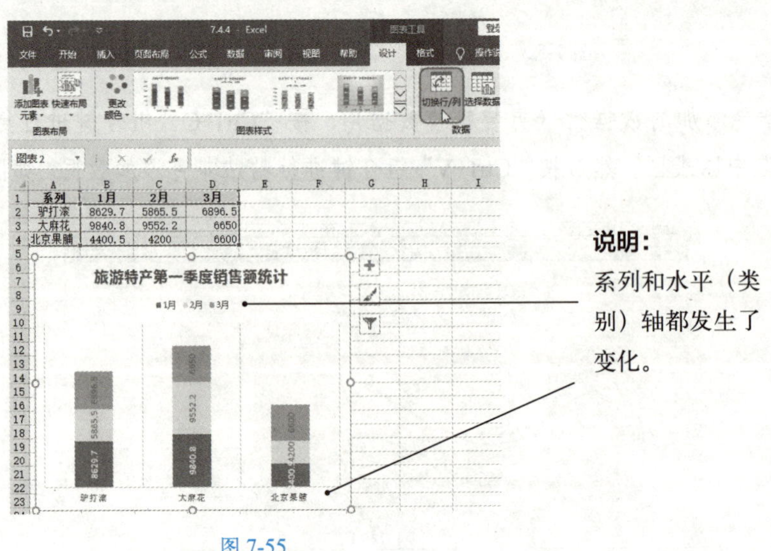

图 7-55

7.5 编辑图表坐标轴

在 Excel 默认创建的图表坐标轴不满足分析要求时，可以对坐标轴进行编辑。例如修改坐标轴的刻度、更改水平轴与垂直轴的交叉位置等。

7.5.1 重新设置坐标轴的刻度

在选择数据源建立图表时，Excel 会根据当前数据自动计算刻度的最大值、最小值及刻度单位。如果默认的刻度值让表达效果不太合适，如图 7-56 所示的图表，这是一个箱式图表，用于展示一组数据的分布状态，显然这样的分布状态无法看清楚，所以调坐标轴的刻度显得非常必要，具体操作如下。

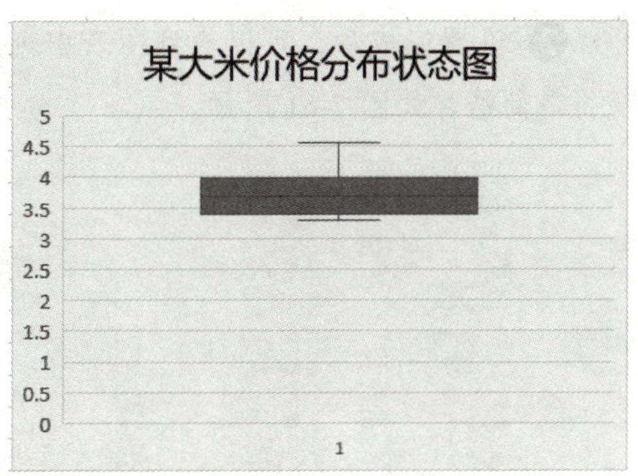

图 7-56

❶ 打开实例文件，在垂直轴上双击鼠标，打开“设置坐标轴格式”右侧窗格。

❷ 单击“坐标轴选项”标签，在“坐标轴选项”栏中将“最小值”更改为 3.0，接着再将“最大值”更改为 4.8，如图 7-57 所示。设置后再为图表添加上数据标签，则数据分布状态效果就好了很多，如图 7-58 所示。

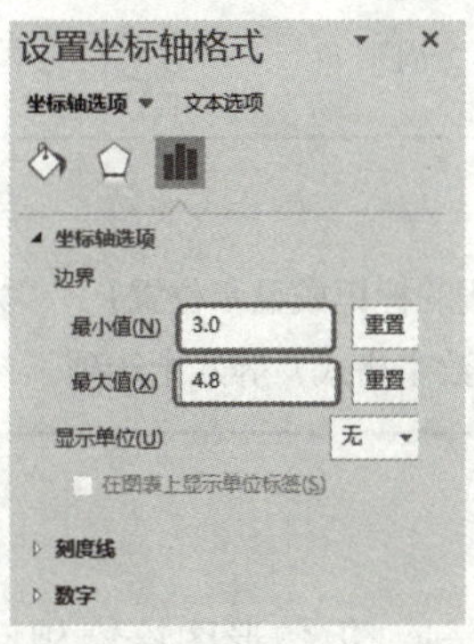

图 7-57

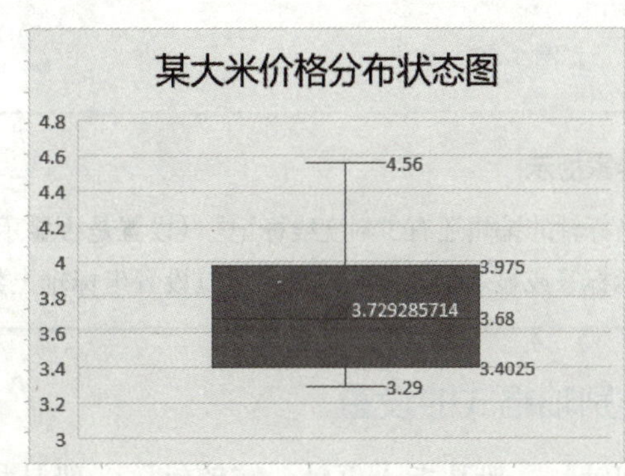

图 7-58

专家提示

对坐标轴的刻度进行更改后，等于对刻度的值进行了固定操作（默认自动）。当更改图表的数据源时，刻度值就不会自动根据数据源的变化值而改变。对于出现这种情况，应该根据需要再去重新设置刻度的值。

知识拓展——更改刻度的显示单位

如果数据源的量级较大，那么在建立图表时显示的坐标轴标签会很累赘，如图 7-59

所示。从商务图表要保持简洁的设计要求出发，可以对坐标轴刻度的单位进行设置。

❶ 打开实例文件，在“垂直（值）轴”上双击鼠标，打开“设置坐标轴格式”右侧窗格。单击“显示单位”右侧按钮，在下拉菜单中单击“10000”，如图 7-60 所示。

❷ 设置完成后，可以看到图表中刻度变得很简洁，如图 7-61 所示。

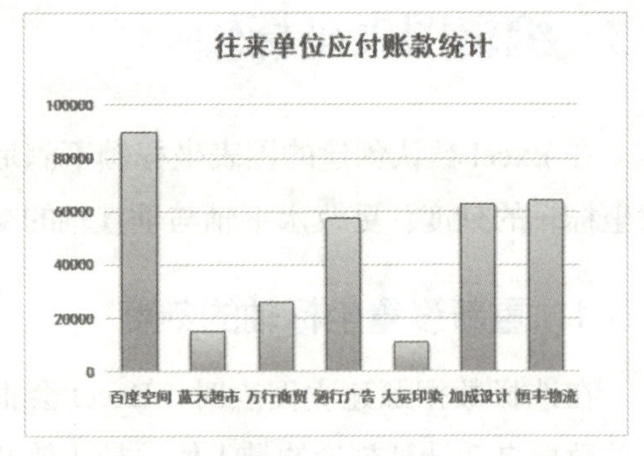

图 7-59

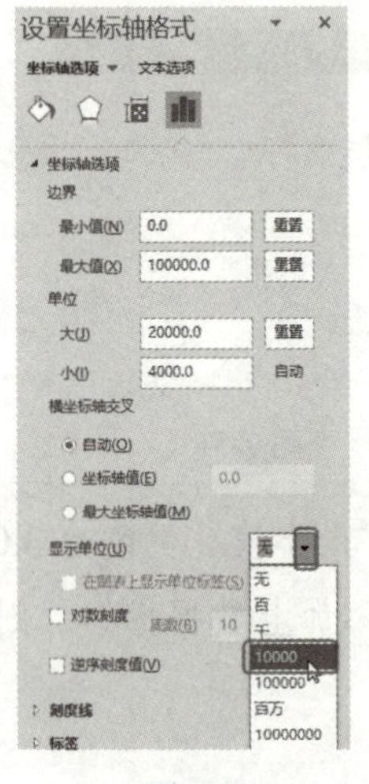

图 7-60

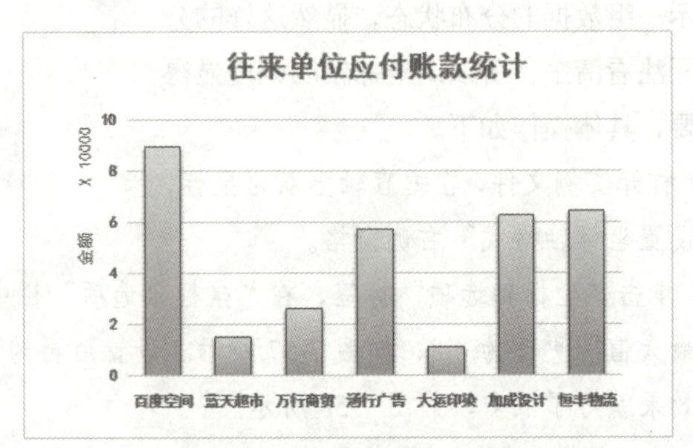

图 7-61

专家提示

关于坐标轴的编辑还有“刻度线标记”（设置是否显示刻度线的标记或显示位置）、“标签”（设置是否显示标签或显示位置）、“数字”（设置坐标轴上数值的数字格式）等几个选项。

7.5.2 类别轴格式的设置

“类别轴”一般是指水平轴，“值轴”一般是指垂直轴，但条形图恰恰相反，它的水平轴为值轴，垂直轴为类别轴。前面讲的是对值轴的格式设置，除此之外，也需要对类别轴的格式进行设置。例如在建立条形图时，默认情况下类别轴的标签显示出来都与实际数据源顺序相反的，如图 7-62 所示的图表，数据源从 1 月到 6 月显示，但绘制出的图表却是从 6 月到 1 月。因此在建立条形图时，要么特意将数据以相反次序建立，否则需要对条形图进行如下的更改。

❶ 在垂直（类别）轴上单击鼠标右键，打开“设置坐标轴格式”命令，弹出右侧窗格。

❷ 选择“坐标轴选项”标签，同时选中“逆序类别”复选框与“最大分类”单选框，如图 7-63 所示。设置完成后即可让条形图按正确的顺序建立，如图 7-64 所示。

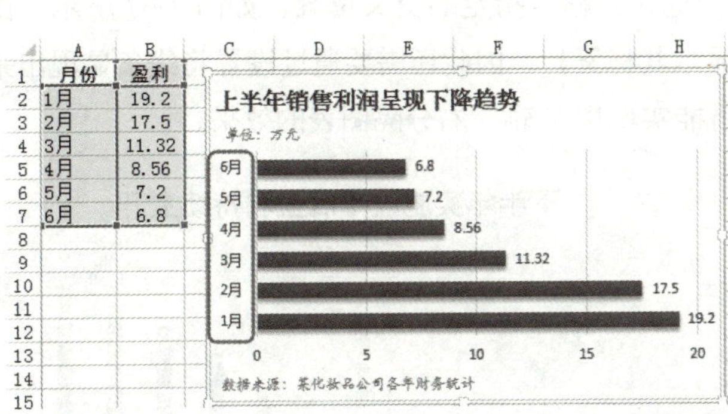

图 7-62

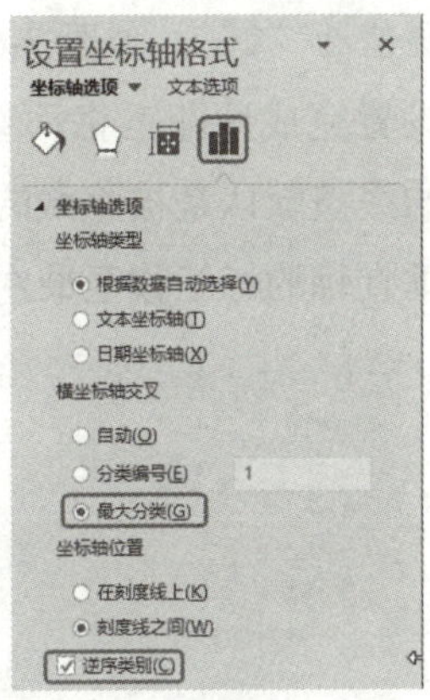

图 7- 63

说明：

如果垂直（类别）轴的标签不是时间数据，可以不用反转其次序，否则建议大家按此方法进行反转操作。

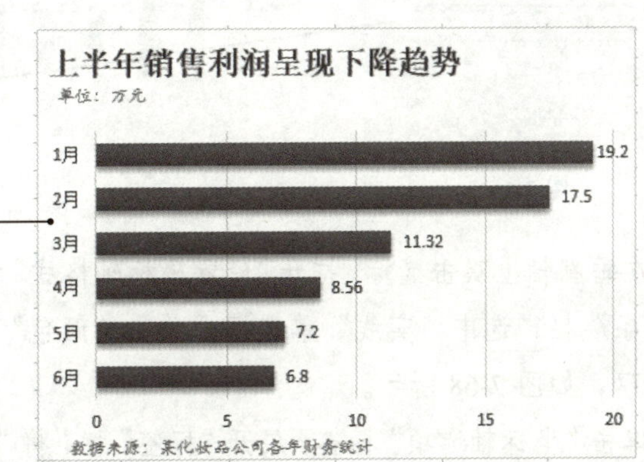

图 7- 64

7.5.3 更改水平轴与垂直轴的交叉位置

设置水平（类别）轴的格式时，还有一个“纵坐标轴交叉”选项，通过它可以重新设置纵坐标轴的交叉位置。例如如图 7-65 所示的图表，垂直轴并不是显示在最左侧，而是在图表的中间部分，就是通过此项设置来实现的。同理在设置垂直（值）轴的格式时，也会有一个“横坐标轴交叉”选项，作用类似。

❶ 打开实例文件，在水平（类别）轴上双击鼠标，弹出右侧“设置坐标轴格式”窗格。

❷ 单击“坐标轴选项”标签按钮，展开“坐标轴选项”栏，在“纵坐标轴交叉”栏中选中“分类编号”单选框，

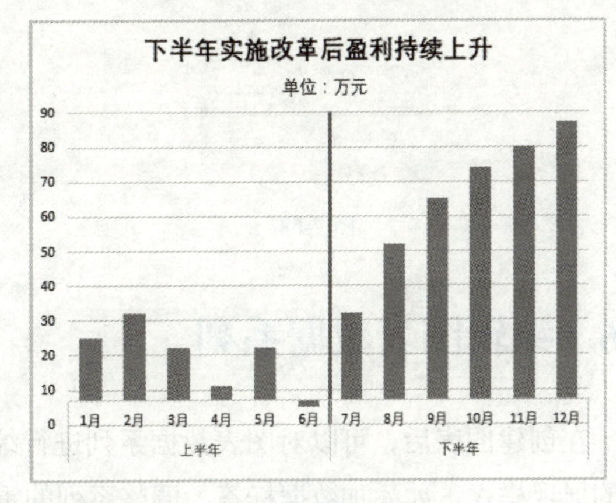

图 7-65

并设置值为“7”，如图 7-66 所示。

设置完成后即可将垂直轴（含标签）移至指定的交叉位置，如图 7-67 所示。由于垂直轴的线条默认是被隐藏的（只显示其标签），因此还需要通过设置将线条显现出来，然后将垂直轴的标签移至最左端，就能实现用 Y 轴左右分隔图表的效果。

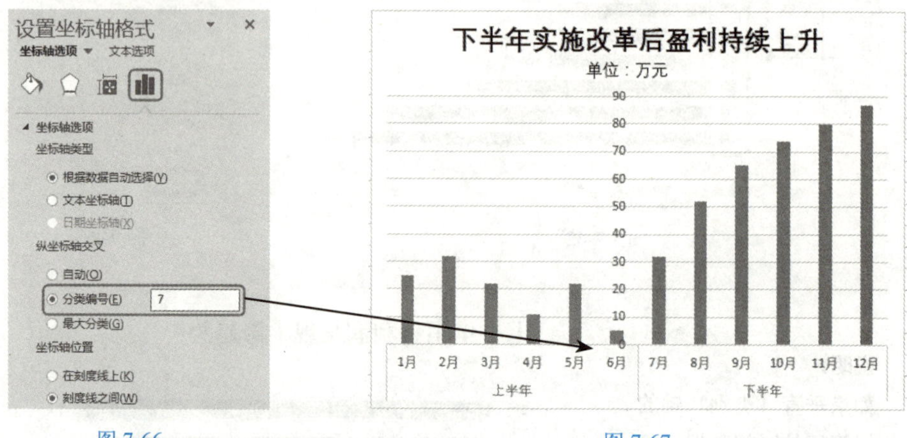

图 7-66　　　　图 7-67

❸ 在垂直轴上双击鼠标，打开“设置坐标轴格式”右侧窗格，单击“填充与线条”标签，展开“线条”栏，选中“实线”单选框，单击“颜色”下拉按钮选择线条颜色，设置“宽度”为 2 磅，如图 7-68 所示。

❹ 单击“坐标轴选项”标签，展开“标签”栏，将“标签位置”设置为“低”，如图 7-69 所示，完成设置后垂直轴显示在中间位置，而它的标签显示到左侧。

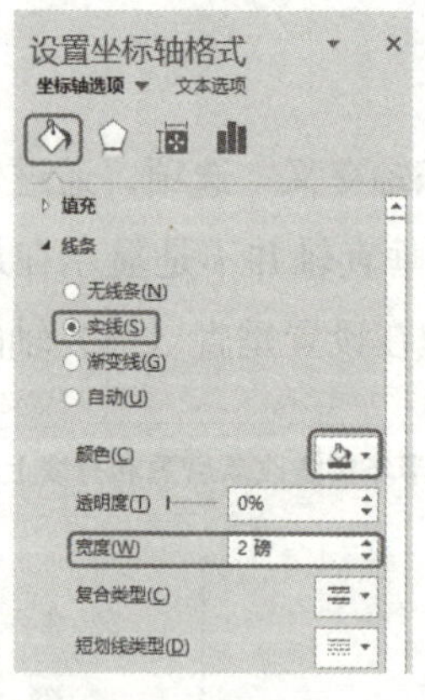

图 7-68

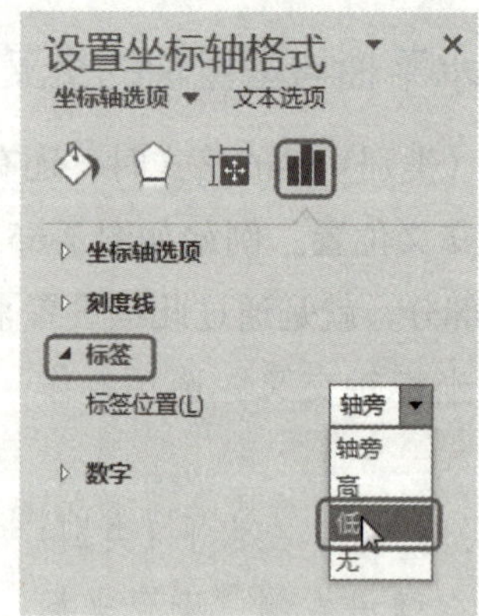

图 7-69

7.6　编辑图表数据系列

在创建图表后，可以对图表数据系列进行编辑，使其满足图表分析需要或者获取不一样的展现样式，如添加数据标签、调整系列的重叠程度及分类间距等。

7.6.1 添加数据标签

系统默认创建的图表是不包含数据标签的，可以通过套用包含标签的布局样式快速应用数据标签，也可以手动为图表添加数据标签。

❶ 打开实例文件，选中图表，单击图表右上角的“图表元素”按钮。在弹出的菜单中选中“数据标签”，并单击其右侧的三角按钮，选择数据标签的位置，如图 7-70 所示。

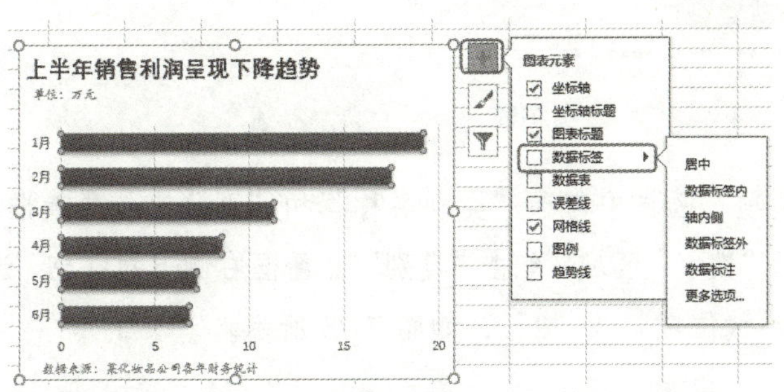

图 7-70

❷ 此处选择“数据标签外”命令，最后表格的效果如图 7-71 所示。

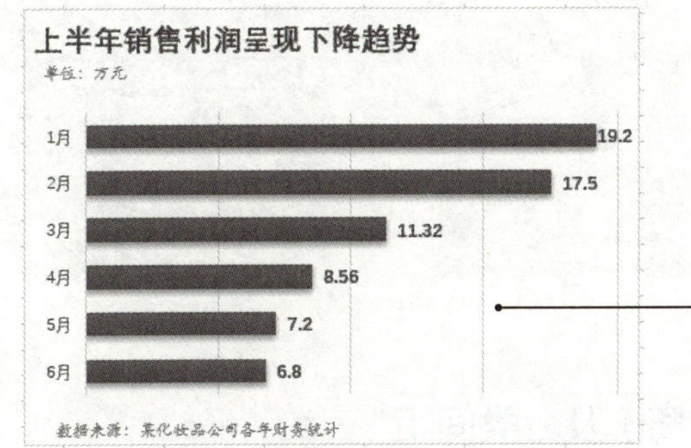

说明：

在添加值数据标签后，为了使图表更加简洁，所以删除了水平（数）轴的显示。具体方法是：选中图表并单击“图表元素”按钮，光标指向“坐标轴”右侧三角按钮，取消对“主要横坐标轴”的勾选。

图 7-71

知识拓展——应用更加详细的数据标签

图表中除了值数据标签外，还有类别名称、系列名称等数据标签，尤其是在饼图中，多数还需要使用到百分比值的数据标签。如图 7-72 所示的图表，其默认图表是没有各种数据标签的，如果要添加，需要按如下步骤操作。

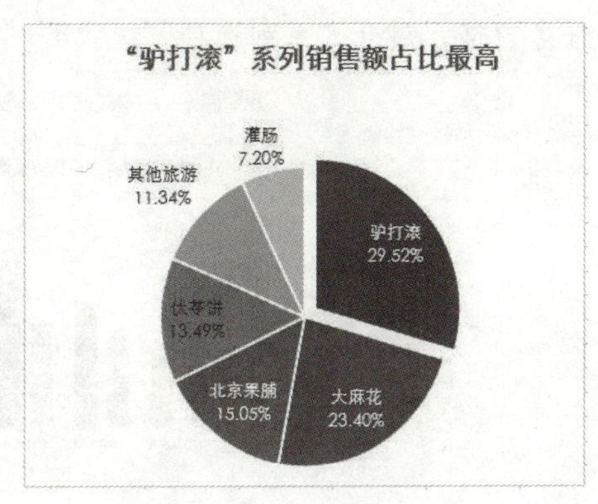

图 7-72

❶ 打开实例文件，选中图表，单击“图表元素”按钮，在弹出的菜单中指向“数据标签”，单击右侧的三角按钮，选择“更多选项”命令（如图 7-73 所示），弹出右侧任务窗格。

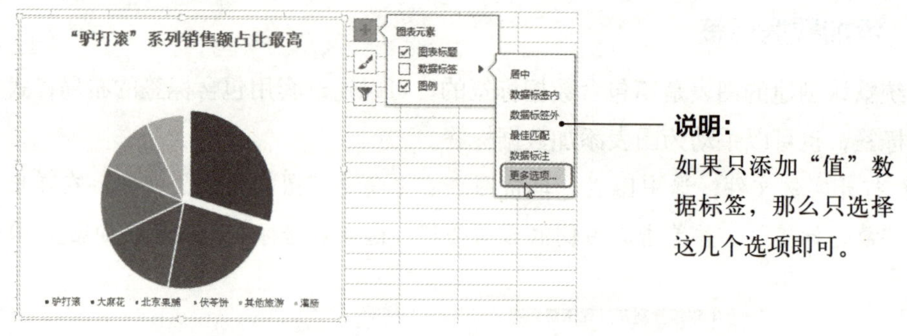

图 7-73

❷ 在“标签选项”区域中勾选“类别名称”和“百分比”复选框，如图 7-74 所示。

❸ 接着展开的“数字”区域，单击“类别”设置框右侧下拉按钮，选择数字格式为“百分比”，并设置“小数位数”为“2”，如图 7-75 所示。

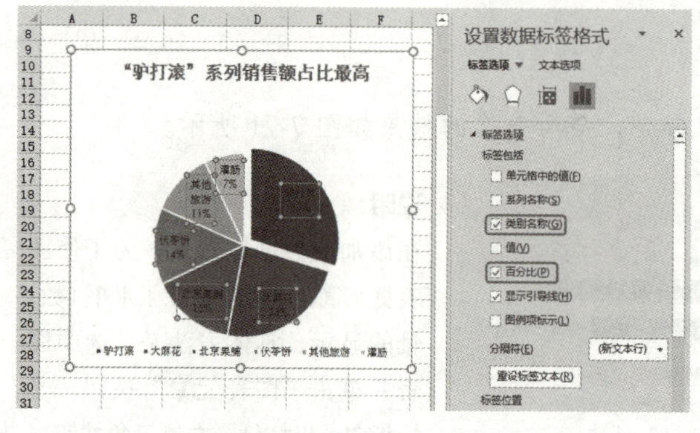

图 7-74

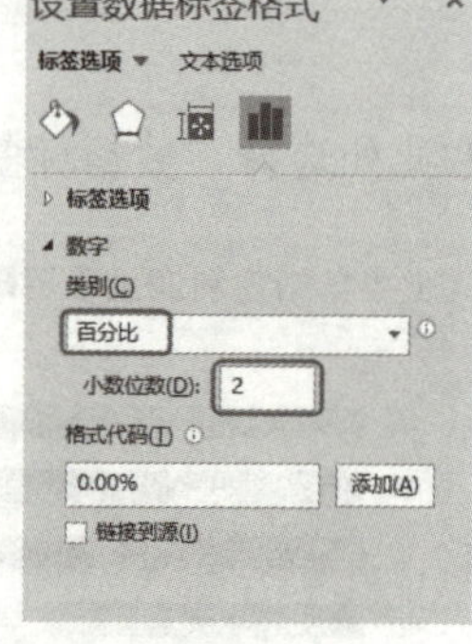

图 7-75

7.6.2 设置“数据系列”重叠（分离）及分类间距

图表可以设置“数据系列”以重叠或分离显示，也可以通过设置分类间距来获取不同的图表效果，具体操作如下。

❶ 打开实例文件，在图表任意数据系列上双击鼠标，弹出右侧“设置数据系列格式”任务窗格，展开“系列选项”，找到“系列重叠”设置区域，如图 7-76 和图 7-77 所示。

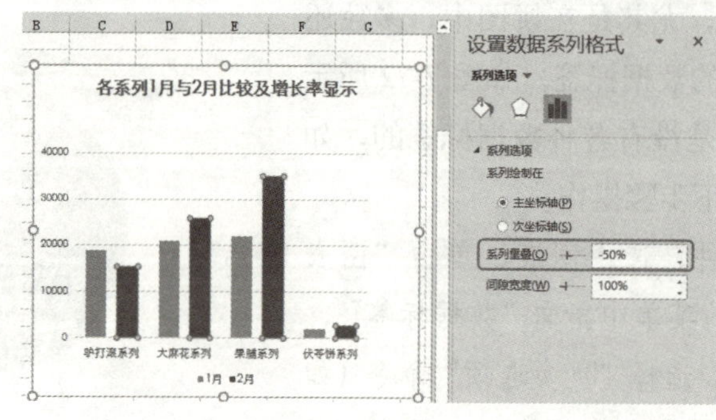

图 7-76

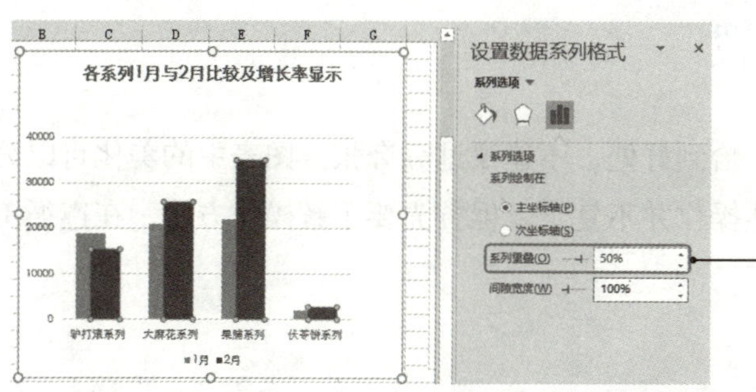

说明：

通过调整可以看到，“系列重叠”的值为负数时是分离显示，值为正数时系列为重叠显示。

图 7-77

❷ 更改“间隙宽度”处的值，可以让分类间距增大或减小，如图 7-78 所示。

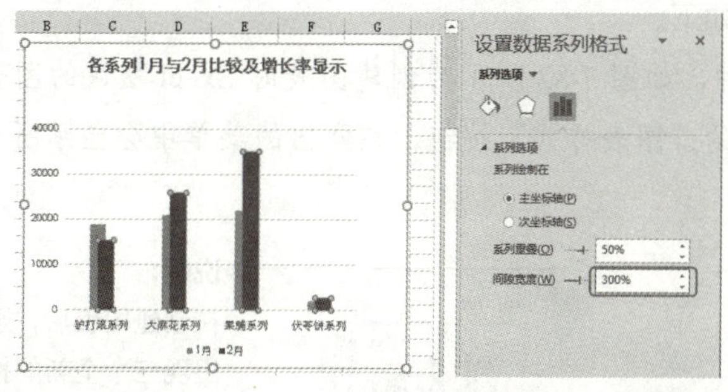

图 7-78

知识拓展——将分类间距调整为 0

如果将分类间距调整为 0，那么可以获取一种特殊的视觉效果。

打开实例文件，如图 7-79 所示为原图表，在“设置数据系列格式”右侧窗格中设置“间隙宽度”为“0”（如图 7-80 所示），获取的图表效果如图 7-81 所示。

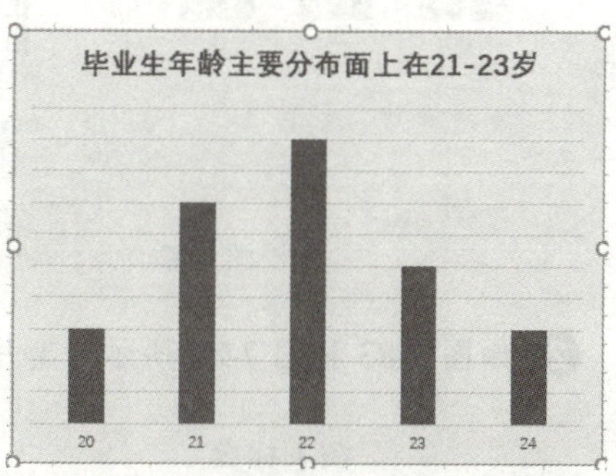

图 7-79

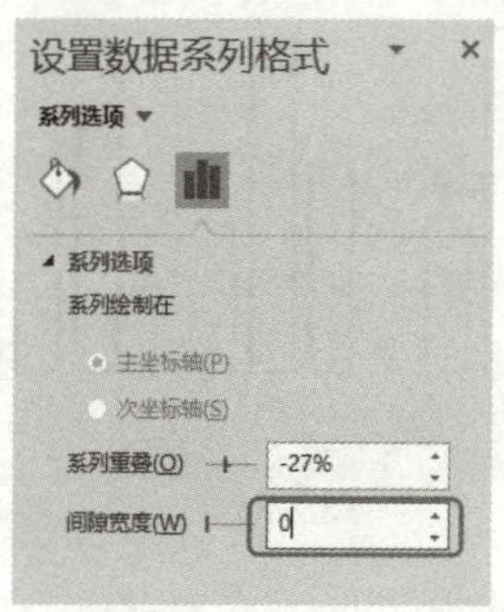

图 7-80

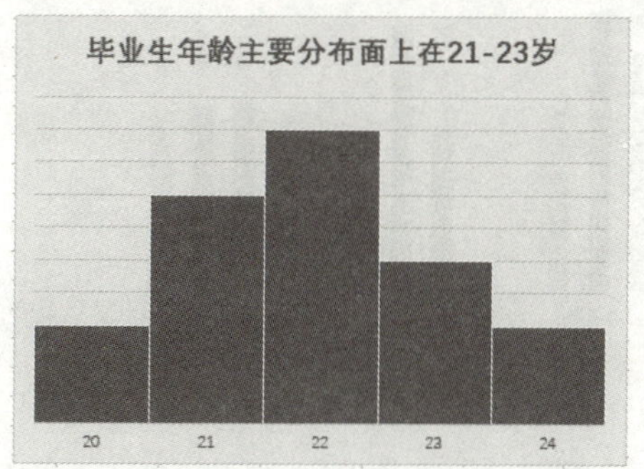

图 7-81

7.7 图表对象的美化设置

图表美化的原则是保持简洁、恰到好处，不建议过分夸张。图表中的美化可以分为线条美化与填充美化两个部分，虽然操作并不复杂，但首先要了解操作方法，在遵循美化原则的基础上为图表进行美化操作。

7.7.1 快速应用图表样式

在创建图表后，可以直接套用 Excel 默认的图表样式进行一键美化操作。Excel 对图表样式进行了很大的改善，它在色彩和图表布局方面都提供出了较多的方案，给初学者很大的便利，具体操作如下。

❶ 打开实例文件，如图 7-82 所示为创建图表时 Excel 默认的图表样式及布局。首先选中图表，单击右侧的“图表样式”按钮，在弹出的菜单中会显示所有可以套用的图表样式及布局。

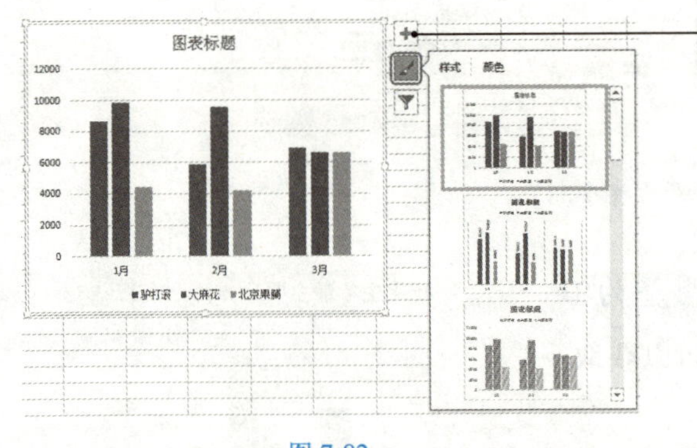

说明：

在创建图表后，选中图表会在右侧出现三个全新的按钮，分别是“图表元素”“图表样式”“图表筛选器”，通过它们可以快速选择、预览和调整图表元素（如标题或标签）、设置图表的外观和风格，以及选择筛选显示的数据。

图 7-82

❷ 如图 7-83 和图 7-84 所示为套用两种不同图表样式的效果。

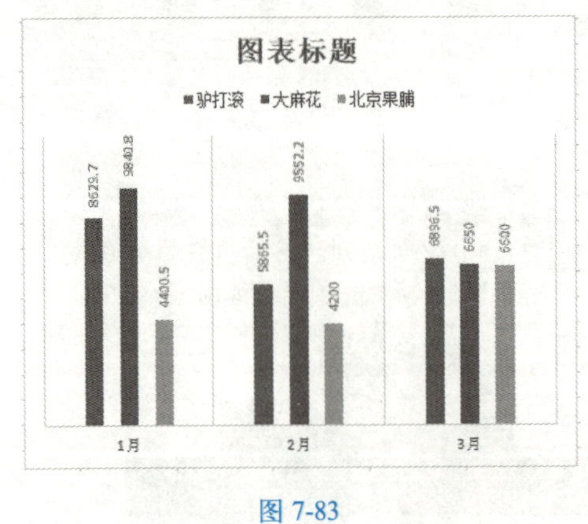

图 7-83

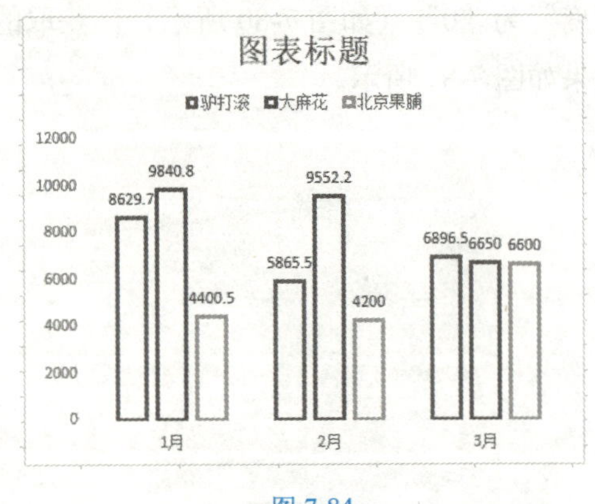

图 7-84

❸ 另外，针对不同的图表类型，Excel 给出的可套用的图表样式也会不同。如图 7-85 所示为折线图以及可套用的图表样式，如图 7-86 所示为套用的一种效果。

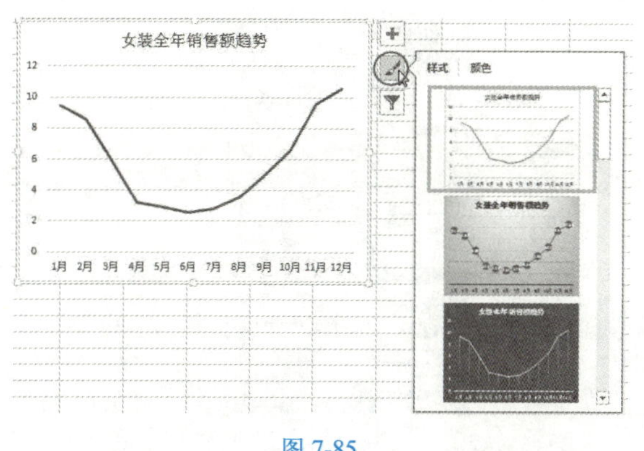

图 7-85

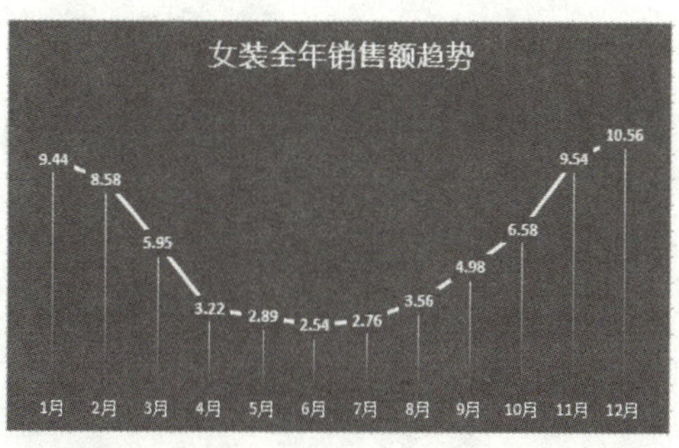

图 7-86

专家提示

当套用图表样式后，Excel 会覆盖之前设置的所有格式。因此如果打算套用图表样式，则可以先套用，然后再进行补充调整。套用图表样式是非常实用且能快速美化图表的方法，一般来说在建立图表后都可以快速应用一种图表样式，再对不满意的地方进行补充设置。

另外在“图表工具 - 设计”选项卡的“图表布局”组中还有一个“快速布局”按钮，这里提供快速的布局样式。当指针移动到布局样式上时，即可在图表上预览布局效果，满意后单击即可。

7.7.2 设置图表的填充效果

在建立完图表后，图表的填充效果可以重新设置。例如对于数值最高的图形，可以为其设置特殊的填充颜色，以达到特殊显示的目的，具体操作如下。

❶ 打开实例文件，在当前图表中找到最大值的柱状图形（如图 7-87 所示），然后在图形上双击鼠标，即可在右侧弹出“设置数据点格式”窗格。

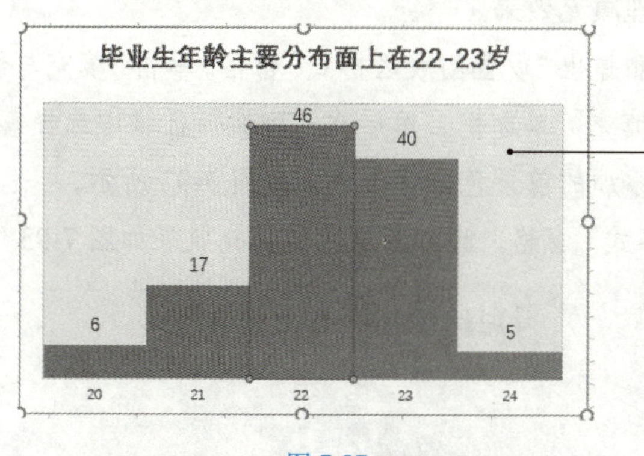

说明：

在图表的数据系列上单击时，默认选中的是整个数据系列。如果要选中某个数据点，方法是先选中数据系列，然后再在目标数据点上单击一次即可选中。

图 7-87

❷ 单击“填充与线条”标签，在“填充”区域选中“纯色填充”单选框，然后在“颜色”设置框中选择填充颜色，如图 7-88 所示。

❸ 展开“边框”区域，选中“实线”单选框，设置“颜色”为深灰色，“宽度”为“2 磅”，在“短划线类型”的选择虚线类型，如图 7-89 所示。

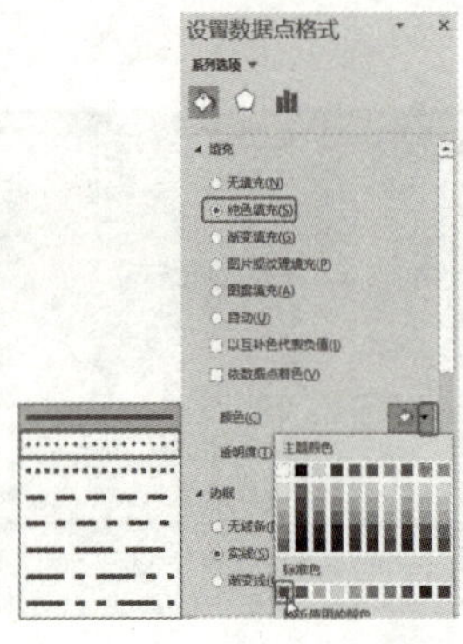

图 7-88

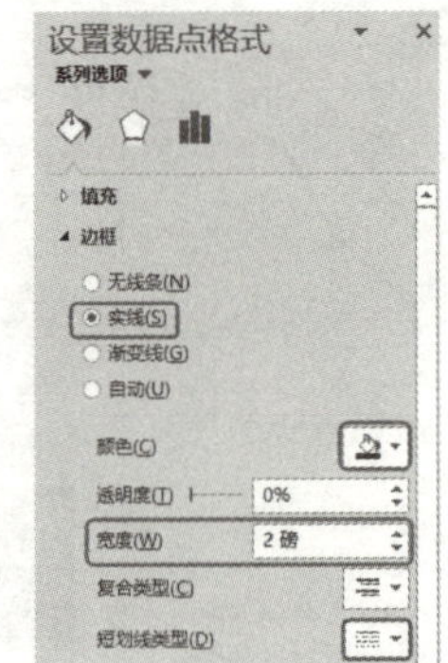

图 7-89

❹ 完成上述设置后关闭“设置数据点格式”窗格，此时图表效果如图 7-90 所示。

❺ 按相同的方法设置排名第二的柱状图形的外观效果，图表效果如图 7-91 所示。

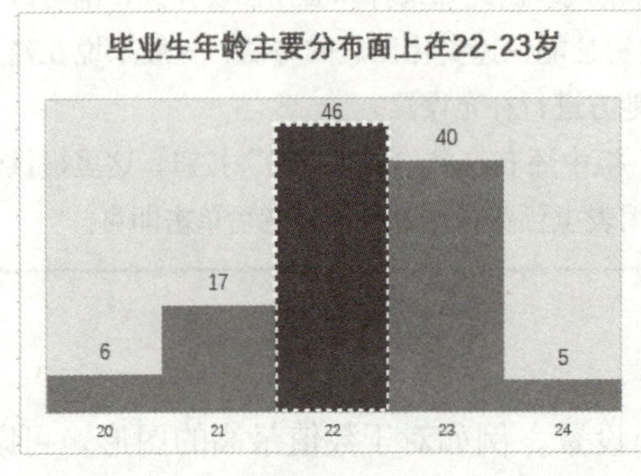

图 7-90

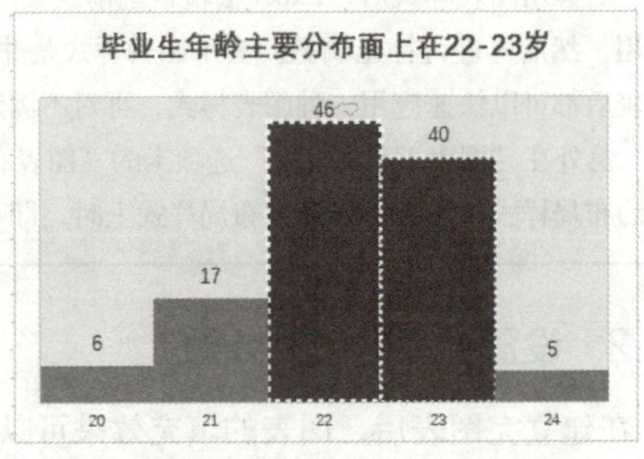

图 7-91

知识拓展——设置“图表区”纹理填充效果

为下面图表中的“图表区”设置纹理填充效果。

❶ 打开实例文件，选中图表区，右侧弹出“设置图表区格式”窗格。单击“填充与线条”标签，展开“填充”区域，选中“图案填充”单选框。然后在“图案”区域中选择喜欢的图案样式，在“前景”与“背景”选择添加的前景色与背景色，如图 7-92 所示。

❷ 完成设置后关闭“设置数据点格式”窗格，此时图表区的填充效果如图 7-93 所示。

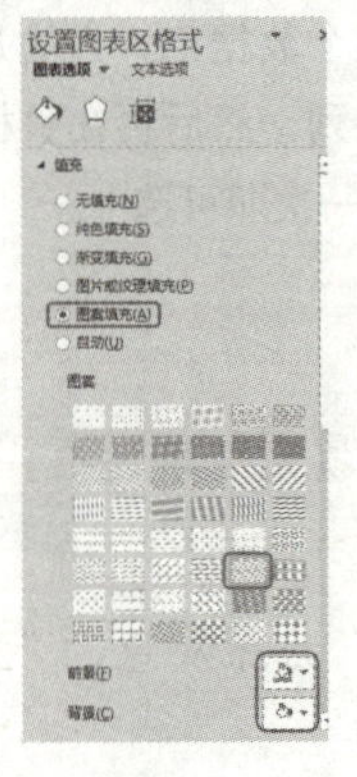

图 7-92

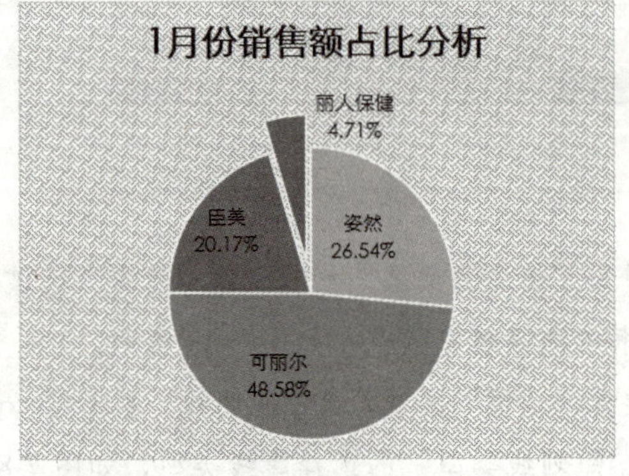

图 7-93

7.7.3　折线图线条及数据标记点格式设置

折线图的线条颜色默认为蓝色，粗 2.25 磅，线条为锯齿线形状，连接点的标记一般被隐藏，样式如图 7-94 所示。通过设置线条和数据标记点的格式可以让图表达到如图 7-95 所示的效果，具体操作如下。

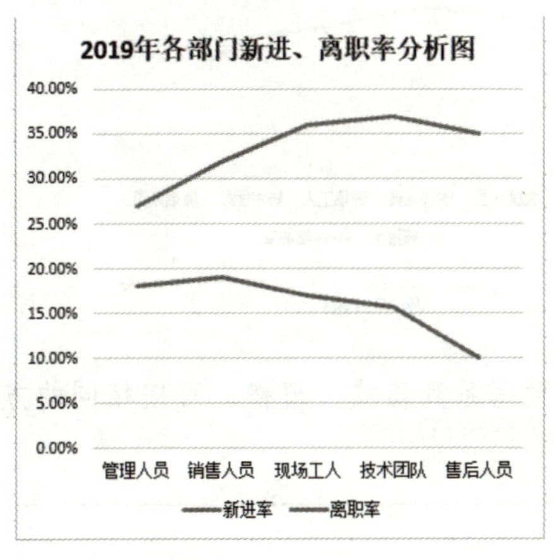

图 7-94

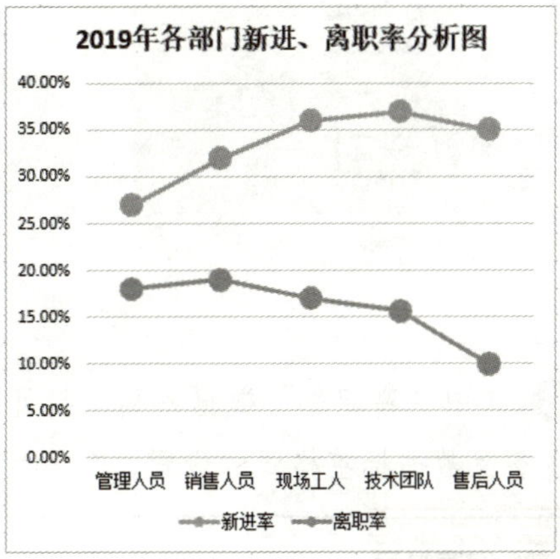

图 7-95

❶ 打开实例文件，选中需要设置格式的目标数据系列，即在线条上（注意不是在标记点位置）双击鼠标打开右侧的“设置数据系列格式”窗格。

❷ 单击“填充与线条”标签，在展开的“线条”区域，单击“实线”单选框，设置折线图线条的颜色和粗细值，如图 7-96 所示。

❸ 单击“标记”标签按钮，在展开的“数据标记选项”区域，单击“内置”单选框，接着在“类型”下拉列表中选择标记样式，并设置大小，如图 7-97 所示。

❹ 展开“填充”区域（注意是“标记”标签下的“填充”区域），单击“纯色填充”单选框，设置填充颜色与线条的颜色一样，如图 7-98 所示。

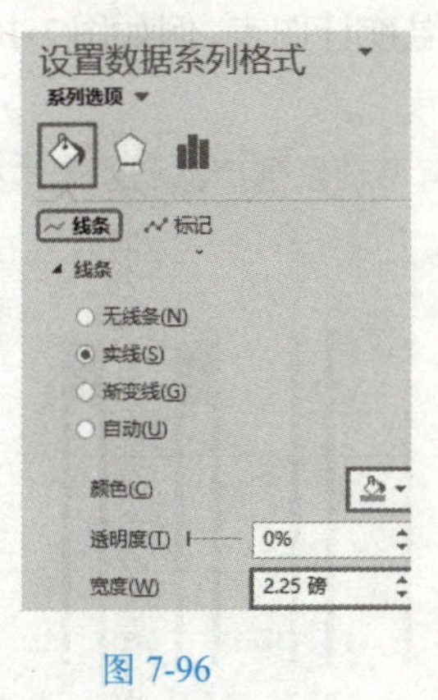

图 7-96

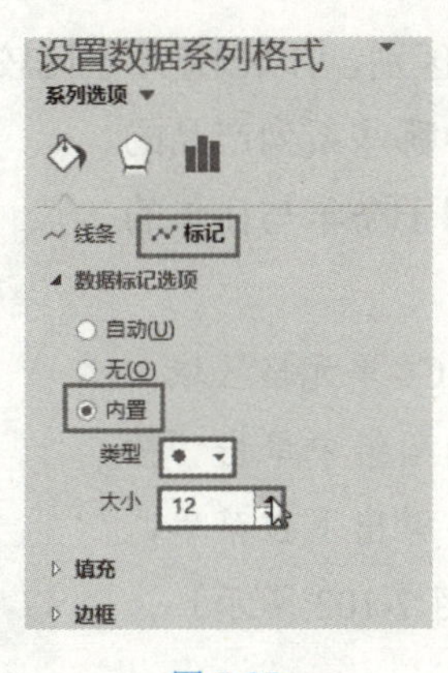

图 7-97

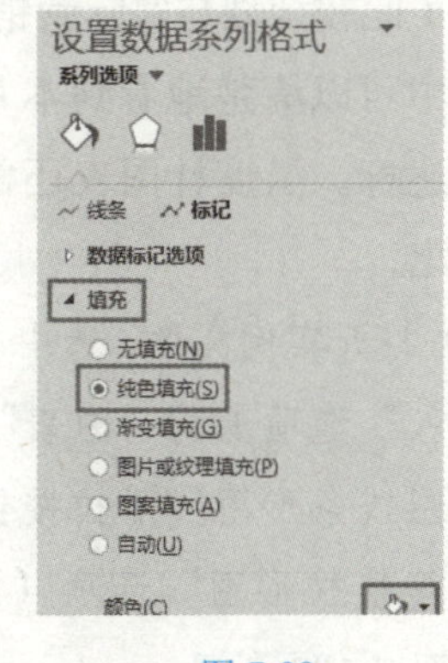

图 7-98

❺ 展开“边框”栏，单击“无线条”单选框，如图 7-99 所示。设置完成后，可以看到“新进率”这个数据系列的线条和标记的效果如图 7-100 所示。

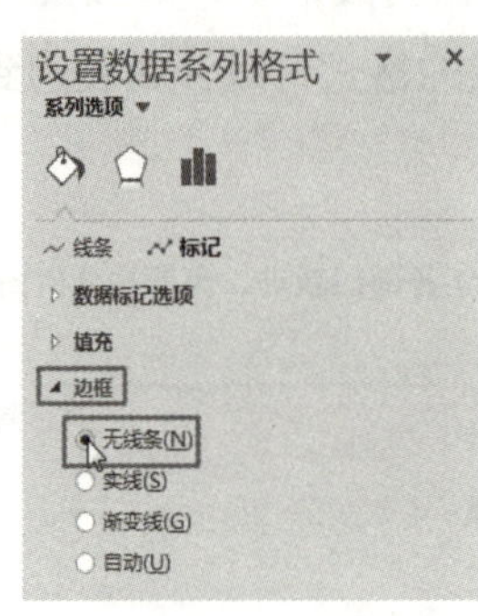

图 7-99

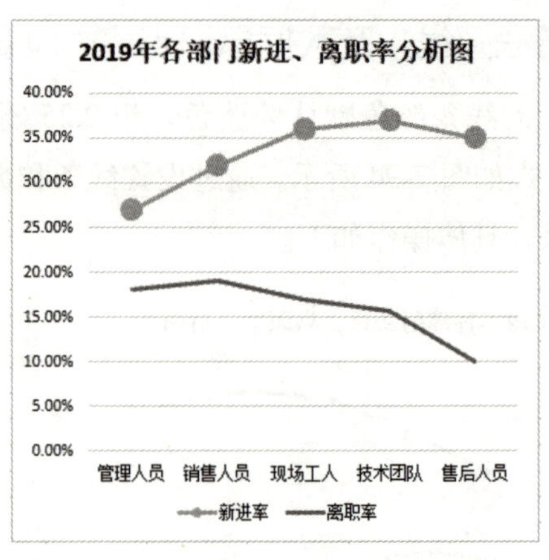

图 7-100

❻ 选中“离职率”数据系列，打开“设置数据系列格式”窗格，可按相同的方法完成对线条及数据标签格式的设置。

专家提示

在图表中，无论是设置对象的填充还是设置对象的线条样式，前提都是要准确选中待设置的对象。只要选中后，其操作方法都是一样的。另外图表最终呈现的效果美观与否，在于应用者的设计思路。

7.8 一个图表的变形记

一个图表从创建的默认样式，直到最终的呈现效果，虽然操作起来并不困难，但是都经历了许多步骤。本节将介绍几个图表范例，展现出一个完善图表的诞生过程。

7.8.1 计划与实际营销对比图

为了比较计划与实际营销的区别，可以创建用于比较的温度计图表。例如图 7-101 所示，从图表中可以清楚地看到本月中哪些系列产品的利润未达标。温度计图表还常用于今年与往年的数据对比。

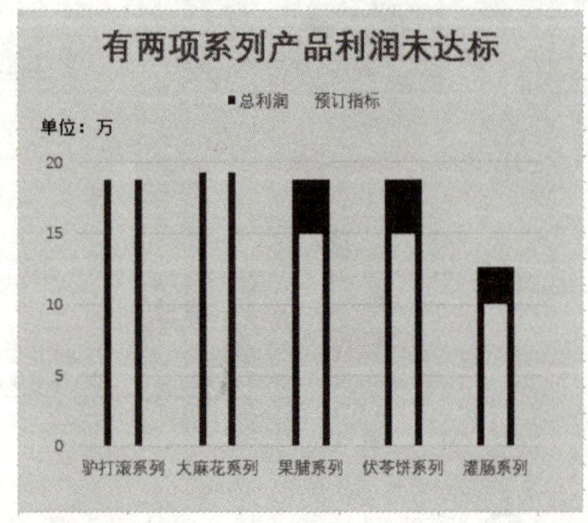

图 7-101

❶ 打开实例文件，选中 A1:C6 单元格区域，在“插入”选项卡的“图表”选项组中单击“插入柱形图或条形图”下拉按钮，弹出下拉菜单，单击“簇状柱形图”选项（如图 7-102 所示），效果如图 7-103 所示。

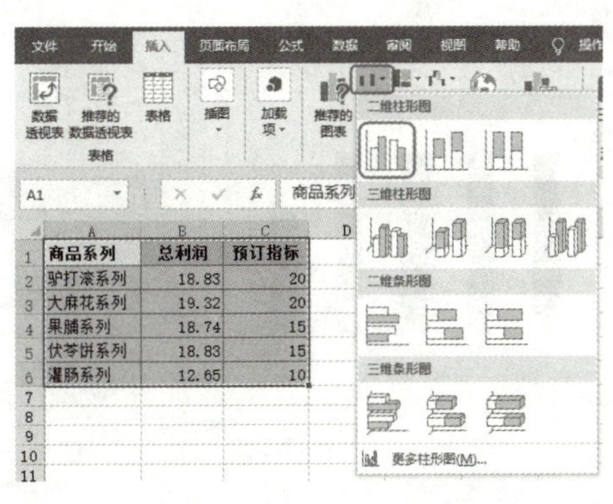

图 7-102

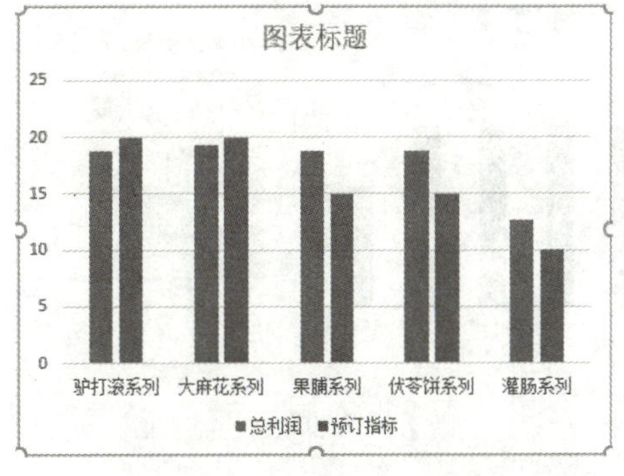

图 7-103

❷ 选中“预订指标”系列，打开“设置数据系列格式”右侧窗格，在“系列选项”标签下选中“次坐标轴”单选框（此操作将“预计指标”系列沿次坐标轴绘制），接着将“间隙宽度”设置为“300%”，如图 7-104 所示。设置后图表如图 7-105 所示。

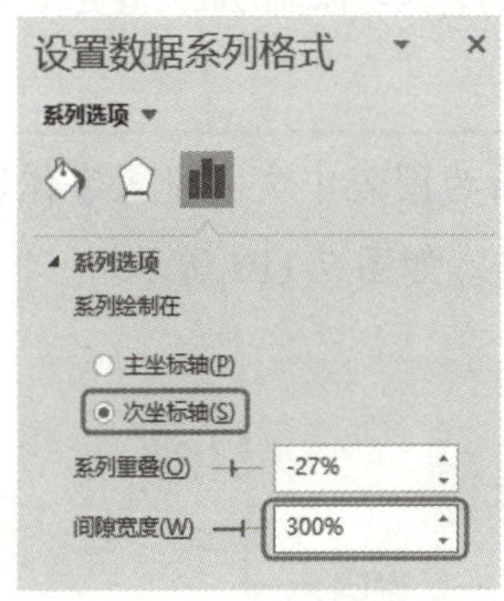

图 7-104

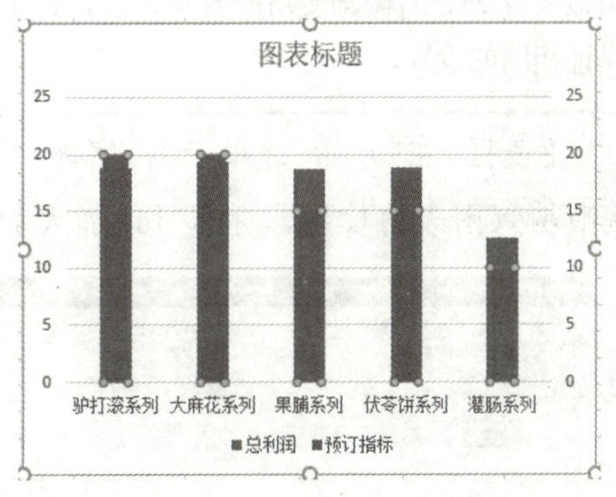

图 7-105

❸ 选中“总利润”系列并双击，打开“设置数据系列格式”右侧窗格，将“间隙宽度”设置为“150%”，即让“总利润”柱子变宽。这时的图表可以看到已经实现让“预订目标”系列位于“总利润”系列内部的效果，如图 7-106 所示。

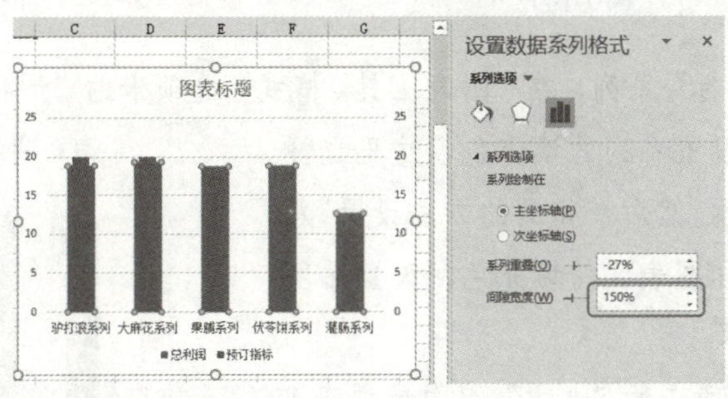

图 7-106

❹ 在左侧垂直轴上双击鼠标，打开“设置坐标轴格式”右侧窗格，单击“坐标轴选项”按钮，在“坐标轴选项”栏中重新设置坐标轴的最大值与刻度间距，如图 7-107 所示。然后双击右侧垂直轴，为其进行相同的设置，如图 7-108 所示。

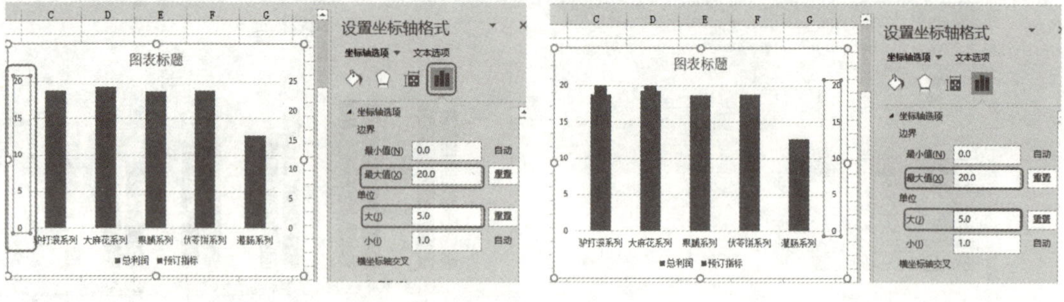

图 7-107　　图 7-108

专家提示

在启用次坐标轴后，设置次坐标轴的刻度也要注意。因为坐标轴的刻度也是根据当前数据源自动生成的，如果不合适，必须手动调整。在此例中，左侧的最大值默认为25，右侧也必须保持相同的最大值。这样反映到图表中的图形在比较时才具备相同的刻度，比较起来才不会有所偏差，切不可左边使用最大值25，右侧却使用最大值20。比如本例中将将左侧坐标轴的最大值更改为20，则右侧也应该保证相同的设置。

❺ 选中图表区，在“开始”选项卡的“字体”组中重新为图表中文字设置字体(如图7-109所示)，之后输入图表的标题，标题可以加大加粗文字，如图7-110所示。

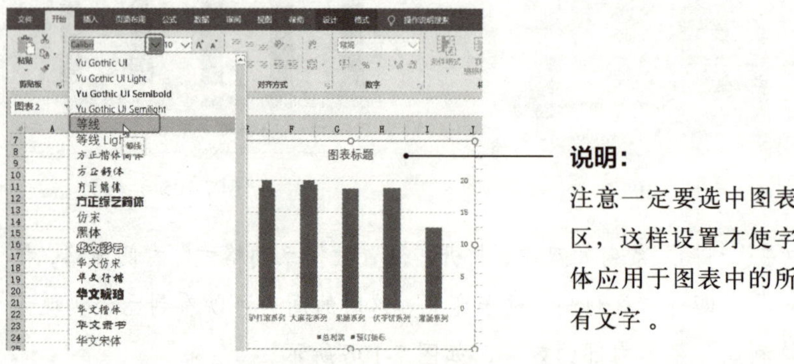

图 7-109

❻ 选中“预订指标”系列，在“图表工具-格式”选项卡的“形状样式”组中单击“形状填充”按钮，重新设置系列的填充色，这里选择亮黄色，如图7-111所示。然后按相同的方法设置“总利润”系列的填充色和图表区的填充色，设置后图表效果如图7-112所示。

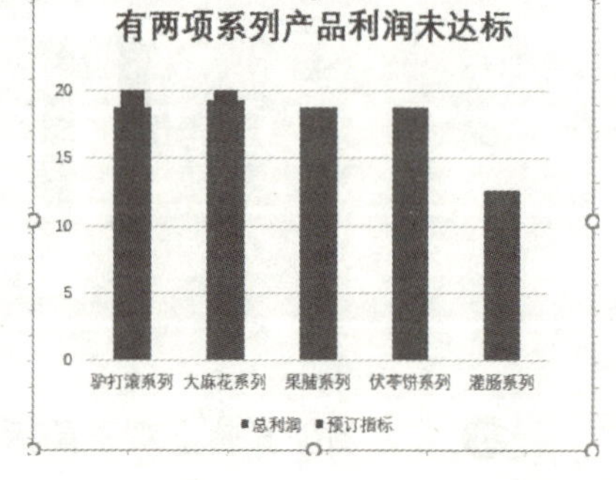

图 7-110

❼ 在“插入”选项卡的“文本”组中单击“文本框”功能按钮，在下拉列表中单击“绘制横排文本框”命令（如图7-113所示），在图表的刻度上方绘制文本框并输入“单位”，如图7-114所示。

有两项系列产品利润未达标
形状填充
自动(A)
主题颜色
标准色
无填充(N)
黄色
其他填充颜色(M)...
图片(P)...
渐变(G)
纹理(T)
插入形状
形状样式
=SERIES(启用次坐标轴2!$C$1,启用次坐标
驴打滚系列 大麻花系列 果脯系列 伏苓饼系列 灌肠系列
总利润 预订指标

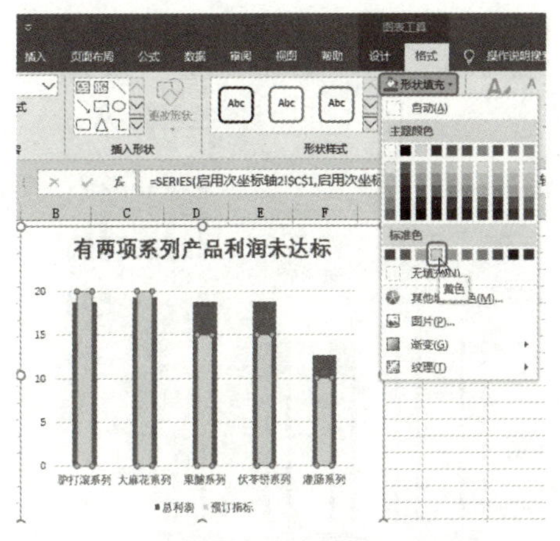

图 7-111

有两项系列产品利润未达标
20
15
10
5
0
驴打滚系列 大麻花系列 果脯系列 伏苓饼系列 灌肠系列
总利润 预订指标

图 7-112

操作说明搜索
推荐的图表
地图
数据透视图
三维地图
折线
柱形
盈亏
切片器
日程表
链接
文本框
页眉和页脚
图表
演示
迷你图
筛选器
链接
绘制横排文本框(H)
竖排文本框(V)

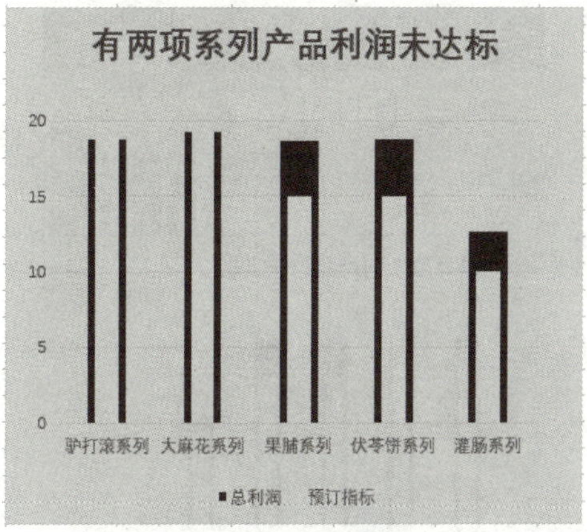

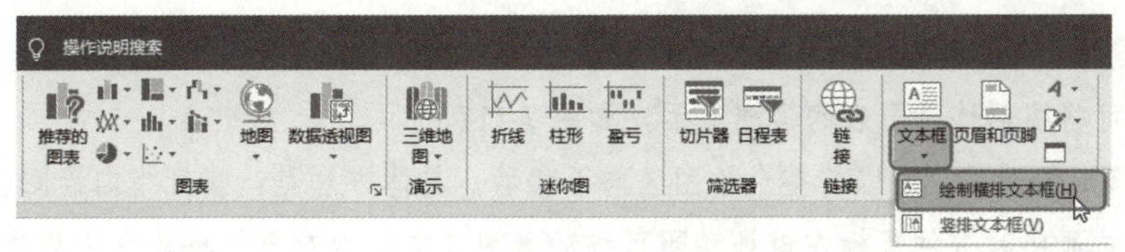

图 7-113

说明：
为图表中的数据添加单位是专业图表的细节要求，一般可以添加文本框来输入。

有两项系列产品利润未达标
单位：万
20
15
10
5
0
驴打滚系列 大麻花系列 果脯系列 伏苓饼系列 灌肠系列
总利润 预订指标

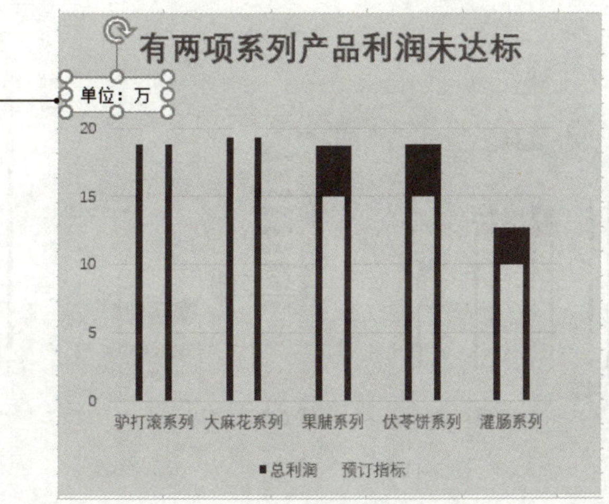

图 7-114

❽ 默认插入的文框是有边框和填充色的，为了能更好地融入图表，一般需要设置其为无边框、无填充的效果。选中文本框，在“绘图工具 - 格式”选项卡的“形状样式”组中单击“形状填充”功能按钮，在下拉列表中单击“无填充”命令（如图 7-115 所示），接着再单击“形状轮廓”功能按钮，在下拉列表中单击“无边框”命令（如图 7-116 所示）。

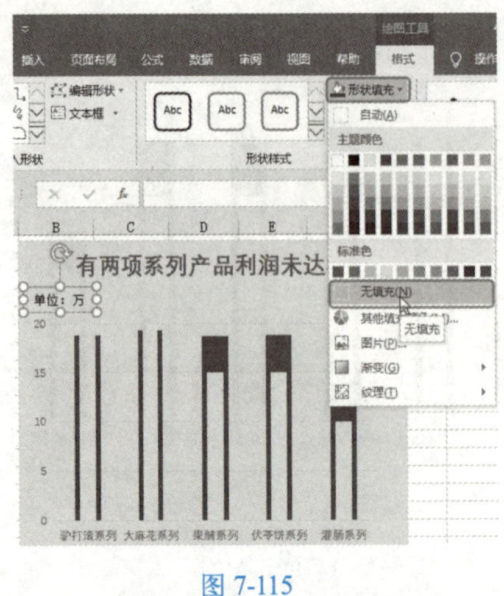

图 7-115

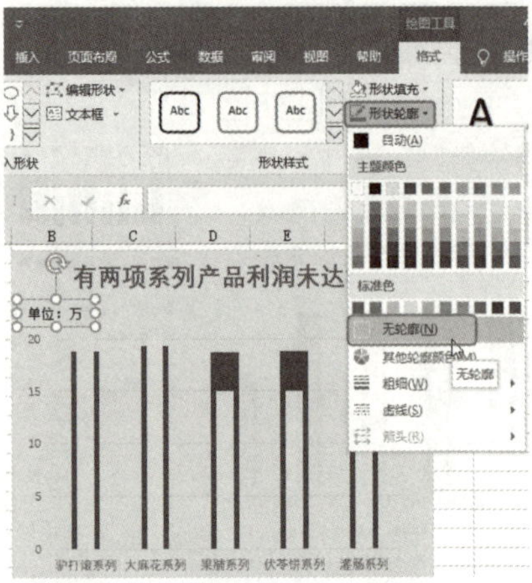

图 7-116

❾ 选中图表，单击右上角的“图表元素”按钮，指针指向“图例”，在子列表中选择“顶部”，即可将图例移至图表的顶端显示，如图 7-117 所示。

❿ 移走图例后，可以将整个绘图区向下移动，具体方法是：指针指向绘图区的边框，当出现四向箭头时按住鼠标左键拖动即可移动（图表中其他对象的移动方法与此相同），如图 7-118 所示。

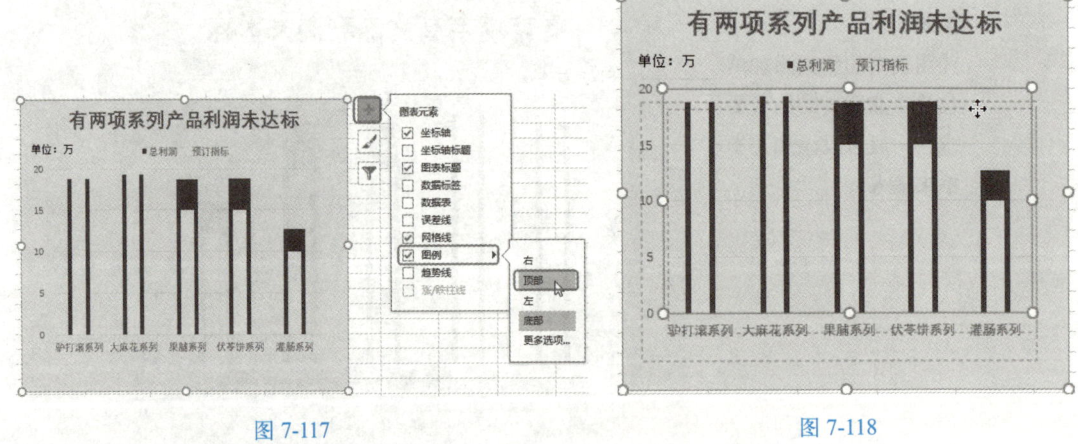

图 7-117

图 7-118

7.8.2 反映企业招聘计划完成度的条形图

当企业开展招聘工作时，需要拟定计划招聘人数，为了分析招聘计划的完成度，可以将计划人数与实招人数放在同一张表格中进行分析。本例根据公司招聘的计划人数与实招人数制作一张招聘计划完成度的条形图，如图 7-119 所示，具体操作如下。

❶ 打开实例文件，选择 A1:B8 单元格区域，在“插入”选项卡的“图表”组中单击“插入柱形图或条形图”按钮，在下拉列表中单击“簇状条形图”命令（如图 7-120 所示），即可在表格中创建图表，如图 7-121 所示。

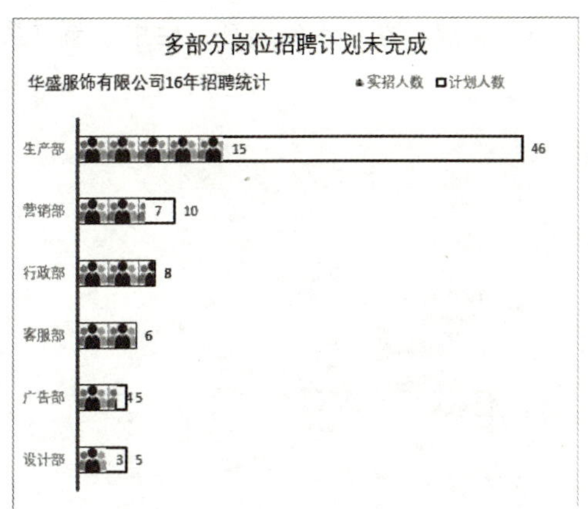

图 7-119

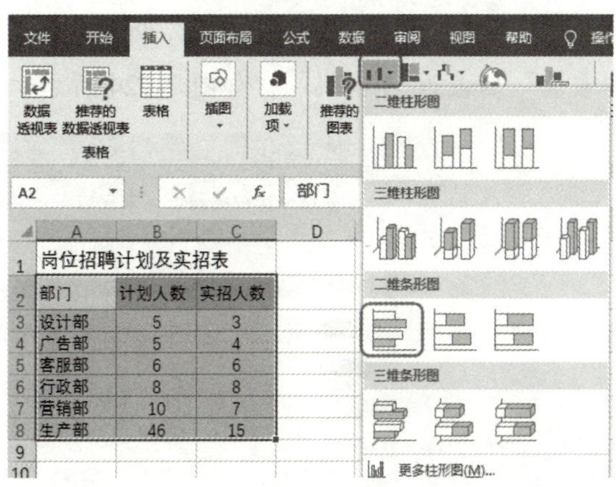

	A	B	C
1	岗位招聘计划及实招表		
2	部门	计划人数	实招人数
3	设计部	5	3
4	广告部	5	4
5	客服部	6	6
6	行政部	8	8
7	营销部	10	7
8	生产部	46	15

图 7-120

❷ 在“图表工具 - 设计”选项卡的“图表布局”组中单击“快速布局”按钮，在下拉列表中单击选中“布局 2”，如图 7-122 所示。

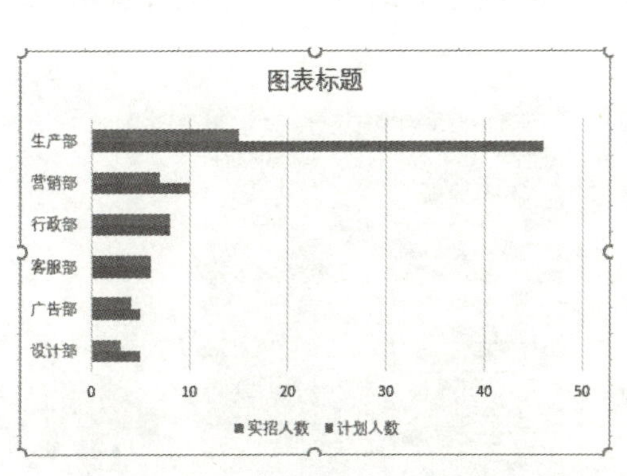

图 7-121

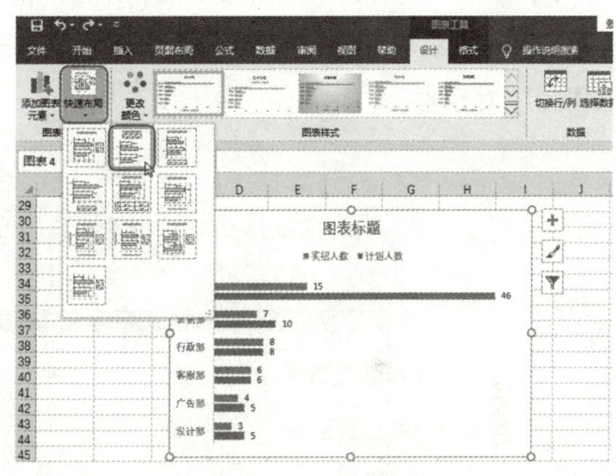

图 7-122

❸ 双击垂直轴坐标，弹出“设置坐标轴格式”右侧窗格，单击“填充与线条”按钮，展开“线条”区域，将“颜色”设置为“深灰色”，将“宽度”设置为“2 磅”，即可调整图表的纵坐标轴的格式，效果如图 7-123 所示。

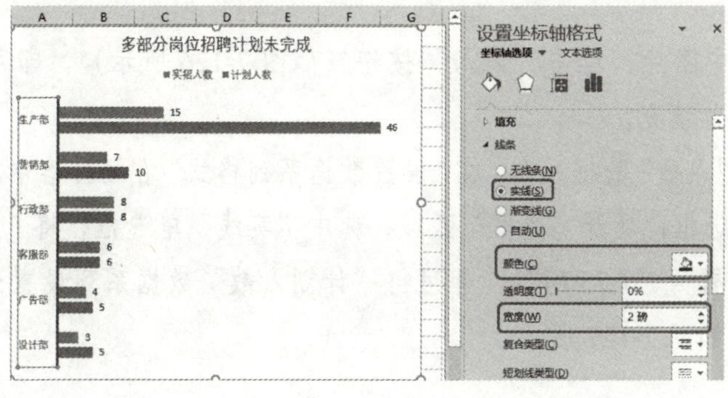

图 7-123

❹ 双击任意数据系列，打开“设置数据系列格式”窗格，在“系列选项”栏中设置“系列重叠”的值为“100%”，如图 7-124 所示。

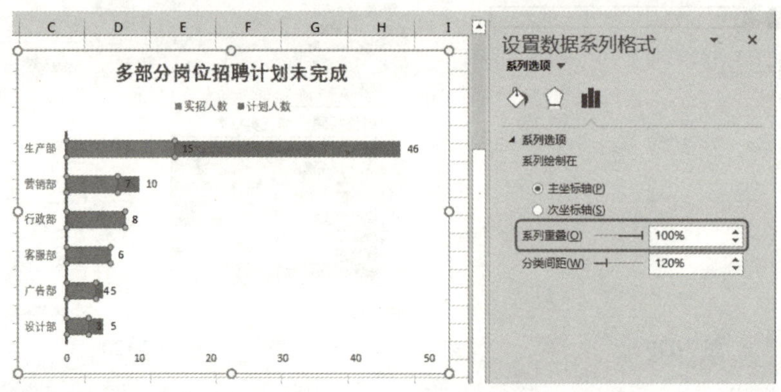

图 7-124

❺ 单击“实招人数”数据系列，弹出“设置数据系列格式”窗格，展开“填充”区域，选中“图片或纹理填充”和“层叠”单选框，单击“文件”按钮（如图 7-125 所示），弹出“插入图片”对话框。

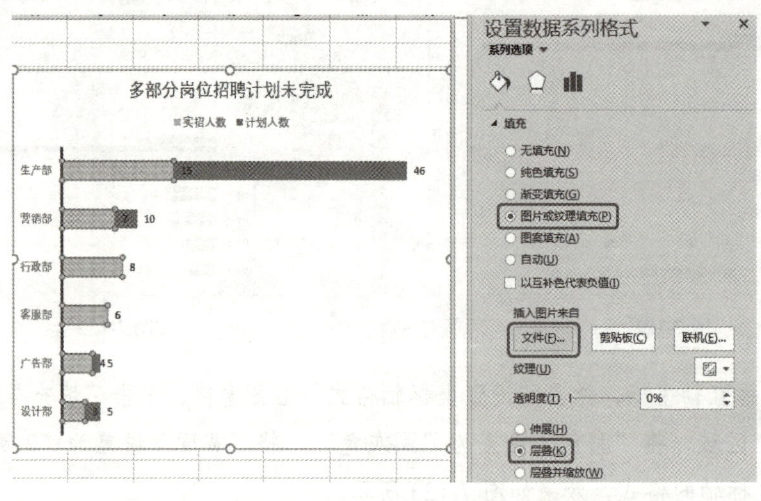

图 7-125

❻ 找到并选中图片，单击“插入”按钮（如图 7-126 所示），即可将“实招人数”数据系列设置为图片填充。

❼ 单击“计划人数”数据系列，在“设置数据系列格式”右侧窗格中展开“填充”区域，选中“无填充”单选框；展开“边框”区域，选中“实线”单选框，将“颜色”设置为“深灰”，“宽度”设置为“1.75 磅”，即可将“计划人数”数据系列设置为无填充颜色、只有深灰边框格式，如图 7-127 所示。

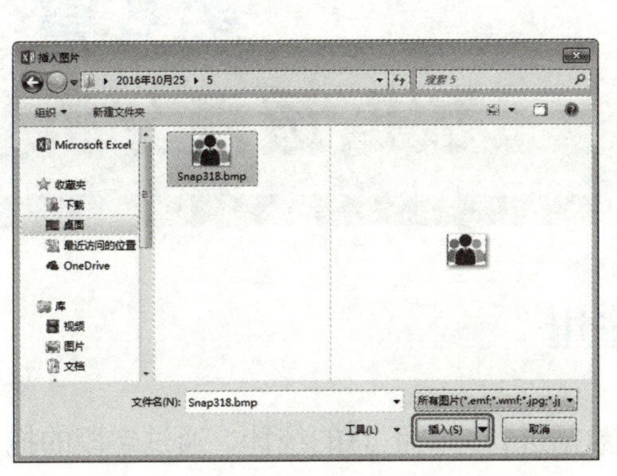

图 7-126

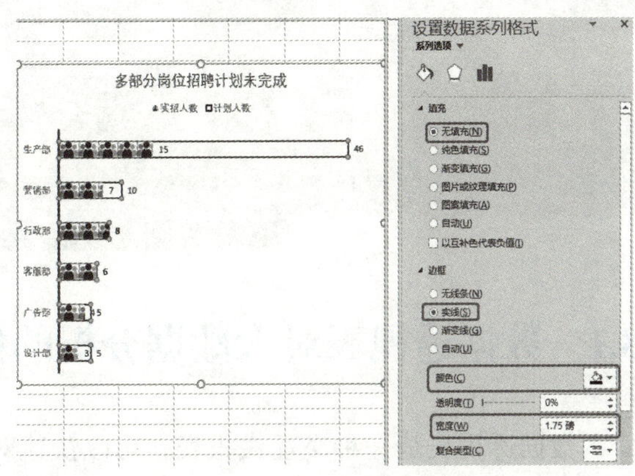

图 7-127

❽ 在“插入”选项卡的“文本”组中单击“文本框”功能按钮，在下拉列表中单击“绘制横排文本框”命令，在图表中绘制文本框并输入副标题文字，如图 7-128 所示。然后可以按上一例的操作将文本框设置无边框的效果，最后对图表中字体的格式进行合理设置，即可得到效果图中的样式。

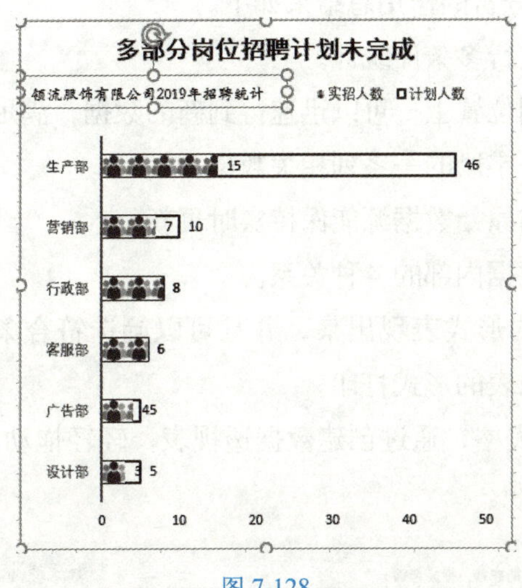

图 7-128

Excel

第8章

数据透视分析

8.1 数据透视表对大数据分析的作用

数据透视表是一种交互式报表，可以快速对数据进行分类汇总的统计，通过字段的拖动得到想要查看的统计结果，而且可以设定不同的字段来分析具体情况。如果数据量非常大，也可以选择部分目标数据快速创建数据透视表，只经过简单的几步操作即可智能地得到需要的统计结果。

数据透视表有机地结合了数据的排序、筛选、分类汇总等分析的优点，并具有动态性。因此数据透视表是大数据分析过程中必不可少的一个重要工具。

数据透视表对大数据分析的作用总结果如下。

- 对庞大的数据库进行多条件统计。
- 把字段移动到不同位置上，可以迅速得到新的数据，满足不同的要求。
- 找出数据表中某一字段的一系列相关数据。
- 得到的统计数据与原始数据源能保持实时更新。
- 能通过分析得到数据内部的各种关系。
- 让统计数据以图的形式表现出来，并且可以筛选符合条件的值用图表来表示。
- 能将统计结果以报表的形式打印。

例如如图 8-1 所示的表格，通过创建数据透视表，轻轻拖动几个字段就可以快速统计出每个销售部门的提成总额。

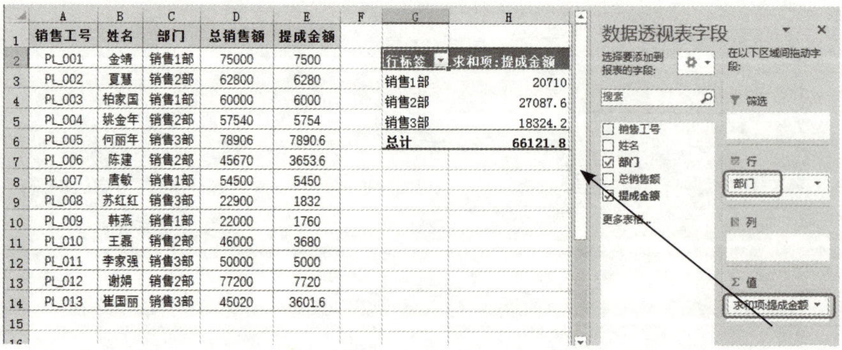

销售工号	姓名	部门	总销售额	提成金额
PL_001	金靖	销售1部	75000	7500
PL_002	夏慧	销售2部	62800	6280
PL_003	柏家国	销售1部	60000	6000
PL_004	姚金年	销售2部	57540	5754
PL_005	何丽年	销售3部	78906	7890.6
PL_006	陈建	销售2部	45670	3653.6
PL_007	唐敏	销售1部	54500	5450
PL_008	苏红红	销售3部	22900	1832
PL_009	韩燕	销售1部	22000	1760
PL_010	王磊	销售2部	46000	3680
PL_011	李家强	销售3部	50000	5000
PL_012	谢娟	销售2部	77200	7720
PL_013	崔国丽	销售3部	45020	3601.6

行标签	求和项：提成金额
销售1部	20710
销售2部	27087.6
销售3部	18324.2
总计	66121.8

图 8-1

例如如图 8-2 所示的数据透视表，通过字段的分组设置，还可以统计出每个提成金额区间中对应的人数。

销售工号	姓名	部门	总销售额	提成金额
PL_001	金靖	销售1部	75000	7500
PL_002	夏慧	销售2部	62800	6280
PL_003	柏家国	销售1部	60000	6000
PL_004	姚金年	销售2部	57540	5754
PL_005	何丽年	销售3部	78906	7890.6
PL_006	陈建	销售2部	45670	3653.6
PL_007	唐敏	销售1部	54500	5450
PL_008	苏红红	销售3部	22900	1832
PL_009	韩燕	销售1部	22000	1760
PL_010	王磊	销售2部	46000	3680
PL_011	李家强	销售3部	50000	5000
PL_012	谢娟	销售2部	77200	7720
PL_013	崔国丽	销售3部	45020	3601.6

行标签	求和项:提成金额
销售1部	20710
销售2部	27087.6
销售3部	18324.2
总计	66121.8

行标签	人数
5000以下	5
5000-6000	5
6000以上	3
总计	13

图 8-2

如图 8-3 所示的表格是某次竞赛考试的成绩单，表格数据涉及三个班级，现在想对每个班级的最高分、最低分、平均分进行统计。通过建立如图 8-4 所示的数据透视表即可快速达到统计目的。

班级	姓名	语文	数学	英语	总分
高三（1）班	王一帆	82	79	93	254
高三（2）班	王辉会	81	80	70	231
高三（2）班	邓敏	77	76	65	218
高三（1）班	吕梁	91	77	79	247
高三（4）班	庄美尔	90	88	90	268
高三（3）班	刘小龙	90	67	62	219
高三（2）班	刘萌	56	91	91	238
高三（4）班	李凯	76	82	77	235
高三（4）班	李德印	88	90	87	265
高三（3）班	张泽宇	96	68	86	250
高三（2）班	张奎	89	65	81	235
高三（1）班	陆路	66	82	77	225
高三（2）班	陈小芳	90	88	70	248
高三（3）班	陈晓	68	90	79	237
高三（1）班	陈曦	88	92	72	252
高三（3）班	罗成佳	71	77	88	236
高三（1）班	姜旭旭	91	88	84	263
高三（2）班	崔衡	78	86	70	234
高三（1）班	窦云	90	91	88	269
高三（3）班	蔡晶	82	88	69	239
高三（3）班	廖凯	69	80	56	205
高三（4）班	霍晶	70	88	91	249

图 8-3

班级	最大值项:总分	最小值项:总分2	平均值项:总分3
高三（1）班	269	225	251.6666667
高三（2）班	248	218	234
高三（3）班	250	205	231
高三（4）班	268	235	254.25
总计	269	205	241.6818182

图 8-4

8.2 创建数据透视表

数据透视表是基于已经建立好的数据表而创建的，所以需要在建立前对表格进行整理，保障没有数据缺漏，没有双行标题等错误。

8.2.1 新建数据透视表

当选中表格任意单元格时，Excel 会默认以整个表格的数据作为数据源来创建数据透视表，例如当前数据源表格如图 8-5 所示。

	A	B	C	D	E	F	G	H	I
1	出库日期	产品编号	产品类别	产品名称	产品型号	单位	出库数量	出库单价	出库金额
2	20/6/1	JD002	继电器、接触器类	接触器辅助触点	11DIL MC	个	23	45.00	1035.00
3	20/6/1	JD004	继电器、接触器类	固态继电器(带灯	三相40A/400V	个	25	49.80	1245.00
4	20/6/1	JC001	接插件类	研华接线端子(插	2.5mm²	片	550	0.80	440.00
5	20/6/1	JC002	接插件类	研华接线端子(插	4mm²	只	300	1.20	360.00
6	20/6/2	JC004	接插件类	研华接线端子(插	10mm²	片	120	2.25	270.00
7	20/6/2	JC006	接插件类	单相电源插头	橡皮 10A	个	220	0.90	198.00
8	20/6/2	AN001	按钮、开关类	空气开关	罗光穆勒L7-4/	个	28	11.60	324.80
9	20/6/2	AN002	按钮、开关类	空气开关	罗光穆勒L7-6/	个	250	12.10	3025.00
10	20/6/2	DX001	电线、电缆类	耐高温电线	6mm²	卷	32	165.00	5280.00
11	20/6/3	DX002	电线、电缆类	电线	0.75mm²	卷	40	99.50	3980.00
12	20/6/3	DX003	电线、电缆类	电线	2.5mm²	卷	20	112.50	2250.00
13	20/6/3	DX006	电线、电缆类	屏蔽线	2*0.3mm²	卷	25	119.50	2987.50
14	20/6/4	DX007	电线、电缆类	橡皮电线	3*4mm²+1*2.5	卷	38	139.00	5282.00
15	20/6/4	DX009	电线、电缆类	屏蔽线	6*0.3mm²	卷	18	139.50	2511.00
16	20/6/4	AN002	按钮、开关类	空气开关	罗光穆勒L7-6/	个	28	12.10	338.80
17	20/6/5	AN004	按钮、开关类	空气开关	罗光穆勒L7-2/	个	28	12.80	358.40
18	20/6/5	AN007	按钮、开关类	空气开关	罗光穆勒L7-40	个	12	11.00	132.00
19	20/6/6	AN011	按钮、开关类	空气开关	罗光穆勒L7-25	个	130	13.60	1768.00
20	20/6/6	DX003	电线、电缆类	电线	2.5mm²	卷	40	112.50	4500.00
21	20/6/7	DX007	电线、电缆类	橡皮电线	3*4mm²+1*2.5	卷	24	139.00	3336.00
22	20/6/7	DX009	电线、电缆类	屏蔽线	6*0.3mm²	卷	24	139.50	3348.00
23	20/6/7	DY001	电压、电流表类	电压表	0~25V	个	38	20.50	779.00
24	20/6/8	DY003	电压、电流表类	电流表(香港)	96*96 200A A	个	68	22.50	1530.00
25	20/6/8	DY007	电压、电流表类	电流表	香港 50*50 1	个	48	58.50	2808.00
26	20/6/8	DY008	电压、电流表类	电流表	香港 50*50 5.	个	23	53.80	1237.40
27	20/6/9	BY001	电源、变压类	三相变压器	380/200V		15	315.00	4725.00
28	20/6/10	BY003	电源、变压类	开关电源	24V	个	13	21.00	273.00
29	20/6/10	BY004	电源、变压类	开关电源	10V	个	13	16.80	218.40
30	20/6/11	BY006	电源、变压类	磁粉离合器电源	DGPS-403B	个	13	55.80	725.40

图 8-5

❶ 打开实例文件，切换到“插入”选项卡，在“表格”组中单击“数据透视表”按钮（如图 8-6 所示），打开“创建数据透视表”对话框。

❷ 此时 Excel 会默认选中“选择一个表或区域”单选项，并在“表 / 区域”文本框中显示了当前表格中所有单元格区域都是数据透视表的数据源，如图 8-7 所示。

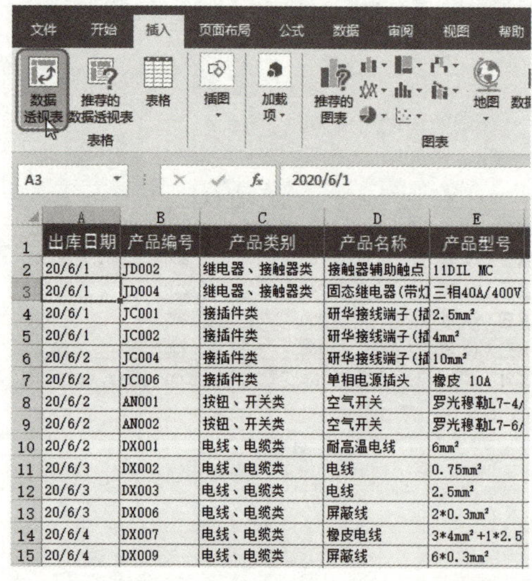

图 8-6

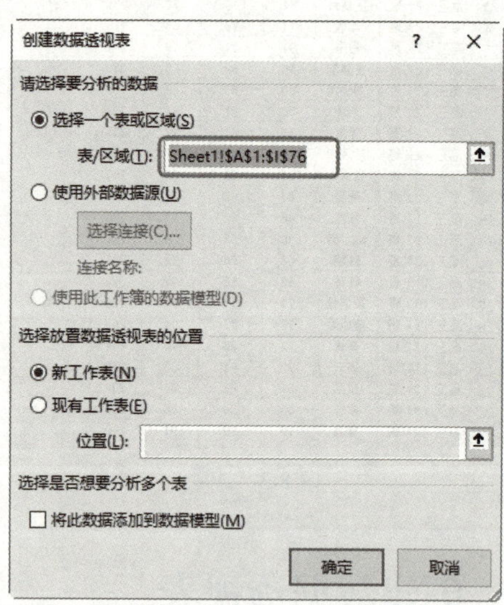

图 8-7

❸ 保持默认设置，单击“确定”按钮，即可在工作表前面创建一个空白数据透视表，添加字段后即可对数据进行分析，效果如图 8-8 所示。

❹ 当通过数据源建立数据透视表后，后者只是一个框架，并没有统计结果。如果要得到，则需要根据统计目的来设定字段。选中数据透视表任意单元格，弹出“数据透视表

字段”窗格，在“选择要添加到报表的字段”区域中找到要使用的字段，如将光标移动到“产品类别”处，单击鼠标右键，在弹出的对话框中单击“添加到行标签”命令（如图 8-9 所示），此时“产品类别”字段被添加到“行”区域，如图 8-10 所示。

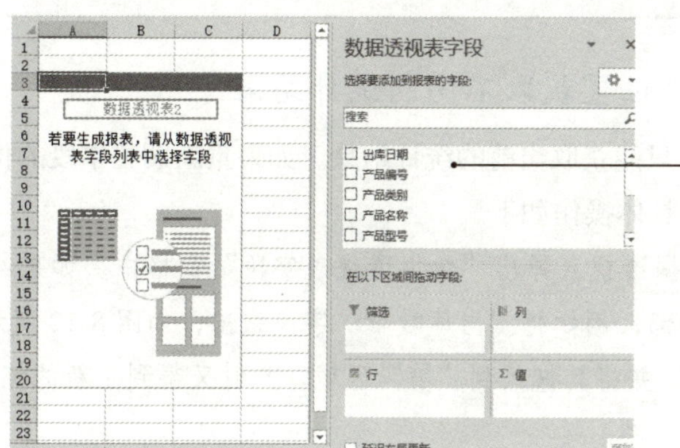

说明：
此时数据源中所有的列标识都生成单独的字段名可供选择。

图 8-8

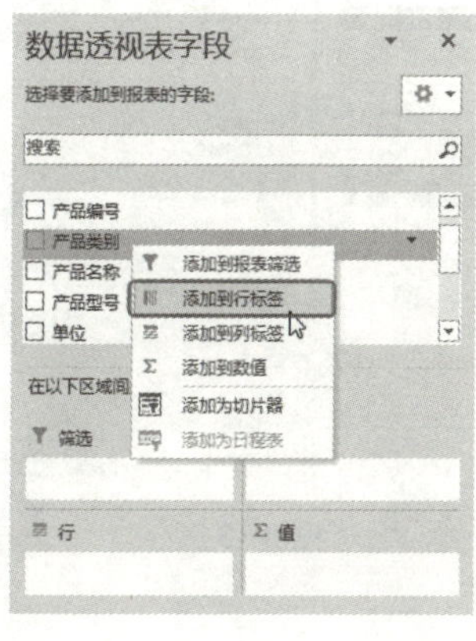

图 8-9

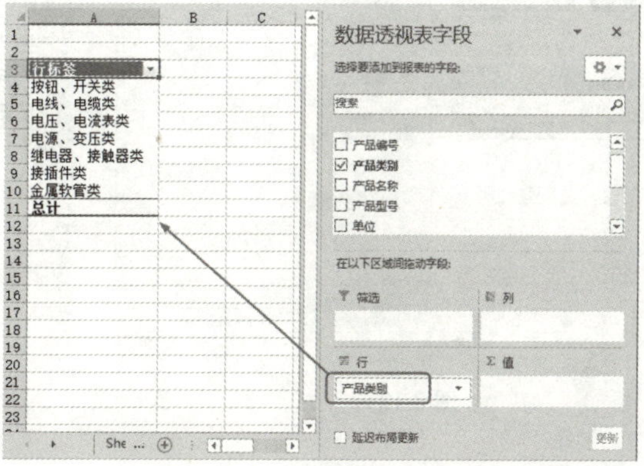

图 8-10

❺ 按相同的方法添加其他的字段，如将“出库数量”字段添加到“值”区域，得到的统计结果如图 8-11 所示。

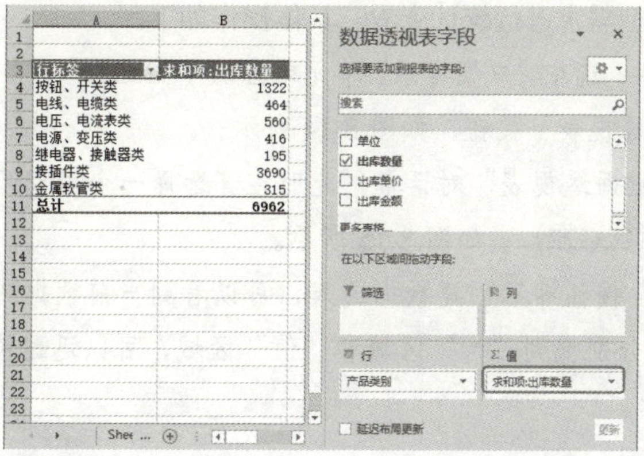

图 8-11

> **专家提示**
>
> 在对字段进行选择时，也可以使用拖动的方式来快速添加字段，即在“选择要添加到报表的字段”的列表中选中字段，拖动到目标区域中后再释放鼠标。

知识拓展——调整字段位置获取不同的统计结果

在数据透视表中添加字段，只能获取当前的统计结果。如果重新调整字段的位置，那么还可以获取其他的统计结果，具体操作如下。

❶ 打开实例文件，选中数据透视表弹出“数据透视表字段”窗格中。如果某字段不需要了，可以将其选中并拖到外部，例如将“出库数量”字段拖出，如图 8-12 所示。

❷ 选中“出库金额”字段，并将其拖入到“值”区域，此时又得到了新的统计结果，如图 8-13 所示。

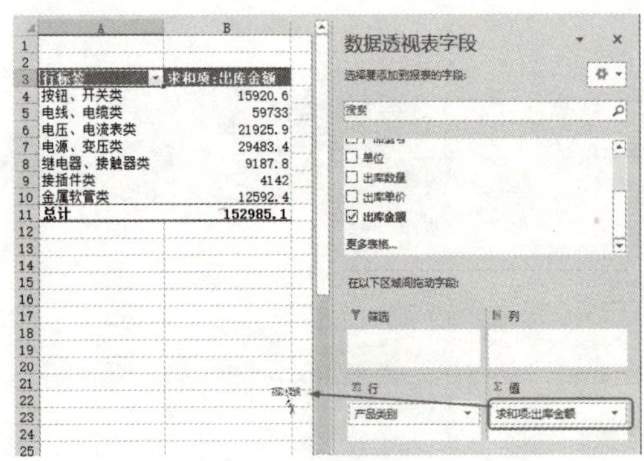

图 8-12

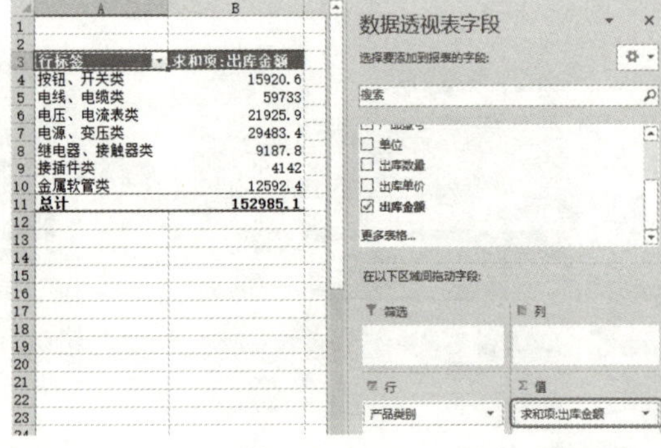

图 8-13

8.2.2 只用部分数据创建数据透视表

如果表格中数据非常多，但分析目的比较单一，那么可以很方便地选择部分数据来创建数据透视表。

例如下面只对户型需求进行统计查看，具体操作如下。

❶ 打开实例文件，选中“户型需求”单元格区域（G2:G22），在“插入”选项卡的“表格”组中单击“数据透视表”按钮，如图 8-14 所示。

❷ 弹出“创建数据透视表”对话框，此时在“选择一个表或区域”框中显示了刚才选中的单元格区域（G2:G22），如图 8-15 所示。

❸ 单击“确定”按钮即可创建数据透表，可以看到当前数据透视表只有一个“户型需求”字段。将字段分别拖到“行”区域和“值”区域，可以迅速统计出不同户型的需求人数，如图 8-16 所示。

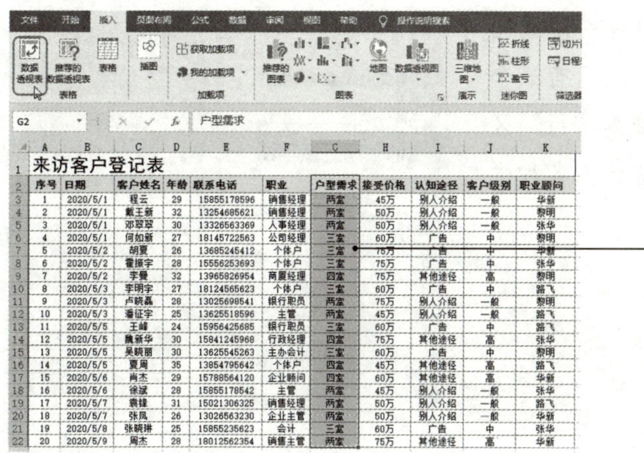

说明：

使用部分数据创建数据透视表，在选择单元格区域时，要保证选择的区域是连续的，不能跨行、列。

图 8-14

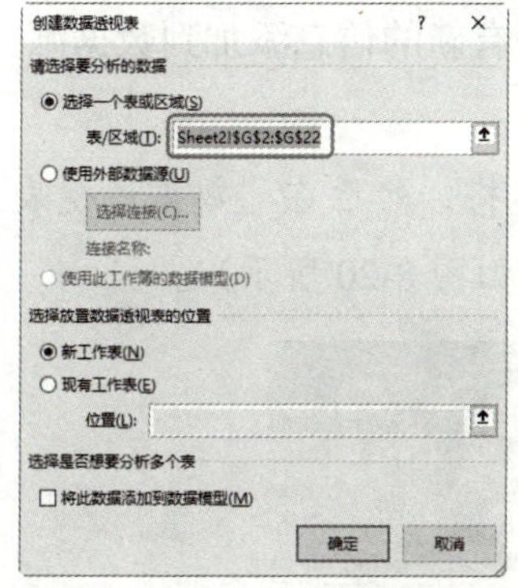

图 8-15

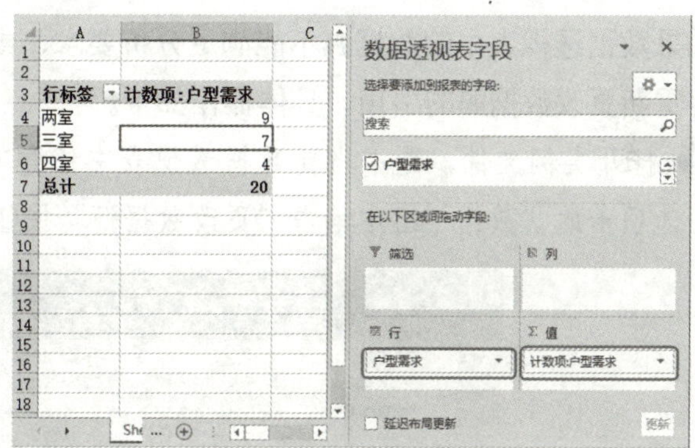

图 8-16

例如下面只对各种学历的人数进行统计，具体操作如下。

❶ 打开实例文件，选中“学历”单元格区域（D1:D25），在“插入”选项卡的“表格”组中单击“数据透视表”按钮，如图 8-17 所示。

❷ 弹出“创建数据透视表”对话框。此时在“选择一个表或区域”框中显示了刚才选中的单元格区域（D1:D25），如图 8-18 所示。

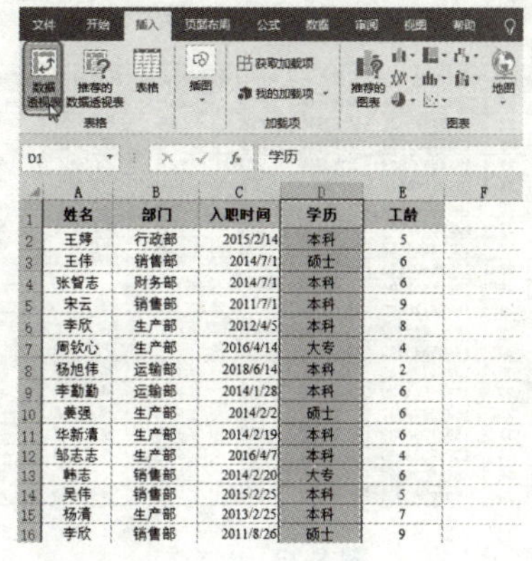

图 8-17

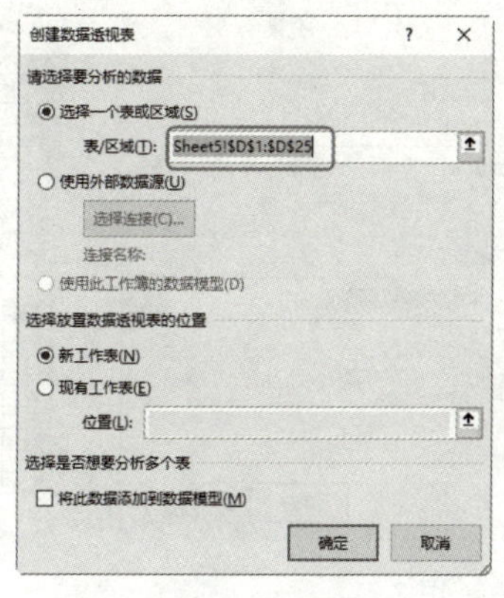

图 8-18

❸ 单击“确定”按钮即可创建数据透表，可以看到当前数据透视表只有一个“学历”字段。将字段分别拖到“行”区域和“值”区域，可以迅速统计出各种学历的人数，如图 8-19 所示。

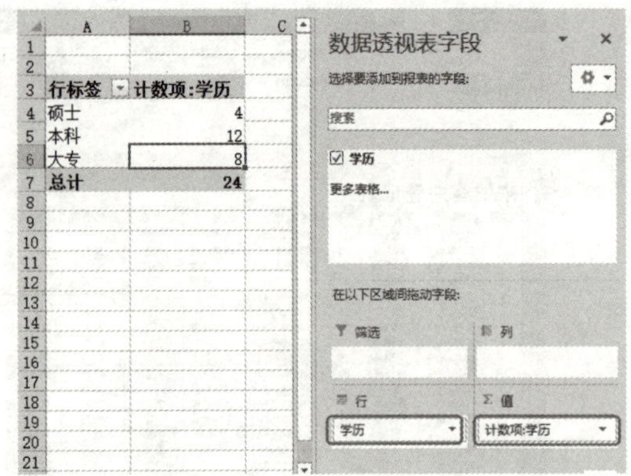

图 8-19

8.2.3 更改数据透视表数据源

如果数据透视表中的数据源不能满足分析要求，或是有新的信息添加到数据源，那么就需要重新更改数据源的引用，具体操作如下。

❶ 打开实例文件，选中当前数据透视表中任意单元格，然后在“数据透视表工具-分析”选项卡的“数据”组中单击“更改数据源”按钮（如图 8-20 所示）。

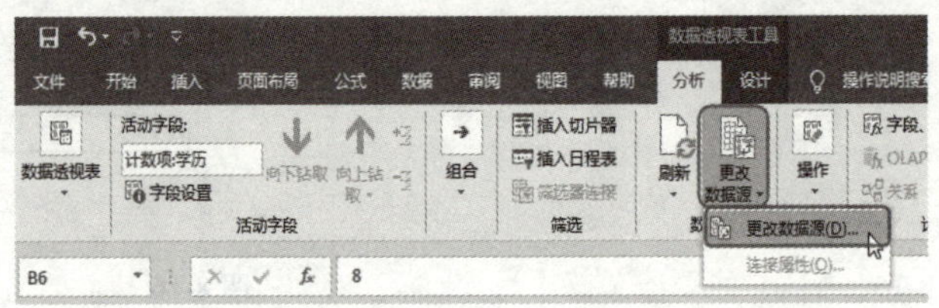

图 8-20

❷ 弹出“更改数据透视表数据源”对话框，在“表 / 区域”文本框中会显示原来的数据源单元格区域（G2:G13）。此时单击右侧的拾取器按钮（如图 8-21 所示），切换到工作表中，用鼠标拖动选择的方式重新框选择数据源单元格区域（G2:G25），如图 8-22 所示。

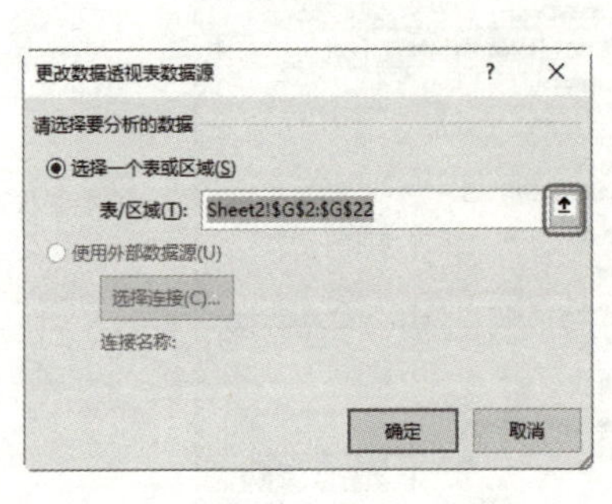

图 8-21

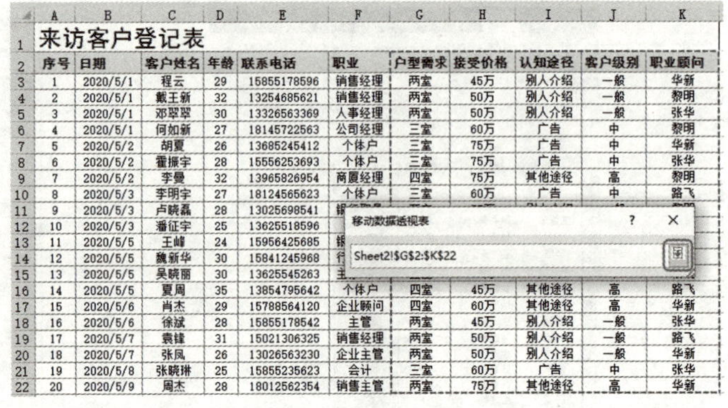

序号	日期	客户姓名	年龄	联系电话	职业	户型需求	接受价格	认知途径	客户级别	职业顾问
1	2020/5/1	程云	29	15855178596	销售经理	两室	45万	别人介绍	一般	华新
2	2020/5/1	戴王新	32	13254685621	销售经理	两室	50万	别人介绍	一般	黎明
3	2020/5/1	邓翠翠	30	13326563369	人事经理	两室	50万	别人介绍	一般	张华
4	2020/5/1	何如新	27	18145722563	公司经理	三室	60万	广告	中	黎明
5	2020/5/2	胡夏	26	13685245412	个体户	三室	75万	广告	中	华新
6	2020/5/2	霍振宇	28	15556253693	个体户	三室	75万	广告	中	张华
7	2020/5/2	李曼	32	13965826954	商厦经理	四室	75万	其他途径	高	黎明
8	2020/5/3	李明宇	27	18124565623	个体户	三室	60万	广告	中	路飞
9	2020/5/3	卢晓磊	28	13025698541	[illegible]	[illegible]	[illegible]	[illegible]	[illegible]	[illegible]
10	2020/5/3	潘征宇	25	13625518596	[illegible]	[illegible]	[illegible]	[illegible]	[illegible]	[illegible]
11	2020/5/5	王峰	24	15956425685	[illegible]	[illegible]	[illegible]	[illegible]	[illegible]	[illegible]
12	2020/5/5	魏新华	30	15841245968	[illegible]	[illegible]	[illegible]	[illegible]	[illegible]	[illegible]
13	2020/5/5	吴晓丽	30	13625545263	[illegible]	[illegible]	[illegible]	[illegible]	[illegible]	[illegible]
14	2020/5/5	夏周	35	13854795642	个体户	四室	45万	其他途径	高	路飞
15	2020/5/6	肖杰	29	15788564120	企业顾问	四室	60万	其他途径	高	华新
16	2020/5/6	徐斌	28	15855178542	主管	两室	45万	别人介绍	一般	张华
17	2020/5/7	袁锋	31	15021306325	销售经理	两室	50万	别人介绍	一般	路飞
18	2020/5/7	张凤	26	13026563230	企业主管	两室	50万	别人介绍	一般	华新
19	2020/5/8	张晓琳	25	15855235623	会计	三室	60万	广告	中	张华
20	2020/5/9	周杰	28	18012562354	销售主管	两室	75万	其他途径	高	华新

图 8-22

❸ 选择后单击拾取器按钮回到“更改数据透视表数据源”对话框中，单击“确定”按钮即可。

知识拓展——刷新数据透视表数据源

当数据源中的信息发生更改时，不需要重新建立数据透视表，只需要刷新数据源，就可以使数据透视表中的数据自动更新，具体操作如下。

首先打开实例文件，在数据源中修改信息，将 G3 单元格的数据由“两室”修改为“三室”。然后选中数据透视表，在“数据透视表工具 - 分析”选项卡的“数据”组中单击“刷新”下拉按钮，在下拉菜单中单击“刷新”命令（如图 8-23 所示），即可刷新数据透视表的统计结果。

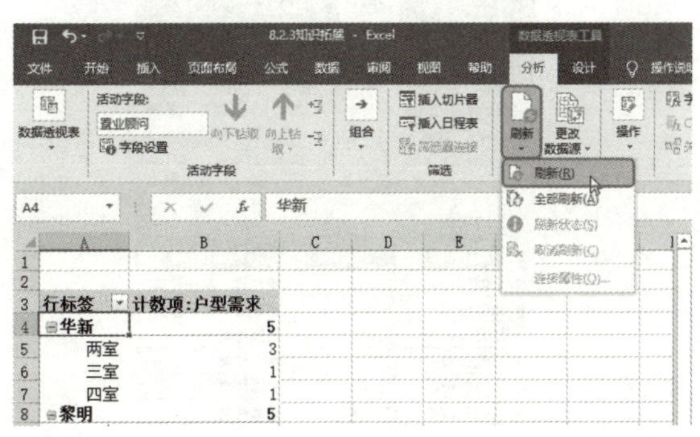

图 8-23

8.2.4 创建动态数据透视表

在日常工作中，很多情况下数据源表格是实时变化的，例如销售数据表会不断地添加新的销售记录。如果要得到最新的统计结果，则每次都要重新设置对数据源的引用，显然很麻烦。因此遇到这种情况就可以创建动态数据透视表，具体操作如下。

❶ 打开实例文件，选中数据表中任意单元格，在“插入”选项卡的“表格”组中单击“表格”按钮，如图 8-24 所示。

❷ 弹出“创建表”对话框，其中“表数据的来源”自动显示为当前数据表单元格区域（A1:I39），单击“确定”按钮完成表的创建，默认名称为“表 1”，如图 8-25 所示。

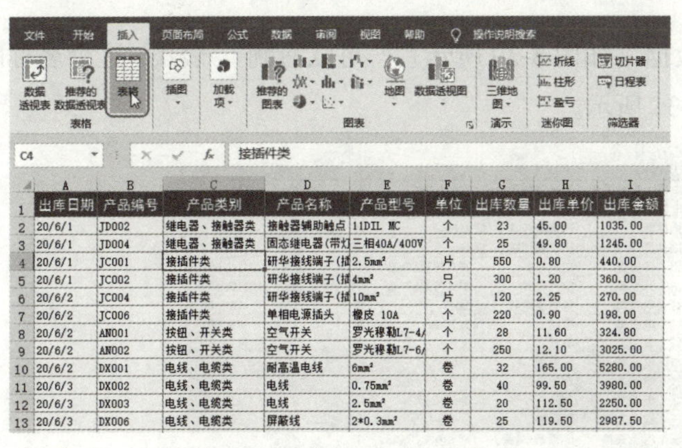

出库日期	产品编号	产品类别	产品名称	产品型号	单位	出库数量	出库单价	出库金额
20/6/1	JD002	继电器、接触器类	接触器辅助触点	11DIL MC	个	23	45.00	1035.00
20/6/1	JD004	继电器、接触器类	固态继电器(带灯	三相40A/400V	个	25	49.80	1245.00
20/6/1	JC001	接插件类	研华接线端子(插	2.5mm²	片	550	0.80	440.00
20/6/1	JC002	接插件类	研华接线端子(插	4mm²	只	300	1.20	360.00
20/6/2	JC004	接插件类	研华接线端子(插	10mm²	片	120	2.25	270.00
20/6/2	JC006	接插件类	单相电源插头	橡皮 10A	个	220	0.90	198.00
20/6/2	AN001	按钮、开关类	空气开关	罗光穆勒L7-4/	个	28	11.60	324.80
20/6/2	AN002	按钮、开关类	空气开关	罗光穆勒L7-6/	个	250	12.10	3025.00
20/6/2	DX001	电线、电缆类	耐高温电线	6mm²	卷	32	165.00	5280.00
20/6/3	DX002	电线、电缆类	电线	0.75mm²	卷	40	99.50	3980.00
20/6/3	DX003	电线、电缆类	电线	2.5mm²	卷	20	112.50	2250.00
20/6/3	DX006	电线、电缆类	屏蔽线	2*0.3mm²	卷	25	119.50	2987.50

图 8-24

创建表

表数据的来源(W):

=$A$1:$I$39

表包含标题(M)

确定　取消

图 8-25

❸ 在“插入”选项卡的“表格”组中，单击“数据透视表”按钮（如图 8-26 所示），

弹出“创建透视表”对话框，可以看到“表/区域”文本框中显示“表1”，如图8-27所示。

❹ 单击“确定”按钮，即可用“表1”这个名称来创建数据透视表。

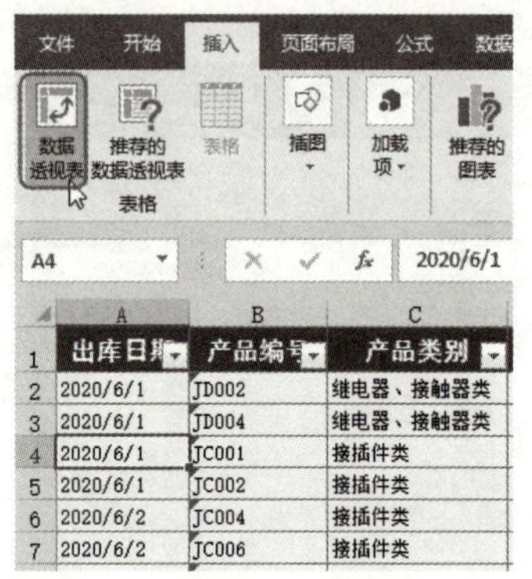

图 8-26

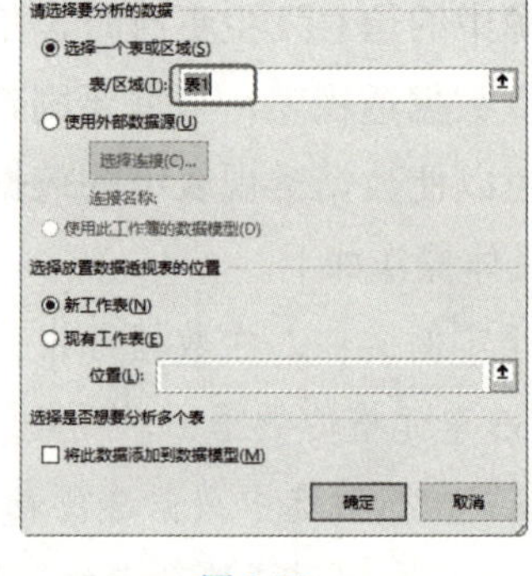

图 8-27

实际上“表1”这个名称是在执行第一步骤和第二步骤操作时生成的一个动态名称，它的引用位置是当前表格中的所有数据区域，例如打开“名称管理器”，可以看到其引用位置为A2:I39单元格区域，如图8-28所示。

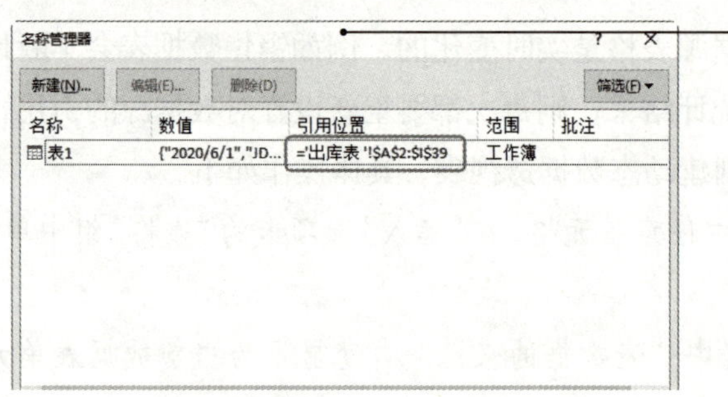

图 8-28

说明：

在“公式”选项卡的“定义的名称”组中单击“名称管理器”按钮即可打开“名称管理器”对话框。

如果向数据源中填入了新的数据（如图8-30所示），可以看到“表1”这个名称的引用位置也自动发生变化，如图8-31所示。

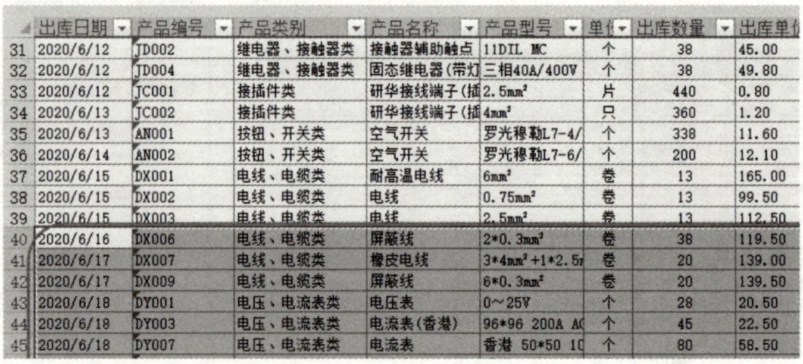

	出库日期	产品编号	产品类别	产品名称	产品型号	单位	出库数量	出库单价
31	2020/6/12	JD002	继电器、接触器类	接触器辅助触点	11DIL MC	个	38	45.00
32	2020/6/12	JD004	继电器、接触器类	固态继电器(带灯	三相40A/400V	个	38	49.80
33	2020/6/12	JC001	接插件类	研华接线端子(插	2.5mm^2	片	440	0.80
34	2020/6/13	JC002	接插件类	研华接线端子(插	4mm^2	只	360	1.20
35	2020/6/13	AN001	按钮、开关类	空气开关	罗光穆勒L7-4/	个	338	11.60
36	2020/6/14	AN002	按钮、开关类	空气开关	罗光穆勒L7-6/	个	200	12.10
37	2020/6/15	DX001	电线、电缆类	耐高温电线	6mm^2	卷	13	165.00
38	2020/6/15	DX002	电线、电缆类	电线	0.75mm^2	卷	13	99.50
39	2020/6/15	DX003	电线、电缆类	电线	2.5mm^2	卷	13	112.50
40	2020/6/16	DX006	电线、电缆类	屏蔽线	2*0.3mm^2	卷	38	119.50
41	2020/6/17	DX007	电线、电缆类	橡皮电线	3*4mm^2+1*2.5r	卷	20	139.00
42	2020/6/17	DX009	电线、电缆类	屏蔽线	6*0.3mm^2	卷	20	139.50
43	2020/6/18	DY001	电压、电流表类	电压表	0～25V	个	28	20.50
44	2020/6/18	DY003	电压、电流表类	电流表(香港)	96*96 200A AC	个	45	22.50
45	2020/6/18	DY007	电压、电流表类	电流表	香港 50*50 1C	个	80	58.50

图 8-30

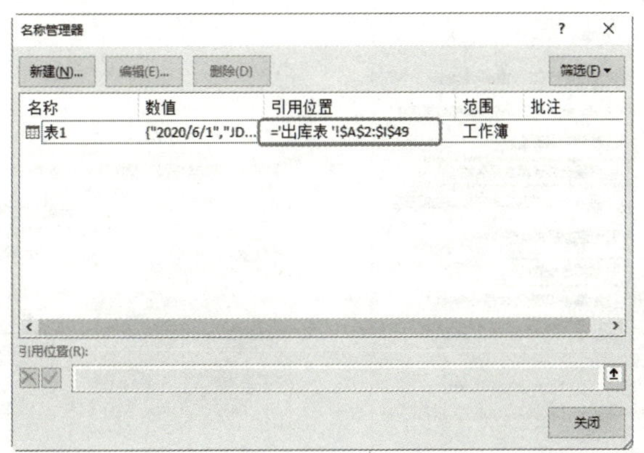

图 8-30

以“表 1”这个名称建立数据透视表，当添加数据位置时，这个名称的引用位置自动发生变化，因此可以得到动态统计的数据透视表。

8.2.5 创建多表合并计算的数据透视表

如果数据源引用多张工作表（例如销售数据表是按“月”统计），那么可以将多张表格的数据首先创建合并，然后再建立数据透视表。其实还可以将每个数据源表显示为页字段中的一项，通过页字段中的下拉列表可以分别显示各个数据表中的汇总数据。

如图 8-31 ～图 8-33 所示显示的是 7 月、8 月、9 月的订购量表，下面介绍创建多表合并计算的数据透视表的步骤，具体操作如下。

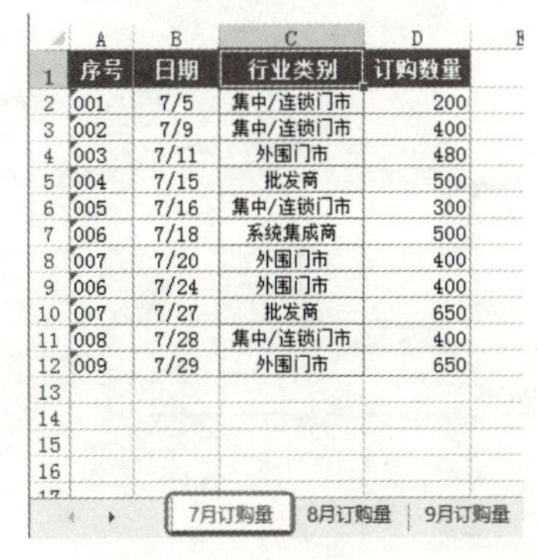

序号	日期	行业类别	订购数量
001	7/5	集中/连锁门市	200
002	7/9	集中/连锁门市	400
003	7/11	外围门市	480
004	7/15	批发商	500
005	7/16	集中/连锁门市	300
006	7/18	系统集成商	500
007	7/20	外围门市	400
006	7/24	外围门市	400
007	7/27	批发商	650
008	7/28	集中/连锁门市	400
009	7/29	外围门市	650

7月订购量 8月订购量 9月订购量

图 8-31

序号	日期	行业类别	订购数量
001	8/1	系统集成商	800
002	8/1	集中/连锁门市	670
003	8/2	系统集成商	500
004	8/7	系统集成商	600
005	8/10	集中/连锁门市	750
006	8/12	外围门市	880
007	8/14	集中/连锁门市	400
008	8/17	批发商	400
009	8/18	批发商	650
010	8/20	批发商	400
011	8/24	批发商	650
012	8/25	批发商	500
013	8/26	外围门市	300
014	8/30	系统集成商	500

7月订购量 8月订购量 9月订购量

图 8-32

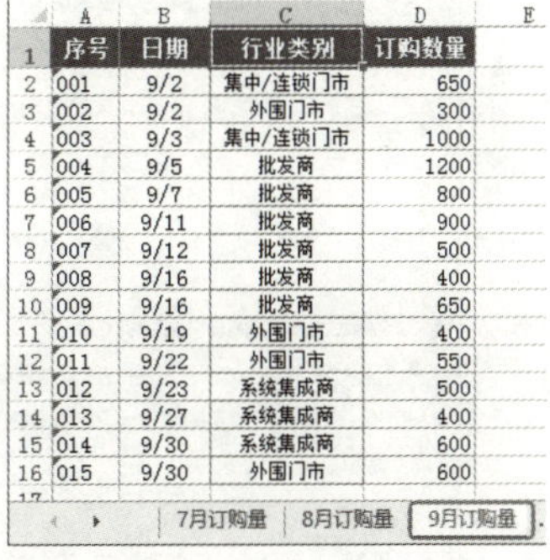

序号	日期	行业类别	订购数量
001	9/2	集中/连锁门市	650
002	9/2	外围门市	300
003	9/3	集中/连锁门市	1000
004	9/5	批发商	1200
005	9/7	批发商	800
006	9/11	批发商	900
007	9/12	批发商	500
008	9/16	批发商	400
009	9/16	批发商	650
010	9/19	外围门市	400
011	9/22	外围门市	550
012	9/23	系统集成商	500
013	9/27	系统集成商	400
014	9/30	系统集成商	600
015	9/30	外围门市	600

7月订购量 8月订购量 9月订购量

图 8-33

❶ 打开实例文件，单击任意一个工作表中的单元格，依次按下“Alt+D+P”组合键，弹出“数据透视表和数据透视图向导 - 步骤 1（共 3 步）”对话框，在“请指定待分析数据的数据源类型”区域中选择“多重合并计算数据区域”按钮，在“所需创建的报表类型”区域中选择“数据透视表”按钮，如图 8-34 所示。

❷ 单击“下一步”按钮，弹出“数据透视表和数据透视图向导 - 步骤 2a（共 3 步）”对话框，在“请指定所需的页字段数目”区域中选择“自定义页字段”按钮，如图 8-35 所示。

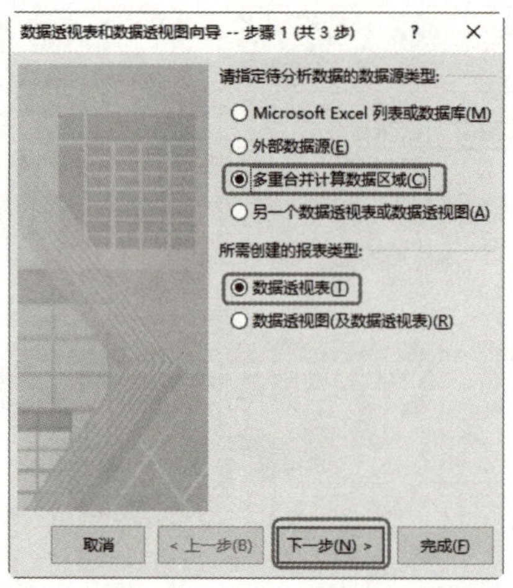

图 8-34

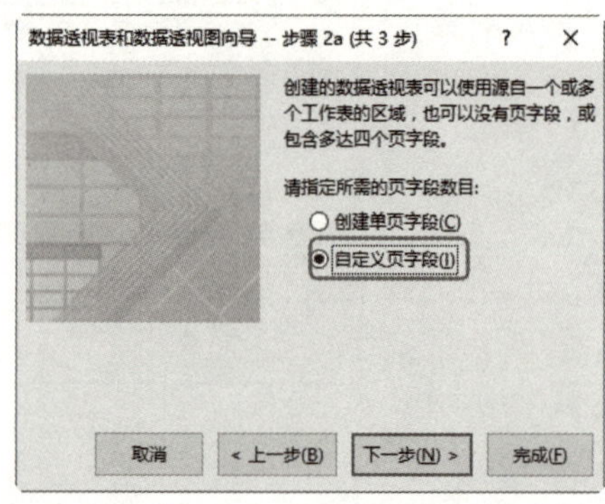

图 8-35

❸ 单击“下一步”按钮，弹出“数据透视表和数据透视图向导 - 步骤 2b（共 3 步）”对话框，如图 8-36 所示。

❹ 单击“选定区域”区域右侧的拾取器按钮，进入“7 月订购量”工作表，选中数据区域（因为多表合并计算的数据透视表会默认将首列作为合并行字段，所以要将用于分类汇总统计的标识作为首列）C1:D12 单元格，如图 8-37 所示。

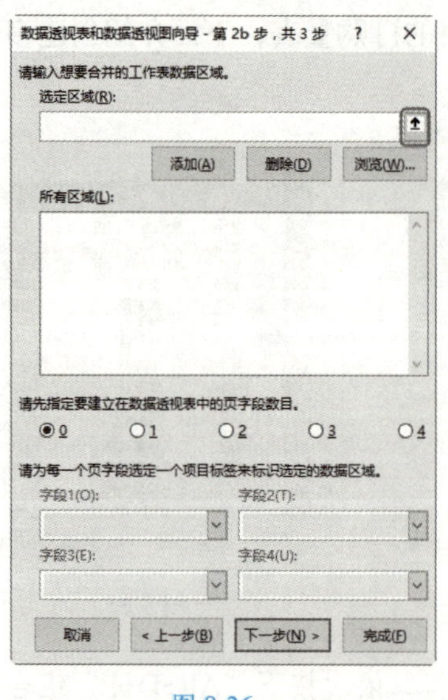

图 8-36

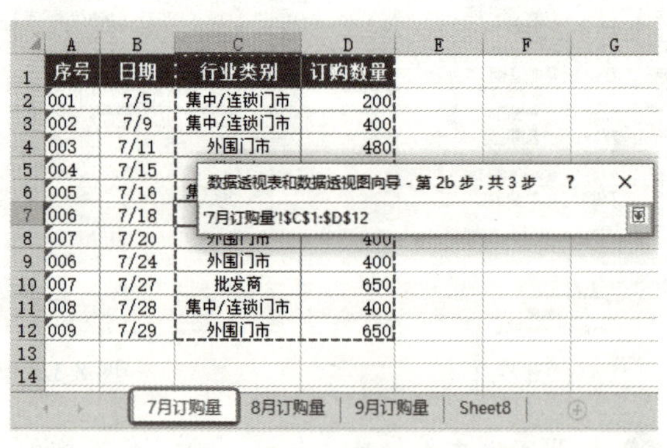

图 8-37

❺ 单击拾取器回到“数据透视表和数据透视图向导 - 步骤 2b（共 3 步）”中，单击“添加”按钮，则选定的区域将添加到“所有区域”列表框中，如图 8-38 所示。

❻ 重复上述操作，将 8 月和 9 月订购量表中用于创建数据透视表的数据区域都添加至“所有区域”列表中，如图 8-39 所示。

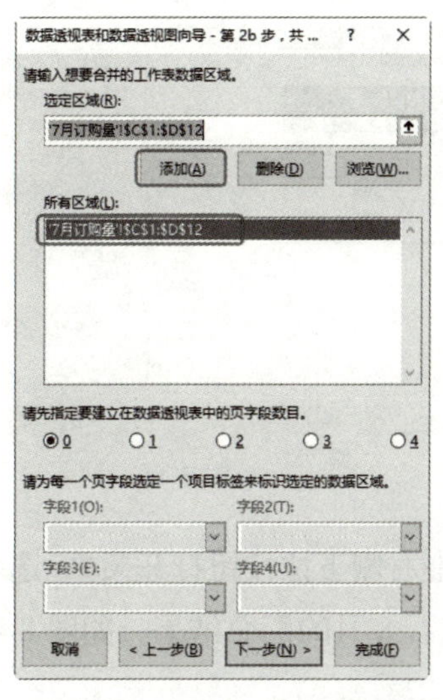

图 8-38

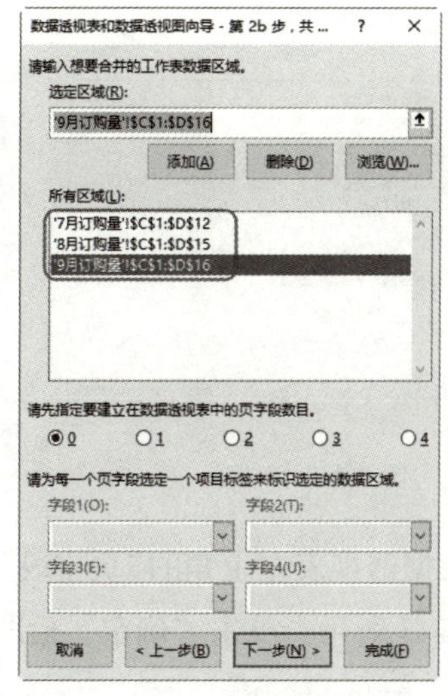

图 8-39

❼ 在“请先指定要建立在数据透视表中的页字段数目”区域中选择“1”，此时“请为每一个页字段选定一个项目标签来标识选定的数据区域”下面被激活。在“所有区域”中选中第一个单元格区域，并在“字段 1”文本框中输入“7 月汇总”，如图 8-40 所示。

❽ 接着在“所有区域”中选中第二个单元格区域，并在“字段 1”文本框中输入“8 月汇总”，如图 8-41 所示。最后在“所有区域”中选中第三个单元格区域，并在“字段 1”文本框中输入“9 月汇总”，如图 8-42 所示。

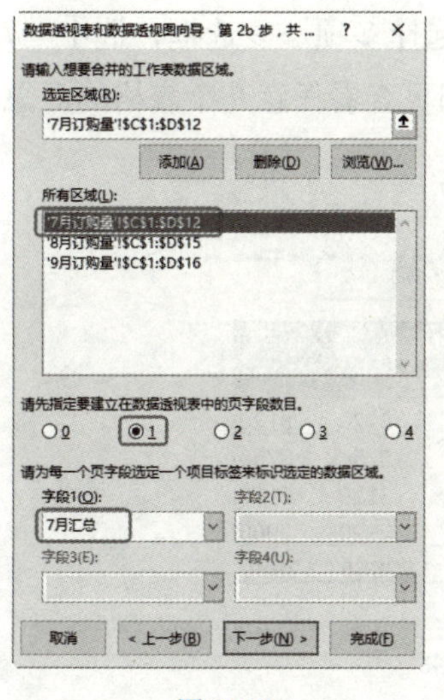

图 8-40

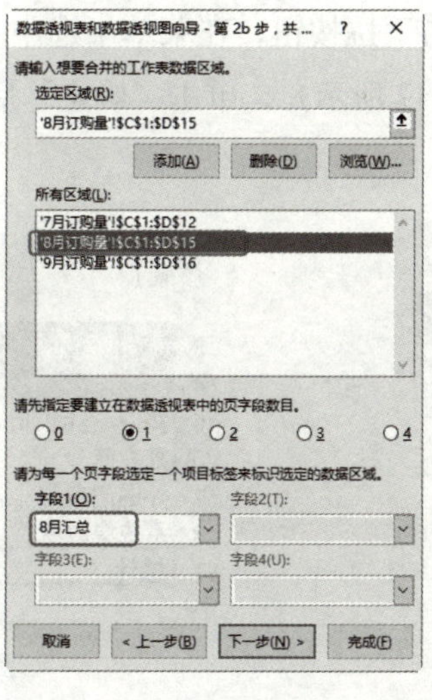

图 8-41

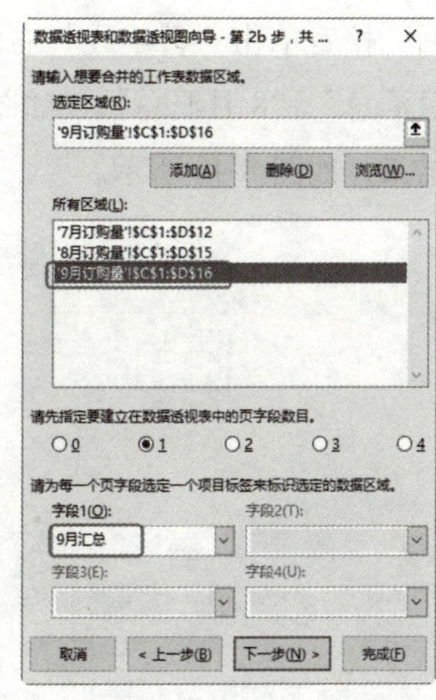

图 8-42

❾ 设置完成后单击“下一步”按钮，进入“数据透视表和数据透视图向导 - 步骤 3（共 3 步）”对话框，在“数据透视表显示位置”区域中选择“新工作表”单选框，如图 8-43 所示。

❿ 单击“完成”按钮，创建的动态数据透视表，如图 8-44 所示。

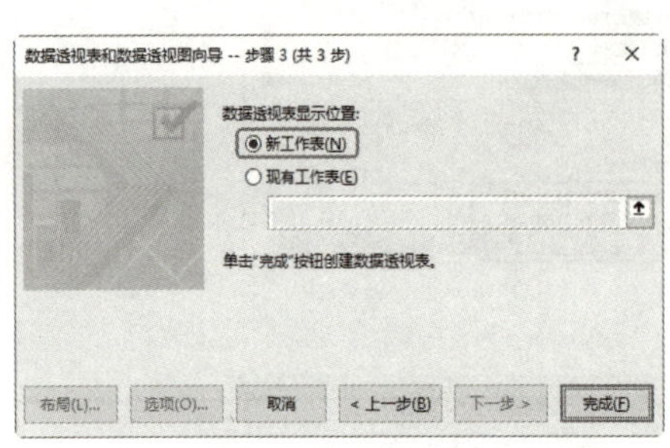

图 8-43

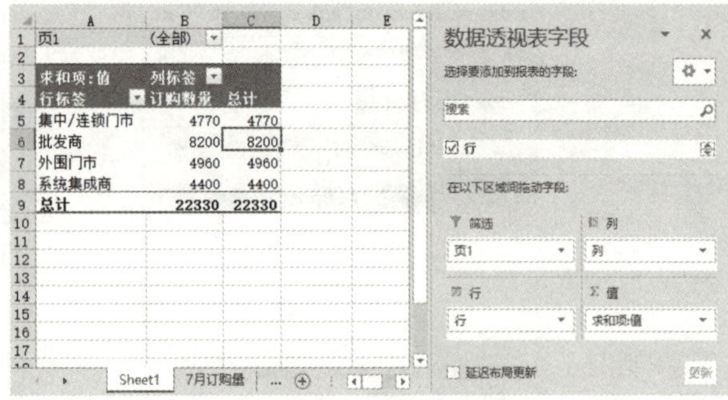

图 8-44

此时在数据透视表左上角的“页字段”中，单击右侧下拉按钮打开菜单，选中“8 月汇总”标签，如图 8-45 所示，单击“确定”后即可只查看 8 月的汇总结果，如图 8-46 所示。

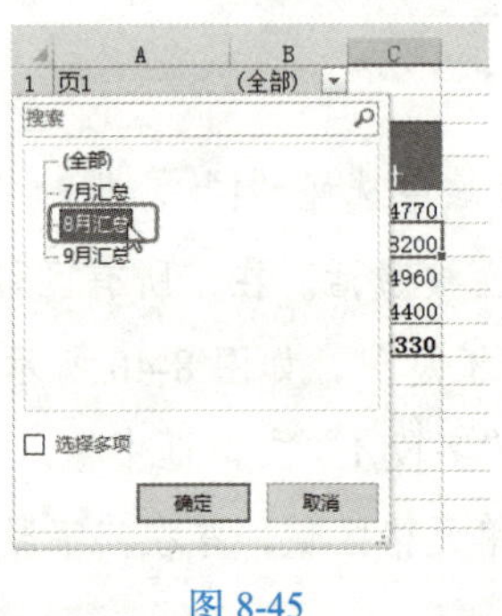

图 8-45

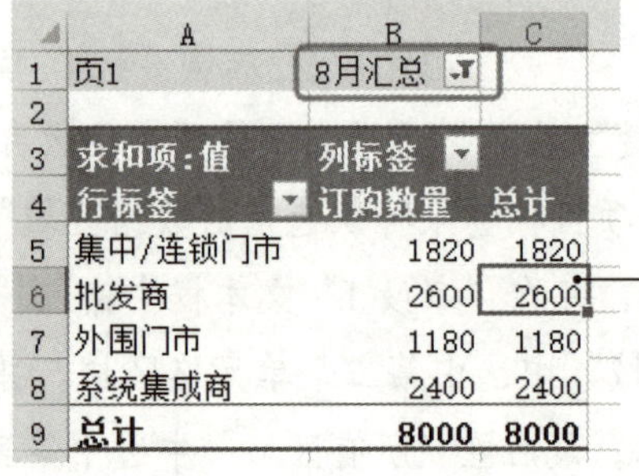

	A	B	C
1	页1	8月汇总	
2			
3	求和项:值	列标签	
4	行标签	订购数量	总计
5	集中/连锁门市	1820	1820
6	批发商	2600	2600
7	外围门市	1180	1180
8	系统集成商	2400	2400
9	总计	8000	8000

说明：

注意这里的“总计”只是对单个表格的统计结果。

图 8-46

接着单击“页字段”右侧的下拉按钮，在菜单中选中“选择多项”复选框，选中“7 月汇总”“8 月汇总”（如图 8-47 所示），单击“确定”后即可查看任意几个表格的汇总结果，如图 8-48 所示。

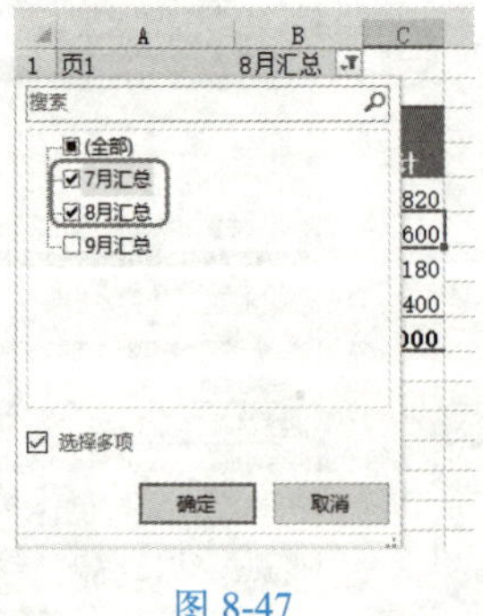

图 8-47

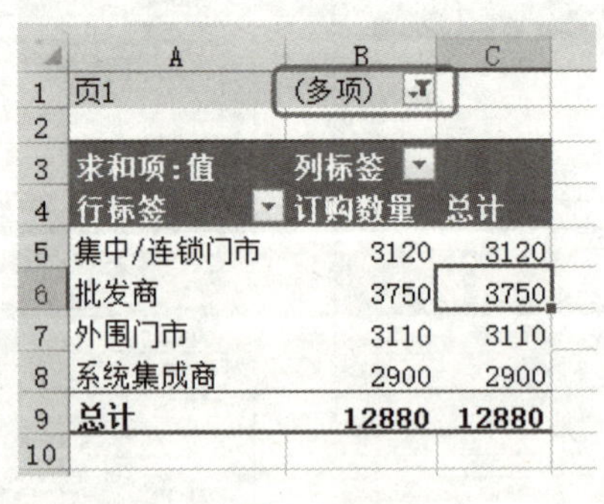

	A	B	C
1	页1	(多项)	
2			
3	求和项:值	列标签	
4	行标签	订购数量	总计
5	集中/连锁门市	3120	3120
6	批发商	3750	3750
7	外围门市	3110	3110
8	系统集成商	2900	2900
9	总计	12880	12880
10			

图 8-48

专家提示

不管待合并的单元格区域有多少列数据，当创建“多重合并计算数据区域”数据透视表时，总是默认将所有区域中第一列（除列标题外）的数据合并作为“行”字段的项目，其余列的第一行数据则合并作为“列”字段项目，除了第一列和第一行以外的数据都合并作为“值”字段的项目。

8.3 数据透视表的编辑

在创建数据透视表后进行相应的编辑，可以让数据透视表无论是在功能方面还是在外观方面都能更好地满足使用需求。

8.3.1 更改报表的默认布局

在数据透视表中，用户可以根据需要更改布局。默认创建的数据透视表都是以压缩的形式显示的，所谓压缩形式就是添加的行标签与列标签其字段名称不显示，只显示“行标签”这样的字样（如图 8-49 所示），显然这是不便于查看结果的。可以将数据透视表的布局更为表格样式或是大纲样式，如图 8-50 所示为更改后的对比效果，可以看到字段名称都显示出来了，具体操作如下。

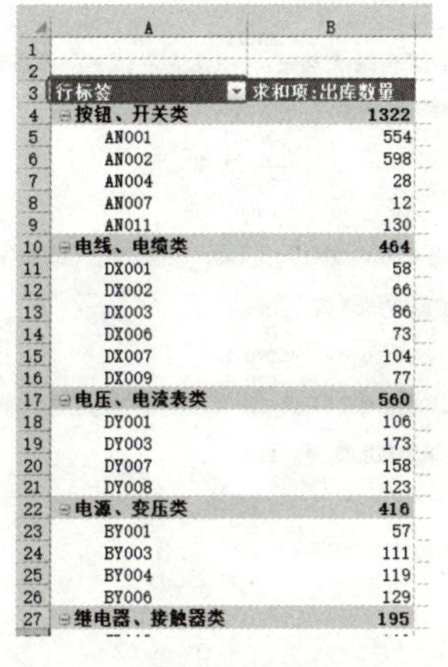

	A	B
1		
2		
3	行标签	求和项:出库数量
4	⊟按钮、开关类	1322
5	AN001	554
6	AN002	598
7	AN004	28
8	AN007	12
9	AN011	130
10	⊟电线、电缆类	464
11	DX001	58
12	DX002	66
13	DX003	86
14	DX006	73
15	DX007	104
16	DX009	77
17	⊟电压、电流表类	560
18	DY001	106
19	DY003	173
20	DY007	158
21	DY008	123
22	⊟电源、变压类	416
23	BY001	57
24	BY003	111
25	BY004	119
26	BY006	129
27	⊟继电器、接触器类	195

图 8-49

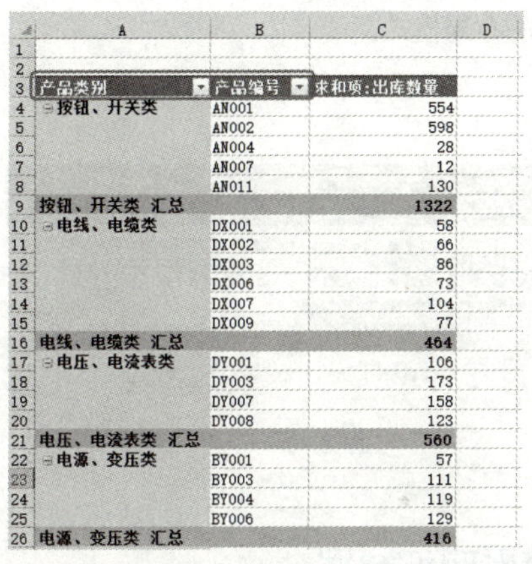

	A	B	C	D
1				
2				
3	产品类别	产品编号	求和项:出库数量	
4	⊟按钮、开关类	AN001	554	
5		AN002	598	
6		AN004	28	
7		AN007	12	
8		AN011	130	
9	按钮、开关类 汇总		1322	
10	⊟电线、电缆类	DX001	58	
11		DX002	66	
12		DX003	86	
13		DX006	73	
14		DX007	104	
15		DX009	77	
16	电线、电缆类 汇总		464	
17	⊟电压、电流表类	DY001	106	
18		DY003	173	
19		DY007	158	
20		DY008	123	
21	电压、电流表类 汇总		560	
22	⊟电源、变压类	BY001	57	
23		BY003	111	
24		BY004	119	
25		BY006	129	
26	电源、变压类 汇总		416	

图 8-50

❶ 打开实例文件，选中数据透视表，在“数据透视表工具 - 设计”选项卡的“布局”组中单击“报表布局”下拉按钮，在下拉菜单中单击“以表格形式显示”命令，如图 8-51 所示。

❷ 设置完成后可以看到，各字段名称都能直观显示出来，报表结果很清晰。

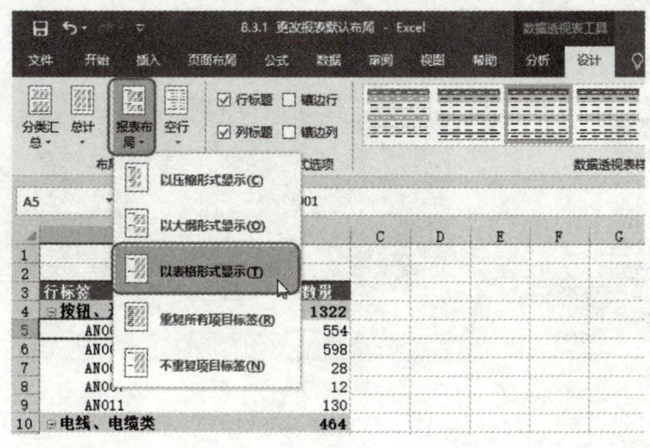

图 8-51

知识拓展——在数据透视表各项目后插入空行

在“布局”组中还包含“分类汇总”（设置是否显示分类汇总以及显示的位置）、“总计”（设置是否显示总计项，以及选择性的启用行列总计）、“空行”（设置每个项目后是否显示空行间隔），例如可以在每个分类汇总下添加空行，让结果更加清晰，操作如下。

❶ 打开实例文件，选中数据透视表，在“数据透视表工具 - 设计”选项卡的“布局”组中单击“空行”下拉按钮，在菜单中单击“在每个项目后插入行”命令，如图 8-53 所示。

❷ 设置完成后后，可以看到数据透视表中每个项目后都添加的空行间隔，如图 8-54 所示。

说明：
关于“布局”组中的设置操作都比较简单，读者可以自行尝试，找到符合自己要求的布局模式。

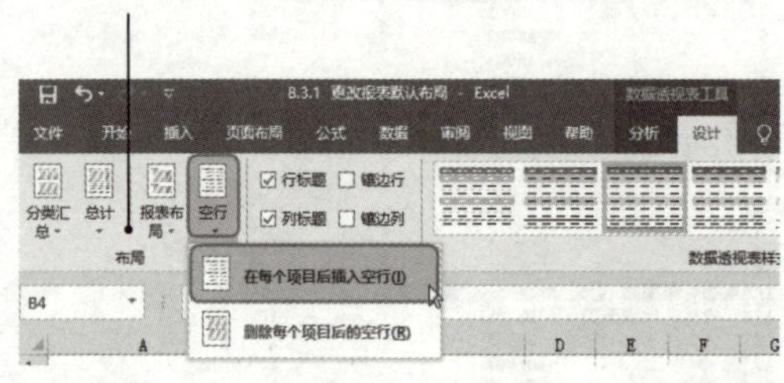

图 8-53

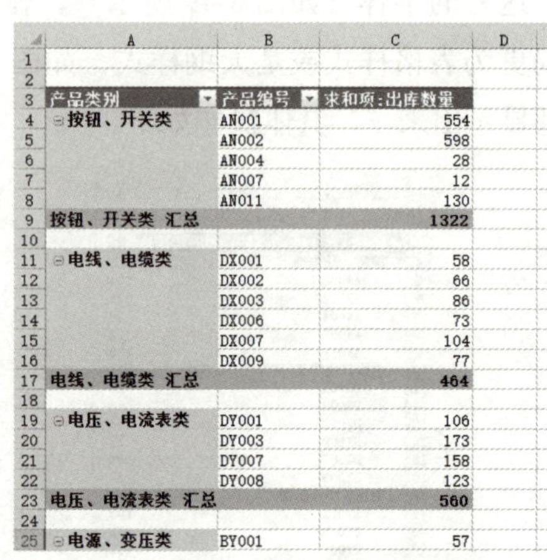

产品类别	产品编号	求和项:出库数量
⊟按钮、开关类	AN001	554
	AN002	598
	AN004	28
	AN007	12
	AN011	130
按钮、开关类 汇总		1322
⊟电线、电缆类	DX001	58
	DX002	66
	DX003	86
	DX006	73
	DX007	104
	DX009	77
电线、电缆类 汇总		464
⊟电压、电流表类	DY001	106
	DY003	173
	DY007	158
	DY008	123
电压、电流表类 汇总		560
⊟电源、变压类	BY001	57

图 8-54

8.3.2 查看明细数据

数据透视表的统计是对多项数据汇总的结果，因此在建立数据透视表后，双击汇总项中的任意单元格，即可新建一张工作表并显示出相应的明细数据，具体操作如下。

❶ 打开实例文件，在数据透视表中选择 B9 单元格，如图 8-55 所示。

❷ 双击鼠标即可新建一张工作表，显示满足条件的记录，即“产品类别”为“接插件类”的所有记录，如图 8-56 所示。

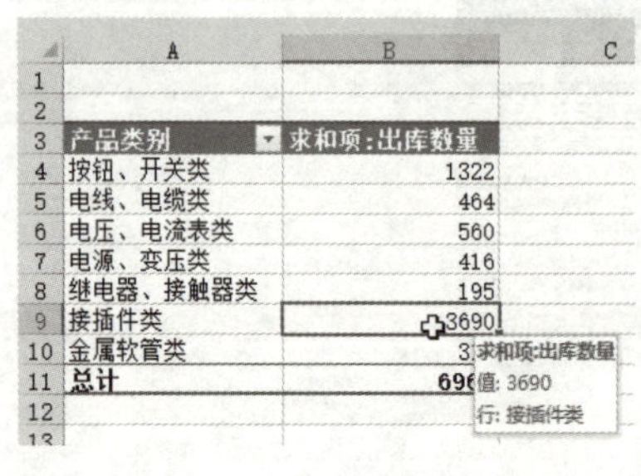

产品类别	求和项:出库数量
按钮、开关类	1322
电线、电缆类	464
电压、电流表类	560
电源、变压类	416
继电器、接触器类	195
接插件类	3690
金属软管类	3
总计	69

图 8-55

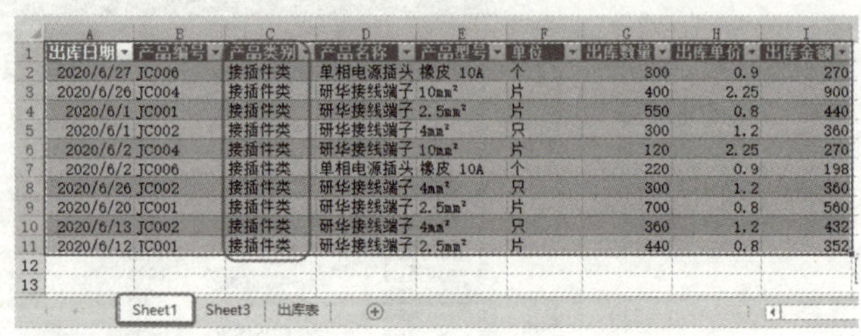

出库日期	产品编号	产品类别	产品名称	产品型号	单位	出库数量	出库单价	出库金额
2020/6/27	JC006	接插件类	单相电源插头	橡皮 10A	个	300	0.9	270
2020/6/26	JC004	接插件类	研华接线端子	10mm²	片	400	2.25	900
2020/6/1	JC001	接插件类	研华接线端子	2.5mm²	片	550	0.8	440
2020/6/1	JC002	接插件类	研华接线端子	4mm²	只	300	1.2	360
2020/6/2	JC004	接插件类	研华接线端子	10mm²	片	120	2.25	270
2020/6/2	JC006	接插件类	单相电源插头	橡皮 10A	个	220	0.9	198
2020/6/26	JC002	接插件类	研华接线端子	4mm²	只	300	1.2	360
2020/6/20	JC001	接插件类	研华接线端子	2.5mm²	片	700	0.8	560
2020/6/13	JC002	接插件类	研华接线端子	4mm²	只	360	1.2	432
2020/6/12	JC001	接插件类	研华接线端子	2.5mm²	片	440	0.8	352

图 8-56

知识拓展——禁止他人通过双击单元格查看明细数据

在数据透视表中，双击鼠标即可查看相应的明细数据。但是，如果不想让人查看明细数据，那么可以通过设置来实现，具体操作如下。

❶ 打开实例文件，选中数据透视表任意单元格，在“数据透视表工具 - 分析”选项卡的“数据透视表”组中单击“选项”按钮和命令，打开“数据透视表选项”对话框。选中“数据”选项卡，取消选中“启用显示明细数据”复选框，如图 8-56 所示。

❷ 单击“确定”后退出。此时单击汇总区域中的单元格试图显示明细数据时，则会弹出对话框提示无法显示，如图 8-57 所示。

说明：
选中此复选框，可以实现打开 Excel 文件时能自动刷新其中的数据透视表。

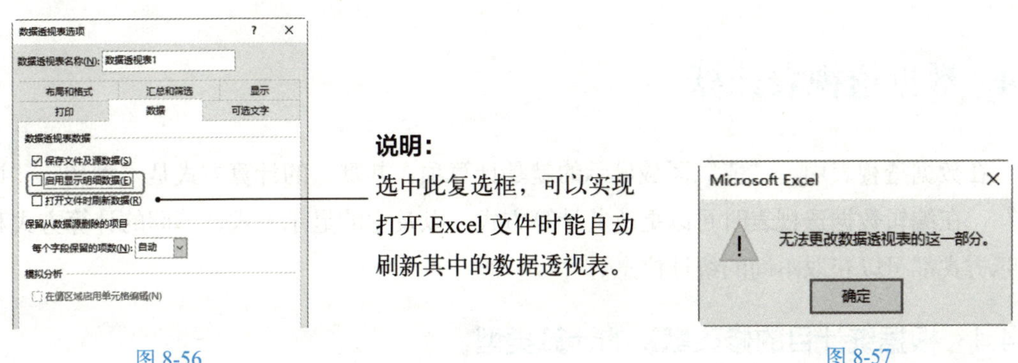

图 8-56

图 8-57

8.3.3 套用数据透视表样式

数据透视表和普通工作表一样，都提供了多种样式，用户可以通过套用样式来美化数据透视表，具体操作如下。

❶ 打开实例文件，选中数据透视表。在“数据透视表工具 - 设计”选项卡的“数据透视表样式”组中单击“▾”（其他）按钮（如图 8-58 所示），可以展开样式列表，如图 8-59 所示。

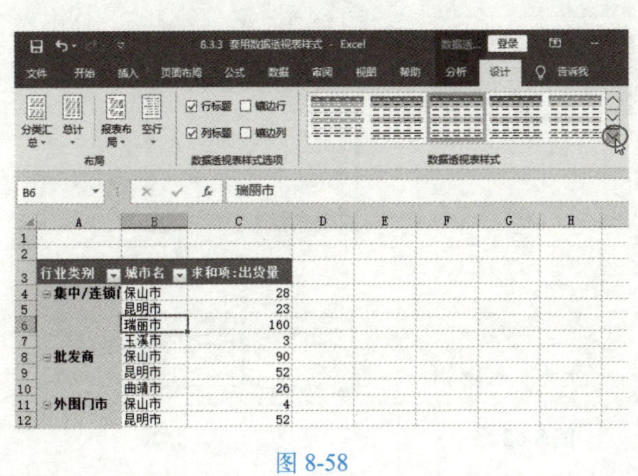

图 8-58

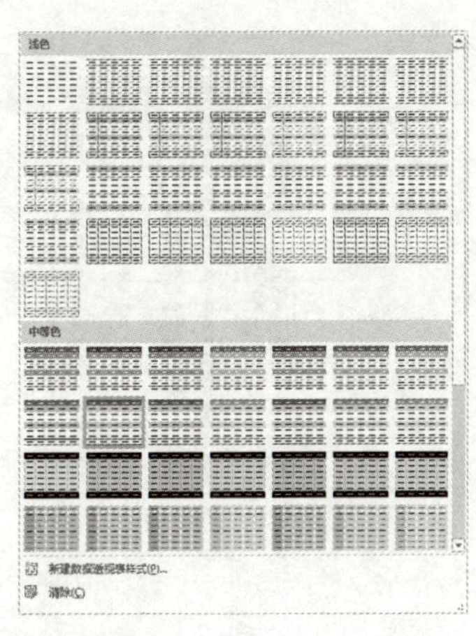

图 8-59

❷ 选中需要的样式，如图 8-60 和图 8-61 所示为套用样式的示例。

行业类别	城市名	求和项:出货量
⊟集中/连锁(	保山市	28
	昆明市	23
	瑞丽市	160
	玉溪市	3
⊟批发商	保山市	90
	昆明市	52
	曲靖市	26
⊟外围门市	保山市	4
	昆明市	52
	曲靖市	20
	瑞丽市	20
	玉溪市	32
⊟系统集成商	景洪市	6
	昆明市	22
	瑞丽市	3
	玉溪市	35
总计		576

图 8-60

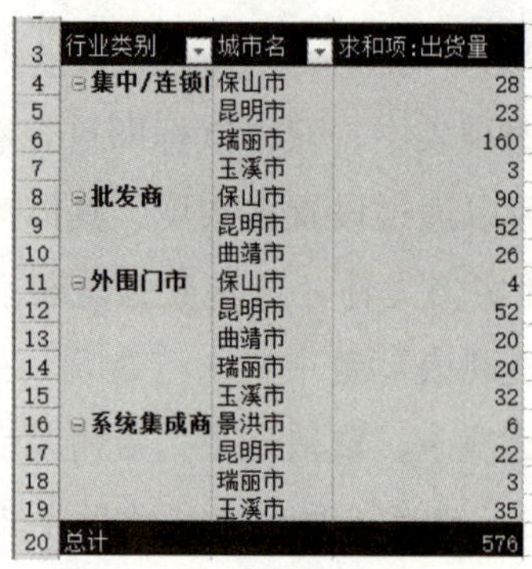

行业类别	城市名	求和项:出货量
⊟集中/连锁(	保山市	28
	昆明市	23
	瑞丽市	160
	玉溪市	3
⊟批发商	保山市	90
	昆明市	52
	曲靖市	26
⊟外围门市	保山市	4
	昆明市	52
	曲靖市	20
	瑞丽市	20
	玉溪市	32
⊟系统集成商	景洪市	6
	昆明市	22
	瑞丽市	3
	玉溪市	35
总计		576

图 8-61

8.4 数据透视表计算

在数据透视表中，“值”区域显示的就是计算项，其默认的计算方式是“求和”“计数”。在编辑数据透视表时可以更改其计算方式，以及它的显示方式，不同的计算方式和显示方式都可以获取不同的统计信息。

8.4.1 根据统计目的修改默认的计算类型

当设置某个字段为“值”后，数据透视表会自动对字段中的数据进行合并计算。其默认的计算方式为：如果字段里面是“数值”，那么会自动使用 SUM 函数进行求和运算；如果字段里面是“文本”，那么会自动使用 COUNT 函数进行计数统计。但是如果想得到其他的计算结果，如求最大值、最小值、平均值等，则需要修改计算类型。

例如当前数据透视表中的“值”为三个科目的成绩，Excel 默认对成绩进行求和运算（如图 8-62 所示），但是其意义不大，所以通过更改计算类型来显示每个班级的平均成绩，具体操作如下。

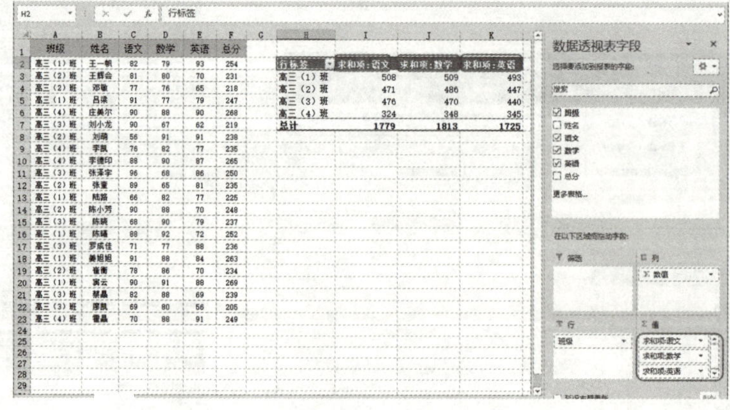

班级	姓名	语文	数学	英语	总分
高三（1）班	王一帆	82	79	93	254
高三（2）班	王辉会	81	80	70	231
高三（2）班	邓敏	77	76	65	218
高三（1）班	吕梁	91	77	79	247
高三（4）班	庄美尔	90	88	90	268
高三（3）班	刘小龙	90	67	62	219
高三（2）班	刘萌	56	91	91	238
高三（4）班	李凯	76	82	77	235
高三（4）班	李德印	88	90	87	265
高三（3）班	张泽宇	96	68	86	250
高三（2）班	张奎	89	65	81	235
高三（1）班	陆路	66	82	77	225
高三（2）班	陈小芳	90	88	70	248
高三（3）班	陈晓	68	90	79	237
高三（1）班	陈曦	88	92	72	252
高三（3）班	罗成佳	71	77	88	236
高三（1）班	姜旭旭	91	88	84	263
高三（2）班	崔衡	78	86	70	234
高三（1）班	窦云	90	91	88	269
高三（3）班	蔡晶	82	88	69	239
高三（3）班	廖凯	69	80	56	205
高三（4）班	霍晶	70	88	91	249

行标签	求和项:语文	求和项:数学	求和项:英语
高三（1）班	508	509	493
高三（2）班	471	486	447
高三（3）班	476	470	440
高三（4）班	324	348	345
总计	1779	1813	1725

图 8-62

❶ 打开实例文件，选中数据透视表，在“值”区域中选择“求和项：语文”右侧的下拉菜单，单击“值字段设置”命令（如图 8-63 所示），打开“值字段设置”对话框。

❷ 选择“值汇总方式”标签，在“选择用于汇总所选字段数据的计算类型”列表中选择“平均值”，如图 8-64 所示。

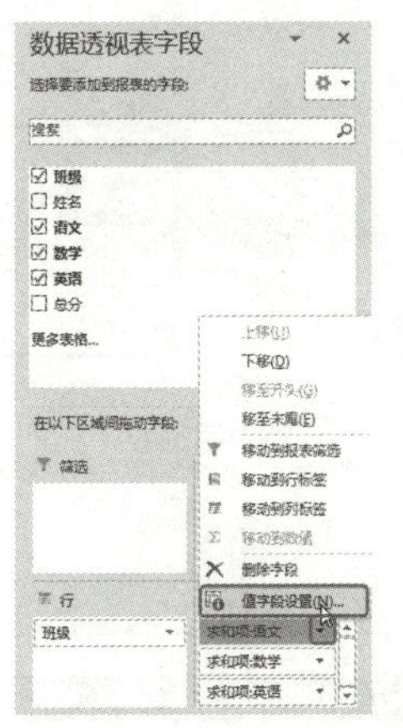

图 8-63

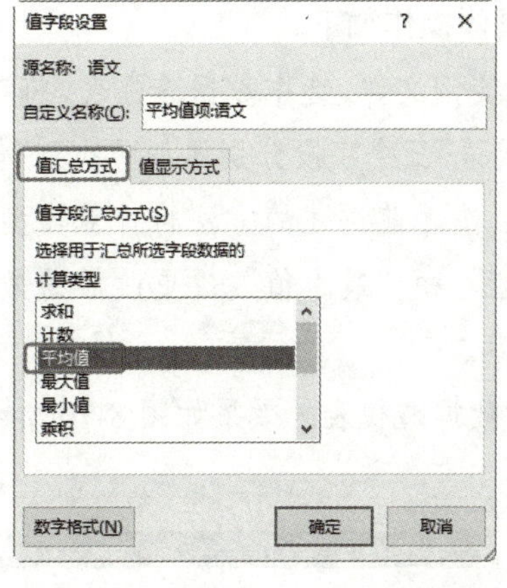

图 8-64

❸ 单击“确定”按钮，即可更改默认的“求和”计算类型变成求“平均值”，如图 8-65 所示。按相同的方法将数学和英语两个字段的计算类型也更改为求平均值，如图 8-66 所示。

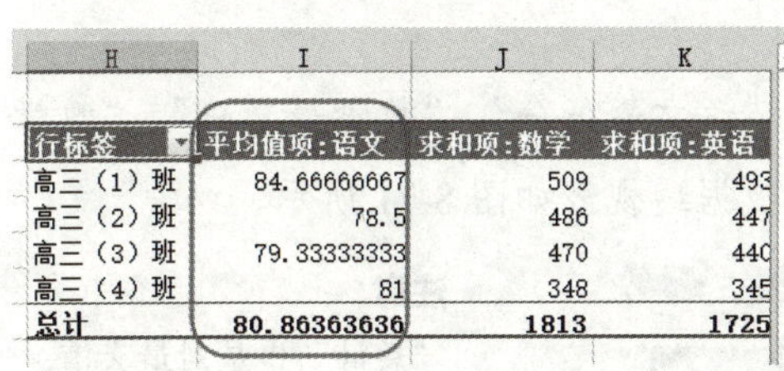

行标签	平均值项:语文	求和项:数学	求和项:英语
高三（1）班	84.66666667	509	493
高三（2）班	78.5	486	447
高三（3）班	79.33333333	470	440
高三（4）班	81	348	345
总计	**80.86363636**	**1813**	**1725**

图 8-65

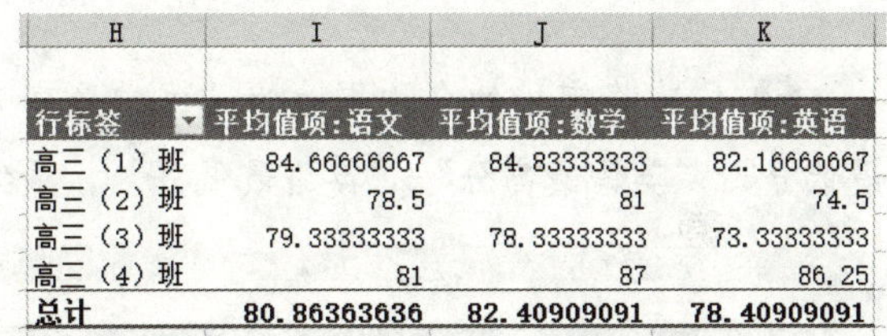

行标签	平均值项:语文	平均值项:数学	平均值项:英语
高三（1）班	84.66666667	84.83333333	82.16666667
高三（2）班	78.5	81	74.5
高三（3）班	79.33333333	78.33333333	73.33333333
高三（4）班	81	87	86.25
总计	**80.86363636**	**82.40909091**	**78.40909091**

图 8-66

❹ 在数据透视表中，“值”字段的前面总会带有“求和项：”“平均值项：”这样的字样，为了让最终的分析报表更加易于查看，可以在统计完毕后自定义字段的名称。具体的方法是选中字段所在单元格，在编辑栏中重新输入名称即可，如图 8-67 所示。

❺ 按相同的方法更改数学和英语字段的名称，最终的统计报表如图 8-68 所示。

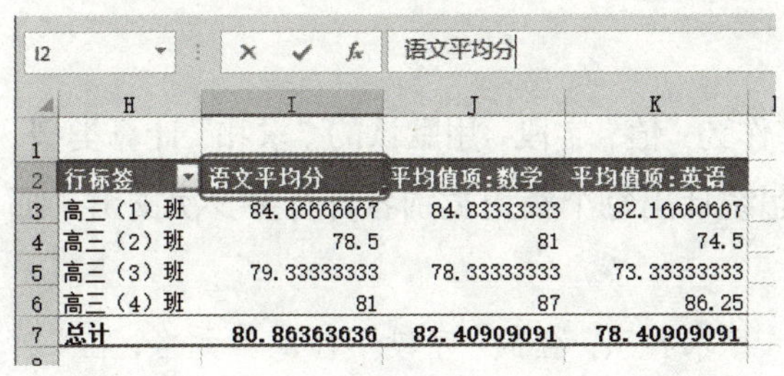

I2 语文平均分

行标签	语文平均分	平均值项:数学	平均值项:英语
高三（1）班	84.66666667	84.83333333	82.16666667
高三（2）班	78.5	81	74.5
高三（3）班	79.33333333	78.33333333	73.33333333
高三（4）班	81	87	86.25
总计	**80.86363636**	**82.40909091**	**78.40909091**

图 8-67

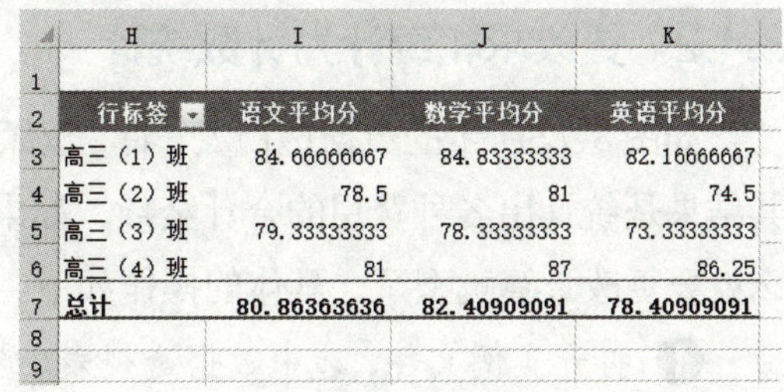

行标签	语文平均分	数学平均分	英语平均分
高三（1）班	84.66666667	84.83333333	82.16666667
高三（2）班	78.5	81	74.5
高三（3）班	79.33333333	78.33333333	73.33333333
高三（4）班	81	87	86.25
总计	**80.86363636**	**82.40909091**	**78.40909091**

图 8-68

知识拓展——查看各班级的最高、最低分

针对上个实例中的数据透视表，如果将“值”的计算类型设置为最大值、最小值，可以直观地查看到每个班级中每个科目的最高分与最低分，具体操作如下。

❶ 打开实例文件，选中数据透视表，将“语文”“数学”“英语”三个字段分别添加两次到“值”区域中，然后按之前讲述的方法将计算类型更改为“最大值”和“最小值”，更改后的效果如图 8-69 所示。

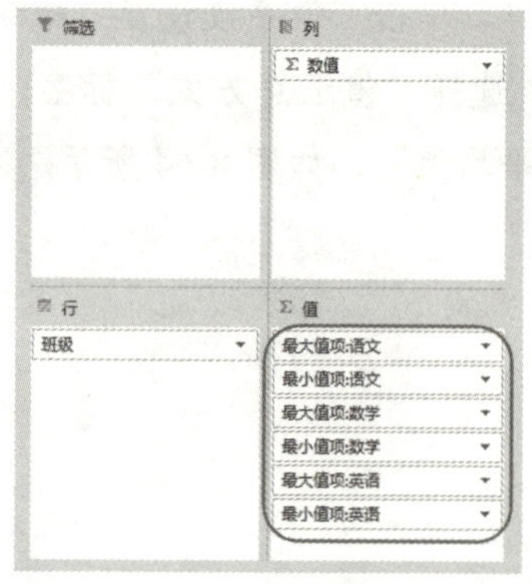

图 8-69

❷ 此时数据透视表的效果如图 8-70 所示。

	H	I	J	K	L	M	N
1							
2	行标签	最大值项:语文	最小值项:语文	最大值项:数学	最小值项:数学	最大值项:英语	最小值项:英语
3	高三（1）班	91	66	92	77	93	72
4	高三（2）班	90	56	91	65	91	65
5	高三（3）班	96	68	90	67	88	56
6	高三（4）班	90	70	90	82	91	77
7	**总计**	**96**	**56**	**92**	**65**	**93**	**56**

图 8-70

❸ 依次将字段的名称更改为“语文最高分”“语文最低分”“数学最高分”“数学最低分”“英语最高分”“英语最低分”，最终的数据透视表如图 8-71 所示。

	H	I	J	K	L	M	N
1							
2	行标签	语文最高分	语文最低分	数学最高分	数学最低分	英语最高分	英语最低分
3	高三（1）班	91	66	92	77	93	72
4	高三（2）班	90	56	91	65	91	65
5	高三（3）班	96	68	90	67	88	56
6	高三（4）班	90	70	90	82	91	77
7	**总计**	**96**	**56**	**92**	**65**	**93**	**56**
8							

注意：

“总计”也是对最大值、最小值的统计，它显示的是所有班级中每个科目的最高分与最低分。

图 8-71

8.4.2 更改求和统计为计数统计

如图 8-72 所示的数据透视表，将“金额”作为“值”字段，用默认的“求和”计算类型，其结果是统计出各种费用的合计金额。如果想统计出每个费用类别各自有多少次支出，那么就要更改计算类型了，具体的操作如下。

❶ 打开实例文件，选中数据透视表。选中“求和项：金额”字段下任意单元格，在“数据透视表 - 分析”选项卡的“活动字段”组中单击“字段设置”命令（如图 8-73 所示），

打开“值字段设置”对话框。

行标签	求和项:金额
餐饮费	1513
差旅费	1319
福利	5400
会务费	2800
交通费	665
设备修理费	258
通讯费	2897
外加工费	13450
业务拓展费	4180
招聘培训费	650
总计	33132

图 8-72

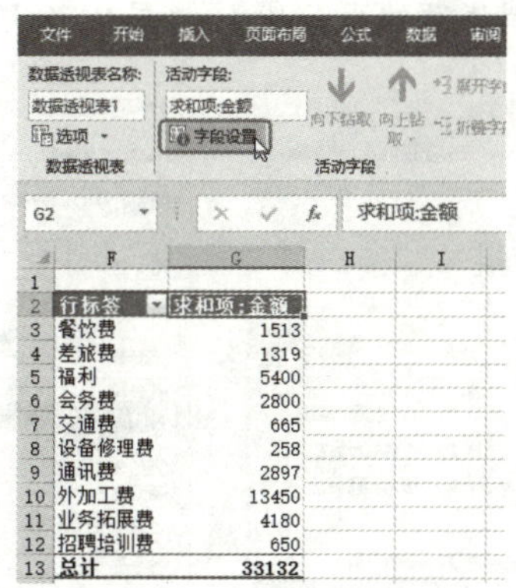

图 8-73

❷ 在“值汇总方式”标签下的“选择用于汇总所选字段数据的计算类型”区域中选择“计数”，然后在“自定义名称”框中重新输入“支出次数”，如图 8-74 所示。

❸ 单击“确定”按钮返回数据透视表，最终的效果如图 8-75 所示。

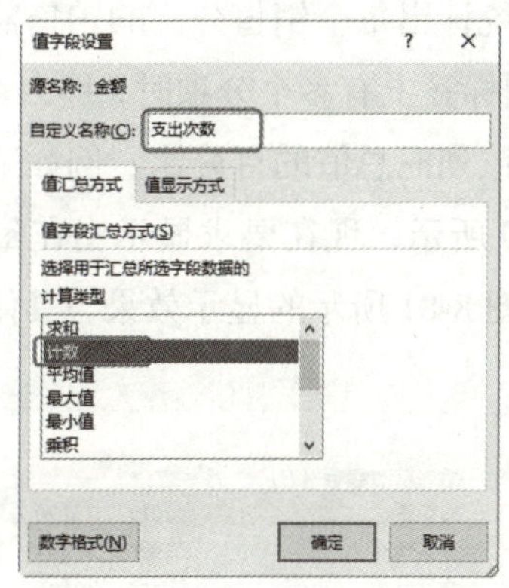

图 8-74

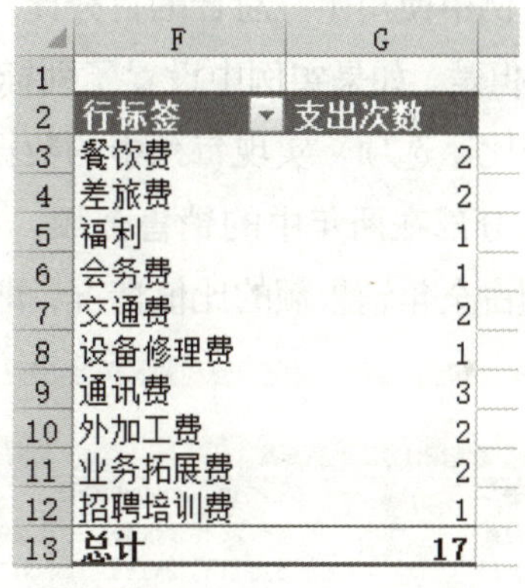

行标签	支出次数
餐饮费	2
差旅费	2
福利	1
会务费	1
交通费	2
设备修理费	1
通讯费	3
外加工费	2
业务拓展费	2
招聘培训费	1
总计	17

图 8-75

8.4.3 更改报表的值显示方式为占总计的百分比

在设置“值”字段的计算类型后，还可以设置“值”字段的显示方式。例如在如图 8-76 所示的数据透视表中，统计出每个部门的销售总额，现在要求显示每个部门的销售额占总销售额的百分比，具体操作如下。

❶ 打开实例文件，选中数据透视表。在“值”列表框中选择“求和项：总销售额”，在打开的下拉菜单中单击“值字段设置”命令（如图 8-77 所示），打开“值字段设置”对话。

❷ 单击“值显示方式”标签，在下拉列表中选择“总计的百分比”选项，如图 8-78 所示。

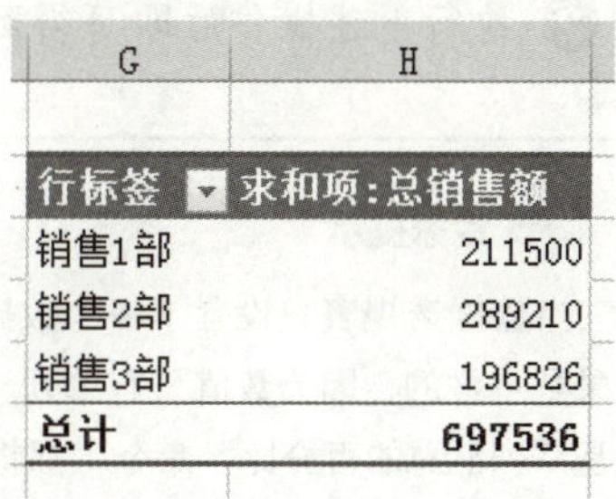

行标签	求和项:总销售额
销售1部	211500
销售2部	289210
销售3部	196826
总计	697536

图 8-76

❸ 单击“确定”按钮完成操作。此时在数据透视表中可以看到统计出每个部门的销售额占总销售额的百分比，如图 8-79 所示。

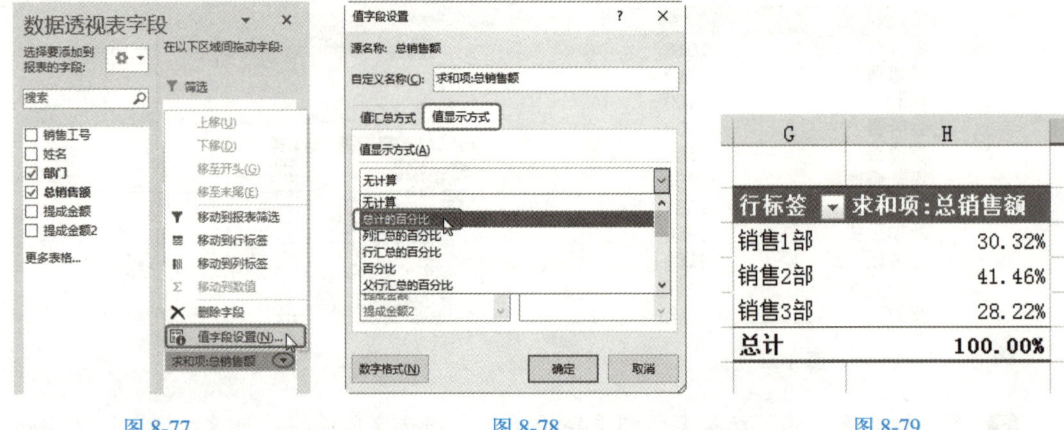

图 8-77　　　　图 8-78　　　　图 8-79

8.4.4 一次性查看每年中各分部占全年的比（列汇总的百分比）

上个实例中使用了“总计的百分比”选项，统计出每个销售分部的销售额占总销售额的百分比。但是，如果实例中设置了列标签，而列标签上有多个分项时，那么可以通过“列汇总的百分比”选项，实现每列中的数据分别占该列汇总值的百分比。例如下面的例子是统计出每个分部在两年中的销售金额，如图 8-80 所示，现在要求显示出在每年中每个分部的销售额占全年销售额的比值情况，即达到如图 8-81 所示的显示效果，具体操作如下。

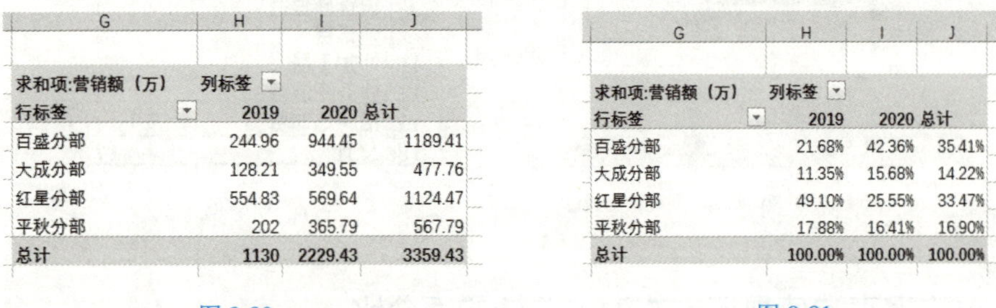

求和项:营销额（万）	列标签		
行标签	2019	2020	总计
百盛分部	244.96	944.45	1189.41
大成分部	128.21	349.55	477.76
红星分部	554.83	569.64	1124.47
平秋分部	202	365.79	567.79
总计	1130	2229.43	3359.43

图 8-80

求和项:营销额（万）	列标签		
行标签	2019	2020	总计
百盛分部	21.68%	42.36%	35.41%
大成分部	11.35%	15.68%	14.22%
红星分部	49.10%	25.55%	33.47%
平秋分部	17.88%	16.41%	16.90%
总计	100.00%	100.00%	100.00%

图 8-81

❶ 打开实例文件，选中“2019”或“2020”字段下的任意单元格，单击鼠标右键，在弹出的快捷菜单中选择“值显示方式”→“列汇总的百分比”命令，如图 8-82 所示。

❷ 执行上述操作后即可得到统计结果。

专家提示

当数据透视表只设置了一个数据字段时，使用“总计的百分比”与“列汇总的百分比”命令的结果是一样的，因为数值只有单列。例如，图 8-76 所示的数据透视表无论是执行“总计的百分比”还是“列汇总的百分比”命令，都将获得如图 8-79 所示的结果。

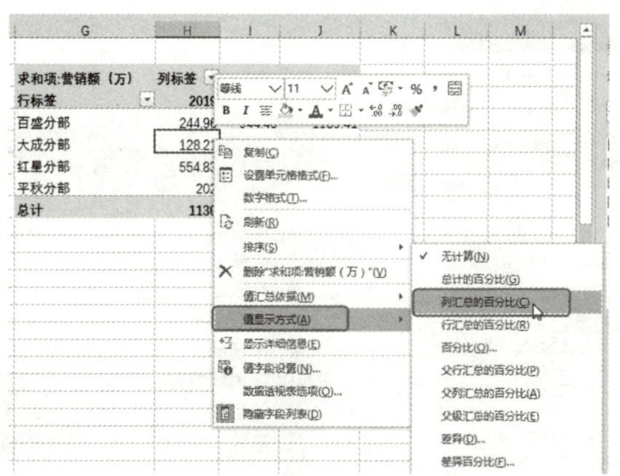

图 8-82

8.4.5 统计各部门男女比例（行汇总的百分比）

“总计的百分比”和“列汇总的百分比”命令都是以列统计值来显示百分比的。除此之外，还可以设置值的显示方式为“行汇总的百分比”，即以行统计值来显示百分比。例如下面实例中统计出每个部门中男性与女性的人数，如图 8-83 所示，要求显示出每个部门中男女各占比例，具体操作如下。

	A	B	C	D
3	计数项:姓名	性别		
4	所在部门	男	女	总计
5	销售部	8	12	20
6	财务部		6	6
7	行政部	2	4	6
8	企划部	4	3	7
9	市场部	3	1	4
10	技术研发部	8	3	11
11	销后部	2	4	6
12	总计	27	33	60

图 8-83

❶ 打开实例文件，在数据透视表中选中“男”或“女”字段下的任意汇总值，右键单击鼠标，在弹出的快捷菜单中选择“值显示方式”→“行汇总的百分比”命令（如图 8-84 所示），执行命令后统计结果如图 8-85 所示。

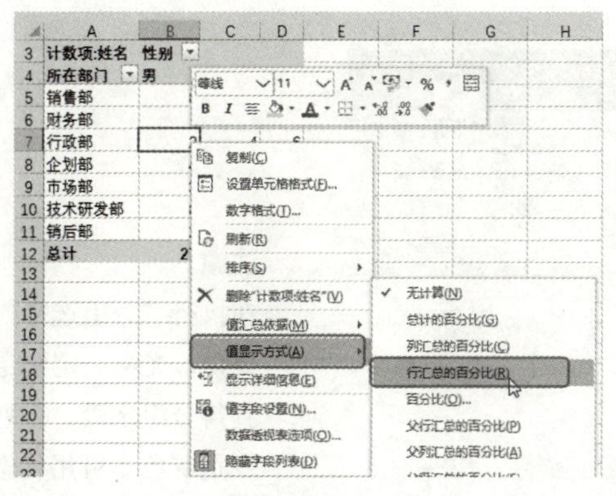

图 8-84

	A	B	C	D
3	计数项:姓名	性别		
4	所在部门	男	女	总计
5	销售部	40.00%	60.00%	100.00%
6	财务部	0.00%	100.00%	100.00%
7	行政部	33.33%	66.67%	100.00%
8	企划部	57.14%	42.86%	100.00%
9	市场部	75.00%	25.00%	100.00%
10	技术研发部	72.73%	27.27%	100.00%
11	销后部	33.33%	66.67%	100.00%
12	总计	45.00%	55.00%	100.00%
13				

图 8-85

❷ 在“数据透视表工具 - 设计”选项卡的“布局”组单击“总计”按钮，在下拉列表中单击“仅对列启用”命令，如图 8-86 所示。更改布局后可以清晰地看到各个部门的男女比例，同时也能通过列汇总的值看到整个公司中的男女员工比例情况，如图 8-87 所示。

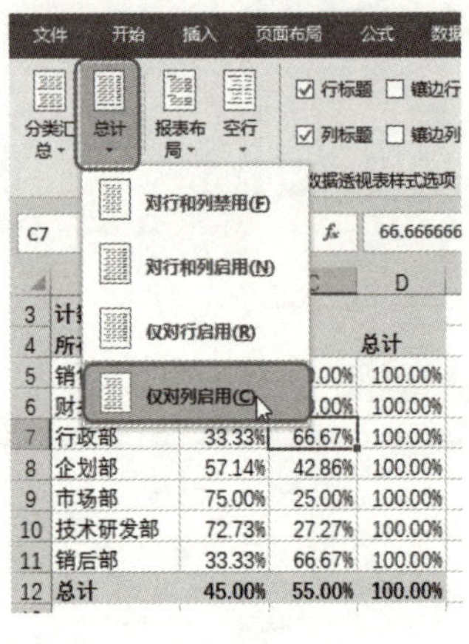

图 8-86

	A	B	C
3	计数项:姓名	性别	
4	所在部门	男	女
5	销售部	40.00%	60.00%
6	财务部	0.00%	100.00%
7	行政部	33.33%	66.67%
8	企划部	57.14%	42.86%
9	市场部	75.00%	25.00%
10	技术研发部	72.73%	27.27%
11	销后部	33.33%	66.67%
12	总计	45.00%	55.00%
13			

图 8-87

8.5　对统计结果进行分组

如果统计结果过于分散，那么会造成统计效果不佳。此时可以利用“组合”功能对结果再次分组，以得到想要的统计结果。

8.5.1　按设定的步长分组

如图 8-88 所示，统计某企业中不同年龄对应的人数。因为年龄的跨度比较大，得到的统计结果将会非常分散，建立这样的数据透视表不能直观反映信息，所以通过对统计结果进行分组操作，从而查看到各个年龄段的人数，具体操作如下。

❶ 打开实例文件，在数据透视表中选中“年龄”字段下任意单元格，切换到“数据透视表工具 - 分析”选项卡，在“组合”组中单击“分组选择”按钮（如图 8-89 所示），打开“组合”对话框。

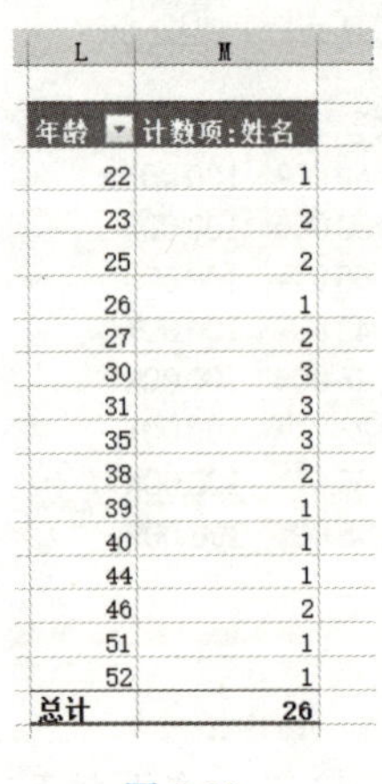

年龄	计数项:姓名
22	1
23	2
25	2
26	1
27	2
30	3
31	3
35	3
38	2
39	1
40	1
44	1
46	2
51	1
52	1
总计	26

图 8-88

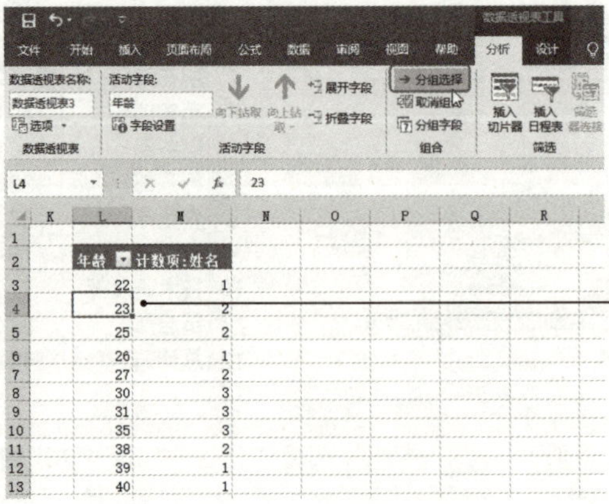

图 8-89

注意：

在执行“分组选择”命令前，光标一定要定位到待分组字段，否则命令是灰色不可用状态。

❷ 在“起始于”和“终止于”文本框选择默认值，在“步长”框中设置为“5”，如图 8-90 所示。单击“确定”按钮可以看到年龄以 5 年为间隔显示出来，如图 8-91 所示。

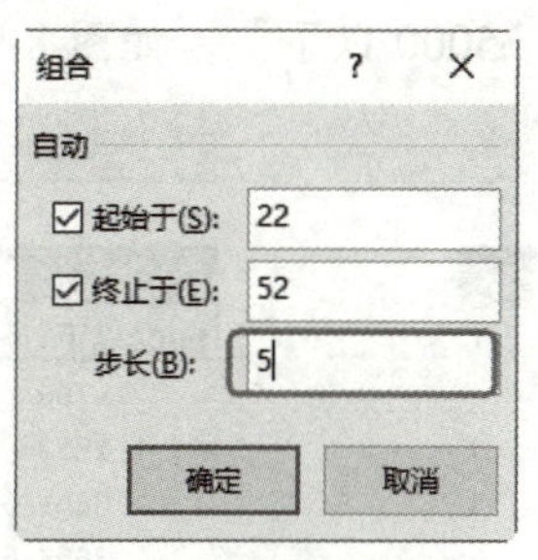

图 8-90

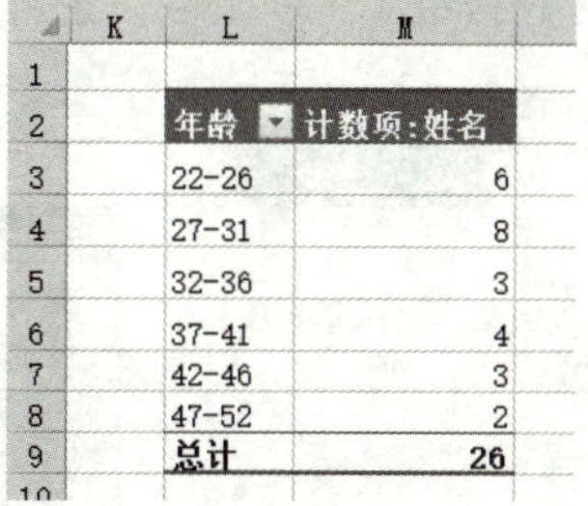

	K	L	M
1			
2		年龄	计数项:姓名
3		22-26	6
4		27-31	8
5		32-36	3
6		37-41	4
7		42-46	3
8		47-52	2
9		总计	26

图 8-91

❸ 如果设置步长为“10”（如图 8-92 所示），则会以 10 年为间隔显示，如图 8-93 所示。

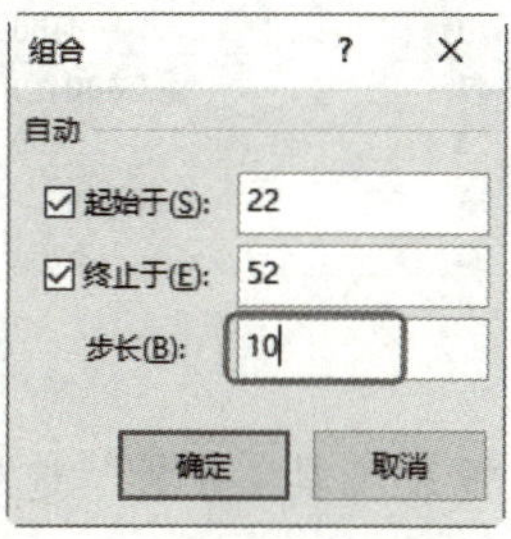
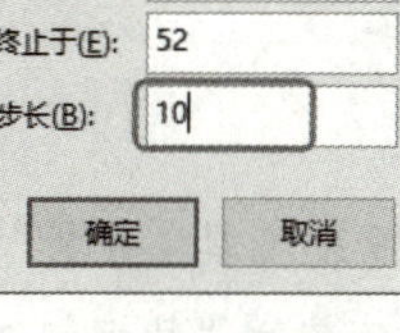

图 8-92

	K	L	M
1			
2		年龄	计数项:姓名
3		22-31	14
4		32-41	7
5		42-52	5
6		总计	26

图 8-93

8.5.2 手动自定义间距分组

在对统计数据进行分组时，除了使用默认的步长外，还可以根据实际情况自定义步长。在如图 8-94 所示的数据透视表中，想要统计出每个提成区间内的人数，但是当设置“提成金额”为行标签，“姓名”为值标签后，统计结果很分散，无法达到预期效果，所以要对此统计结果进行分组操作，具体操作如下。

	A	B	C	D	E	F	G	H
1	销售工号	姓名	部门	总销售额	提成金额			
2	PL_001	金靖	销售1部	75000	7500		行标签	计数项:姓名
3	PL_002	夏慧	销售2部	62800	6280		1760	1
4	PL_003	柏家国	销售1部	60000	6000		1832	1
5	PL_004	姚金年	销售2部	57540	5754		3601.6	1
6	PL_005	何丽年	销售3部	78906	7890.6		3653.6	1
7	PL_006	陈建	销售2部	45670	3653.6		3680	1
8	PL_007	唐敏	销售1部	54500	5450		3896	1
9	PL_008	苏红红	销售3部	22900	1832		5000	1
10	PL_009	韩燕	销售1部	22000	1760		5450	1
11	PL_010	王磊	销售2部	46000	3680		5600	1
12	PL_011	李家强	销售3部	50000	5000		5754	1
13	PL_012	谢娟	销售2部	77200	7720		6000	1
14	PL_013	崔国丽	销售3部	45020	3601.6		6280	1
15	PL_014	刘洁	销售1部	56000	5600		7500	1
16	PL_015	林成杰	销售2部	48700	3896		7720	1

Sheet4 (2) Sheet1 原

数据透视表字段
选择要添加到报表的字段:
在以下区域间拖动字段:
搜索
☐ 销售工号
☑ 姓名
☐ 部门
☐ 总销售额
☑ 提成金额
更多表格...
筛选
列
行
提成金额
Σ 值
计数项:姓名
推迟布局...
更新

图 8-94

❶ 打开实例文件，选中要分组的项。在“数据透视表工具 - 分析”选项卡的“组合”选项组中单击“分组选择”按钮（如图 8-95 所示），即可建立“数据组 1”，如图 8-96 所示。

❷ 选中“数据组 1”单元格，重新输入名称为“5000 以下”，如图 8-97 所示。

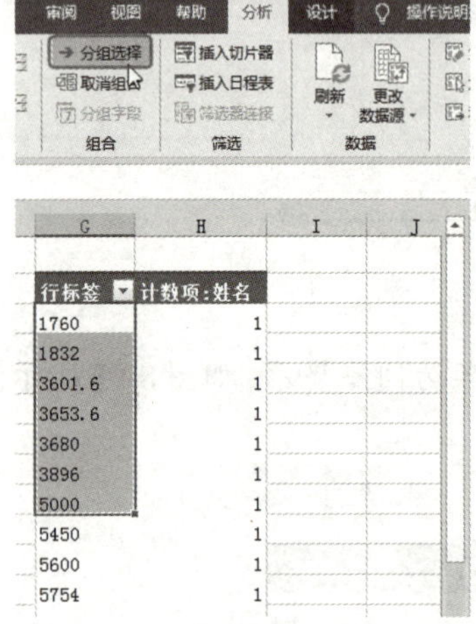

图 8-95

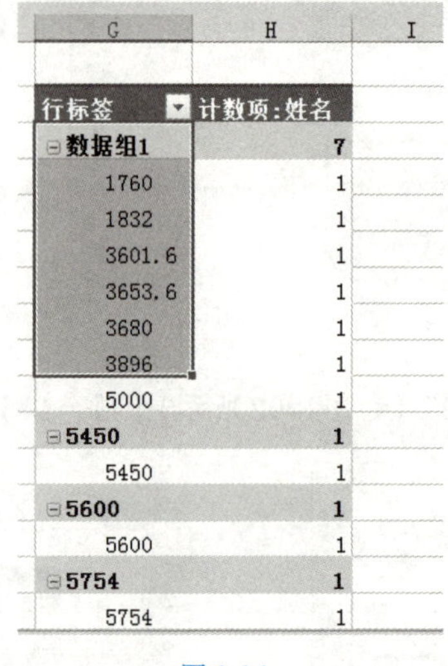

图 8-96

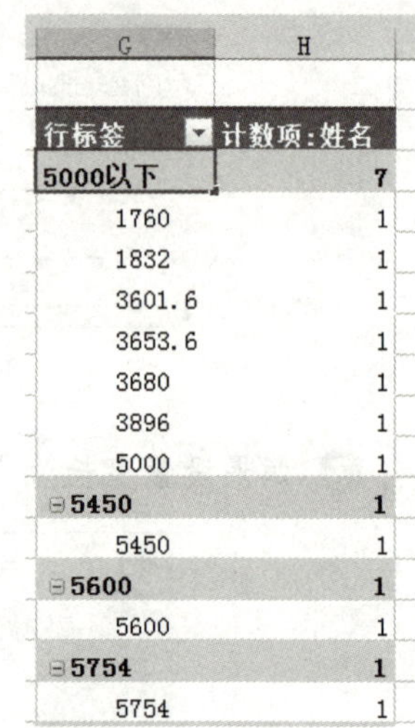

图 8-97

❸ 然后选中要分为第二个组的项，在“数据透视表工具 - 分析”选项卡的“组合”选项组中单击“分组选择”按钮（如图 8-98 所示），即可建立“数据组 2”，如图 8-99 所示。

❹ 选中“数据组 2”单元格，重新输入名称为“5000-7000”，如图 8-100 所示。

图 8-98

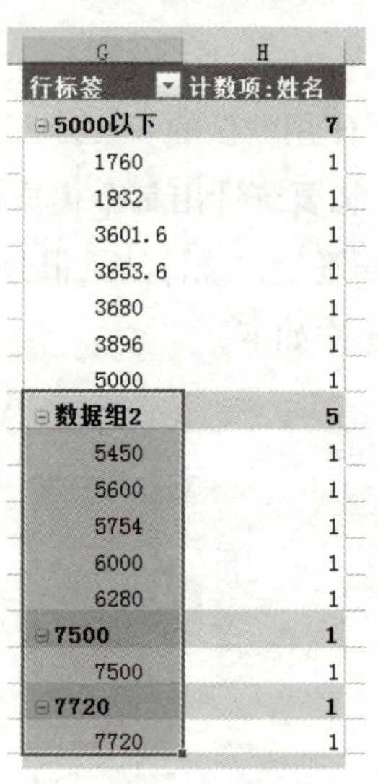

图 8-99

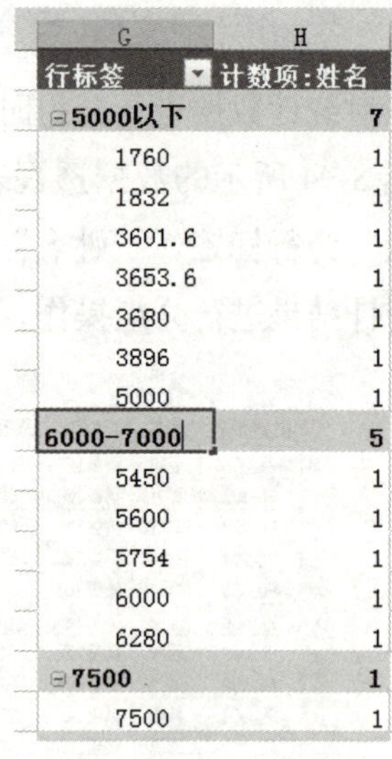

图 8-100

❺ 按相同的方法进行第三个分组操作，并命名为“7000 以上”，如图 8-101 所示。此时单击组前面的 ⊟ 按钮，将下面的明细项折叠起来（如图 8-102 所），最终的分组效果如图 8-103 所示。

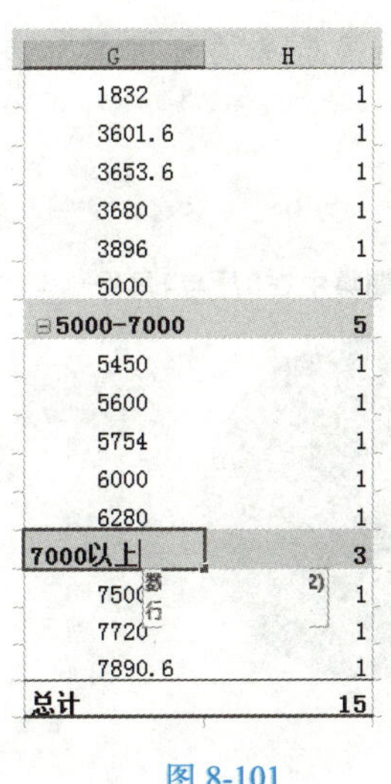

G	H
1832	1
3601.6	1
3653.6	1
3680	1
3896	1
5000	1
⊟5000-7000	5
5450	1
5600	1
5754	1
6000	1
6280	1
7000以上	3
7500	1
7720	1
7890.6	1
总计	15

图 8-101

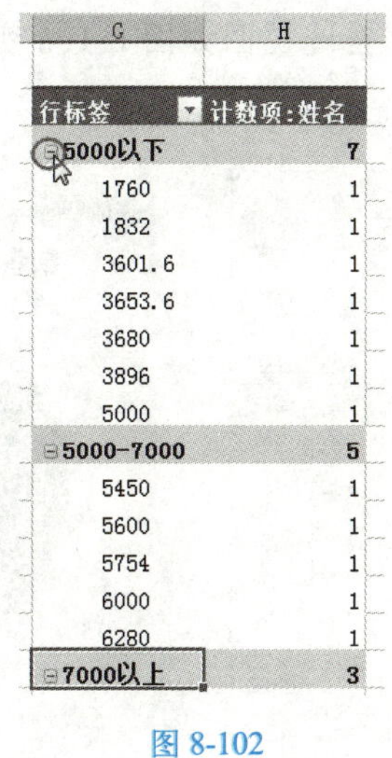

行标签	计数项:姓名
⊟5000以下	7
1760	1
1832	1
3601.6	1
3653.6	1
3680	1
3896	1
5000	1
⊟5000-7000	5
5450	1
5600	1
5754	1
6000	1
6280	1
⊟7000以上	3

图 8-102

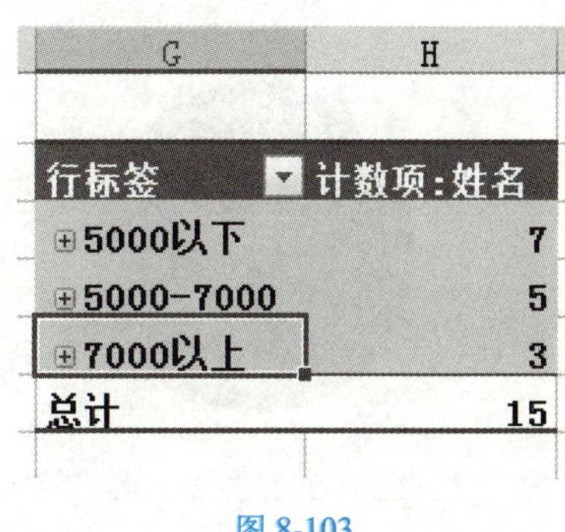

行标签	计数项:姓名
⊞5000以下	7
⊞5000-7000	5
⊞7000以上	3
总计	15

图 8-103

8.6 数据透视图

在创建数据透视表后，还可以快速地创建与之配套的数据透视图，从而让分析的结果更加直观。如果数据分析的结果用于撰写报告，那么此操作是非常实用的。

8.6.1 创建数据透视图

数据透视图可以直观地显示出数据透视表的内容，其创建的方法与创作图表的方法类似，具体操作如下。

❶ 打开实例文件，选中数据透视表。在“数据透视表工具 - 分析”选项卡的“工具”组中单击“数据透视图”按钮（如图 8-104 所示），打开“插入图表”对话框。

❷ 在左侧的“所有图表”中单击“饼图”，在右侧选择子图表类型，如图 8-105 所示。

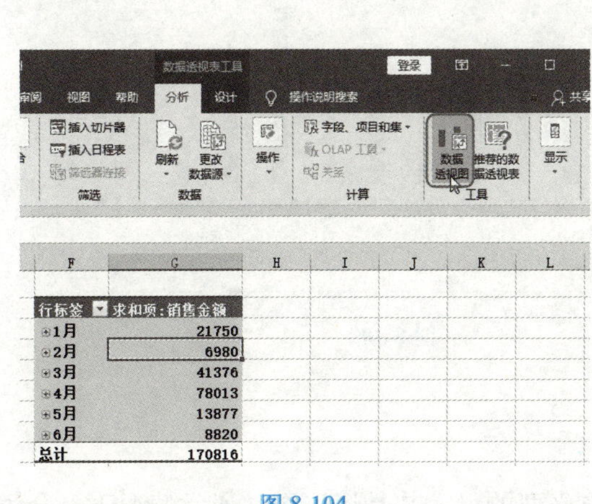

行标签	求和项:销售金额
⊞1月	21750
⊞2月	6980
⊞3月	41376
⊞4月	78013
⊞5月	13877
⊞6月	8820
总计	170816

图 8-104

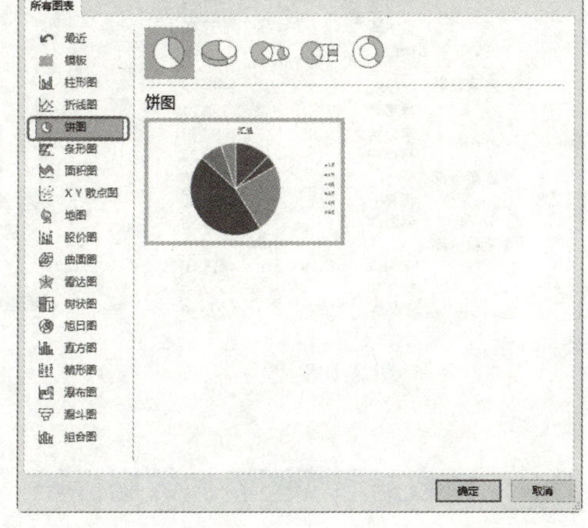

图 8-105

❸ 单击“确定”按钮，创建的数据透视图如图 8-106 所示。最后为透视图添加表达主题的标签，如图 8-107 所示。

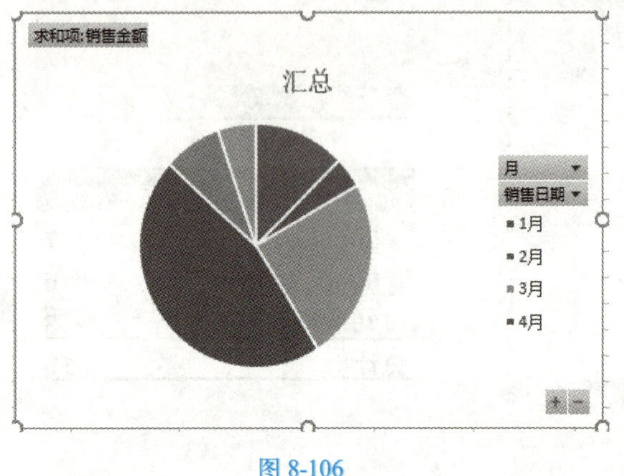

图 8-106

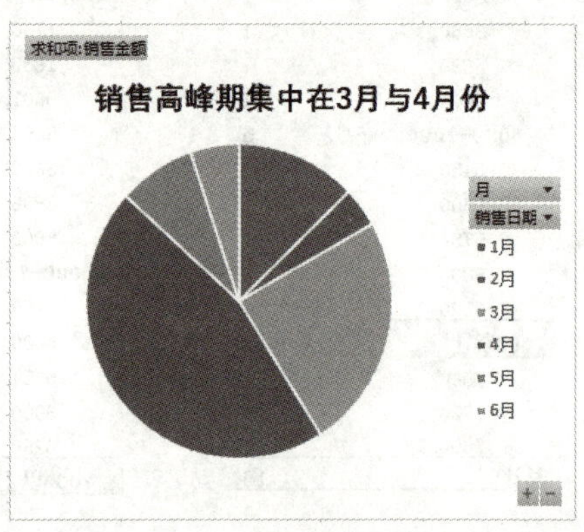

图 8-107

专家提示

在创建数据透视图后，建议将主要表达的意图直接写入标题，让人通过标题就能理解该图说明的问题。这是在商业报告中常用的表达方式，即利用数据透视图来辅助说明问题。

知识拓展——双行标签的数据透视表

如图 8-108 所示的数据透视表，它设置了两个行标签（分别是“部门”和“姓名”字段），这样的统计结果也可以快速创建数据透视图。

如图 8-109 所示的数据透视图，既可以在分部中比较销售人员之间的营销额，也可以在总体上比较每个分部之间的营销额，两者效果都很直观。

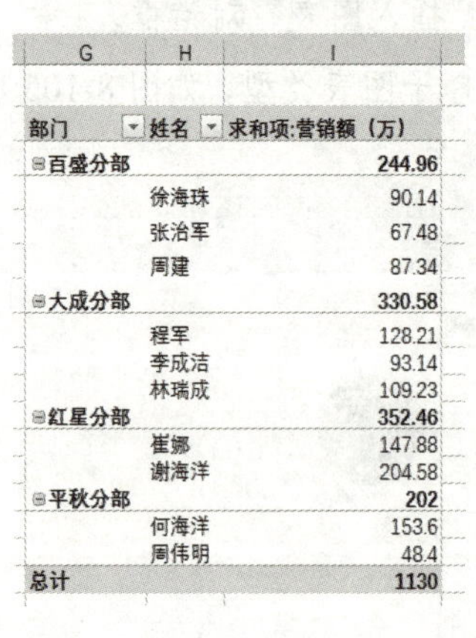

部门	姓名	求和项:营销额（万）
⊟百盛分部		244.96
	徐海珠	90.14
	张治军	67.48
	周建	87.34
⊟大成分部		330.58
	程军	128.21
	李成洁	93.14
	林瑞成	109.23
⊟红星分部		352.46
	崔娜	147.88
	谢海洋	204.58
⊟平秋分部		202
	何海洋	153.6
	周伟明	48.4
总计		1130

图 8-108

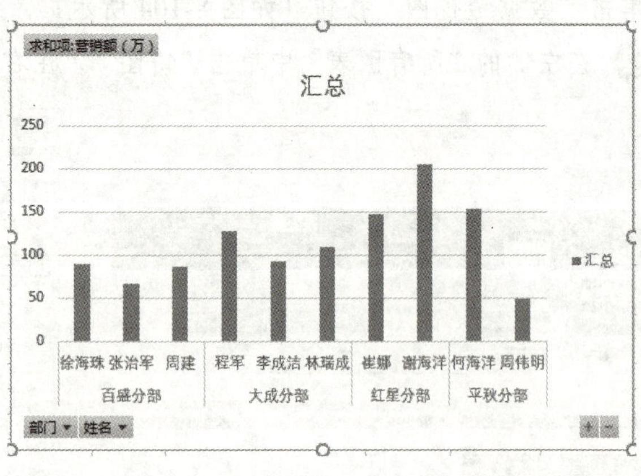

图 8-109

8.6.2 为数据透视图添加数据标签

在数据透视图中添加“数据标签”是很有必要的，尤其是饼形图。通常情况下，会添加类别名称、值、百分比等数据标签，具体操作如下。

❶ 打开实例文件，选中数据透视图。单击右上角的“图表元素”按钮，在子菜单中再单击“数据标签”→“更改选项”（如图 8-110 所示），弹出“设置数据标签格式”右侧窗格。

❷ 在“标签选项”区域中勾选“类别名称”和“百分比”复选框，如图 8-111 所示。

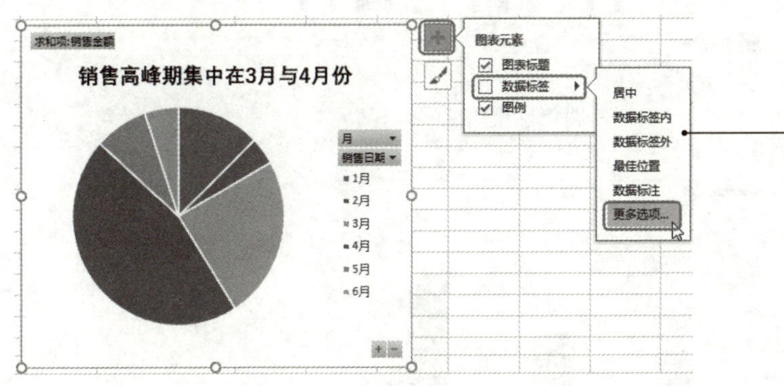

图 8-110

说明：

如果只显示“值”数据标签，那么直接选择“数据标注”命令即可。但是如果还想显示其他数据标签，那么必须打开“设置数据标签格式”右侧窗格，在里面进行设置。

❸ 执行上述操作后，即可看到添加的数据标签，效果如图 8-112 所示。

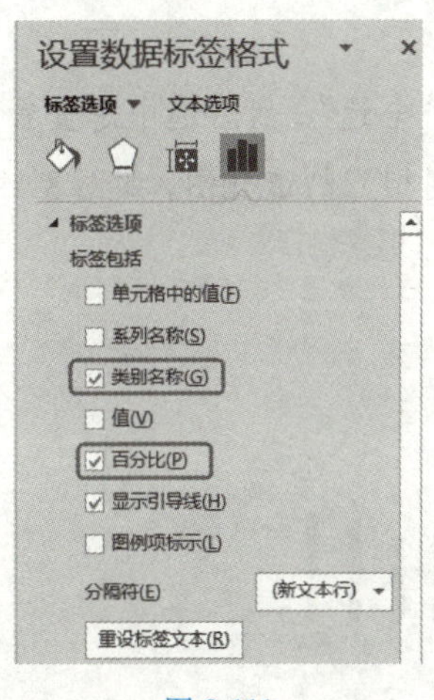

图 8-111

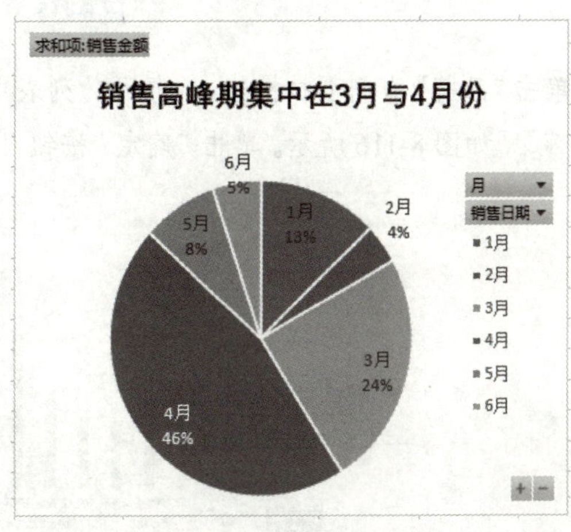

图 8-112

8.6.3 在数据透视图中筛选查看

数据透视图不同于普通图表的地方在于，在数据透视表中添加的行标签、列标签、数值都会显示在数据透视图中，所以在数据透视图中可以通过筛选的方法显示部分比较数据，从而更加针对性地查看各种分析结果。

❶ 打开实例文件，在如图 8-114 所示的数据透视图中，单击“店面”右侧的下拉按钮，在打开的列表中取消“全选”，然后选中想查看的具体店面，如“时尚街区店”。

❷ 单击“确定”按钮即可查看到只针对“时尚街区店”的信息，如图 8-115 所示。

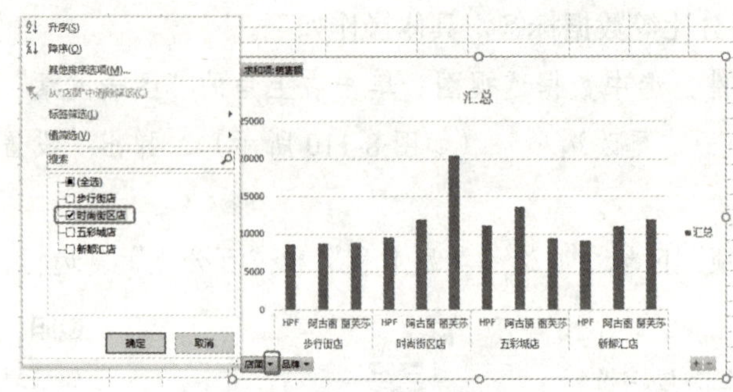

图 8-114

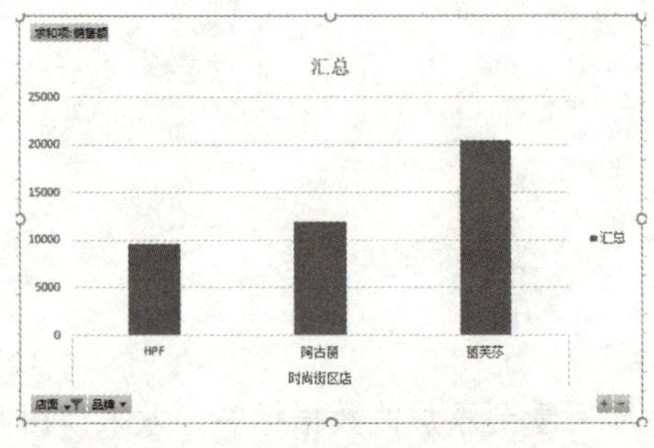

图 8-115

❸ 单击“品牌”右侧下拉按钮，在打开的列表中取消“全选”，然后选中想查看的品牌，如“丽芙莎”，如图 8-116 所示。单击“确定”按钮可以看到相应的透视图，如图 8-117 所示。

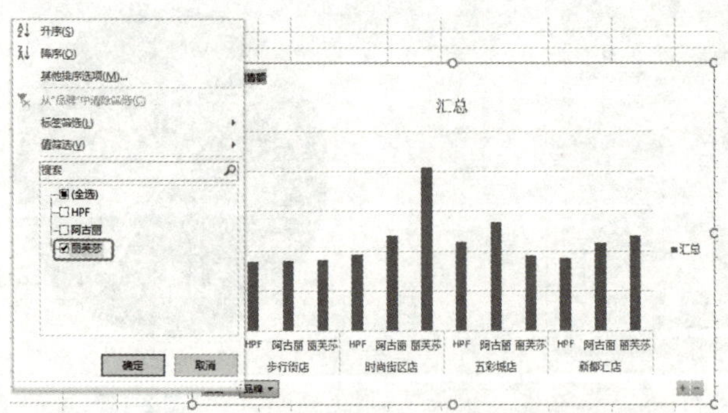

图 8-116

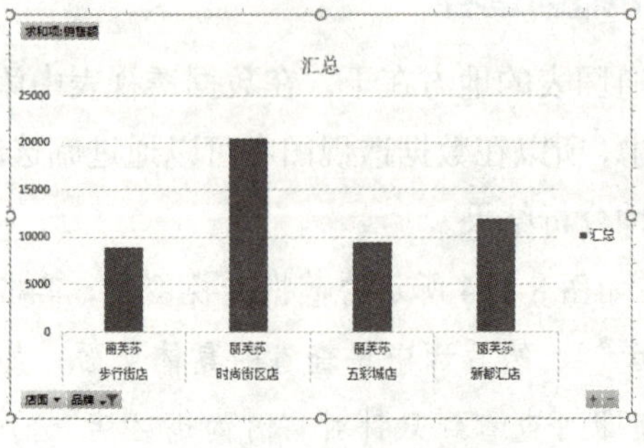

图 8-117

第 9 章 数据分组和频数统计

9.1 数据分组

数据分组就是根据统计研究的任务，按照一定的标志，把人们所研究的对象总体区分为若干性质相同的组。其作用是区分对象的不同类型，研究总体的内部结构，分析对象间的依存关系。

9.1.1 单项式离散型数据分组

如果数据变动幅度较小，分组可以是单项式的，即将每个性质的数据独立分为一组。

如图 9-1 所示，记录了某高校本科毕业生的年龄（篇幅限制，只显示部分记录）。如果要研究学生的毕业年龄情况，则可以对年龄数据进行分组。一般毕业生的年龄多在 20 ~ 24 岁，数据变化幅度较小，此时可以使用单项式分组，将每个性质的数据独立分为一组，即每个年龄值就是离散型数据分组的界限，具体操作如下。

❶ 打开实例文件，在空白部分建立年龄分布和人数统计标识，如图 9-2 所示。

	A	B	C	D
1	序号	姓名	专业	年龄
2	1	周薇	电子学与技术	20
3	2	杨佳	光信息学与技术	21
4	3	刘勋	材料物理	22
5	4	张智志	生物工程	21
6	5	宋云飞	电子学与技术	23
7	6	王婷	材料物理	22
8	7	王伟	电子学与技术	23
9	8	李欣	生物工程	22
10	9	周钦伟	环境科学	24
11	10	杨旭伟	材料物理	22
12	11	李勤勤	电子学与技术	23
13	12	姜灵	计算机学与技术	22
14	13	华新伟	软件工程	21
15	14	邹志志	材料物理	24
16	15	韩志	光信息学与技术	20
17	16	吴伟云	软件工程	21
18	17	杨清	生物工程	22
19	18	李欣	光信息学与技术	21
20	19	金鑫	环境科学	23
21	20	华涵涵	网络工程	22
22	21	张玮	计算机学与技术	20
23	22	聂新余	网络工程	21

图 9-1

M16

	A	B	C	D	E	F	G
1	序号	姓名	专业	年龄		年龄	人数
2	1	周薇	电子学与技术	20		20	
3	2	杨佳	光信息学与技术	21		21	
4	3	刘勋	材料物理	22		22	
5	4	张智志	生物工程	21		23	
6	5	宋云飞	电子学与技术	23		24	
7	6	王婷	材料物理	22			
8	7	王伟	电子学与技术	23			
9	8	李欣	生物工程	22			
10	9	周钦伟	环境科学	24			
11	10	杨旭伟	材料物理	22			
12	11	李勤勤	电子学与技术	23			
13	12	姜灵	计算机学与技术	22			
14	13	华新伟	软件工程	21			

图 9-2

❷ 选中 G2 单元格，在编辑栏中输入公式：

=COUNTIF($D$2:$D$28,F2)

按 Enter 键即可计算出年龄为 20 岁的毕业生人数，如图 9-3 所示。

G2 =COUNTIF($D$2:$D$28,F2)

	A	B	C	D	E	F	G
1	序号	姓名	专业	年龄		年龄	人数
2	1	周薇	电子学与技术	20		20	3
3	2	杨佳	光信息学与技术	21		21	
4	3	刘勋	材料物理	22		22	
5	4	张智志	生物工程	21		23	
6	5	宋云飞	电子学与技术	23		24	
7	6	王婷	材料物理	22			
8	7	王伟	电子学与技术	23			
9	8	李欣	生物工程	22			
10	9	周钦伟	环境科学	24			
11	10	杨旭伟	材料物理	22			
12	11	李勤勤	电子学与技术	23			
13	12	姜灵	计算机学与技术	22			

公式解释：

公式表示统计出 D2:D28 单元格区域中等于 F2 单元格数据的记录条数，即统计 D2:D28 单元格区域中“20”的个数。

图 9-3

❸ 将光标定位到 G2 单元格右下角，向下填充公式至 G6 单元格，即可计算出其他年龄毕业生的人数，如图 9-4 所示。由统计结果看到，毕业生的年龄主要为 21 岁和 22 岁居多。

G2 =COUNTIF($D$2:$D$28,F2)

	A	B	C	D	E	F	G
1	序号	姓名	专业	年龄		年龄	人数
2	1	周薇	电子学与技术	20		20	3
3	2	杨佳	光信息学与技术	21		21	7
4	3	刘勋	材料物理	22		22	9
5	4	张智志	生物工程	21		23	5
6	5	宋云飞	电子学与技术	23		24	3
7	6	王婷	材料物理	22			
8	7	王伟	电子学与技术	23			
9	8	李欣	生物工程	22			
10	9	周钦伟	环境科学	24			
11	10	杨旭伟	材料物理	22			
12	11	李勤勤	电子学与技术	23			
13	12	姜灵	计算机学与技术	22			
14	13	华新伟	软件工程	21			

图 9-4

专家提示

当公式预备要向下复制时，要注意公式中对数据源的引用方式。如果数据源不想变化，那么需要使用绝对引用方式，否则就要使用相对引用方式。在本例中，第一个参数是用于统计判断的区域，它是始终不变的，所以使用绝对引用方式（$D$2:$D$28）；第二个参数是被统计的对象，它是随公式复制需要变化的（F2、F3、F4 等），所以使用相对引用方式。

知识拓展——用数据透视表进行单项式离散型数据分组

单项式离散型数据分组也可以使用数据透视表功能来快速统计，具体操作如下。

❶ 打开实例文件，选中统计表任意单元格。在“插入”选项卡的“表格”组中单击“数据透视表”按钮，如图 9-5 所示。

❷ 打开“创建数据透视表”对话框，保持默认选项，如图 9-6 所示。

❸ 单击“确定”按钮创建数据透视表。设置“年龄”字段为行标签，再设置“年龄”字段为值标签，如图 9-7 所示。

文件 开始 插入 页面布局 公式 数据

数据透视表 推荐的数据透视表 表格 插图 获取加载项 我的加载项

表格 加载项

C4 材料物理

	A	B	C	D
1	序号	姓名	专业	年龄
2	1	周薇	电子学与技术	20
3	2	杨佳	光信息学与技术	21
4	3	刘勋	材料物理	22
5	4	张智志	生物工程	21
6	5	宋云飞	电子学与技术	23
7	6	王婷	材料物理	22
8	7	王伟	电子学与技术	23
9	8	李欣	生物工程	22
10	9	周钦伟	环境科学	24
11	10	杨旭伟	材料物理	22
12	11	李勤勤	电子学与技术	23
13	12	姜灵	计算机学与技术	22
14	13	华新伟	软件工程	21
15	14	邹志志	材料物理	24
16	15	韩志	光信息学与技术	20
17	16	吴伟云	软件工程	21

图 9-5

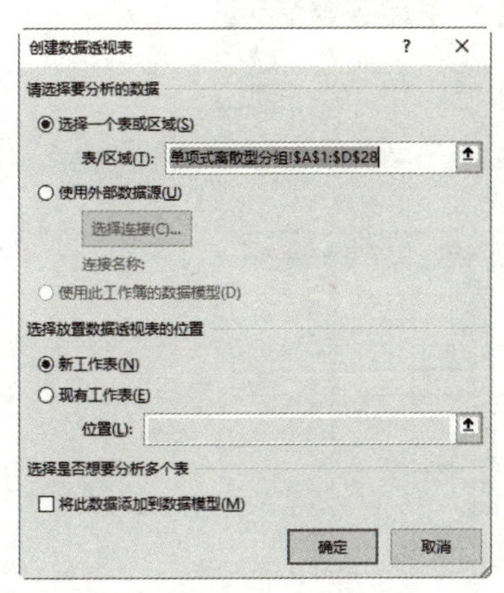

图 9-6

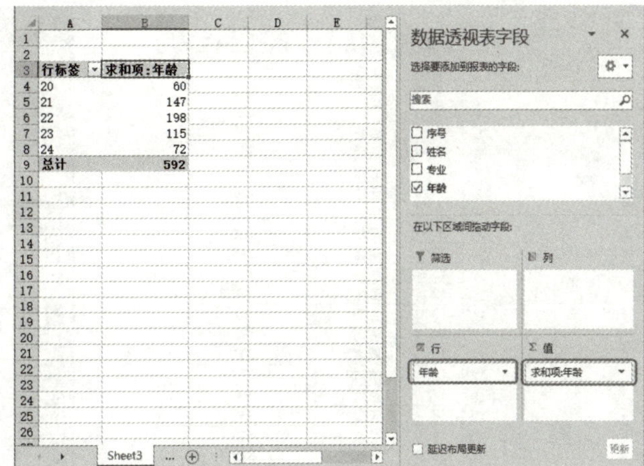

图 9-7

❹ 在“求和项: 年龄”列中选中任意单元格，并单击鼠标右键，在弹出的菜单中单击“值汇总依据”→“计数”，如图 9-8 所示。此时可以看到数据透视表快速统计出各个年龄对应的人数，如图 9-9 所示。

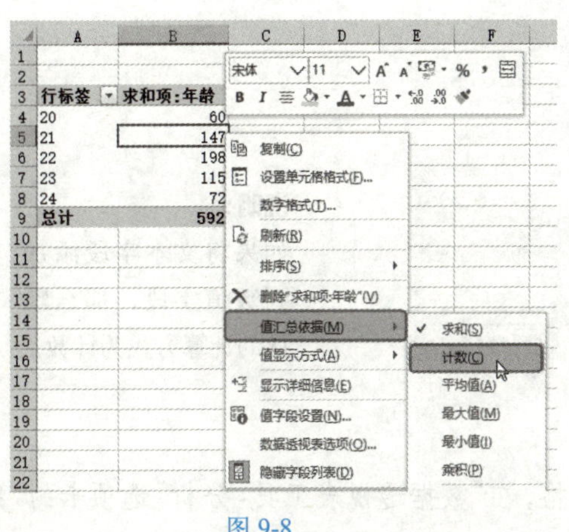

图 9-8

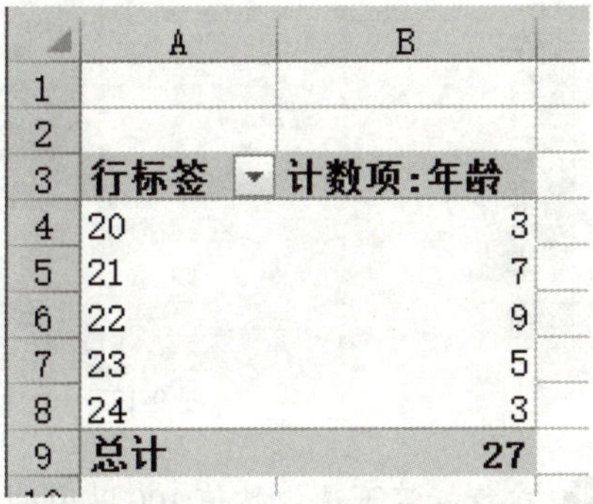

	A	B
1		
2		
3	行标签	计数项:年龄
4	20	3
5	21	7
6	22	9
7	23	5
8	24	3
9	总计	27

图 9-9

9.1.2 组距式离散型数据分组

如图 9-10 所示，记录了部分城市旅行社的调查数目。显然调查的数据是离散型的，最少的有 65 个，最多的有 443 个，变化幅度很大。此时应该将性质相似的数据分为同组，性质悬殊的分为不同的数组。从图中看出，可以将数据分为 0-100、100-200、200-300 以及 300 以上这四个区间，因此 100、200 和 300 这三个数字就成了离散型数据的分组界限。

如果数据变动幅度较大，那么应该使用组距式分组，即合并某些性质相似的数据。数据透视表中的数据分组功能可以实现按要求分组统计，具体操作如下。

❶ 打开实例文件，选中统计表格任意单元格区域。在“插入”选项卡的“表格”组中单击“数据透视表”按钮，如图 9-11 所示。

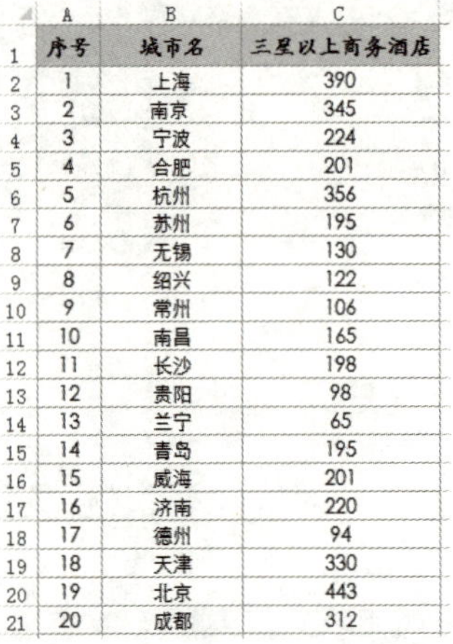

序号	城市名	三星以上商务酒店
1	上海	390
2	南京	345
3	宁波	224
4	合肥	201
5	杭州	356
6	苏州	195
7	无锡	130
8	绍兴	122
9	常州	106
10	南昌	165
11	长沙	198
12	贵阳	98
13	兰宁	65
14	青岛	195
15	威海	201
16	济南	220
17	德州	94
18	天津	330
19	北京	443
20	成都	312

图 9-10

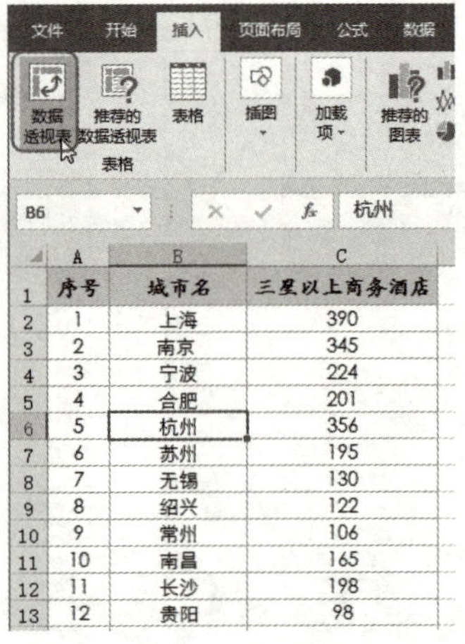

图 9-11

❷ 在“创建数据透视表”对话框中保持默认选项，单击“确定”创建数据透视表。设置“三星以上商务酒店”字段为行标签，设置“城市名”字段为值标签，如图 9-12 所示。

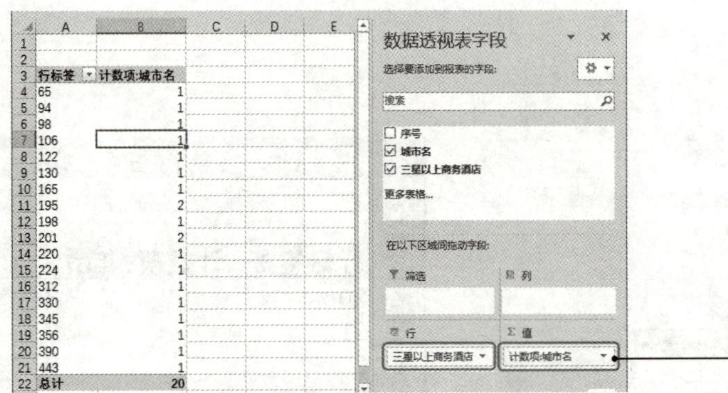

说明：
如果将文本字段添加到数值字段，那么默认的计算方式为计数。

图 9-12

❸ 在行标签下选中数值100以内的单元格，在“数据透视表工具-分析”选项卡的“组合”组中单击“分组选择”命令（如图 9-13 所示），可将选中数据分为一个组，如图 9-14 所示。

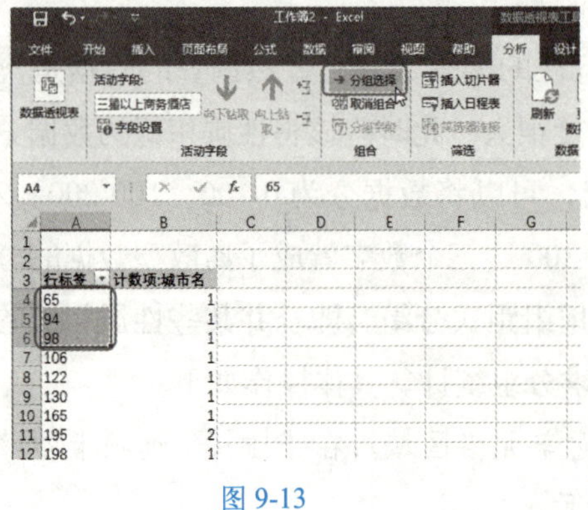

图 9-13

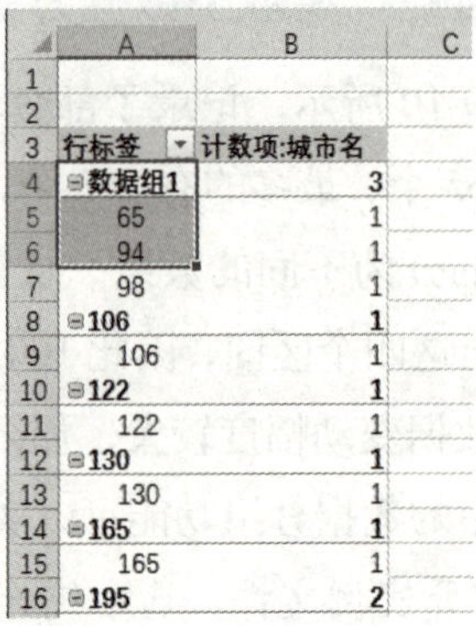

行标签	计数项:城市名
⊟数据组1	3
65	1
94	1
98	1
⊟106	1
106	1
⊟122	1
122	1
⊟130	1
130	1
⊟165	1
165	1
⊟195	2

图 9-14

❹ 接着选中 100-200 之间的数据，在“数据透视表工具 - 分析”选项卡的“组合”组中单击“分组选择”命令（如图 9-15 所示），建立第二个分组。

❺ 按相同的方法将 200-300 之间、300 以上的数字进行分组，最后效果如图 9-16 所示。

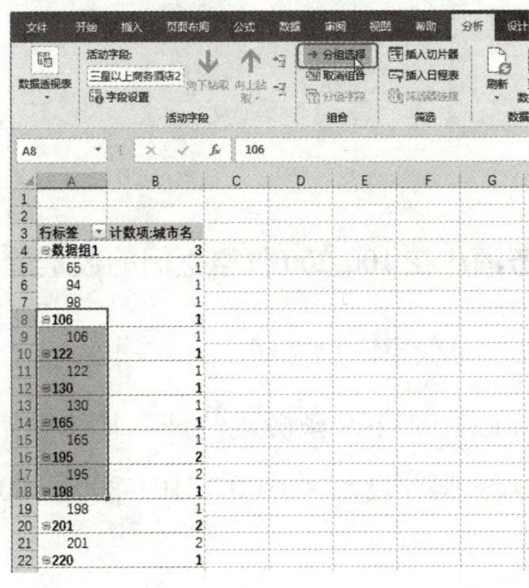

行标签	计数项:城市名
数据组1	3
65	1
94	1
98	1
106	1
106	1
122	1
122	1
130	1
130	1
165	1
165	1
195	2
195	2
198	1
198	1
201	2
201	2
220	1

图 9-15

行标签	计数项:城市名
数据组1	3
65	1
94	1
98	1
数据组2	7
106	1
122	1
130	1
165	1
195	2
198	1
数据组3	4
201	2
220	1
224	1
数据组4	6
312	1
330	1
345	1
356	1
390	1
443	1
总计	20

图 9-16

❻ 选中“数据组 1”，重新输入名称为“<=100”，如图 9-17 所示。

❼ 按相同的方法将“数据组 2”“数据组 3”等全部进行重命名，如图 9-18 所示。

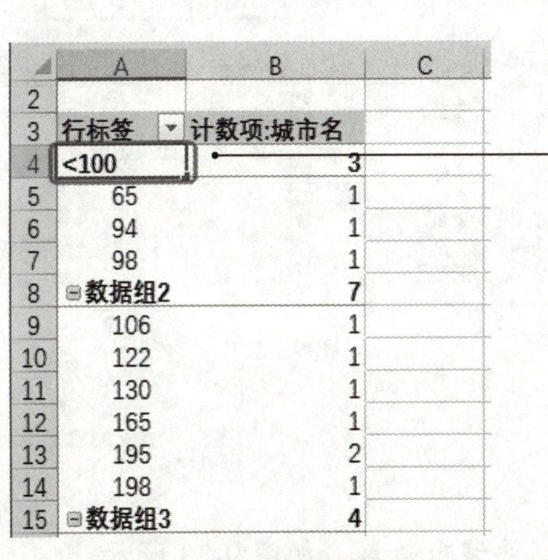

行标签	计数项:城市名
<100	3
65	1
94	1
98	1
数据组2	7
106	1
122	1
130	1
165	1
195	2
198	1
数据组3	4

说明：

可以直接在单元格中输入，也可以在编辑栏中输入。

图 9-17

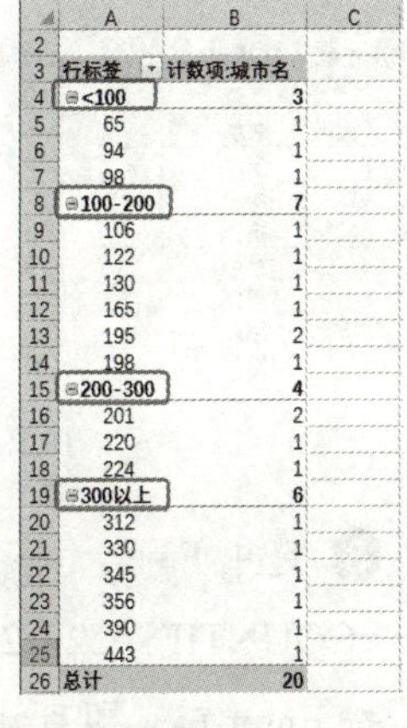

行标签	计数项:城市名
<100	3
65	1
94	1
98	1
100-200	7
106	1
122	1
130	1
165	1
195	2
198	1
200-300	4
201	2
220	1
224	1
300以上	6
312	1
330	1
345	1
356	1
390	1
443	1
总计	20

图 9-18

专家提示

分组的目的是让同一类或同一阶段的数据进行归类，从而得知归类后的结果。因此即使是自定义分组，也要寻找一定的规律。不能毫无规律地随意分类，否则会让统计结果毫无意义。

❽ 在字段列表中取消选中“三星以上商务酒店”字段，统计结果如图 9- 19 所示。

❾ 接着在 A3 单元格更改列标识为“三星以上商务酒店”，在 B3 单元格更改列标识为“数量”，如图 9-20 所示。

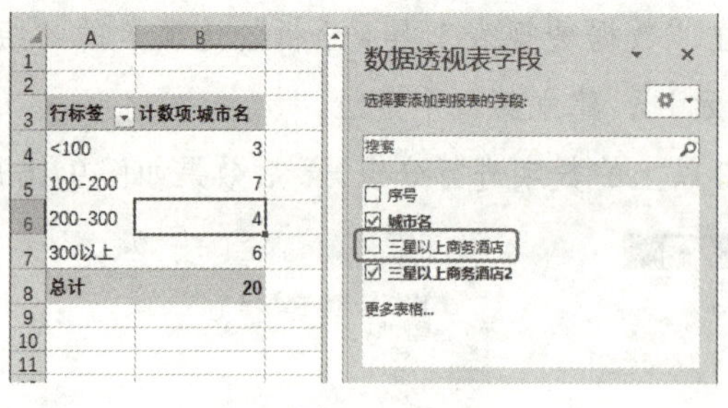

图 9-19

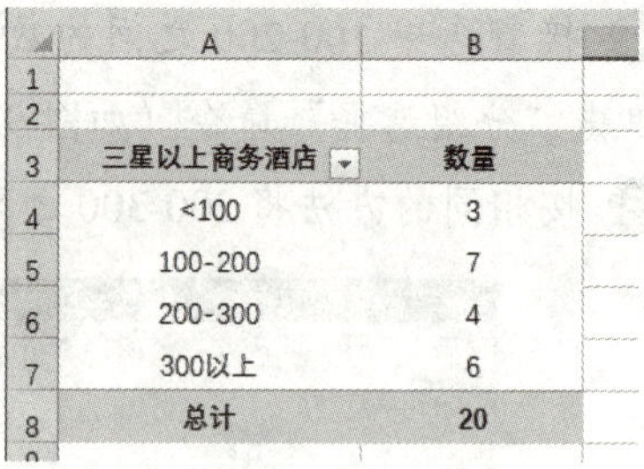

三星以上商务酒店	数量
<100	3
100-200	7
200-300	4
300以上	6
总计	20

图 9-20

由统计结果看到，在上述城市里，商务酒店在100-200价格之间的数量最多。

知识拓展——COUNTIF函数进行数据分组统计

分组统计也可以使用COUNTIF函数与COUNTIFS函数来统计，具体操作如下。

❶ 在表格空白处添加数据标识，并输入数据分段："<=100""101-200""201-300""300以上"，如图9-21所示。

❷ 选中F2单元格，在编辑栏中输入公式：

=COUNTIF(C2:C21,"<=100")

按Enter键，即可统计出酒店数量小于100家的城市数目，如图9-22所示。

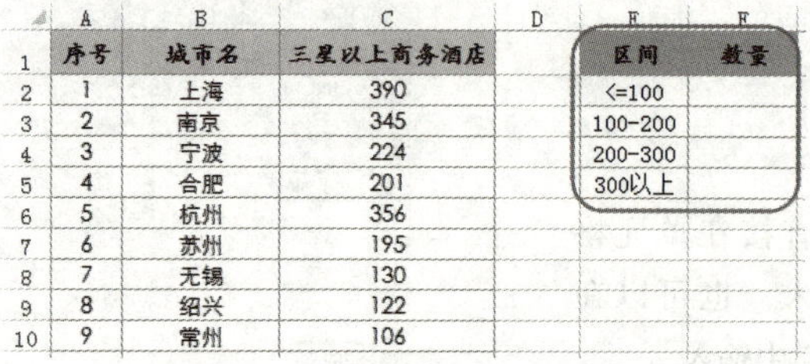

序号	城市名	三星以上商务酒店		区间	数量
1	上海	390		<=100	
2	南京	345		100-200	
3	宁波	224		200-300	
4	合肥	201		300以上	
5	杭州	356			
6	苏州	195			
7	无锡	130			
8	绍兴	122			
9	常州	106			

图 9-21

F2 =COUNTIF(C2:C21,"<=100")

序号	城市名	三星以上商务酒店		区间	数量
1	上海	390		<=100	3
2	南京	345		100-200	
3	宁波	224		200-300	
4	合肥	201		300以上	
5	杭州	356			
6	苏州	195			
7	无锡	130			
8	绍兴	122			
9	常州	106			

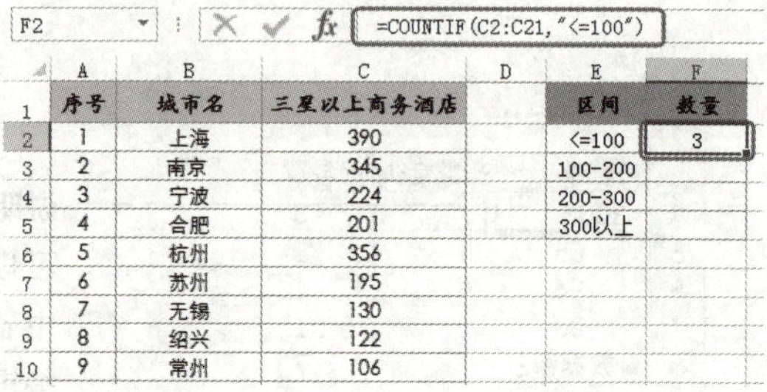

图 9-22

❸ 选中F3单元格，在编辑栏中输入公式：

=COUNTIFS(C2:C21,">100",C2:C21,"<=200")

按Enter键，即可计算出酒店数量在100-200家的城市数目，如图9-23所示。

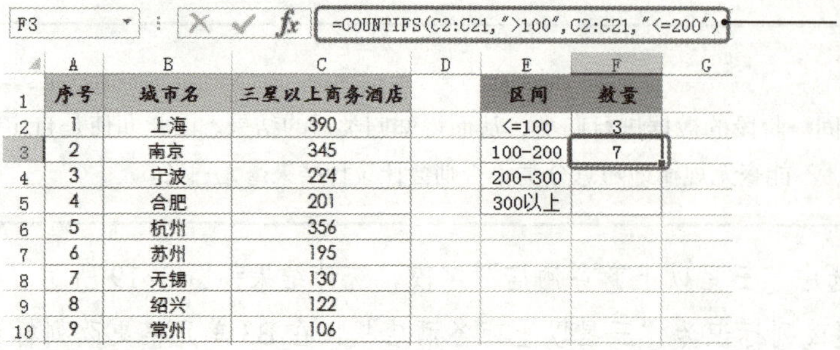

F3 =COUNTIFS(C2:C21,">100",C2:C21,"<=200")

序号	城市名	三星以上商务酒店		区间	数量
1	上海	390		<=100	3
2	南京	345		100-200	7
3	宁波	224		200-300	
4	合肥	201		300以上	
5	杭州	356			
6	苏州	195			
7	无锡	130			
8	绍兴	122			
9	常州	106			

说明：

COUNTIFS是多条件的数目统计函数，将">100"和"<=200"作为两个条件写入参数中。当只有一个条件时就使用COUNTIF函数，有两个条件时就使用COUNTIFS函数。

图 9-23

❹ 选中 F4 单元格，在编辑栏中输入公式：

=COUNTIFS(C2:C21,">200",C2:C21,"<=300")

按 Enter 键，即可计算出酒店数量在 200-300 家的城市数目，如图 9-24 所示。

❺ 选中 F5 单元格，在编辑栏中输入公式：

=COUNTIF(C2:C21,">=300")

按 Enter 键，即可计算出酒店数量大于 300 家的城市数目，如图 9-25 所示。

F4 =COUNTIFS(C2:C21,">200",C2:C21,"<=300")

	A	B	C	D	E	F	G
1	序号	城市名	三星以上商务酒店		区间	数量	
2	1	上海	390		<=100	3	
3	2	南京	345		100-200	7	
4	3	宁波	224		200-300	4	
5	4	合肥	201		300以上		
6	5	杭州	356				
7	6	苏州	195				
8	7	无锡	130				
9	8	绍兴	122				
10	9	常州	106				
11	10	南昌	165				

图 9-24

F5 =COUNTIF(C2:C21,">300")

	A	B	C	D	E	F
1	序号	城市名	三星以上商务酒店		区间	数量
2	1	上海	390		<=100	3
3	2	南京	345		100-200	7
4	3	宁波	224		200-300	4
5	4	合肥	201		300以上	6
6	5	杭州	356			
7	6	苏州	195			
8	7	无锡	130			
9	8	绍兴	122			
10	9	常州	106			
11	10	南昌	165			

图 9-25

9.2 频数统计

在数据分组的基础上，总体中的所有单位按其所属的组别归类，并且按照一定的顺序排列，形成总体单位数在各组分布的一系列数字，称为分配数列，分布在各个组的总体单位数叫频数，将各组频数统计起来就是频数统计。

9.2.1 单项式分组的频数统计

在统计分组中，位于不同小组中的数据个数为该组的频数，各组的频数之和等于这组数据的总数。通过对每组频数的统计，可以看出数据的分布情况。根据分组标志的特点，还可以通过频数的统计进行比较分析数据。

如图 9-26 所示，记录某次技能考试中 80 名学员的考试成绩，下面要计算这组数据的频数。从图中可以看出，成绩变化幅度不大，所以应该采用单项式分组法计算频数，可以将成绩分为 7 组，分别为“94”“95”“96”“97”“98”“99”和“100”，具体操作如下。

❶ 打开实例文件，在空白部分建立分组表格及标识，如图 9-27 所示。

	A	B	C	D
1	某技能考试成绩表			
2	1组	2组	3组	4组
3	95	99	99	98
4	97	100	96	96
5	100	95	95	96
6	99	97	98	94
7	98	97	97	96
8	96	99	99	98
9	97	98	95	98
10	94	96	94	96
11	98	100	94	98
12	96	99	97	96
13	97	96	95	97
14	98	96	98	98
15	97	97	95	100
16	100	99	94	98
17	99	98	96	99
18	95	97	97	100
19	96	94	95	96
20	98	95	96	96
21	97	97	97	100
22	96	97	96	94

图 9-26

J24

	A	B	C	D	E	F	G
1	某技能考试成绩表						
2	1组	2组	3组	4组		成绩	频数
3	95	99	99	98		94	
4	97	100	96	96		95	
5	100	95	95	96		96	
6	99	97	98	94		97	
7	98	97	97	96		98	
8	96	99	99	98		99	
9	97	98	95	98		100	
10	94	96	94	96			
11	98	100	94	98			
12	96	99	97	96			
13	97	96	95	97			
14	98	96	98	98			
15	97	97	95	100			
16	100	99	94	98			
17	99	98	96	99			
18	95	97	97	100			
19	96	94	95	96			
20	98	95	96	96			
21	97	97	97	100			
22	96	97	96	94			

图 9-27

❷ 选中 G3 单元格，在编辑栏中输入公式：

=COUNTIF($A$3:$D$22,F3)

按 Enter 键，即可计算出成绩为 94 分的考生人数，如图 9-28 所示。

❸ 选中 G3 单元格，向下填充公式至 G9 单元格，即可计算出其他成绩的考生人数，如图 9-29 所示。

说明：

注意公式中对单元格采用的引用方式，不变的区域采用绝对引用，需要变动的区域使用相对引用方式。

G3　=COUNTIF($A$3:$D$22,F3)

	A	B	C	D	E	F	G
1	某技能考试成绩表						
2	1组	2组	3组	4组		成绩	频数
3	95	99	99	98		94	7
4	97	100	96	96		95	
5	100	95	95	96		96	
6	99	97	98	94		97	
7	98	97	97	96		98	
8	96	99	99	98		99	
9	97	98	95	98		100	
10	94	96	94	96			
11	98	100	94	98			
12	96	99	97	96			
13	97	96	95	97			

图 9-28

	A	B	C	D	E	F	G
1	某技能考试成绩表						
2	1组	2组	3组	4组		成绩	频数
3	95	99	99	98		94	7
4	97	100	96	96		95	9
5	100	95	95	96		96	18
6	99	97	98	94		97	16
7	98	97	97	96		98	14
8	96	99	99	98		99	9
9	97	98	95	98		100	7
10	94	96	94	96			
11	98	100	94	98			
12	96	99	97	96			
13	97	96	95	97			
14	98	96	98	98			
15	97	97	95	100			
16	100	99	94	98			
17	99	98	96	99			
18	95	97	97	100			
19	96	94	95	96			
20	98	95	96	96			
21	97	97	97	100			
22	96	97	96	94			

图 9-29

从统计结果可以看出，频数较高的数字为 96、97、98，表示在此次考试中取得这几项分数的人占多数。

9.2.2 组距式分组的频数统计

单项式分组的频数统计比较明确、容易，但是在做连续变量分组的频数统计时，单项式分组就不适用了，此时可以采用组距式分组法来进行频数统计。在 Excel 中，组距式分组的频数统计一般借用函数 FREQUENCY 来实现。

如图 9-30 所示，登记了对某产品 100 份调查问卷的评分情况，现在对这些数据进行分组，并计算出频数。在进行组距式分组时，首先需要确定"全距"，然后根据全距确定"组数"和"组距"，最后根据分组的情况来确定"组限"，在确定组限时要注意以下几点：

- 最小值的下限要低于最小值变量，最大值的上限应高于最大变化值；
- 组限的确定有利于表现出总体分布的特点，反映出事物的变化；
- 组限尽可能选取整数。

具体操作如下。

❶ 打开实例文件，在空白处创建分组过程表格和分组结果表格，如图 9-31 所示。

1	100份问卷的评分			
2	55	83	93	70
3	87	93	60	68
4	66	69	63	67
5	90	79	82	93
6	68	64	99	97
7	78	62	88	74
8	63	50	80	51
9	94	61	83	48
10	67	80	76	92
11	68	83	94	83
12	84	97	92	100
13	82	75	59	99
14	50	77	83	57
15	89	90	93	51
16	82	65	83	77
17	94	84	50	74
18	78	92	75	98
19	86	83	76	80
20	56	50	87	74
21	68	81	81	92
22	97	50	89	81
23	52	88	91	97
24	100	98	54	97
25	92	75	88	50

图 9-30

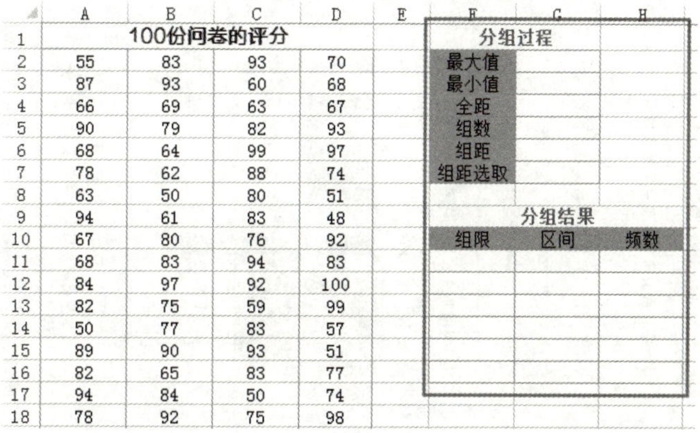

	A	B	C	D	E	F	G	H
1	100份问卷的评分					分组过程		
2	55	83	93	70		最大值		
3	87	93	60	68		最小值		
4	66	69	63	67		全距		
5	90	79	82	93		组数		
6	68	64	99	97		组距		
7	78	62	88	74		组距选取		
8	63	50	80	51				
9	94	61	83	48			分组结果	
10	67	80	76	92		组限	区间	频数
11	68	83	94	83				
12	84	97	92	100				
13	82	75	59	99				
14	50	77	83	57				
15	89	90	93	51				
16	82	65	83	77				
17	94	84	50	74				
18	78	92	75	98				

图 9-31

❷ 选中 G2 单元格，在编辑栏中输入公式：=MAX(A2:D26)

按 Enter 键，即可计算出数据中的最大值，如图 9-32 所示。

❸ 选中 G3 单元格，在编辑栏中输入公式：=MIN(A2:D26)

按 Enter 键，即可计算出数据中的最小值，如图 9-33 所示。

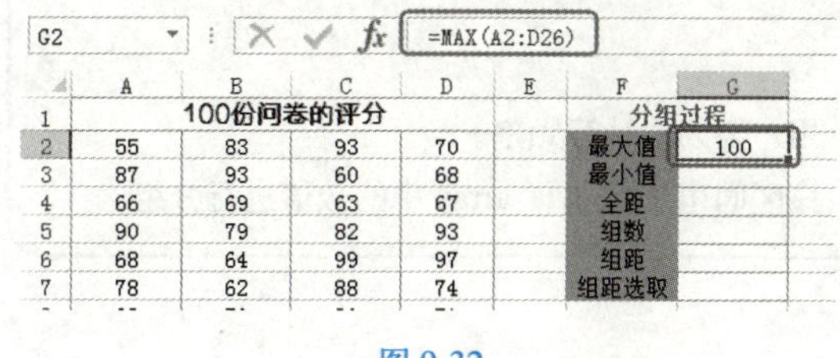

图 9-32

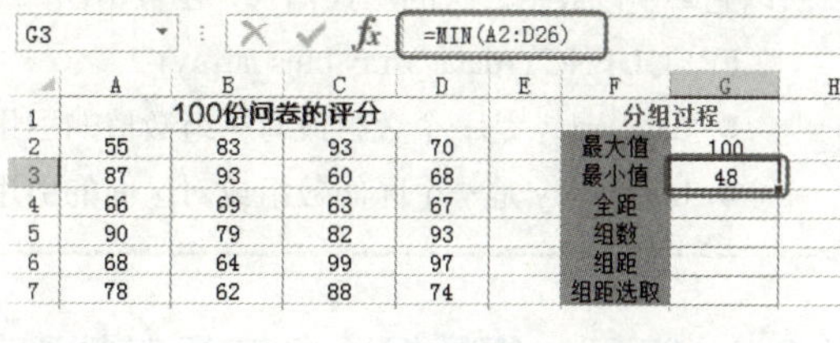

图 9-33

❹ 选中 G4 单元格，在编辑栏中输入公式：=G2-G3

按 Enter 键，即可计算出全距，如图 9-34 所示。

❺ 根据全距可以将数据分为 5 组。选中 G6 单元格，在编辑栏中输入公式：=G4/G5

按 Enter 键，即可计算出组距，如图 9-35 所示。

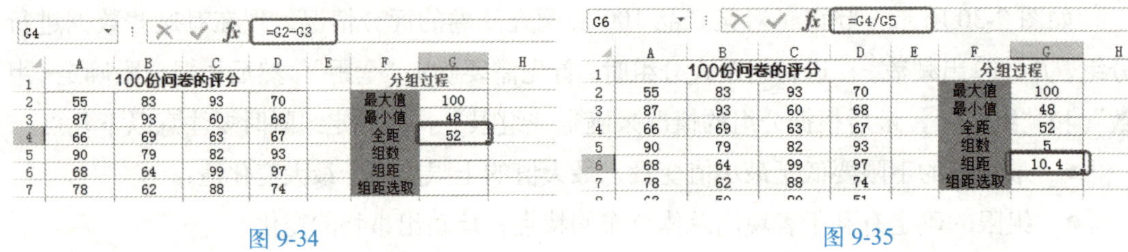

图 9-34　　图 9-35

❻ 组距选取为整数，即根据组距结果选择“10”。接着在分组结果中根据组距选取对数据源进行分组，将数据分为 6 组，并设置各个区间，如图 9-36 所示。

❼ 选中 H11:H16 单元格区域，在编辑栏中输入公式：

=FREQUENCY(A2:D26,F11: F16)。

按 Shift+Ctrl+Enter 组合键，即可计算出各个区间对应的频数，如图 9-37 所示。

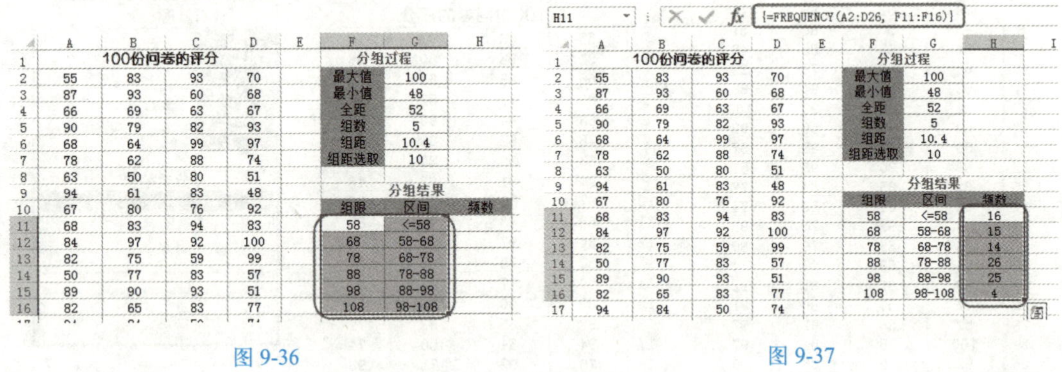

图 9-36　　图 9-37

通过结果可以看到选择哪个分值区间的人数比较多，从而基本判断出此产品在大众心中的口碑。

专家提示

FREQUENCY 函数计算数值在某个区域内的出现频率，然后返回一个垂直数组。例如，使用函数 FREQUENCY 可以在分数区域内计算测验分数的个数。由于函数 FREQUENCY 返回一个数组，所以它必须以数组公式的形式输入，函数语法如下：

FREQUENCY(data_array,bins_array)

- data_array 是一个数组或对一组数值的引用，用户要为它计算频率。
- bins_array 是一个区间数组或对区间的引用，该区间用于对 data_array 中的数值进行分组。

9.2.3　返回一组数据中频率最高的数值

下面实例统计了本月被投诉的工号列表，可以使用 MODE.MULT 函数统计出被投诉次数最多的工号。由于被投诉相同次数的工号可能不止一个，如同时被投诉两次的工号有三个，使用 MODE.MULT 函数也可以一次性返回，具体操作如下。

❶ 打开实例文件，选中 C2:C4 单元格区域，如图 9-38 所示，在编辑栏中输入公式：

=MODE.MULT(A2:A14)

❷ 按 Ctrl+Shift+Enter 组合键，即可返回数据组中出现频率最高的数值列表，即“1085”和“1015”工号被投诉次数最多，如图 9-39 所示。

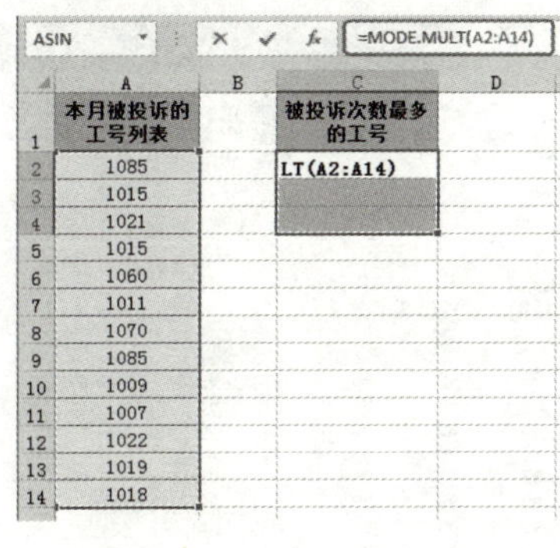

图 9-38

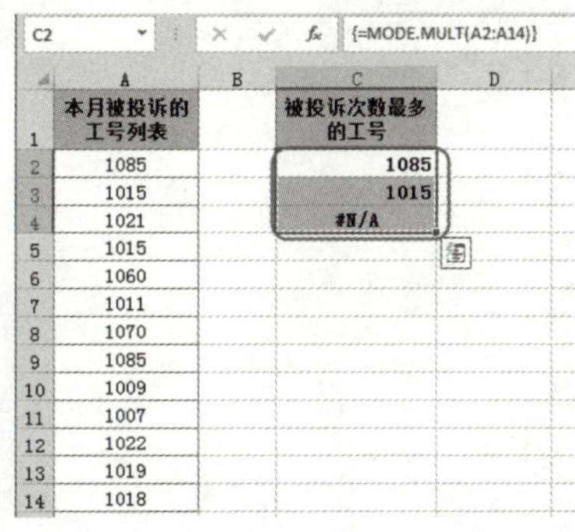

图 9-39

专家提示

MODE.MULT 函数用于返回一组数据，或者数据区域中出现频率最高或重复出现的数值的垂直数组，函数语法如下：

MODE.MULT((number1,[number2],...)

- number1 表示要计算其众数的第一个数字参数（可以是数字或者是包含数字的名称、数组或引用）；
- number2 和 ...，其可选。表示要计算其众数的 2~254 个数字参数，也可以用单一数组或对某个数组的引用来代替用逗号分隔的参数。

9.3 频数统计直方图

直方图，又称质量分布图，用精确图形来表示数据分布的情况，也是一种统计报告图，由一系列高度不等的纵向条纹或线段来表示。一般情况下，用横轴表示数据类型，纵轴表示分布情况。

为了构建直方图，第一步是将值的范围分段，即将整个值的范围分成一系列间隔，然后计算每个间隔中有多少值。根据之前讲述的知识，创建直方图也分为两种情况：单项式分组和组距式分组。

9.3.1 单项式分组频数直方图

根据单项式分组频数统计的结果创建直方图，具体操作如下。

❶ 打开实例文件，由于直方图只能对同一列数据进行频数分布统计，所以为了能顺利创建图表，可以将源数据改为一列显示（通过复制单元格来完成此操作），如图 9-40 所示（篇幅所限，只显示部分数据，此时单列数据包括 A3:A82 单元格）。

❷ 选中 A3:A82 单元格区域，单击“插入”选项卡，在“图表”选项组中单击“插入统计图表”按钮，在其下拉菜单中选择“直方图”子图表类型，如图 9-41 所示。

	A	B	C	D	E
1	某技能考试成绩表				
2	1组	2组	3组	4组	
3	95	99	99	98	
4	97	100	96	96	
5	100	95	95	96	
6	99	97	98	94	
7	98	97	97	96	
8	96	99	99	98	
9	97	98	95	98	
10	94	96	94	96	
11	98	100	94	98	
12	96	99	97	96	
13	97	96	95	97	
14	98	96	98	98	
15	97	97	95	100	
16	100	99	94	98	
17	99	98	96	99	
18	95	97	97	100	
19	96	94	95	96	
20	98	95	96	96	
21	97	97	97	100	
22	96	97	96	94	
23	99				
24	100				
25	95				
26	97				
27	97				
28	99				
29	98				
30	96				
31	100				
32	99				
33	96				
34	96				
35	97				
36	99				
37	98				
38	97				
39	94				
40	95				

图 9-40

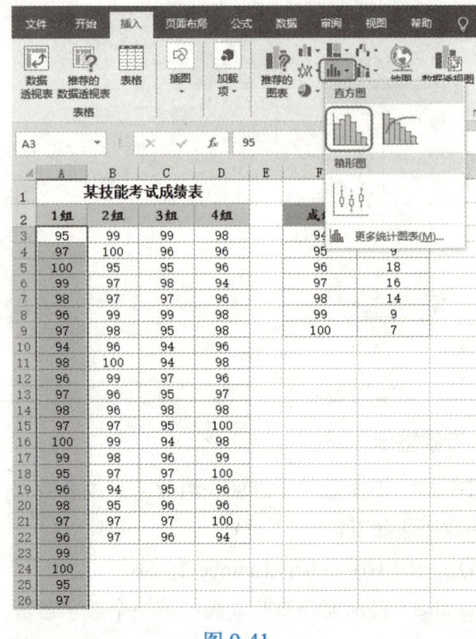

图 9-41

❸ 执行上述命令后立即插入默认直方图，如图 9-42 所示。

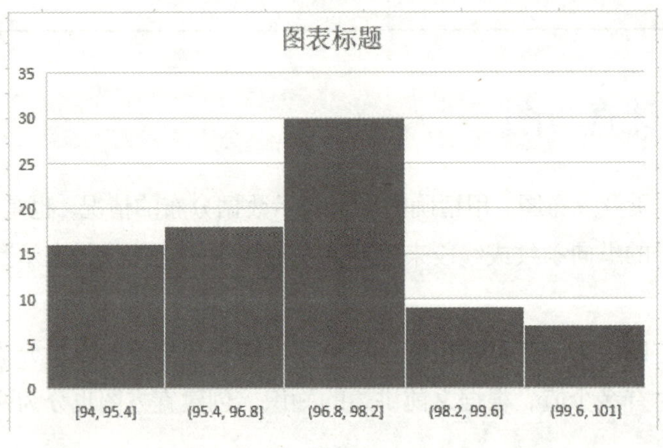

图 9-42

❹ 对此表需要根据实际情况更改箱体宽度，即各个箱体以多少为区间进行分组，本例是单项式分组的频数统计，所以箱体宽度要设置为“1”。在坐标轴上单击鼠标右键，在弹出的右键菜单中单击“设置坐标轴格式”命令，如图 9-43 所示，打开“设置坐标轴格式”右侧窗格，在“箱宽度”框中设置值为“1”，如图 9-44 所示。

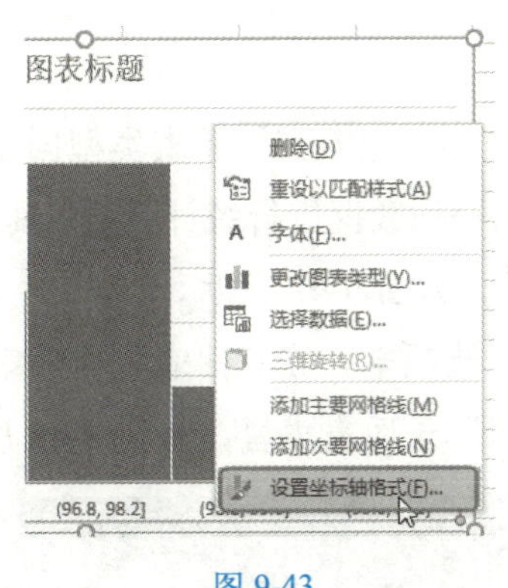

图 9-43

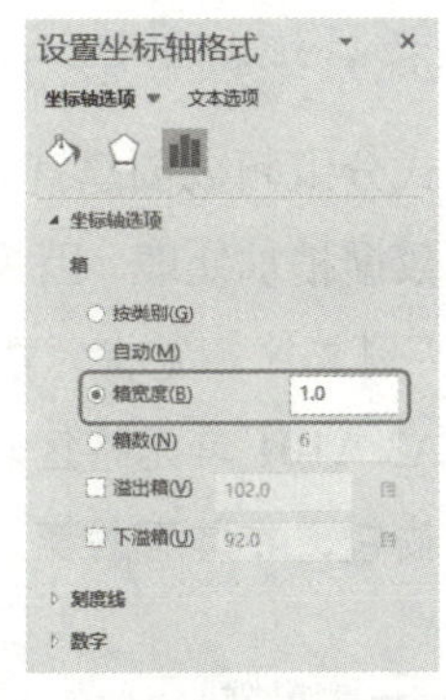

图 9-44

❺ 设置后可以看到图表效果如图 9-45 所示。继续在箱体上单击鼠标右键，在弹出的右键菜单中执行“添加数据标签”→“添加数据标签”命令，如图 9-46 所示。

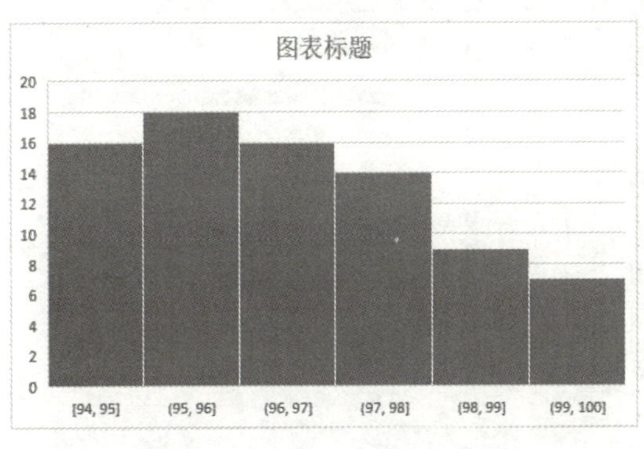

图 9-45

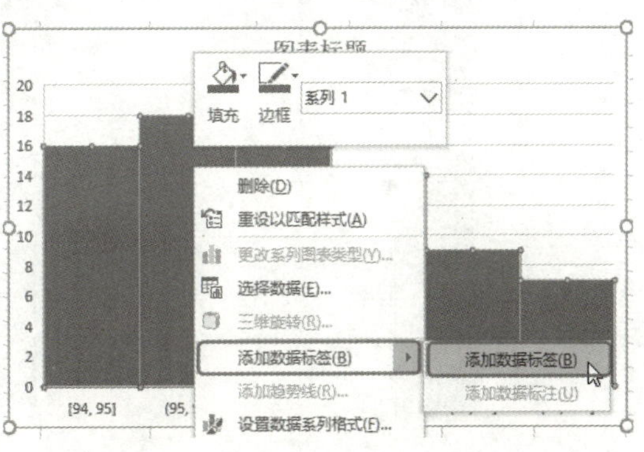

图 9-46

❻ 添加数据标签后再为直方图重新输入标题，得到如图 9-47 所示的效果。因为本直方图以 1 为分组区间，而 94 分至 95 分就是一个 1 分区间，因此第一个箱体的统计值为 94 和 95 两个值的频数之和。

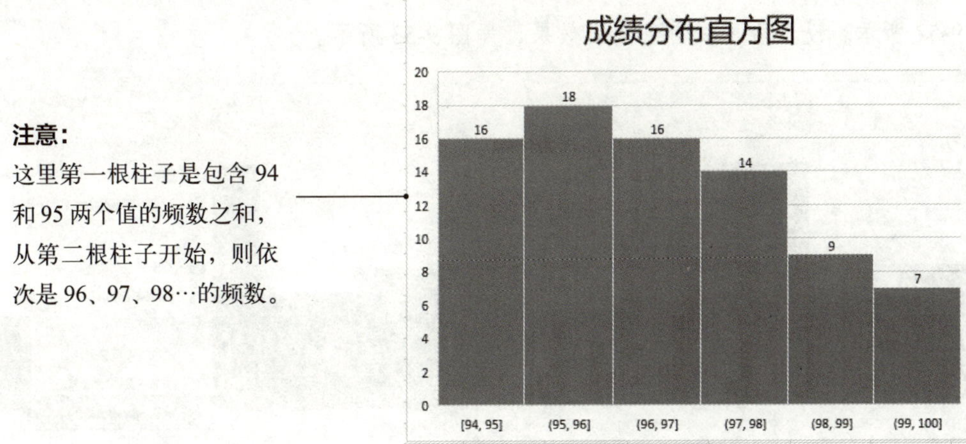

图 9-47

9.3.2 组距式分组频数直方图

在为组距式分组频数创建直方图时，也可以使用“直方图”图表类型创建。当然，创建前也要对原数据稍加处理，因为直方图只能对同一列数据进行统计分析，具体操作如下。

❶ 打开实例文件，先将源数据改为一列显示，如图 9-48 所示。

❷ 选中 A3:A101 单元格区域，单击“插入”选项卡，在“图表”选项组中单击“插入统计图表”按钮，在其下拉菜单中选择“直方图”子图表类型，如图 9-49 所示。

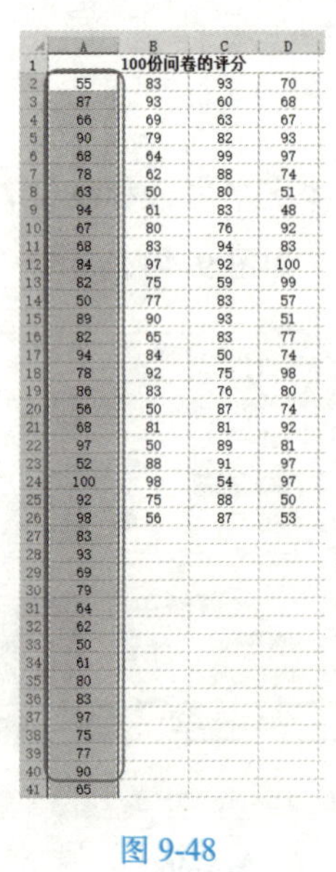

图 9-48

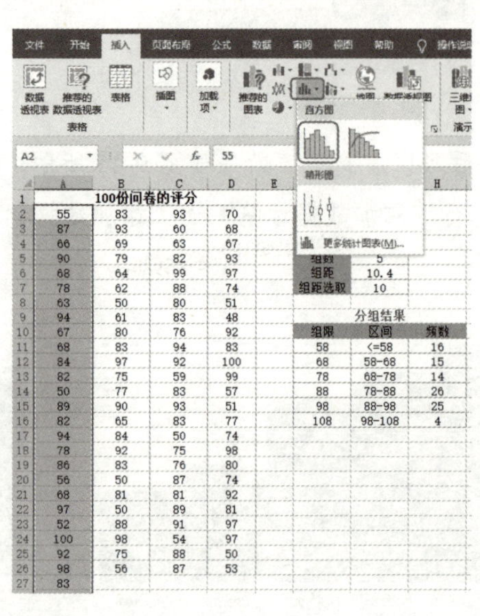

图 9-49

❸ 执行上述命令后即可立即插入默认直方图，如图 9-50 所示。

❹ 对于默认的直方图需要根据实际情况更改箱宽度，本例的组距是 10，所以箱体宽度要设置为“10”。在坐标轴上单击鼠标右键，在弹出的右键菜单中单击“设置坐标轴格式”命令（如图 9-51 所示），打开“设置坐标轴格式”右侧窗格，在“箱宽度”框中设置值为“10”，如图 9-52 所示。设置后可以看到图表效果，如图 9-53 所示。

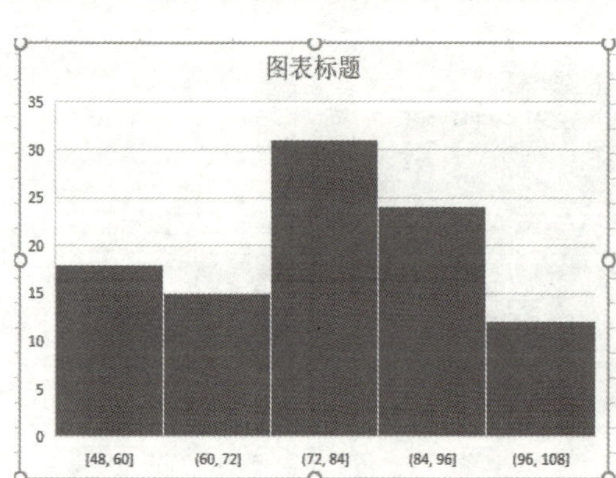

图 9-50

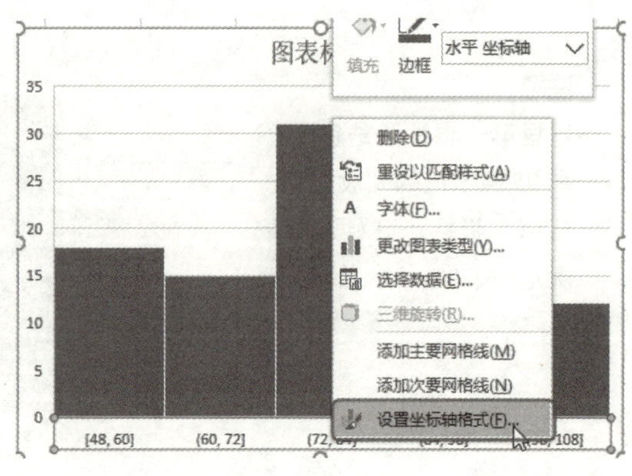

图 9-51

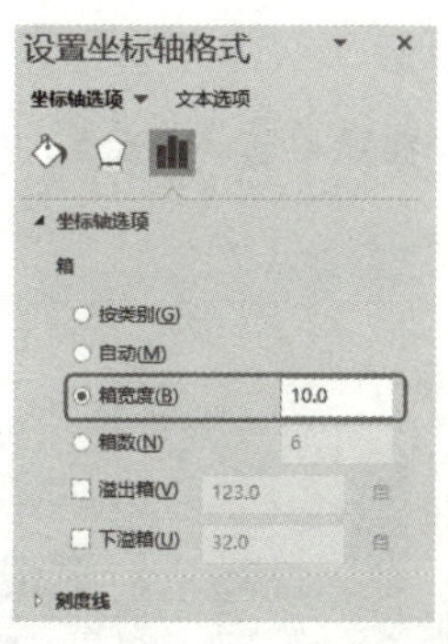

图 9-52

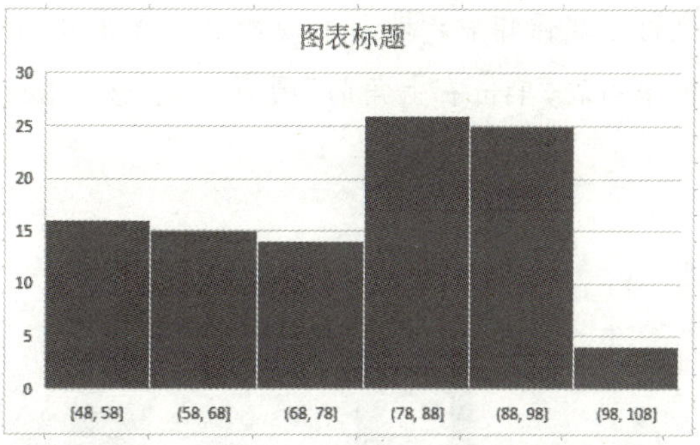

图 9-53

❺ 接着再在箱体上单击鼠标右键，在打开的右键菜单中执行“添加数据标签”→“添加数据标签”命令，如图 9-54 所示。

❻ 添加数据标签后再为直方图重新输入标题，得到的效果如图 9-55 所示。

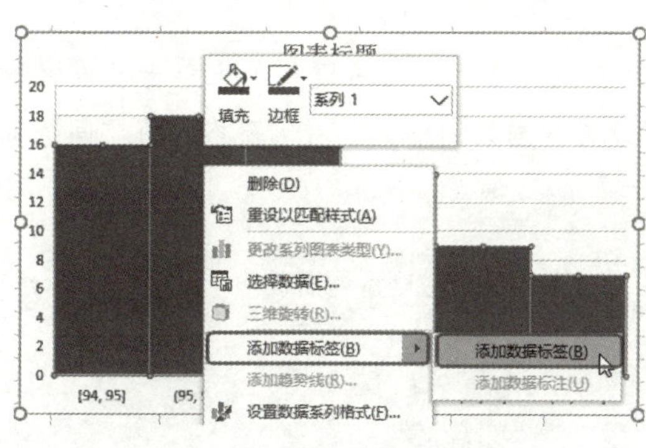

图 9-54

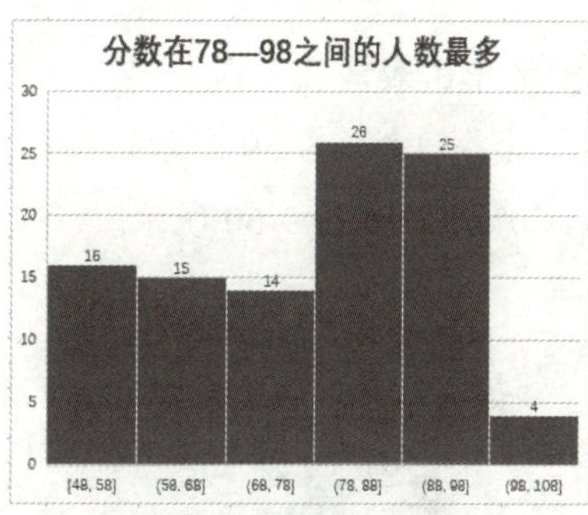

图 9-55

知识拓展——用柱形图辅助创建直方图

当统计出分组结果时，也可以使用柱形图来创建直方图，具体操作如下。

❶ 打开实例文件，选中 G11:H16 单元格区域。单击“插入”选项卡，在“图表”选项组中单击“插入柱形图或条形图”按钮，在其下拉菜单中选择“簇状柱形图”子图表类型，如图 9-56 所示。

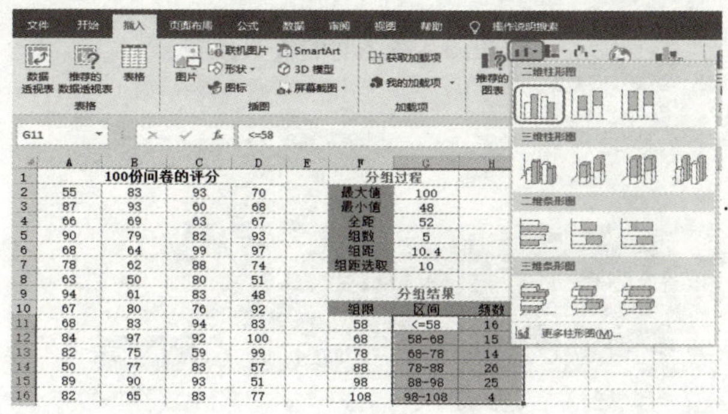

图 9-56

❷ 执行上述操作后，即可创建图表，效果如图 9-57 所示。

❸ 选中图表，单击右上角的“图表样式”按钮，从展开的列表中单击“样式 5”，如图 9-58 所示。

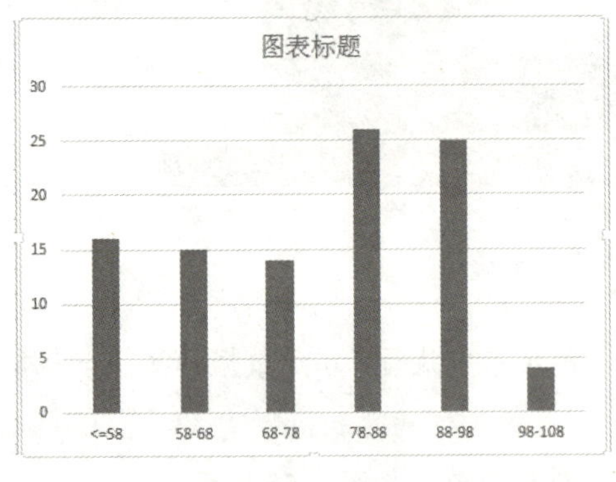

图 9-57

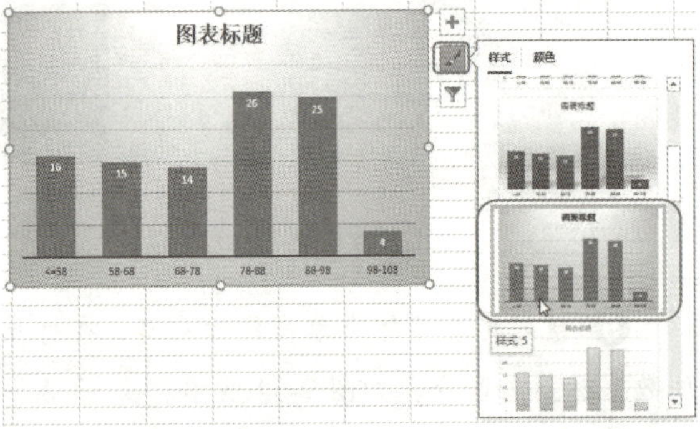

图 9-58

❹ 选中图表，在数据系列上单击鼠标右键，在打开的右键菜单中单击“设置数据系列格式”命令（如图 9-59 所示）。打开“设置数据系列格式”右侧窗格，将“间隙宽度”更改为“0%”，如图 9-60 所示。

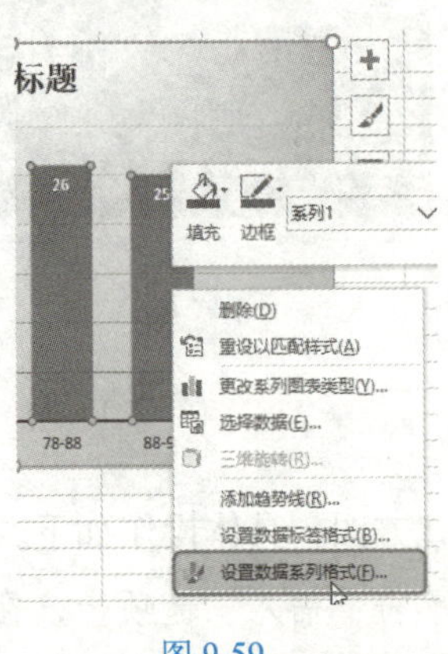

图 9-59

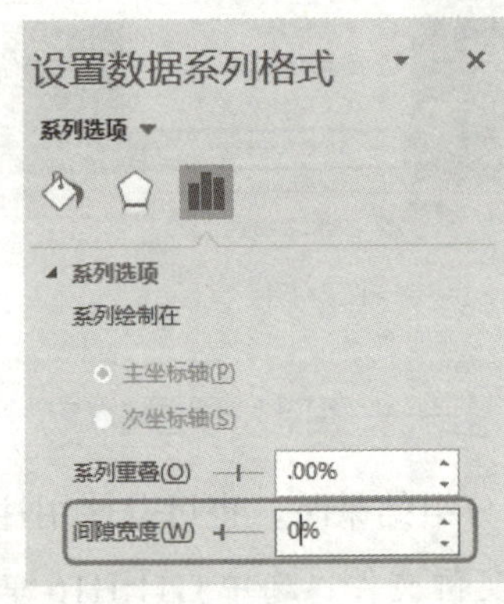

图 9-60

❺ 接着为图表重新输入标题，直方图效果如图 9-61 所示。

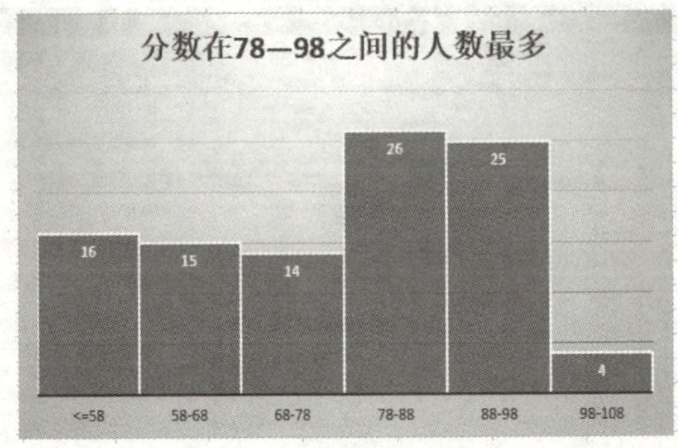

图 9-61

9.4　直方图分析工具

在数据分析工具中也有直方图工具，使用它可以快速进行频数统计，并生成图表，具体操作方法如下。

❶ 打开实例文件，由于数据分析工具是 Excel 加载项程序，使用前需加载。选择“文件”→“选项”命令，在“Excel 选项”对话框选中“加载项”区域，单击“转到”按钮，在“加载项”对话框中勾选“分析工具库”复选框即可。

❷ 在空白处建立数据标识并输入组限（本例以 10 为区间）。在“数据”选项卡的“分析”组中单击“数据分析”按钮（如图 9-62 所示），打开“数据分析”对话框。

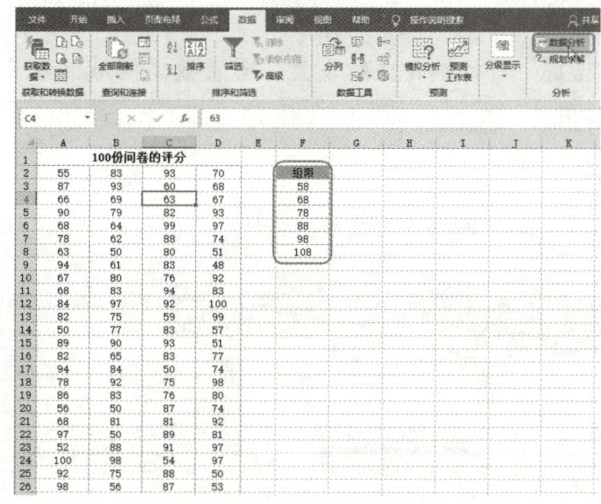

	A	B	C	D	E	F
1	100份问卷的评分					
2	55	83	93	70		组限
3	87	93	60	68		58
4	66	69	63	67		68
5	90	79	82	93		78
6	68	64	99	97		88
7	78	62	88	74		98
8	63	50	80	51		108
9	94	61	83	48		
10	67	80	76	92		
11	68	83	94	83		
12	84	97	92	100		
13	82	75	59	99		
14	50	77	83	57		
15	89	90	93	51		
16	82	65	83	77		
17	94	84	50	74		
18	78	92	75	98		
19	86	83	76	80		
20	56	50	87	74		
21	68	81	81	92		
22	97	50	89	81		
23	52	88	91	97		
24	100	98	54	97		
25	92	75	88	50		
26	98	56	87	53		

图 9-62

❸ 选择“直方图”工具，如图 9-63 所示。单击“确定”进入“直方图”对话框，按如图 9-64 所示设置参数，“输入区域”为整个数据区域，“接收区域”为设置的组限。

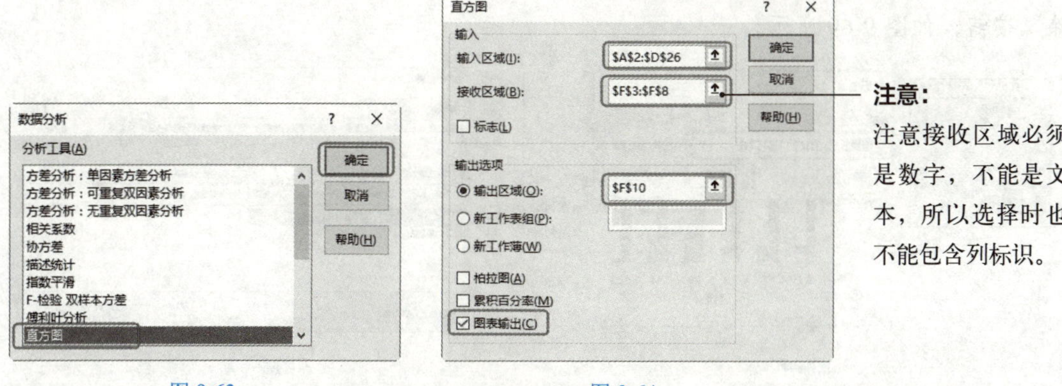

图 9-63　　图 9-64

❹ 单击“确定”按钮统计频数并生成直方图，如图 9-65 所示。由于默认包含有“其他”，所以通过设置取消此分类。选中图表并单击鼠标右键，在弹出的右键菜单中单击“选

择数据”命令，如图 9-66 所示。

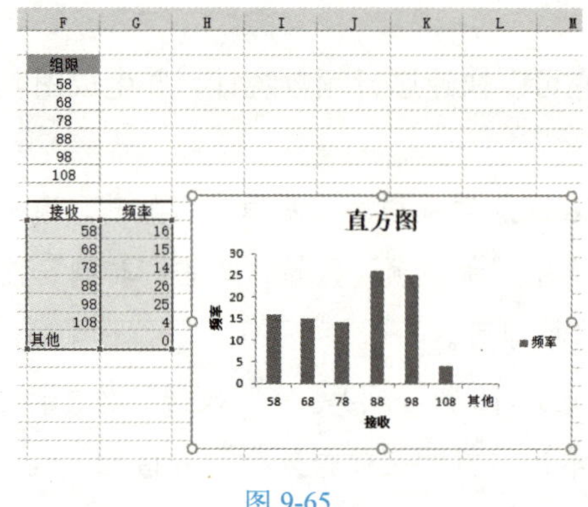

图 9-65

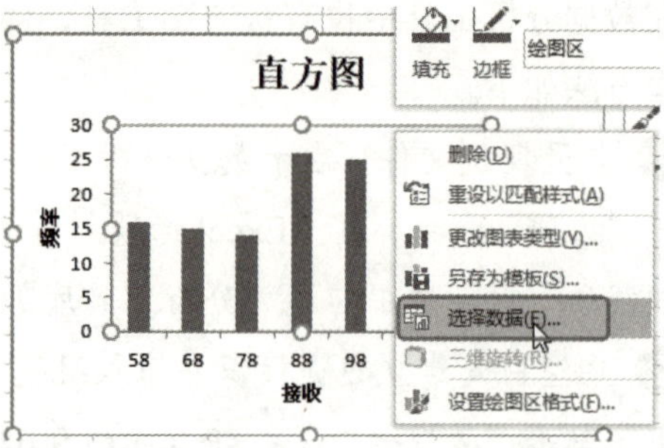

图 9-66

❺ 打开“选择数据源”对话框，重新设置“图表数据区域”为“= 组距式分组 !$F$11:$G$16”，如图 9-67 所示。

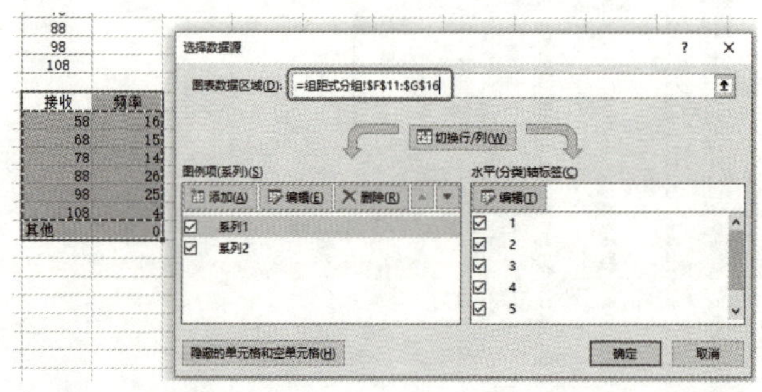

图 9-67

❻ 在“水平（分类）轴标签”区域单击“编辑”按钮，打开“轴标签”对话框。拖动选中“F11:F16”单元格区域为轴标签，如图 9-68 所示。

❼ 单击“确定”按钮回到“选择数据源”对话框，选中“系列 1”系列，然后单击“删除”按钮，如图 9-69 所示。

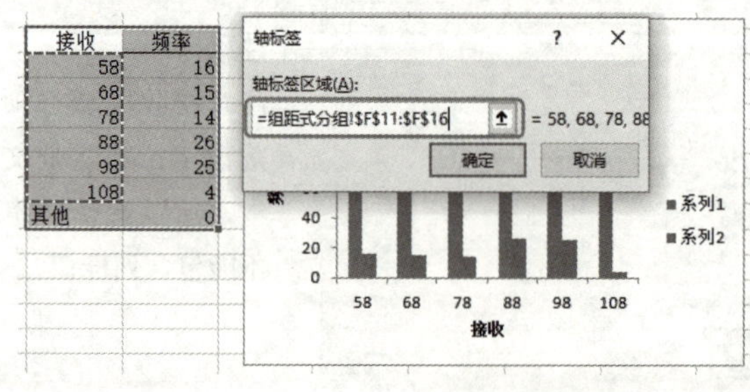

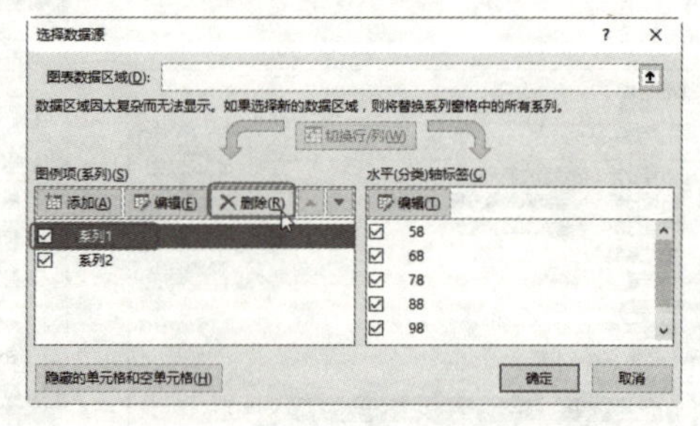

图 9-68

图 9-69

❽ 在数据系列上单击鼠标右键，在弹出的右键菜单中执行“添加数据标签”→“添加数据标签”命令，如图 9-70 所示。为图表添加标题，并设置格式，如图 9-71 所示。

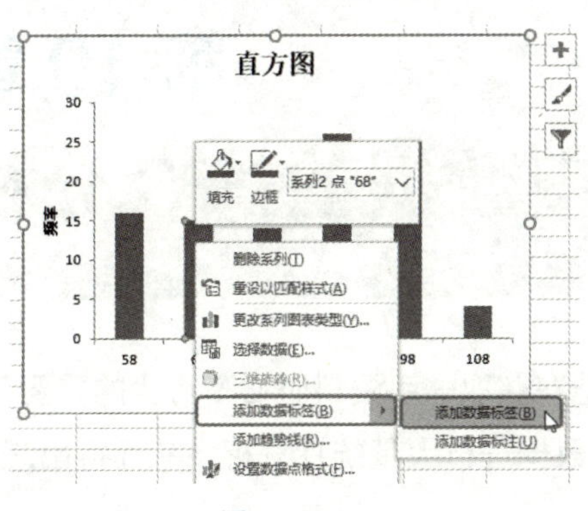

图 9-70

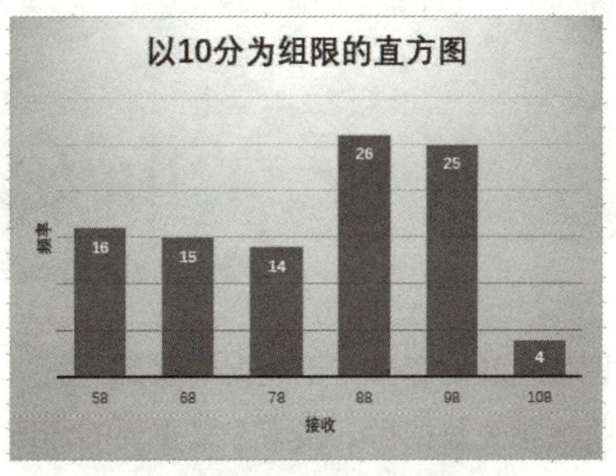

图 9-71

知识拓展——安装分析工具库加载项

要想使用分析工具对表格数据进行分析，首先需要安装分析工具库加载项，下面来看具体的加载办法。

❶ 打开表格，单击“文件”选项卡，在打开的面板中单击“选项”命令（如图 9-72 所示），打开“Excel 选项”对话框。单击“加载项”右侧面板的“转到”按钮（如图 9-73 所示），打开“加载项”对话框。

❷ 选中“分析工具库”复选框，单击“确定”按钮，如图 9-74 所示。完成加载后，在“数据”选项卡的“分析”组中单击“数据分析”按钮，如图 9-75 所示。单击就可以打开“数据分析”对话框。

图 9-72

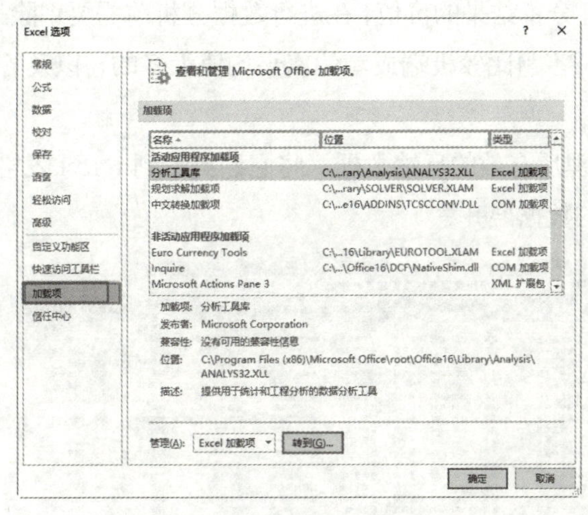

图 9-73

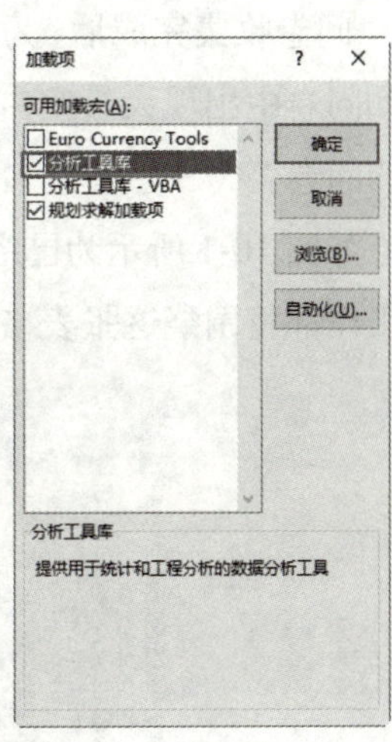

图 9-74

图 9-75

第 10 章 市场调查数据的综合分析

调查问卷的意义在于数据的收集、分析，它是在获取一手资料时必不可少的重要工具。通过收集相关数据后，接下来最重要的环节是对数据进行大量统计分析，从而得出想要的结论。数据收集分析过程包括以下几个环节：

1. 对反馈数据进行清理，保证数据的有效性；
2. 对清理后的数据进行汇总；
3. 对汇总数据进行计算、分析；
4. 根据分析结果，得出初步结论。

Excel 程序中的函数及各类分析工具具备对数据进行多方面分析的能力，本章中将以一份调查问卷的共 90 份有效数据进行统计和分析，从而给出如何利用 Excel 程序进行调查问卷分析的相关思路。

10.1 样本的组成分析

问卷收集完成后，为保证分析结果的价值，在进行数据分析前需要剔除一些无效问卷，例如问卷中出现大量空白的，答题比较极端或者偏离平均值太多的，以及答题敷衍甚至乱答的问卷。

如图 10-1 所示为已经清理后有效的反馈数据，将它们统计到 Excel 表格中。后面的分析工作都将围绕这张表格中的数据展开。

100份问卷调查结果汇总（有效90份）

编码	性别	年龄	职业	学历	平时是否配戴	月收入	对智能手表的了解	认为手表作用	最吸引功能1	最吸引功能2	喜欢的外观	合理价格	更适合的人
1	女	28	学校及研究机构	大专及本科	偶尔	4001-6000	比较熟悉	获得时间	运动记录功能	WIF功能	材质考究	801-1500	时尚青年人
2	男	30	学校及研究机构	硕士及以上	经常	2001-4000	不太了解	显示身分地位	GPS定位功能	运动记录功能	触屏	801-1500	孩子
3	女	45	工人	高中、中专及以下	经常	8000以上	不太了解	显示身分地位	GPS定位功能	运动记录功能	触屏	3001-4000	时尚青年人
4	女	22	学生	大专及本科	经常	2001-4000	了解一点	显示身分地位	GPS定位功能	运动记录功能	材质考究	801-1500	孩子
5	女	55	服务人员	高中、中专及以下	经常	6001-8000	不太了解	获得时间	运动记录功能	射频感应或遥感功能	触屏	801-1500	时尚青年人
6	女	22	学生	大专及本科	不戴	2000及以下	了解一点	获得时间	运动记录功能	双向通话功能	潮流时尚	800以下	孩子
7	男	20	学生	大专及本科	经常	2001-4000	了解一点	显示身分地位	GPS定位功能	运动记录功能	触屏	800以下	孩子
8	男	29	自由职业及个体劳动者	高中、中专及以下	经常	2001-4000	比较熟悉	显示身分地位	GPS定位功能	运动记录功能	触屏	800以下	孩子
9	男	32	机关/事业单位人员	大专及本科	偶尔	4001-6000	了解一点	获得时间	运动记录功能	射频感应或遥感功能	潮流时尚	801-1500	老人
10	女	52	工人	大专及本科	偶尔	4001-6000	比较熟悉	获得时间	运动记录功能	WIF功能	潮流时尚	1501-3000	老人
11	男	45	学校及研究机构	高中、中专及以下	经常	6001-8000	不太了解	获得时间	GPS定位功能	运动记录功能	触屏	800以下	孩子
12	男	26	机关/事业单位人员	硕士及以上	不戴	2001-4000	了解一点	装饰	GPS定位功能	运动记录功能	潮流时尚	800以下	孩子
13	女	35	服务人员	高中、中专及以下	经常	2001-4000	了解一点	装饰	GPS定位功能	运动记录功能	触屏	1501-3000	孩子
14	女	22	学生	大专及本科	经常	6001-8000	不太了解	显示身分地位	GPS定位功能	双向通话功能	材质考究	1501-3000	孩子
15	女	30	自由职业及个体劳动者	高中、中专及以下	经常	6001-8000	不太了解	显示身分地位	运动记录功能	双向通话功能	触屏	1501-3000	孩子
16	男	19	学生	大专及本科	经常	2001-4000	不太了解	显示身分地位	运动记录功能	双向通话功能	材质考究	1501-3000	老人
17	男	60	退休	大专及本科	经常	2001-4000	比较熟悉	获得时间	运动记录功能	WIF功能	触屏	800以下	时尚青年人
18	男	71	退休	高中、中专及以下	偶尔	4001-6000	了解一点	其他	射频感应或遥感功能	WIF功能	材质考究	800以下	老人
19	女	42	自由职业及个体劳动者	高中、中专及以下	偶尔	4001-6000	比较熟悉	获得时间	GPS定位功能	运动记录功能	材质考究	801-1500	时尚青年人
20	男	42	学校及研究机构	硕士及以上	经常	2001-4000	不太了解	获得时间	GPS定位功能	运动记录功能	触屏	801-1500	时尚青年人
21	男	28	机关/事业单位人员	硕士及以上	不戴	2000及以下	了解一点	装饰	运动记录功能	射频感应或遥感功能	潮流时尚	801-1500	商务办公者
22	女	27	服务人员	高中、中专及以下	经常	2001-4000	了解一点	装饰	射频感应或遥感功能	双向通话功能	触屏	801-1500	孩子
23	女	36	服务人员	高中、中专及以下	经常	8000以上	不太了解	显示身分地位	运动记录功能	WIF功能	潮流时尚	1501-3000	孩子
24	男	50	企业职员	大专及本科	经常	2001-4000	比较熟悉	获得时间	GPS定位功能	运动记录功能	潮流时尚	801-1500	商务办公者
25	男	60	退休	高中、中专及以下	经常	2001-4000	不太了解	显示身分地位	GPS定位功能	运动记录功能	触屏	1501-3000	商务办公者
26	男	23	机关/事业单位人员	大专及本科	经常	2001-4000	比较熟悉	获得时间	GPS定位功能	运动记录功能	潮流时尚	801-1500	孩子
27	男	21	机关/事业单位人员	高中、中专及以下	偶尔	4001-6000	了解一点	其他	GPS定位功能	射频感应或遥感功能	材质考究	801-1500	孩子
28	女	25	学生	大专及本科	偶尔	4001-6000	比较熟悉	获得时间	射频感应或遥感功能	WIF功能	潮流时尚	800以下	老人
29	男	29	学校及研究机构	硕士及以上	经常	2001-4000	不太了解	获得时间	GPS定位功能	双向通话功能	触屏	800以下	孩子
30	女	36	工人	大专及本科	偶尔	4001-6000	比较熟悉	获得时间	运动记录功能	双向通话功能	材质考究	801-1500	孩子
31	女	38	机关/事业单位人员	高中、中专及以下	经常	2001-4000	比较熟悉	装饰	GPS定位功能	运动记录功能	触屏	1501-3000	时尚青年人
32	女	41	工人	大专及本科	经常	8000以上	不太了解	显示身分地位	GPS定位功能	音乐存储与播放功能	触屏	800以下	时尚青年人
33	女	40	机关/事业单位人员	大专及本科	经常	8000以上	不太了解	显示身分地位	运动记录功能	拍照功能	触屏	800以下	商务办公者
34	男	19	学生	大专及本科	经常	2001-4000	不太了解	其他	GPS定位功能	音乐存储与播放功能	触屏	801-1500	孩子
35	男	25	学生	大专及本科	经常	2001-4000	比较熟悉	获得时间	音乐存储与播放功能	蓝牙功能	潮流时尚	801-1500	商务办公者
36	男	22	学生	大专及本科	偶尔	4001-6000	了解一点	其他	拍照功能	蓝牙功能	材质考究	1501-3000	孩子
37	女	42	企业职员	硕士及以上	不戴	2001-4000	不太了解	装饰	运动记录功能	邮件电话短信	无所谓	1501-3000	孩子

图 10-1

10.1.1 样本性别组成分析

在完成了问卷调查结果的统计之后，首先要对样本的组成进行分析，在本例中需要分析样本的性别组成、年龄组成。

❶ 插入新工作表，在“调查结果汇总表”工作表中复制“年龄”“性别”数据到工作表中。选中“性别”列单元格区域，在“插入”选项卡下“表格”组中单击“数据透视表”按钮，如图 10-2 所示。

❷ 打开“创建数据透视表”对话框，选中“现有工作表”，设置数据透视表的保存位置，如图 10-3 所示。

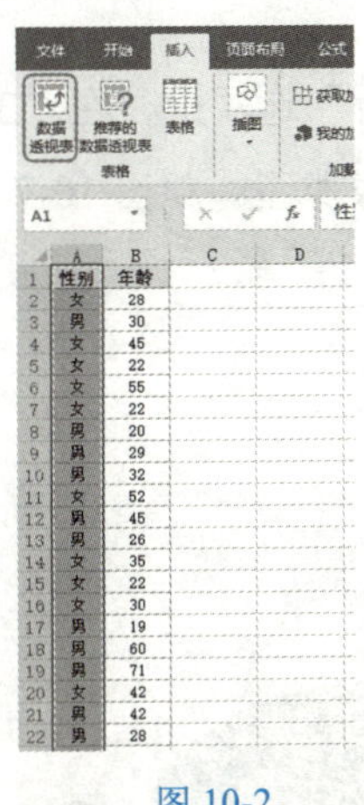

图 10-2

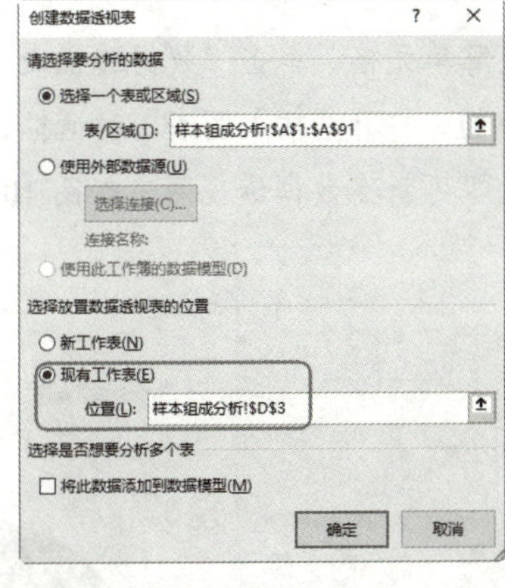

图 10-3

说明：

如果不选择“现有工作表”单选框，则默认将数据透视表建立到新工作表中。

❸ 单击“确定”按钮即可在指定位置建立数据透视表，设置“性别”字段为行标签字段与数值字段，如图 10-4 所示。

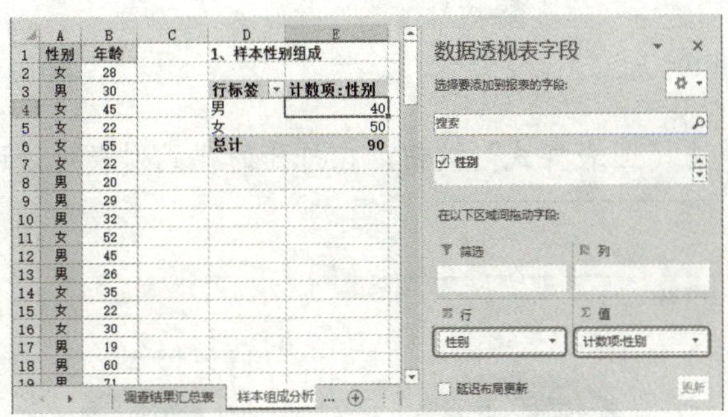

图 10-4

❹ 在“值”列表框中单击“性别”数值字段，在下拉菜单中选择“值字段设置”，打开“值字段设置”对话框。选中“值显示方式”标签，单击“值显示方式”设置框下拉按钮，在下拉列表中单击“总计的百分比”显示方式，如图 10-5 所示。

❺ 单击“确定”按钮回到数据透视表中，可以看到各性别人数占总和的百分比，如图 10-6 所示。

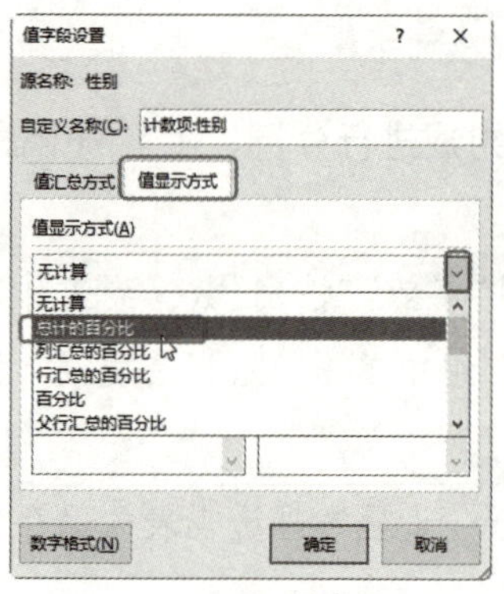

图 10-5

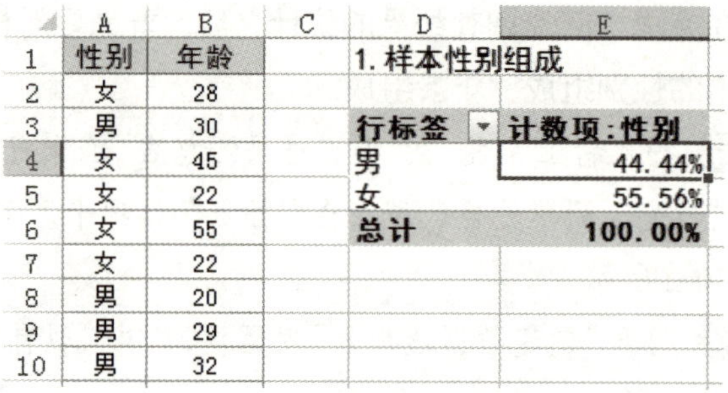

	A	B	C	D	E
1	性别	年龄		1. 样本性别组成	
2	女	28			
3	男	30		行标签	计数项:性别
4	女	45		男	44.44%
5	女	22		女	55.56%
6	女	55		总计	100.00%
7	女	22			
8	男	20			
9	男	29			
10	男	32			

图 10-6

❻ 选中数据透视表任意单元格，单击“数据透视表工具 - 分析”选项卡，在“工具”组中单击“数据透视图”按钮，打开“插入图表”对话框，选择图表类型，如图 10-7 所示。

❼ 单击“确定”按钮即可新建数据透视图，如图 10-8 所示。

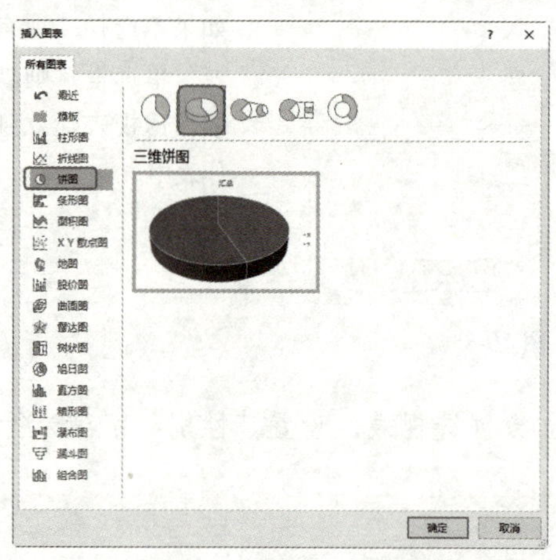

图 10-7

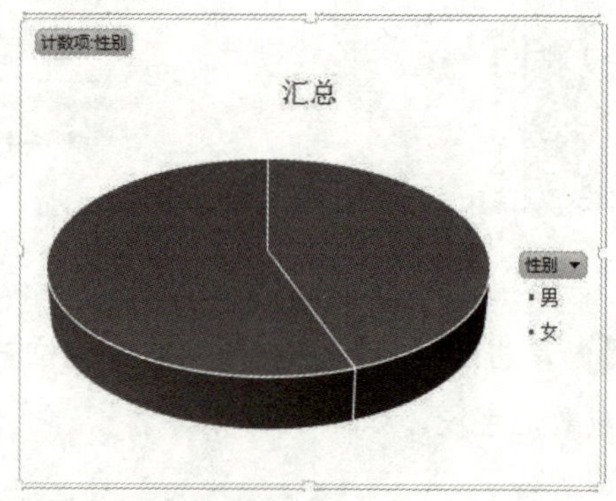

图 10-8

❽ 选中图表，单击“图表样式”按钮，在打开的样式列表可以选择套用图表的样式，如图 10-9 所示。

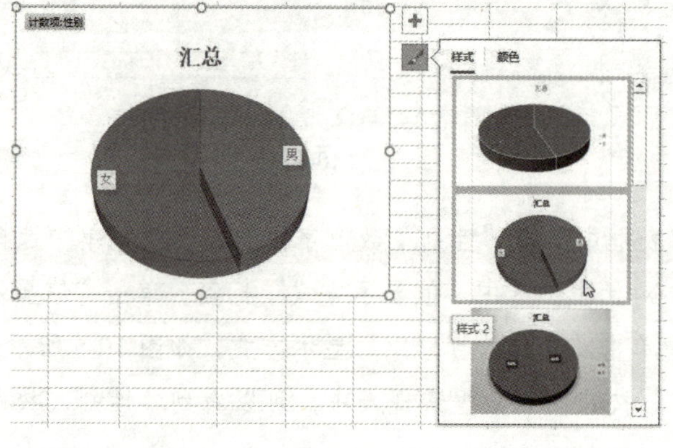

图 10-9

❾ 在图表的数据标签上双击鼠标，打开“设置数据标签格式”窗格。在“标签包括”栏下选中要显示标签前的复选框，这里选中“类别名称”“值”，在图表中可以直观地看到不同性别占比情况，效果如图 10-10 所示。

❿ 对图表的标题进行完善，同时也可以根据自已的需要重新设置扇面的颜色，设置后的效果如图 10-11 所示。在图表中可以直观看到不同性别的占比情况。

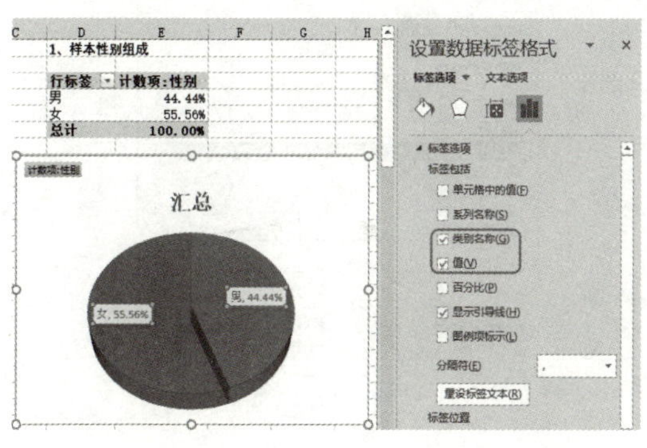

图 10-10

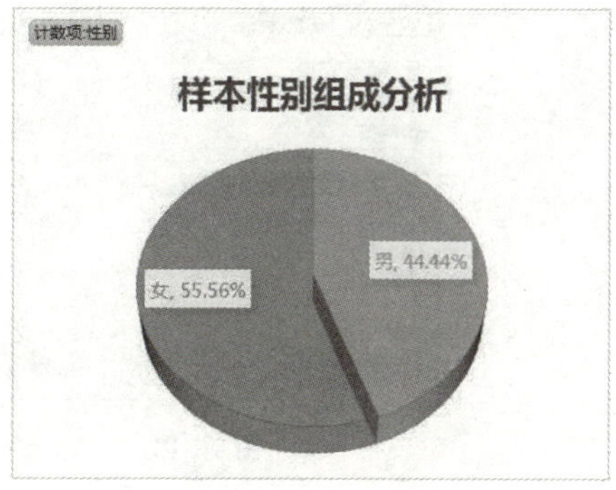

图 10-11

专家提示

通过分析结果可以看到在本次有效的问卷中女性人数稍稍居多，可见女姓比男性对问卷调查的接受程度略高于男性。

10.1.2 样本年龄组成分析

❶ 选中“年龄”列单元格区域，按上面相同的方法建立数据透视表。设置“年龄”字段为行标签字段与数值字段，如图 10-12 所示。

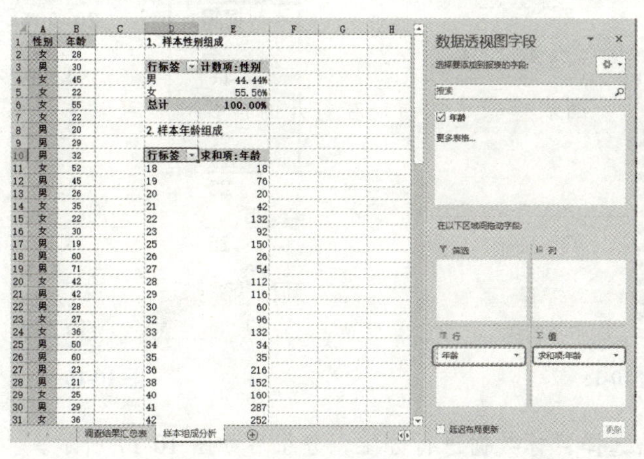

说明：
这个数据透视表也显示在当前工作表中，在创建时注意要指定显示数据透视表的起始单元格。

图 10-12

❷ 在“值”列表框中单击“年龄”数值字段，在打开的下拉菜单中单击“值字段设置”命令，打开“值字段设置”对话框。在“计算类型”下拉菜单中选择“计数”汇总方式，

如图 10-13 所示。

❸ 选择“值显示方式”标签，在“值显示方式”下拉菜单中选择“总计的百分比”，如图 10-14 所示。

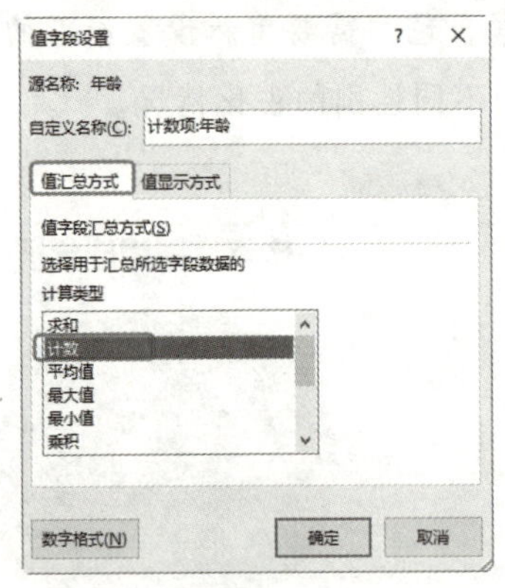

图 10-13

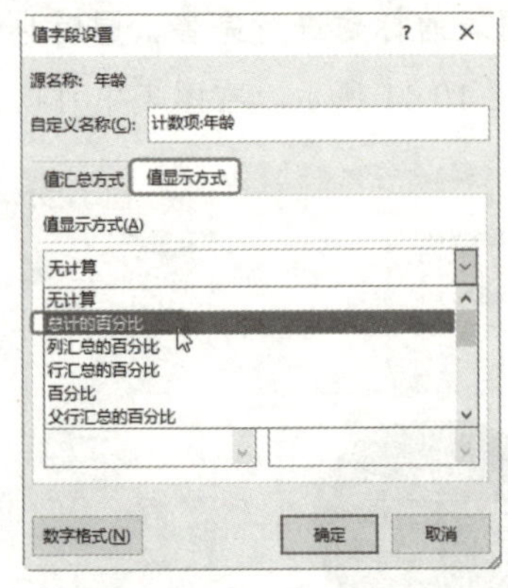

图 10-14

现在需要将年龄分为“25 岁以下”“25-34”“35-44”“45-54”“55 及以上”几个组。因此需要对数据透视表的默认统计结果进行分组。

❹ 在行标签下选中 25 以下的数据，单击“数据透视表工具 - 分析”选项卡，在“组合”组中单击“分组选择”按钮（如图 10-15 所示），执行操作后可以看到选中的数据被分为一个组，如图 10-16 所示。

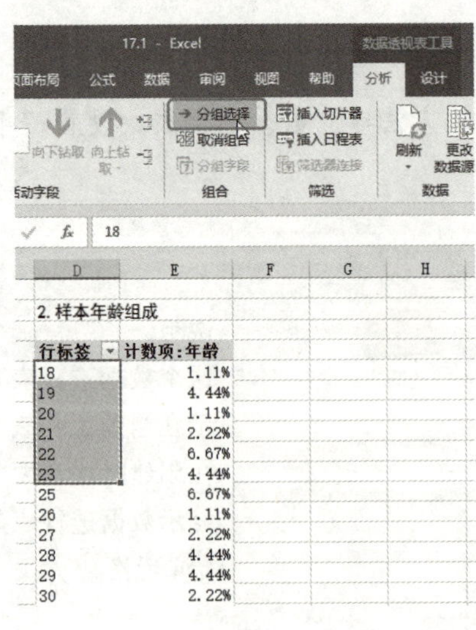

图 10-15

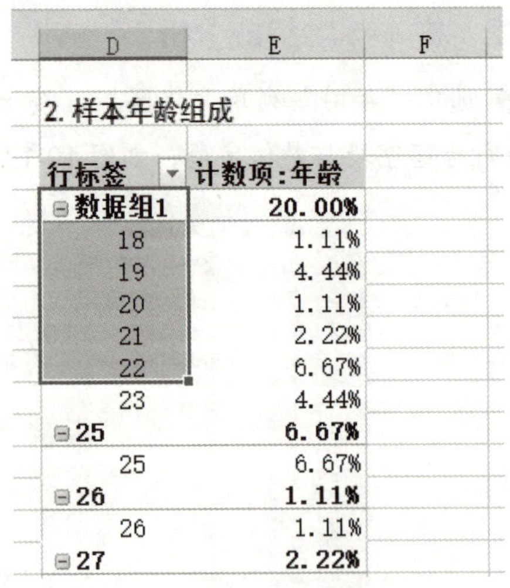

图 10-16

❺ 按相同的方法选择目标数据进行分组，分组后如图 10-17 所示。

❻ 默认的组名称为“数据组 1”“数据组 2”……，可以选中“数据组 1”名称，在编辑栏中去更改它的名称，如将“数据组 1”更改为“25 以下”，将“数据组 2”更改为“25-34 岁”，依次类推，全部更改后，如图 10-18 所示。

❼ 在行标签区域中将“年龄”字段拖出(如图 10-19 所示),最终统计效果如图 10-20 所示。

❽ 选中数据透视表任意单元格，单击“数据透视表工具 - 分析”选项卡，在“工具”组中单击“数据透视图”按钮，打开“插入图表”对话框，选择饼图图表类型，如图 10-21 所示。

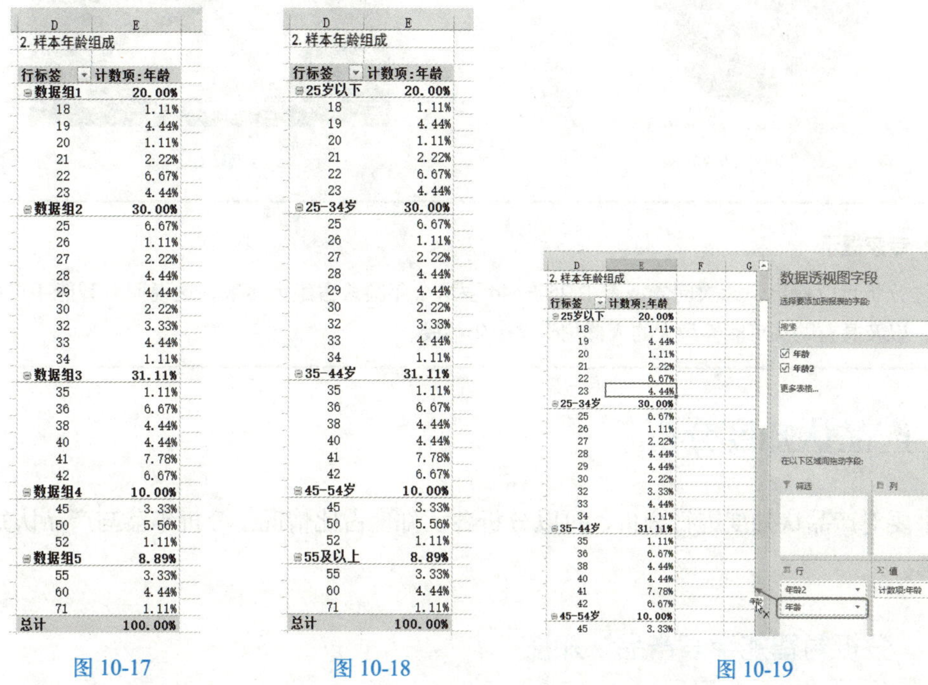

2. 样本年龄组成

行标签	计数项:年龄
⊟数据组1	20.00%
18	1.11%
19	4.44%
20	1.11%
21	2.22%
22	6.67%
23	4.44%
⊟数据组2	30.00%
25	6.67%
26	1.11%
27	2.22%
28	4.44%
29	4.44%
30	2.22%
32	3.33%
33	4.44%
34	1.11%
⊟数据组3	31.11%
35	1.11%
36	6.67%
38	4.44%
40	4.44%
41	7.78%
42	6.67%
⊟数据组4	10.00%
45	3.33%
50	5.56%
52	1.11%
⊟数据组5	8.89%
55	3.33%
60	4.44%
71	1.11%
总计	100.00%

图 10-17

2. 样本年龄组成

行标签	计数项:年龄
⊟25岁以下	20.00%
18	1.11%
19	4.44%
20	1.11%
21	2.22%
22	6.67%
23	4.44%
⊟25-34岁	30.00%
25	6.67%
26	1.11%
27	2.22%
28	4.44%
29	4.44%
30	2.22%
32	3.33%
33	4.44%
34	1.11%
⊟35-44岁	31.11%
35	1.11%
36	6.67%
38	4.44%
40	4.44%
41	7.78%
42	6.67%
⊟45-54岁	10.00%
45	3.33%
50	5.56%
52	1.11%
⊟55及以上	8.89%
55	3.33%
60	4.44%
71	1.11%
总计	100.00%

图 10-18

图 10-19

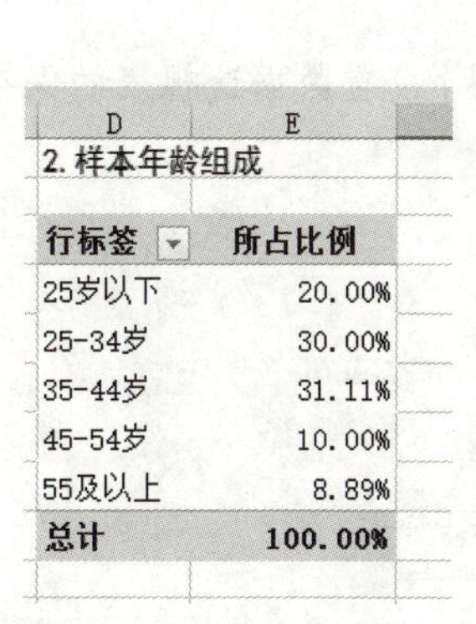

2. 样本年龄组成

行标签	所占比例
25岁以下	20.00%
25-34岁	30.00%
35-44岁	31.11%
45-54岁	10.00%
55及以上	8.89%
总计	100.00%

图 10-20

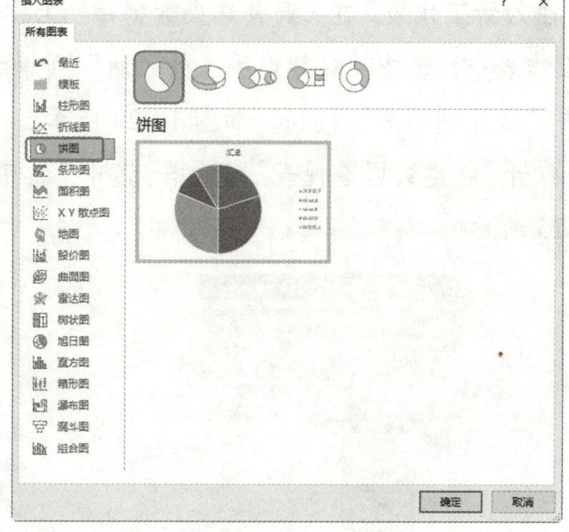

图 10-21

❾ 单击“确定”按钮即可新建数据透视图，如图 10-22 所示。

❿ 新建图表后，可以在图表标题编辑框中重新输入图表名称，进一步完善，最终效果如图 10-23 所示。从图表中可以直观看到样本的年龄结构，各个年龄段所占比例。

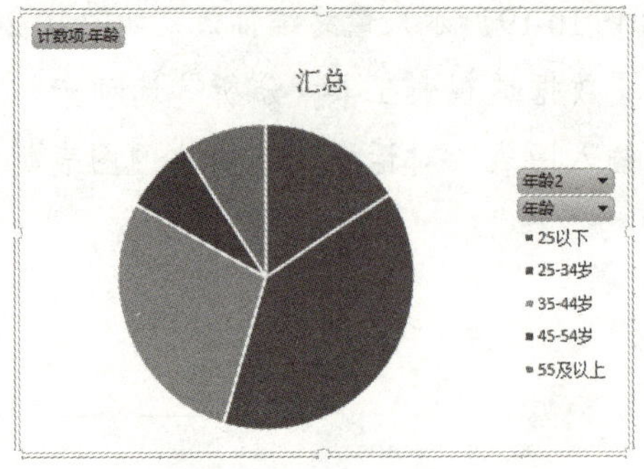

图 10-22

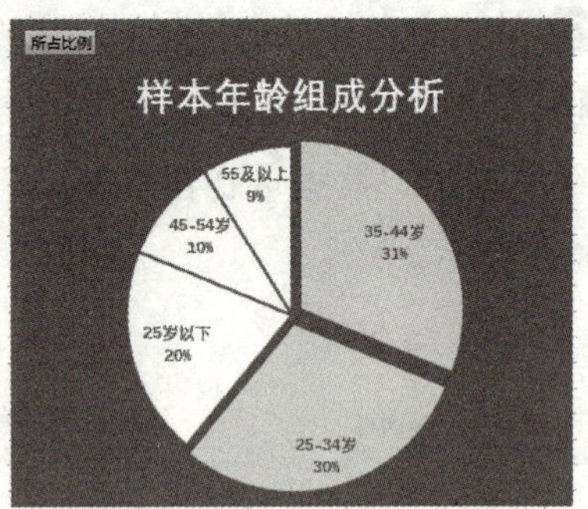

图 10-23

专家提示

通过分析可以看出，此次问卷调查中 25 ～ 44 岁这个年龄段占绝大多数，这说明对智能手机感兴趣的，以及具有购买可能性最大的人群位于这个年龄段。

10.2 产品认知度分析

如果要对产品认知度进行分析，可以分析各认知度占比情况、分析年龄与产品认知度的关系等。

10.2.1 分析对智能手表产品认知度

根据被调查者对智能手表的了解程度，可以分析消费者对此产品的认知程度。

❶ 插入新工作表，在“调查结果数据库”工作表中复制“年龄”“对智能手表的了解”数据到工作表中。选中“对智能手表的了解”列单元格区域，在“插入”选项卡下“表格”组中单击“数据透视表”按钮，如图 10-24 所示。

❷ 打开“创建数据透视表”对话框。选中“现有工作表”，设置数据透视表的保存位置，如图 10-25 所示。

图 10-24

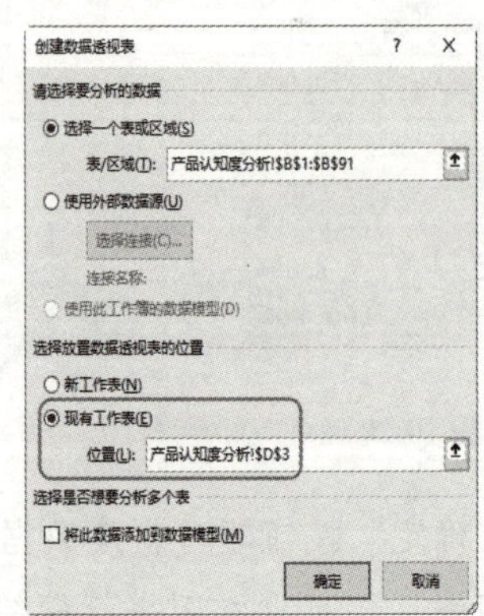

图 10-25

❸ 单击“确定”按钮即可在指定位置建立数据透视表，设置“对智能手表的了解”字段为行标签字段与数值字段，如图 10-26 所示。

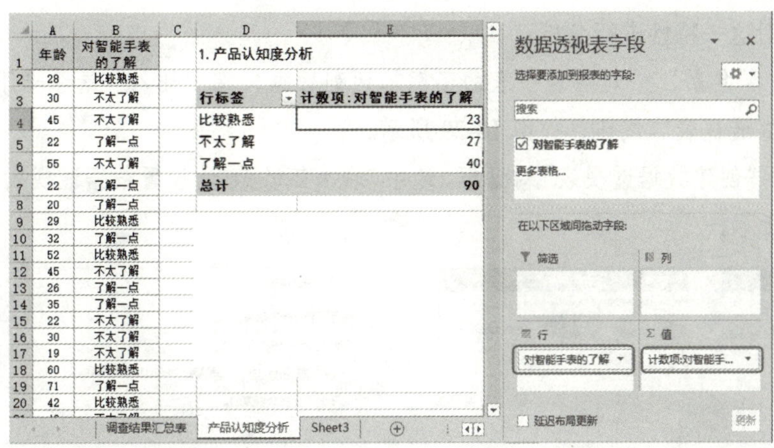

图 10-26

❹ 选中数据透视表任意单元格，单击“数据透视表工具 - 分析”选项卡，在“工具”组中单击“数据透视图”按钮，打开“插入图表”对话框，选择饼图图表类型，如图 10-27 所示。

❺ 单击“确定”按钮即可新建数据透视图，新建图表后，可以在图表标题编辑框中重新输入图表名称，进一步完善，最终效果如图 10-28 所示。

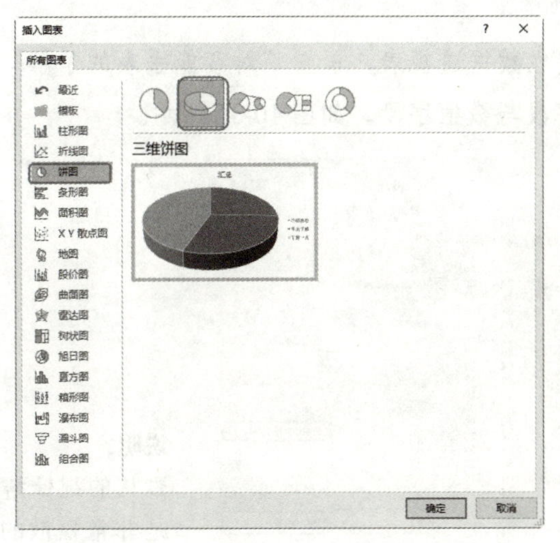

图 10-27

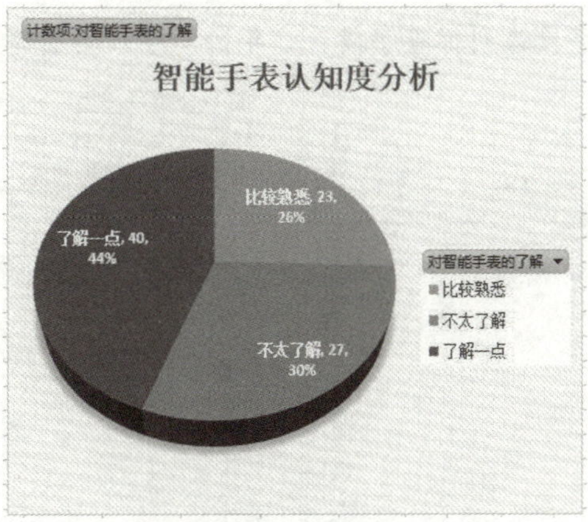

图 10-28

专家提示

通过分析可以看出，对智能手表处于“了解一点”状态的人占较大比例，同时也有较大一部分人还不太了解，因此还具有较大的市场开发空间。企业应该多举办活动，加大宣传力度。

10.2.2 分析年龄与智能手表认知度的相关性

根据当前商品的特性及适应人群，通常年龄与产品的认知度会有较大的关系，通过调查数据可以对这一特性进行分析。

❶ 选中“年龄”“对智能手表的了解”两列数据，在“插入”选项卡下“表格”组中单击“数据透视表”按钮，如图 10-29 所示。

❷ 打开“创建数据透视表”对话框，选中“现有工作表”，设置数据透视表的保存位置，如图 10-30 所示。

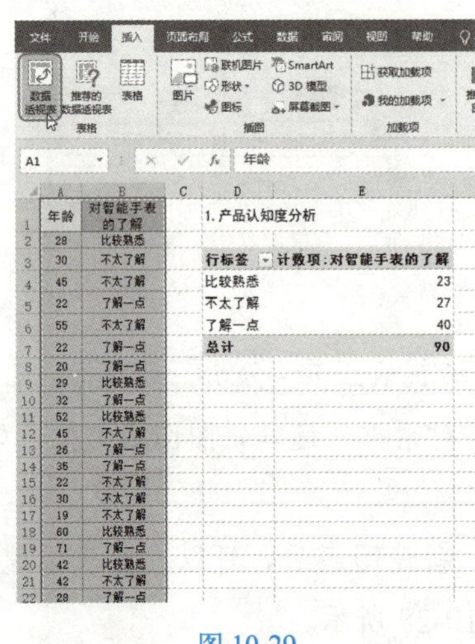

图 10-29

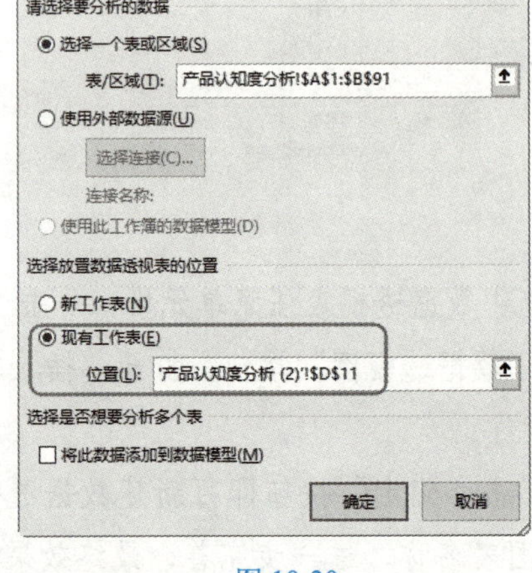

图 10-30

❸ 单击“确定”按钮即可在指定位置建立数据透视表，设置“对智能手表的了解”字段为列标签字段，“年龄”字段为行标签字段与数值字段，如图 10-31 所示。

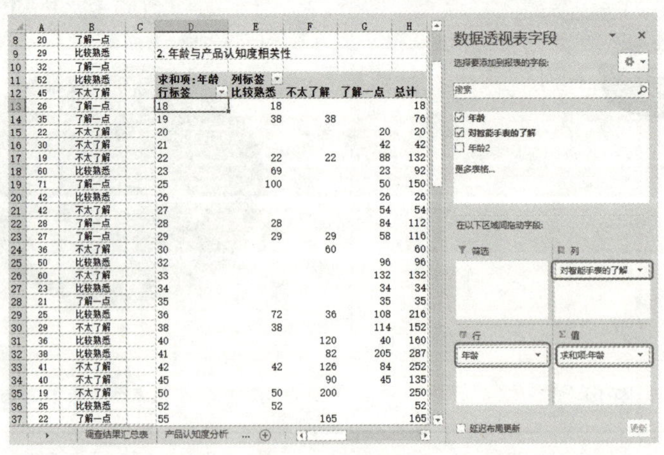

图 10-31

说明：

默认的统计结果是非常松散的，观察不到分析结果。

❹ 选中区域的任意单元格，单击鼠标右键，在弹出的菜单中单击“值汇总方式”→“计数”，如图 10-32 所示。

❺ 按 10.1.2 节中介绍的方法对行标签下的年龄进行分组，分组后的结果如图 10-33 所示。

❻ 单击各个组名称前的减号小按钮进行折叠，最终统计效果如图 10-34 所示。

❼ 选中数据透视表任意单元格，单击“数据透视表工具 - 分析”选项卡，在“工具”组中单击“数据透视图”按钮，打开“插入图表”对话框，选择图表类型，如图 10-35 所示。

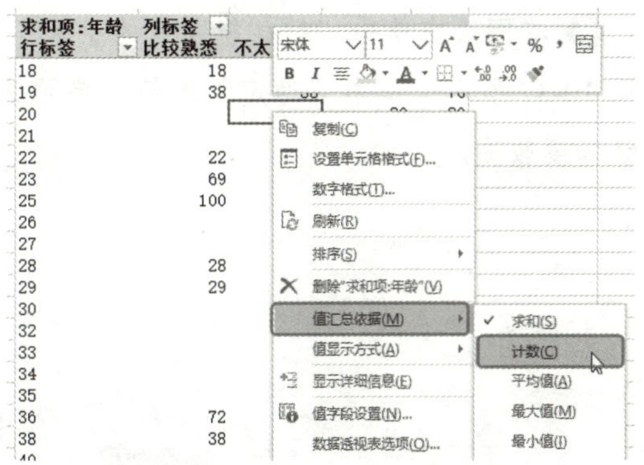

图 10-32

❽ 单击“确定”按钮即可新建数据透视图，新建图表后，可以在图表标题编辑框中重新输入图表名称。为图表添加标题并设置图表格式，最终效果如图 10-36 所示。

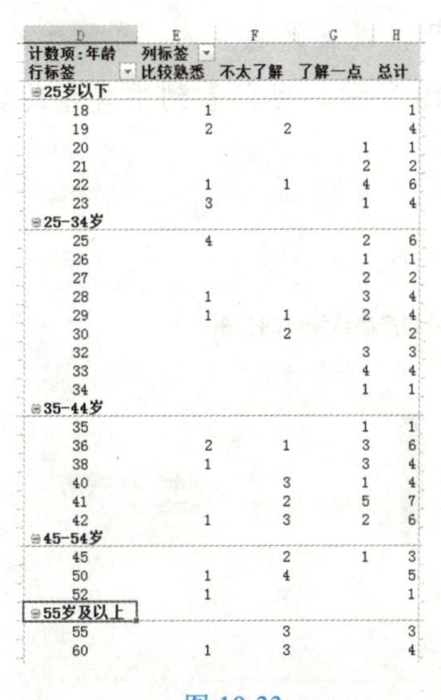

计数项:年龄 行标签	列标签 比较熟悉	不太了解	了解一点	总计
⊟25岁以下				
18	1			1
19	2	2		4
20			1	1
21			2	2
22	1	1	4	6
23	3		1	4
⊟25-34岁				
25	4		2	6
26			1	1
27			2	2
28	1		3	4
29	1	1	2	4
30		2		2
32			3	3
33			4	4
34			1	1
⊟35-44岁				
35			1	1
36	2	1	3	6
38	1		3	4
40		3	1	4
41		2	5	7
42	1	3	2	6
⊟45-54岁				
45		2	1	3
50	1	4		5
52	1			1
⊟55岁及以上				
55		3		3
60	1	3		4

图 10-33

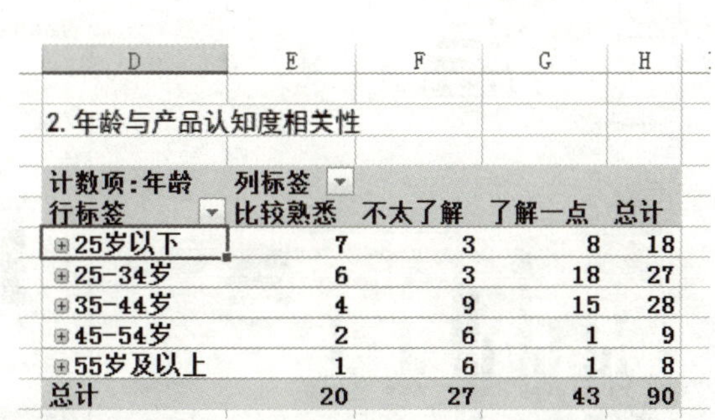

2. 年龄与产品认知度相关性

计数项:年龄 行标签	列标签 比较熟悉	不太了解	了解一点	总计
⊞25岁以下	7	3	8	18
⊞25-34岁	6	3	18	27
⊞35-44岁	4	9	15	28
⊞45-54岁	2	6	1	9
⊞55岁及以上	1	6	1	8
总计	20	27	43	90

图 10-34

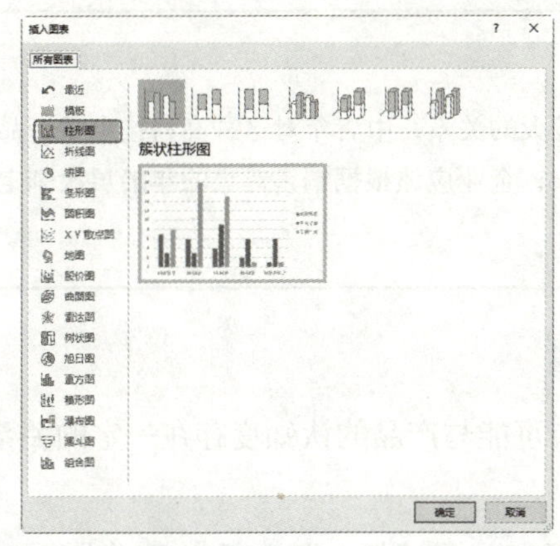

图 10-35

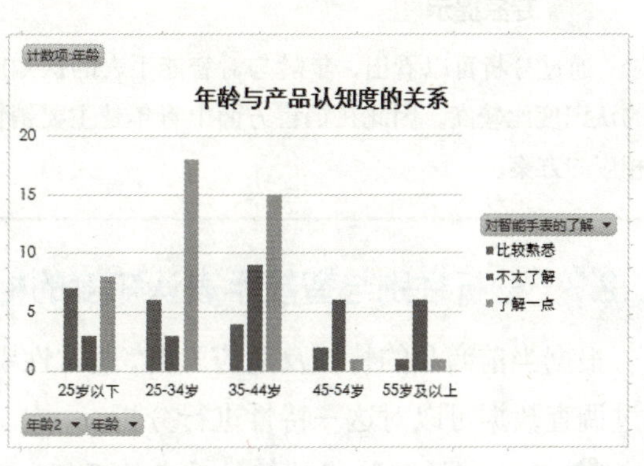

图 10-36

❾ 在图表中单击“对智能手表的了解”右侧下拉按钮，设置筛选项为“比较熟悉”，如图 10-37 所示。单击“确定”按钮，显示结果如图 10-38 所示，可以看到中青年对产品的认知度较高。

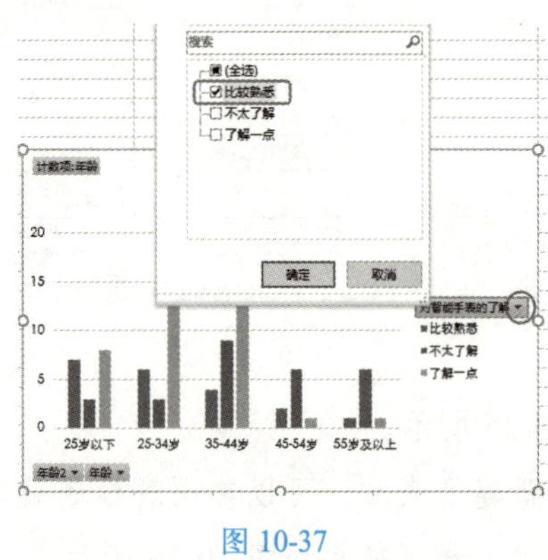

图 10-37

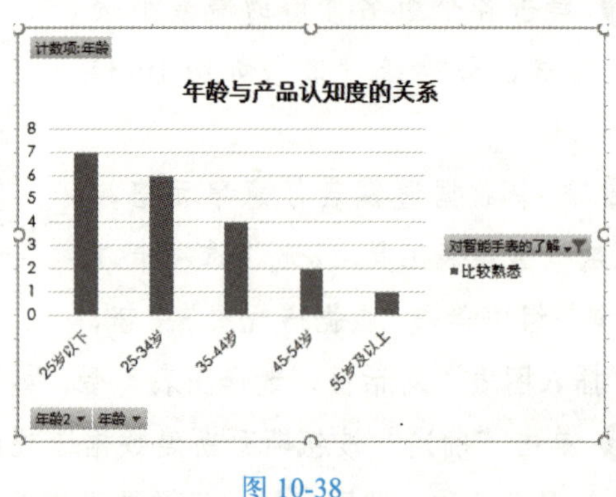

图 10-38

❿ 在图表中单击“对智能手表的了解”右侧下拉按钮，设置筛选项为“了解一点”，如图 10-39 所示。单击“确定”按钮，显示结果如图 10-40 所示，可以看到中青年的认知度较高。

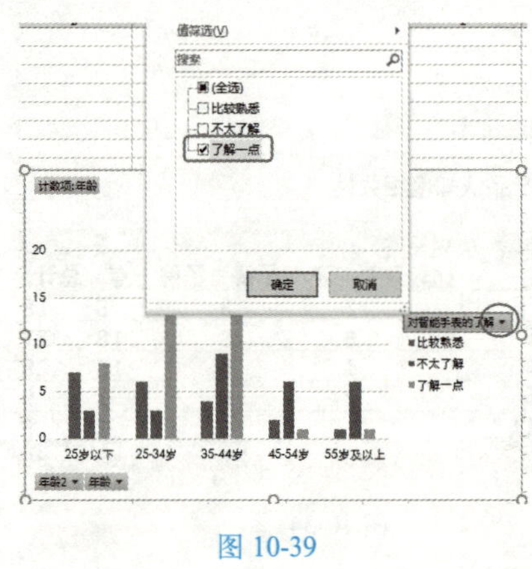

图 10-39

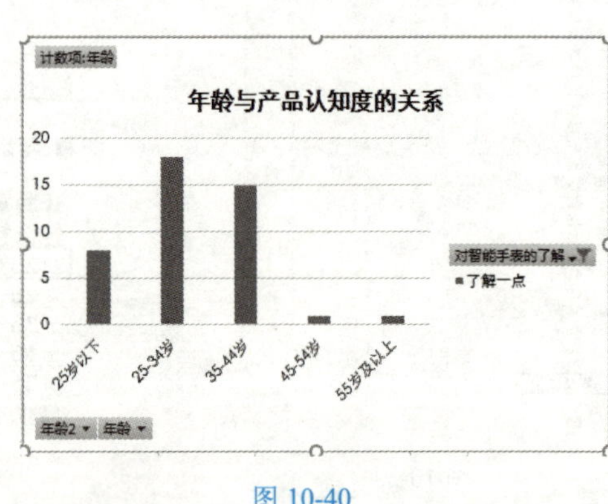

图 10-40

专家提示

通过分析可以看出，年龄与对智能手表的认知度有较大的关系，中青年对这种高科技电子产品的认识度比较高。因此在销售方面中青年是主要销售对象，企业应该根据销售对象的年龄层次制定相应的方案。

10.2.3 分析性别与智能手表认知度的相关性

根据当前商品的特性及适应人群，通常性别也有可能与产品的认知度存在一定的关系，通过调查数据可以对这一特性进行分析。

❶ 选中“性别”“对智能手表的了解”两列数据，在“插入”选项卡下“表格”组

中单击“数据透视表”按钮，如图 10-41 所示。

❷ 打开“创建数据透视表”对话框，选中“现有工作表”，设置数据透视表的保存位置，如图 10-42 所示。

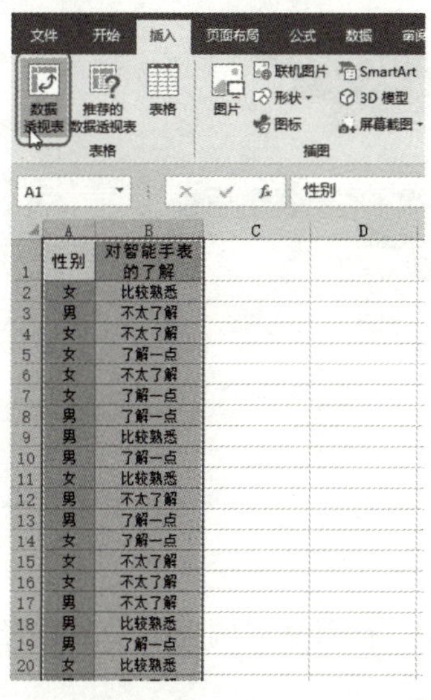

图 10-41

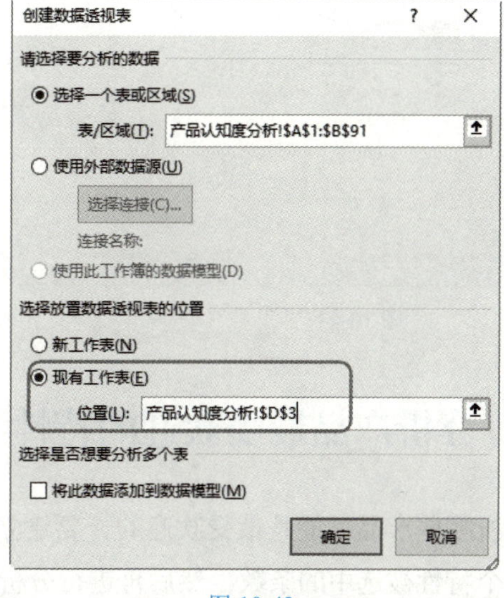

图 10-42

❸ 单击“确定”按钮即可在指定位置建立数据透视表，设置“性别”字段为行标签字段，“对智能手表的了解”字段为列标签字段与数值字段，统计结果如图 10-43 所示。

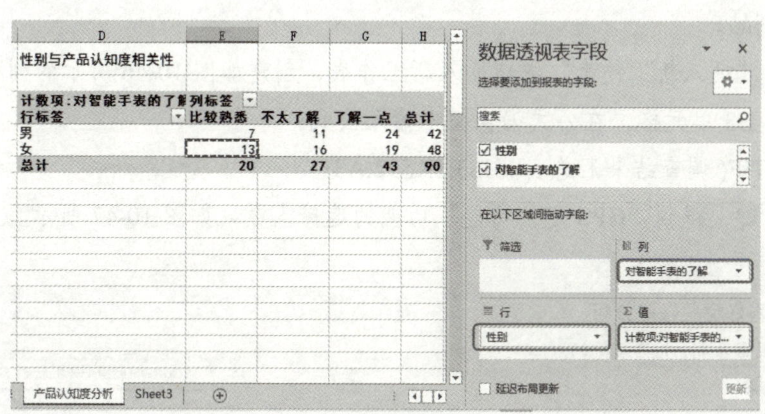

图 10-43

❹ 选中数据透视表任意单元格，单击“数据透视表工具 - 分析”选项卡，在“工具”组中单击“数据透视图”按钮，打开“插入图表”对话框，选择图表类型，如图 10-44 所示。

❺ 单击“确定”按钮即可新建数据透视图，新建图表后，可以在图表标题编辑框中重新输入图表名称。为图表添加标题并设置图表格式，最终效果如图 10-45 所示。

从图表中可以直观看到，处于“了解一点”这个程度的，男性稍多数一点，但总体可以判断出性别与对产品认知度的相关性不是很大。

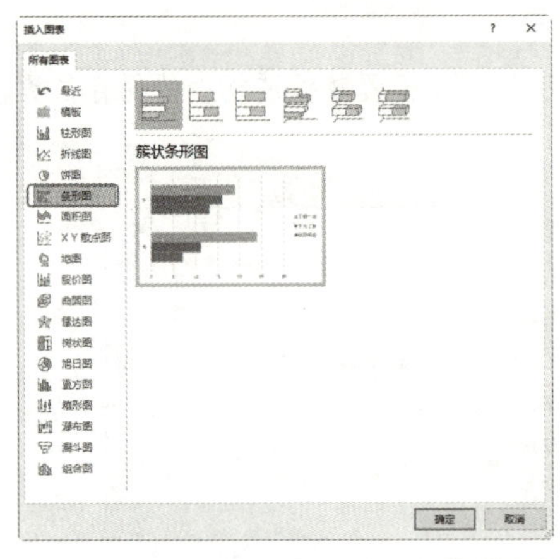

图 10-44

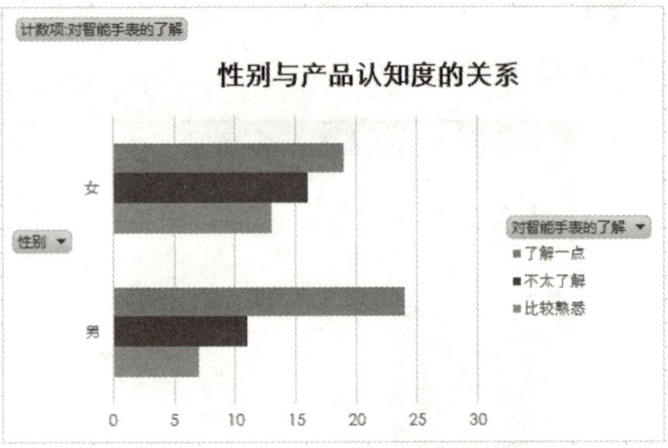

图 10-45

10.3 分析产品最受欢迎的特性

分析哪些产品性能是最受欢迎的，要建立分析模型，接着从“调查结果汇总表”中统计出各个特性被选中的条数，然后再进行分析。

10.3.1 统计智能手表各特性被选中的次数

对调查数据中商品各个特性被选中的次数进行统计分析，有助于厂商开发出更满足消费者需求的商品。

❶ 单击“插入新工作表”按钮插入新工作表，创建如图 10-46 所示的列标识。

❷ 选中 B3 单元格，在公式编辑栏中输入公式：

=COUNTIF(调查结果汇总表 !$J$3:$K$92,A3)

按 Enter 键，得到“GPS 定位功能”功能的选择人数，如图 10-47 所示。

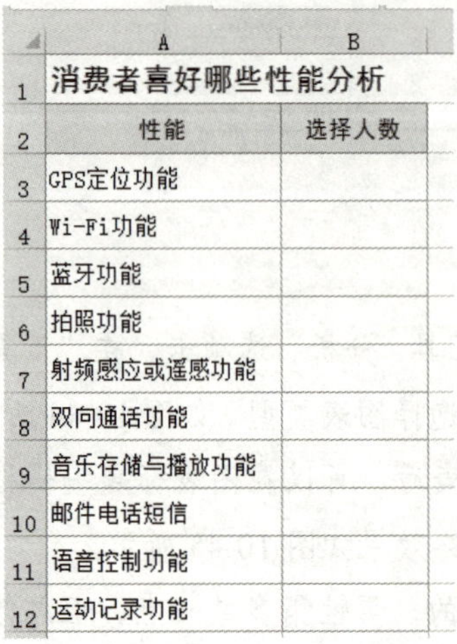

	A	B
1	消费者喜好哪些性能分析	
2	性能	选择人数
3	GPS定位功能	
4	Wi-Fi功能	
5	蓝牙功能	
6	拍照功能	
7	射频感应或遥感功能	
8	双向通话功能	
9	音乐存储与播放功能	
10	邮件电话短信	
11	语音控制功能	
12	运动记录功能	

图 10-46

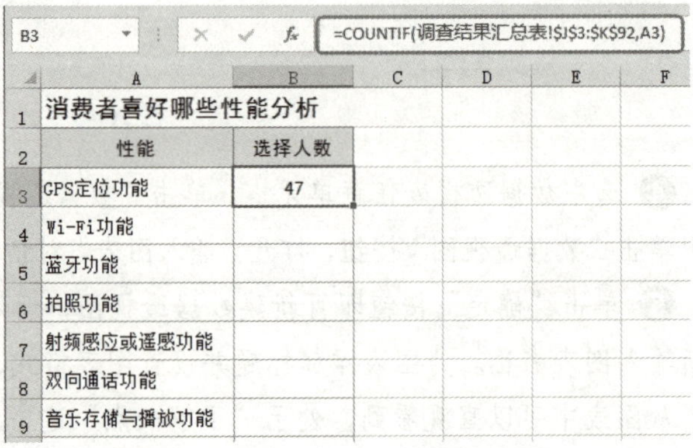

B3 =COUNTIF(调查结果汇总表!$J$3:$K$92,A3)

	A	B	C	D	E	F
1	消费者喜好哪些性能分析					
2	性能	选择人数				
3	GPS定位功能	47				
4	Wi-Fi功能					
5	蓝牙功能					
6	拍照功能					
7	射频感应或遥感功能					
8	双向通话功能					
9	音乐存储与播放功能					

图 10-47

❸ 选中 B3 单元格，向下复制公式到 B12 单元格中，即可统计出各项性能被选中的次数，如图 10-48 所示。

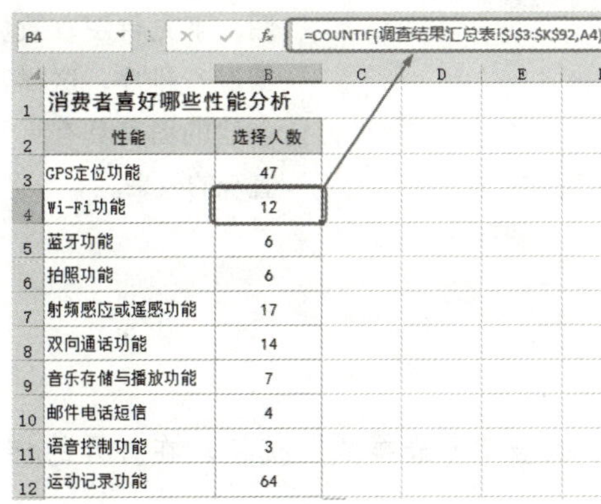

B4 =COUNTIF(调查结果汇总表!$J$3:$K$92,A4)

消费者喜好哪些性能分析	
性能	选择人数
GPS定位功能	47
Wi-Fi功能	12
蓝牙功能	6
拍照功能	6
射频感应或遥感功能	17
双向通话功能	14
音乐存储与播放功能	7
邮件电话短信	4
语音控制功能	3
运动记录功能	64

公式解释：

在“调查结果汇总表!$J$3:$K$92”单元格区域中计算与 A4 单元格中相同值出现的次数。调查结果汇总表!$J$3:$K$92 单元格区域中显示的是对喜好性能的选择值。

图 10-48

专家提示

从上面的统计结果可以看到，对“运动记录功能”与“GPS 定位功能”这两项的选择远超于其他选择项，证明它们是消费者最在意的功能。同时“Wi-Fi 功能”与“射频感应或遥感功能”也值得好好开发。

10.3.2 利用图表直观显示出消费者喜欢的性能

统计出分析结果后，创建图表可以让分析结果更加直观，并提升数据分析的可信度。

❶ 选中 B 列中任意单元格，在“数据”选项卡的“排序和筛选”组中单击“升序”按钮，将数据从小到大排序，如图 10-49 所示。

❷ 选中 A2:B12 单元格区域，切换到“插入”选项卡，在“图表”组中单击“条形图”按钮，选中“三维簇状条形图”（如图 10-50 所示），即可在工作表中创建三维簇状柱形图，如图 10-51 所示。

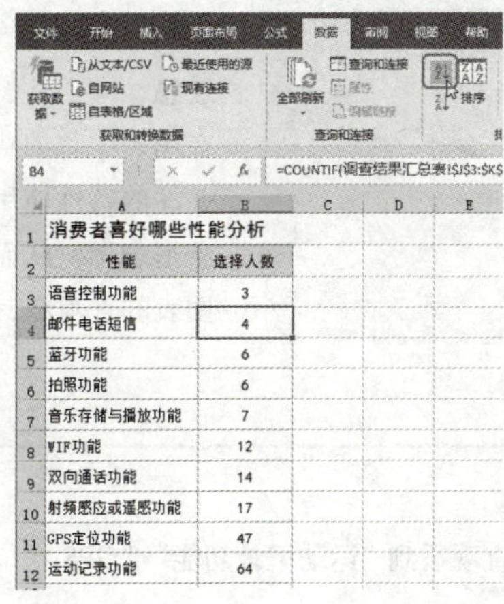

消费者喜好哪些性能分析	
性能	选择人数
语音控制功能	3
邮件电话短信	4
蓝牙功能	6
拍照功能	6
音乐存储与播放功能	7
WIF功能	12
双向通话功能	14
射频感应或遥感功能	17
GPS定位功能	47
运动记录功能	64

图 10-49

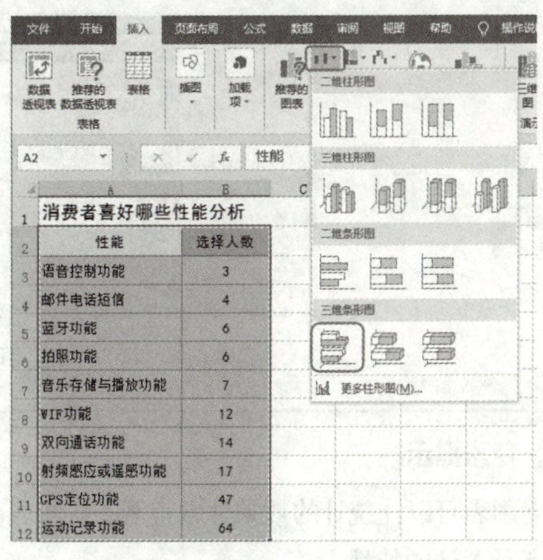

消费者喜好哪些性能分析	
性能	选择人数
语音控制功能	3
邮件电话短信	4
蓝牙功能	6
拍照功能	6
音乐存储与播放功能	7
WIF功能	12
双向通话功能	14
射频感应或遥感功能	17
GPS定位功能	47
运动记录功能	64

图 10-50

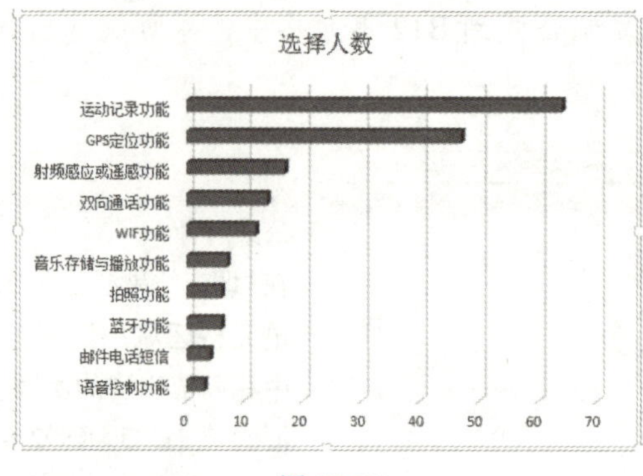

注意：

如果预备建立条形图，事先将图表数据进行排序，这样创建的图表具有更直观的效果。

图 10-51

❸ 重新输入图表标题，选中图表，单击“图表样式”按钮，在打开的样式列表中可以选择套用图表的样式，如图 10-52 所示。

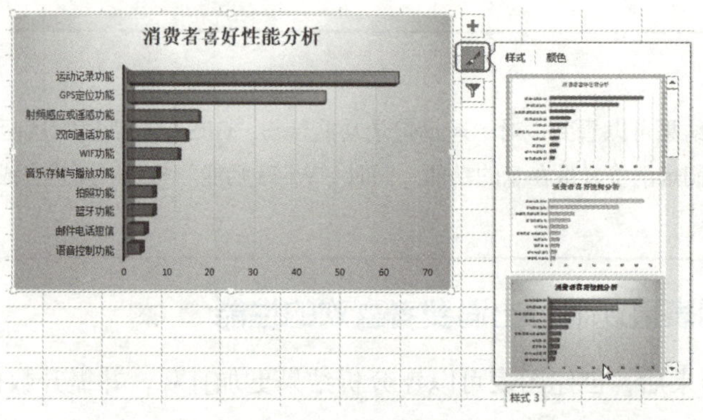

图 10-52

❹ 选择某种样式后，单击一次鼠标即可应用到图表上，进一步完善，最终效果如图 10-53 所示。

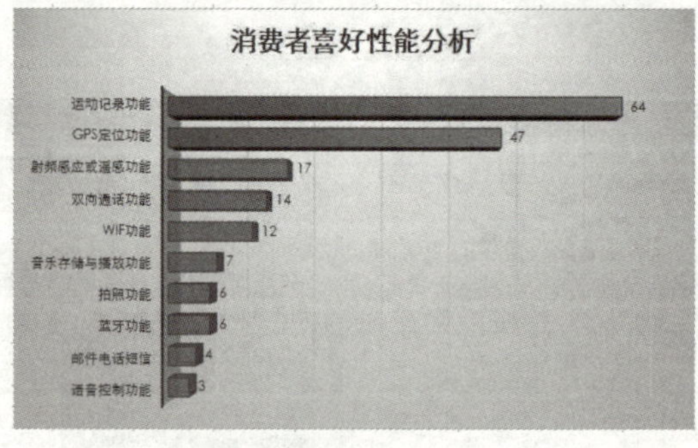

注意：

在图表中将消费者最关注的特性使用红色条形表示，从而提升图表的直观度。

图 10-53

专家提示

建立图表可以让统计的效果非常直观，从图表中可以直观看到“运动记录功能”“GPS 定位功能”是消费者最关注的特性。

10.4 外观需求分析

分析消费者对外观的需求，也需要建立分析模型，然后从“调查结果汇总表”中统计出各个特性被选中的条数，最后再进行分析。

10.4.1 对智能手表整体外观要求分析

对商品外观需求进行统计分析，对新产品的设计推广至关重要。

❶ 单击“插入新工作表”按钮插入新工作表，创建如图 10-54 所示的列标识。

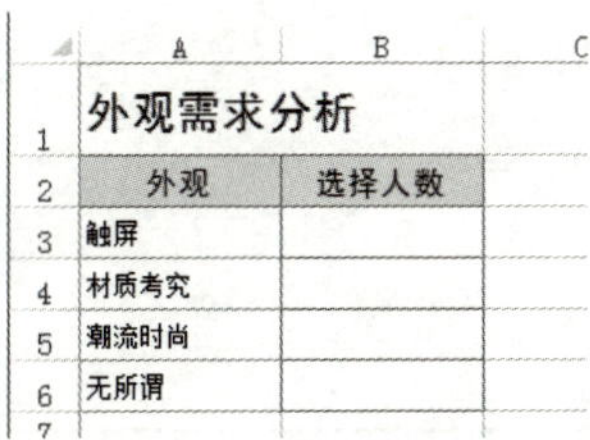

外观需求分析	
外观	选择人数
触屏	
材质考究	
潮流时尚	
无所谓	

图 18-54

❷ 选中 B3 单元格，在公式编辑栏中输入公式：=COUNTIF(调查结果汇总表 !$L$3:$L$92,A3)，按 Enter 键，向下复制公式到 B6 单元格中，即可统计出各设计外观被选择中的次数，如图 10-55 所示。

B3 =COUNTIF(调查结果汇总表!$L$3:$L$92,A3)

外观需求分析	
外观	选择人数
触屏	35
材质考究	20
潮流时尚	28
无所谓	7

公式解释：

调查结果汇总表 !$L$3:$L$92 单元格区域中显示的是对设计的各外观被选中的数据。

图 10-55

❸ 选中 A2:B6 单元格区域，切换到“插入”选项卡，在“图表”组中单击“饼图”按钮，选中“饼图”，即可在工作表中创建饼图。

❹ 此饼图创建后，需要添加类别名称和百分比数据标签，如图 10-56 所示。由于默认添加的百分比数据标签无小数位，因此需要展开“数字”组，在“类别”中选择“百分比”，并设置小数位数为“2”，如图 10-57 所示。

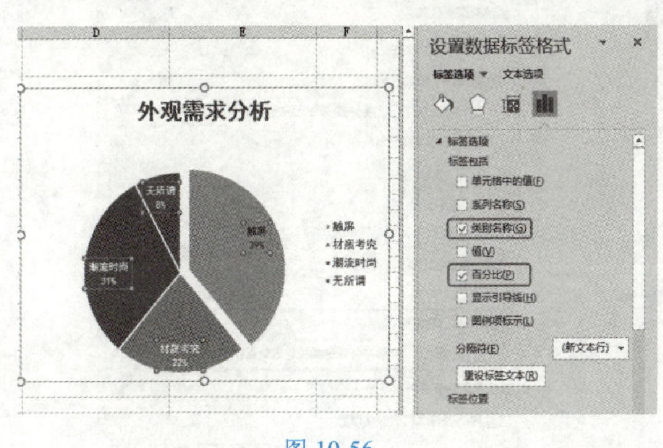

图 10-56

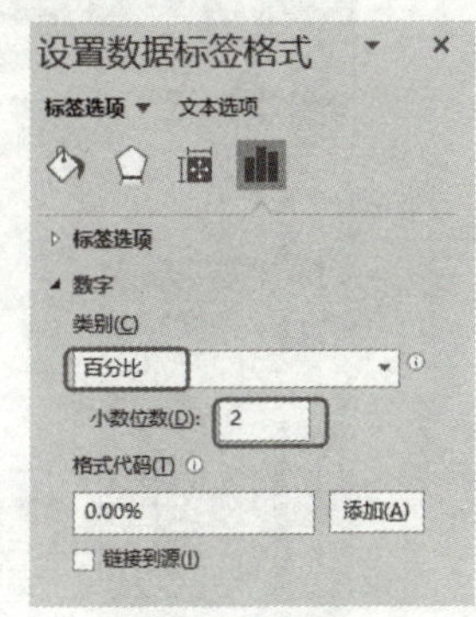

图 10-57

❺ 对图表完善后，最终效果如图 10-58 所示。

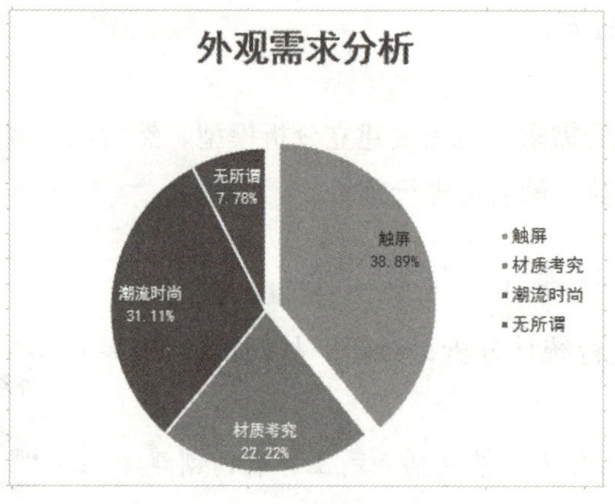

图 10-58

> **专家提示**
>
> 从图表中可以直观看到“触屏”和“时尚潮流”是消费者最在意的外观。了解了消费者对这方面的需求，才可以更具针对性地开发出畅销的商品。本次调查中，“触屏”和“时尚潮流”是消费者最关注的外观。

10.4.2 性别与智能手表外观的相关性分析

不同性别的人对商品外观的要求会有所不同，利用前面的统计数据也可以对此特性进行分析。

❶ 插入新工作表，在“调查结果数据库”工作表中复制“性别”“喜欢的外观”数据到工作表中。选中两列数据，在“插入”选项卡下“表格”组中单击“数据透视表”按钮，如图 10-59 所示。

❷ 打开“创建数据透视表”对话框。选中“现有工作表”，设置数据透视表的保存位置，如图 10-60 所示。

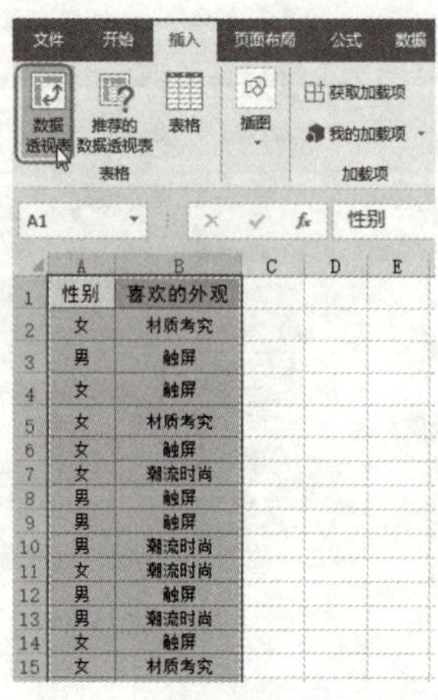

图 10-59

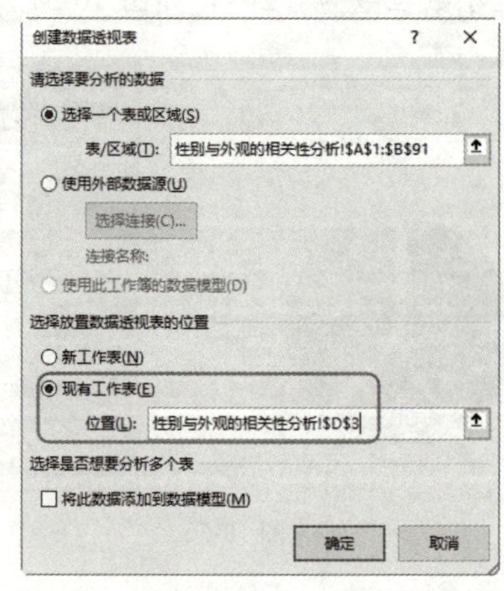

图 10-60

❸ 单击“确定”按钮即可在指定位置建立数据透视表，设置“性别”字段为行标签字段、“喜欢的外购”字段为列标签字段与数值字段，如图 10-61 所示。

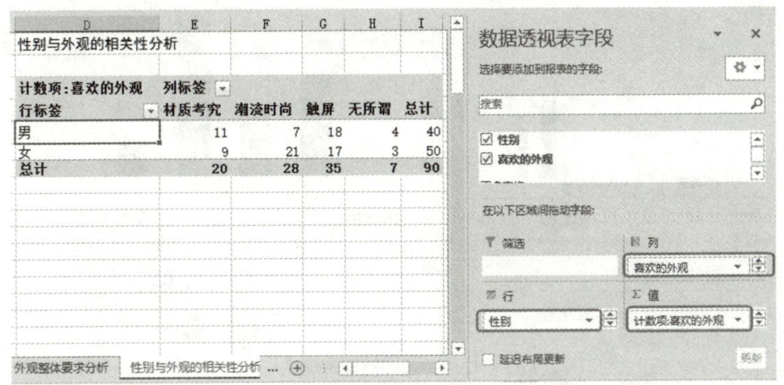

图 10-61

❹ 选中数据透视表任意单元格，单击“数据透视表工具 - 分析”选项卡，在“工具”组中单击“数据透视图”按钮，打开“插入图表”对话框，选择图表类型，如图 10-62 所示。

❺ 单击“确定”按钮即可新建数据透视图，如图 10-63 所示。

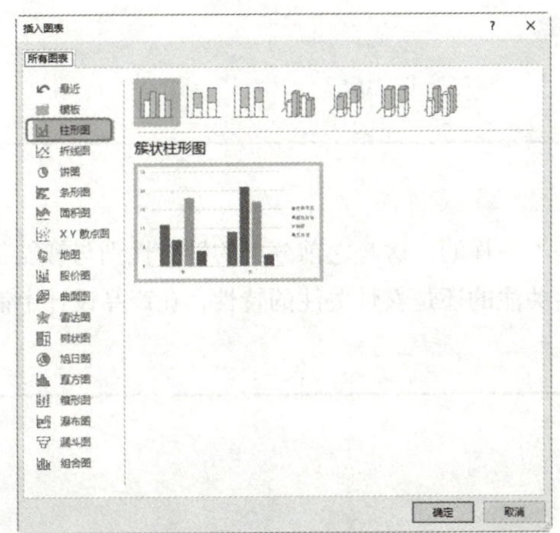

图 10-62

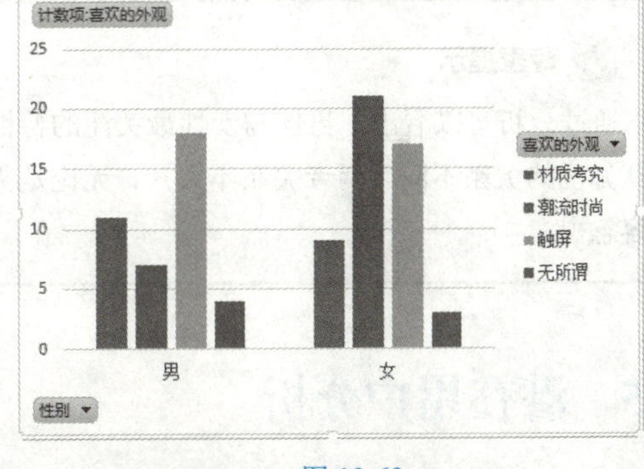

图 10-63

专家提示

数据透视表与普通图表的区别在于，图表中会根据当前数据透视表中的行标签与列标签显示筛选字段。通过筛选字段可以查看部分数据的图表，从而便于更加细致的比较。

❻ 在图表中单击“性别”右侧下拉按钮，设置筛选项为“男”，如图 10-64 所示。单击“确定”按钮，显示结果如图 10-65 所示。从图表中可以直观看到男性用户更关心商品的材质。

❼ 在图表中单击“性别”右侧下拉按钮，设置筛选项为“女”，如图 10-66 所示。单击“确定”按钮，显示结果如图 10-67 所示。

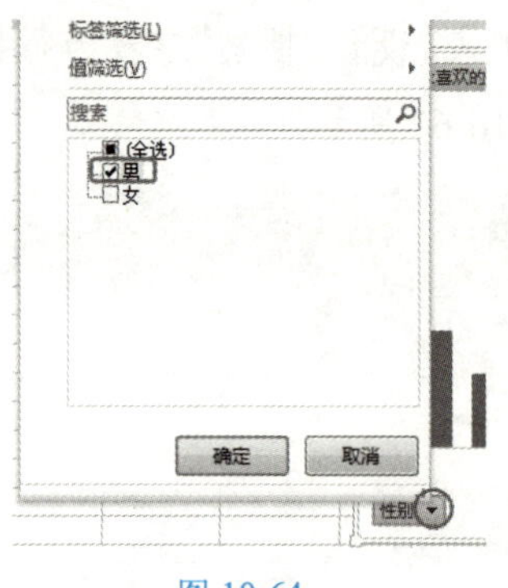

图 10-64

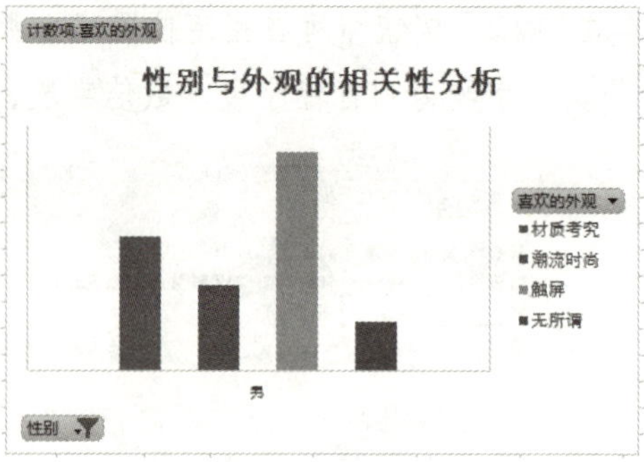

性别与外观的相关性分析

图 10-65

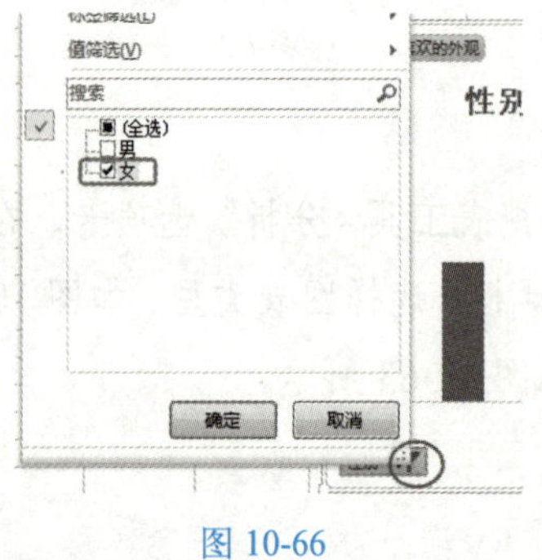

图 10-66

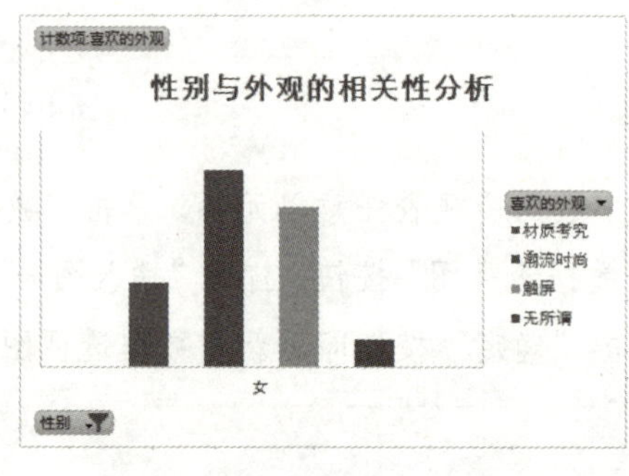

图 10-67

专家提示

通过分析可以看出，男性与女性最关注的特性是不一样的。这与之前分析的针对性别与智能手表认知度的关系不同（两者关系不大），无论是男性关注的还是女性关注的特性，在产品设计中都不容忽视。

10.5 潜在用户分析

对潜在用户的分析可以通过被调查者对适宜人群的回答，以及是否会佩戴手表的回答统计数据来进行分析。

10.5.1 智能手表适宜人群分析

❶ 插入新工作表，并建立求解列标识，如图 10-68 所示。

❷ 选中 B3 单元格，在公式编辑栏中输入公式：

=COUNTIF(调查结果汇总表 !$N$3:$N$92,A3)

按 Enter 键，向下填充公式到 B6 单元格中，即可分别统计出所设计的各适宜人群的选择人数，如图 10-69 所示。

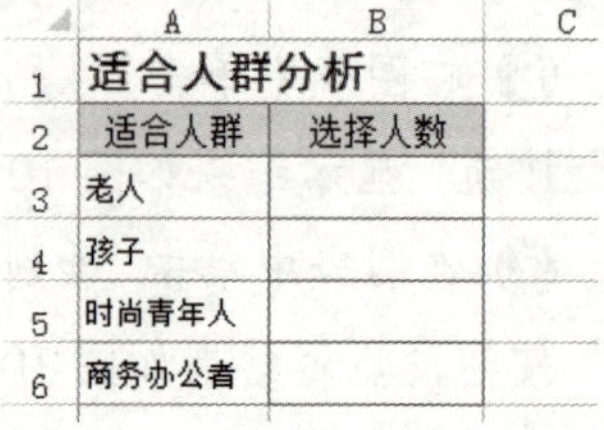

	A	B	C
1	适合人群分析		
2	适合人群	选择人数	
3	老人		
4	孩子		
5	时尚青年人		
6	商务办公者		

图 10-68

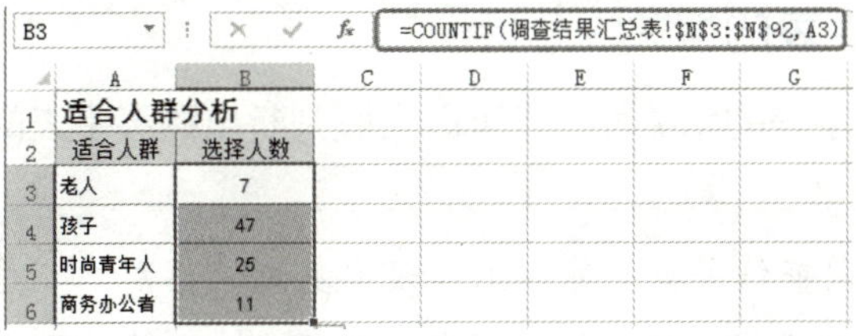

B3
=COUNTIF(调查结果汇总表!$N$3:$N$92,A3)
适合人群分析
适合人群
选择人数
老人 7
孩子 47
时尚青年人 25
商务办公者 11

公式解释：调查结果汇总表!$N$3:$N$92 单元格区域中显示的是对设计的各适宜人群被选中的数据。

图 10-69

❸ 选中 B 列中任意单元格，在“数据”选项卡的“排序和筛选”组中单击“升序”按钮，将数据从小到大排序，如图 10-70 所示。

❹ 选中 A2:B6 单元格区域，切换到“插入”选项卡，在“图表”组中单击“条形图”按钮，选中“簇状条形图”（如图 10-71 所示），即可在工作表中创建簇状柱形图。

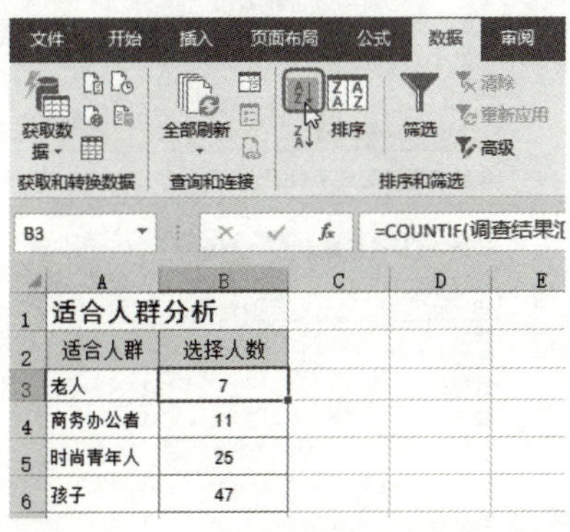

文件 开始 插入 页面布局 公式 数据 审阅
排序
筛选
清除
重新应用
高级
排序和筛选
=COUNTIF(调查结果汇
适合人群分析
适合人群
选择人数
老人 7
商务办公者 11
时尚青年人 25
孩子 47

图 10-70

二维柱形图
三维柱形图
二维条形图
三维条形图
更多柱形图(M)...
适合人群分析
适合人群
选择人数
老人 7
商务办公者 11
时尚青年人 25
孩子 47

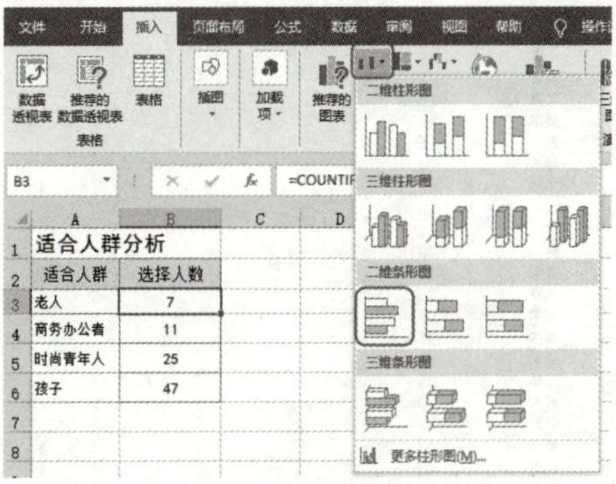

图 10-71

❺ 重新编辑图表标题并进一步完善，最终效果如图 10-72 所示。

潜在消费者分析
孩子
时尚青年人
商务办公者
老人
0
10
20
30
40
50

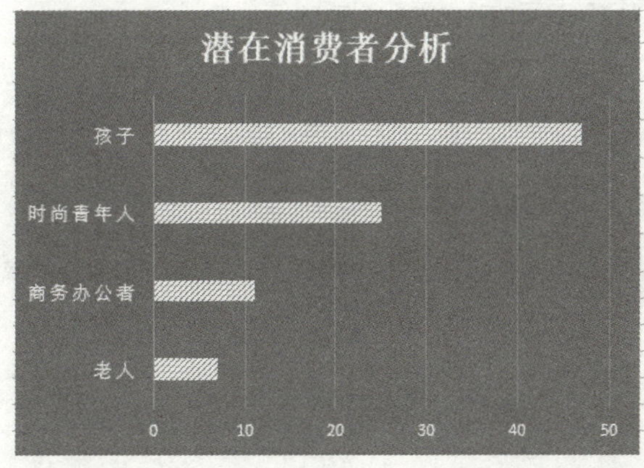

图 10-72

专家提示

从图表中可以直观地看到，认为孩子更适合智能手表的人数最多，其次是时尚青年人。通过此项分析可以知道哪些用户是智能手表的潜在消费者，从而能制订出更具针对性的营销策略。

10.5.2 年龄与是否佩戴手表的相关性分析

通过分析年龄与是否佩戴手表的相关性，也可以大概判断出购买手表的大致年龄段在哪个区间。

❶ 插入新工作表，在“调查结果数据库”工作表中复制“年龄”“是否佩戴手表”数据到工作表中，并使用这两列数据创建数据透视表，如图 10-73 所示。

❷ 在行标签下选中任意单元格，单击“数据透视表工具 - 分析”选项卡，在“组合”组中单击“分组选择”按钮（如图 10-74 所示），打开“组合”对话框。

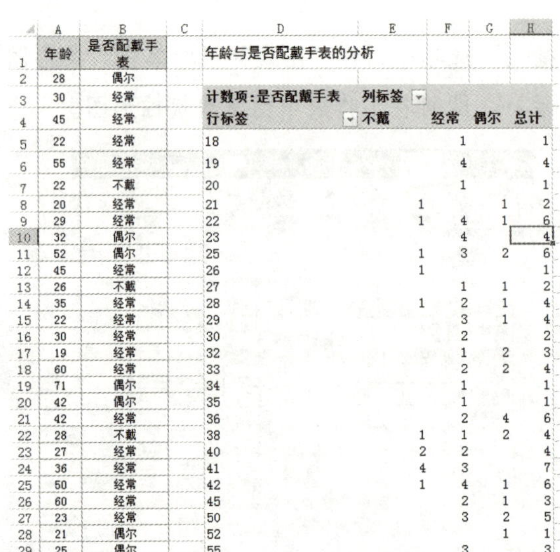

年龄	是否配戴手表
28	偶尔
30	经常
45	经常
22	经常
55	经常
22	不戴
20	经常
29	经常
32	偶尔
52	偶尔
45	经常
26	不戴
35	经常
22	经常
30	经常
19	经常
60	经常
71	偶尔
42	偶尔
42	经常
28	不戴
27	经常
36	经常
50	经常
60	经常
23	经常
21	偶尔
25	偶尔

年龄与是否配戴手表的分析

计数项:是否配戴手表　列标签

行标签	不戴	经常	偶尔	总计
18		1		1
19		4		4
20		1		1
21	1		1	2
22	1	4	1	6
23		4		4
25	1	3	2	6
26	1			1
27		1	1	2
28	1	2	1	4
29		3	1	4
30		2		2
32		1	2	3
33		2	2	4
34		1		1
35		1		1
36		2	4	6
38	1	1	2	4
40	2	2		4
41	4	3		7
42	1	4	1	6
45		2	1	3
50		3	2	5
52			1	1
55		3		3

图 10-73

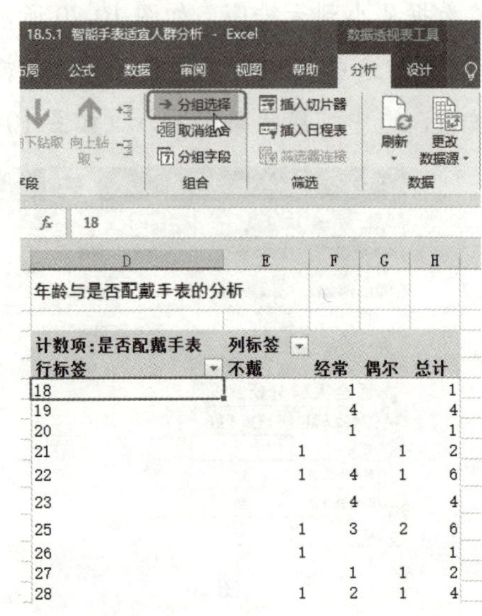

年龄与是否配戴手表的分析

计数项:是否配戴手表　列标签

行标签	不戴	经常	偶尔	总计
18		1		1
19		4		4
20		1		1
21	1		1	2
22	1	4	1	6
23		4		4
25	1	3	2	6
26	1			1
27		1	1	2
28	1	2	1	4

图 10-74

❸ 设置步长为“12”，如图 10-75 所示。

❹ 单击“确定”按钮可以看到分组结果如图 10-76 所示。

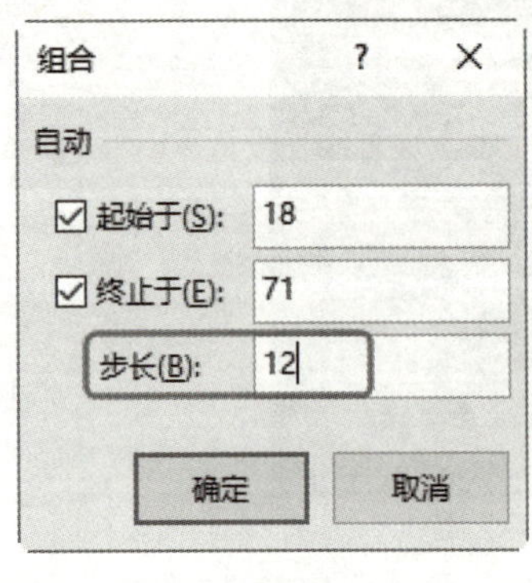

图 10-75

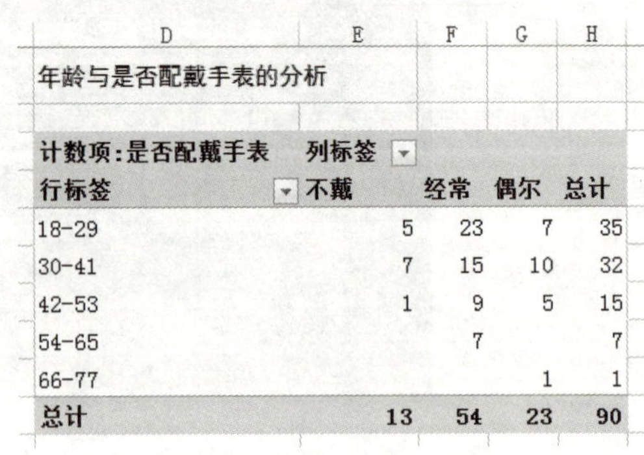

年龄与是否配戴手表的分析

计数项:是否配戴手表　列标签

行标签	不戴	经常	偶尔	总计
18-29	5	23	7	35
30-41	7	15	10	32
42-53	1	9	5	15
54-65		7		7
66-77			1	1
总计	13	54	23	90

图 10-76

❺ 使用数据透视表的统计结果建立数据透视图，如图 10-77 所示。

❻ 在图表中单击“是否佩戴手表”右侧下拉按钮，设置筛选项为“经常”，如图 10-78 所示。单击“确定”按钮，显示结果如图 10-79 所示。

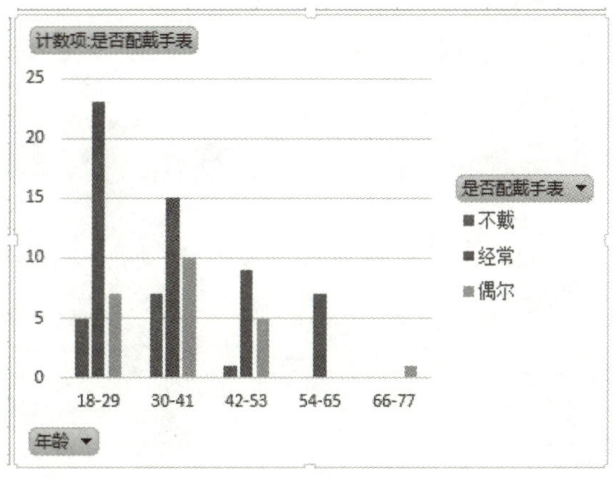

图 10-77

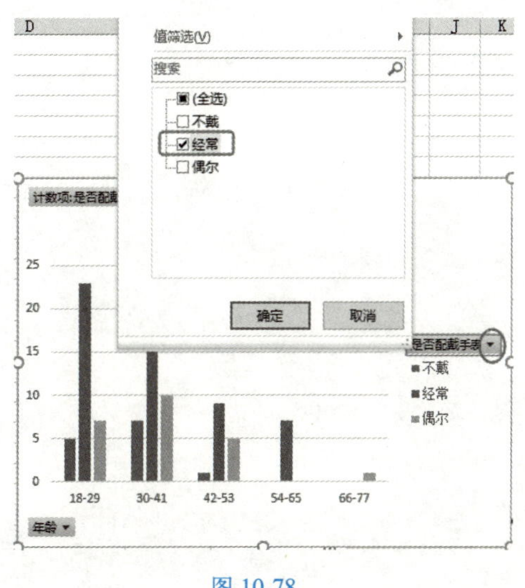

图 10-78

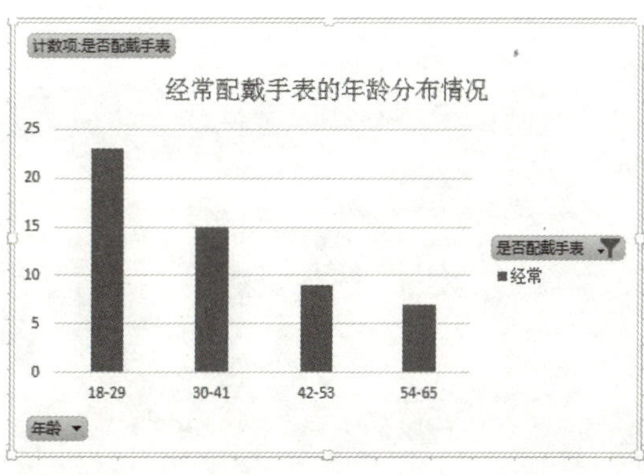

图 10-79

专家提示

从图表中可以直观地看到小于 40 岁的人多数会选择佩戴手表。通过此项分析可以看到年龄在 40 岁以下的人佩戴手表的会比较多，智能手表的主要消费人群应该在 40 岁以下。